军事数学模型

但　琦　吴松林　主编

国防工業出版社
·北京·

内 容 简 介

本书是第一本从军事背景出发，通过数学建模和量化分析，以解决军事问题为目的的教材。通过军事问题驱动、问题归纳、问题分析与模型假设、模型建立与求解、结果分析与拓展格式，系统完整编写了 37个军事数学模型案例。本书注重提炼数学建模思想，重视数学软件在军事问题中的应用。全书主要内容包括初等模型、微分方程模型、概率统计模型、优化模型、综合评价模型、决策与对策模型和军事建模竞赛案例。

本书可以作为军队院校数学建模课程和军事数学建模竞赛的培训教材，也可作为对口大学生的自学教材。

图书在版编目（CIP）数据

军事数学模型 / 但琦, 吴松林主编. -- 北京 : 国防工业出版社, 2024.12重印

ISBN 978-7-118- 11972 - 5

Ⅰ. ①军… Ⅱ. ①但… ②吴… Ⅲ. ①军事数学—数学模型 Ⅳ. ① E911.

中国版本图书馆CIP数据核字（2019）第217847号

※

国防工業出版社 出版发行

(北京市海淀区紫竹院南路 23 号　邮政编码 100048)

北京虎彩文化传播有限公司印刷

新华书店经售

*

开本 787 × 1092　1/16　**印张** 20¾　**字数** 498 千字

2024 年12 月第 1 版第 5 次印刷　**印数** 4201—5200册　**定价** 80.00 元

国防书店: (010) 88540777　发行邮购: (010) 88540776

发行传真: (010) 88540755　发行业务: (010) 88540717

编审人员名单

主　　编　但　琦　吴松林

副 主 编　付诗禄

编写人员　方　玲　陈如丽

主　　审　韩中庚

前　言

中国春秋末期军事家孙武在《孙子兵法·计篇》中说："夫未战而庙算胜者，得算多也；未战而庙算不胜者，得算少也。多算胜，少算不胜，而况于无算乎！"这说明中国古代军事家重视定量分析。由于战争形态的多样性、军事问题的复杂性，信息时代战争越来越需要军事定量分析，定量分析在解决作战、训练、保障、管理等军事问题中得到广泛应用，为各类军事实践活动提供科学依据，军事数学建模对信息化战争起着重要的作用。

本书在内容上以学生现有知识为基础，注重可读性与通俗性，在每个模型编写上军事案例为呈现方式，注重趣味性，共收集和编写了 37 个军事数学模型。全书共七章，其中第 1 章初等模型，包含 4 个模型；第 2 章微分方程模型，包含 5 个模型；第 3 章概率统计模型，包含 6 个模型；第 4 章优化模型，包含 8 个模型；第 5 章综合评价模型，包含 5 个模型；第 6 章决策与对策模型，包含 5 个模型；第 7 章军事建模竞赛案例，包含 4 篇军事数学建模竞赛范文。

编写本书的人员有但琦、吴松林、付诗禄、方玲、陈如丽，他们从事数学建模和军事定量分析方法教学多年，编写过《数学建模与数学实验》（国家十二五规划教材）《军事后勤模型》《高等数学军事应用案例》《基于 Matlab 大学数学实验》，具有很好的基础和实践经验。

本书由解放军信息工程大学的韩中庚教授担任主审，韩中庚教授反复与作者探讨，指出问题，提出了很好的修改意见，在此深表谢意！

作者

2018 年 9 月 5 日

目　　录

第 1 章　初等模型

1.1　核军备竞赛模型 …… 1
1.1.1　问题提出 …… 1
1.1.2　问题分析与模型假设 …… 1
1.1.3　模型建立与求解 …… 2
1.1.4　结果分析与拓展应用 …… 5
参考文献 …… 6
1.2　飞行方向确定模型 …… 7
1.2.1　问题提出 …… 7
1.2.2　问题分析与模型假设 …… 7
1.2.3　模型建立与求解 …… 7
1.2.4　结果分析 …… 9
1.3　军用物资存储模型 …… 9
1.3.1　问题提出 …… 9
1.3.2　问题分析与模型假设 …… 9
1.3.3　模型建立与模型求解 …… 10
1.3.4　结果分析与模型验证 …… 11
参考文献 …… 12
1.4　战场目标估算模型 …… 12
1.4.1　问题提出 …… 13
1.4.2　问题分析与模型假设 …… 14
1.4.3　模型建立与求解 …… 14
1.4.4　结果分析与拓展应用 …… 22
参考文献 …… 23

第 2 章　微分方程模型

2.1　兰彻斯特作战模型 …… 24
2.1.1　问题提出 …… 24
2.1.2　问题分析与模型假设 …… 24
2.1.3　模型建立与求解 …… 25
2.1.4　结果分析与拓展应用 …… 29
参考文献 …… 32
2.2　鱼雷追踪敌舰模型 …… 32

2.2.1 问题提出 …… 32
2.2.2 问题分析与假设 …… 33
2.2.3 模型的建立与求解 …… 33
2.2.4 结果分析与拓展应用 …… 37
参考文献 …… 40
2.3 舆情信息的传播规律与效应 …… 41
2.3.1 问题提出 …… 41
2.3.2 问题分析与模型的假设 …… 41
2.3.3 模型的建立与求解 …… 41
2.3.4 信息传播规律模型的检验与推广 …… 46
参考文献 …… 48
2.4 无源测距定位模型 …… 49
2.4.1 问题提出 …… 49
2.4.2 问题分析与模型假设 …… 49
2.4.3 模型建立与求解 …… 50
2.4.4 结果分析与拓展 …… 52
参考文献 …… 52
2.5 降落伞的选择模型 …… 52
2.5.1 问题提出 …… 52
2.5.2 问题分析与模型假设 …… 53
2.5.3 模型的建立与求解 …… 54
2.5.4 结果分析与拓展应用 …… 57
参考文献 …… 57

第3章 概率统计模型

3.1 装备检测模型 …… 58
3.1.1 问题提出 …… 58
3.1.2 问题分析与模型假设 …… 58
3.1.3 模型建立与求解 …… 59
3.1.4 结果分析与拓展应用 …… 60
3.2 防空导弹的拦截毁伤概率模型 …… 61
3.2.1 问题提出 …… 61
3.2.2 问题分析与模型假设 …… 61
3.2.3 模型建立与求解 …… 61
3.2.4 结果分析与拓展应用 …… 68
参考文献 …… 68
3.3 反舰导弹的突防概率模型 …… 68
3.3.1 问题提出 …… 69
3.3.2 问题分析与模型假设 …… 69
3.3.3 模型建立与求解 …… 69

3.3.4 结果分析与拓展应用 …… 73
参考文献 …… 75
3.4 信号分类与识别模型 …… 75
3.4.1 问题提出 …… 75
3.4.2 问题分析 …… 75
3.4.3 模型建立与求解 …… 76
3.4.4 结果分析 …… 77
3.5 信息化部队战斗力评价模型 …… 77
3.5.1 问题提出 …… 78
3.5.2 问题分析 …… 78
3.5.3 模型建立与求解 …… 78
3.5.4 结果分析 …… 84
参考文献 …… 84
3.6 船艇维修器材需要量预测模型 …… 85
3.6.1 问题提出 …… 85
3.6.2 问题分析 …… 85
3.6.3 模型的建立和求解 …… 85
3.6.4 结果分析与拓展 …… 88
参考文献 …… 89

第4章 优化模型

4.1 维修人员的优化配置模型 …… 90
4.1.1 问题提出 …… 90
4.1.2 问题分析与模型假设 …… 91
4.1.3 模型建立与求解 …… 91
4.1.4 结果分析与拓展应用 …… 94
参考文献 …… 94
4.2 作战任务的分配模型 …… 94
4.2.1 问题提出 …… 95
4.2.2 问题分析与模型假设 …… 95
4.2.3 模型建立与求解 …… 95
4.2.4 结果分析 …… 98
参考文献 …… 98
4.3 坦克火力的分配模型 …… 98
4.3.1 问题提出 …… 98
4.3.2 问题分析与模型假设 …… 98
4.3.3 模型建立与求解 …… 99
4.3.4 结果分析与拓展应用 …… 104
参考文献 …… 106
4.4 弹药库选址模型 …… 106

4.4.1 问题提出 …… 106
4.4.2 问题分析与模型假设 …… 106
4.4.3 模型建立与求解 …… 107
4.4.4 结果分析 …… 109
参考文献 …… 110
4.5 空中飞行器无源定位模型 …… 110
4.5.1 问题提出 …… 110
4.5.2 问题分析与模型假设 …… 111
4.5.3 模型建立与求解 …… 111
4.5.4 结果分析与拓展应用 …… 117
参考文献 …… 117
4.6 导弹火力打击任务分配模型 …… 118
4.6.1 问题提出 …… 118
4.6.2 问题分析与模型假设 …… 119
4.6.3 模型建立与求解 …… 120
4.6.4 结果分析 …… 124
参考文献 …… 124
4.7 空降作战中伞降高度选择模型 …… 124
4.7.1 问题提出 …… 125
4.7.2 问题分析与模型假设 …… 125
4.7.3 模型建立与求解 …… 126
4.7.4 结果分析与拓展应用 …… 131
参考文献 …… 132
4.8 油料配送中心选址模型 …… 132
4.8.1 问题提出 …… 132
4.8.2 问题分析与模型假设 …… 132
4.8.3 模型建立与求解 …… 133
4.8.4 结果分析与拓展应用 …… 135
参考文献 …… 136
第5章 综合评价模型
5.1 军事人才的选拔模型 …… 137
5.1.1 问题提出 …… 137
5.1.2 问题分析与模型假设 …… 137
5.1.3 模型建立与求解 …… 137
5.1.4 结果分析与拓展应用 …… 140
参考文献 …… 142
5.2 防御要点选取模型 …… 142
5.2.1 问题提出 …… 142
5.2.2 问题分析 …… 142

5.2.3 模型建立与求解 …… 142
5.2.4 结果分析 …… 144
参考文献 …… 145
5.3 雷达系统效能评价模型 …… 145
5.3.1 问题提出 …… 145
5.3.2 问题分析 …… 145
5.3.3 模型建立和求解 …… 146
5.3.4 结果分析 …… 148
参考文献 …… 148
5.4 民用港码头军事利用价值分析模型 …… 148
5.4.1 问题提出 …… 148
5.4.2 问题分析 …… 149
5.4.3 模型建立和求解 …… 149
5.4.4 结果分析 …… 153
参考文献 …… 153
5.5 导弹对机场攻击效能的仿真模型 …… 153
5.5.1 问题提出 …… 153
5.5.2 问题分析与模型假设 …… 153
5.5.3 模型建立与求解 …… 154
5.5.4 结果分析与拓展应用 …… 159
参考文献 …… 159

第6章 决策与对策模型

6.1 联合作战指挥决策风险模型 …… 160
6.1.1 提出问题 …… 160
6.1.2 问题分析与模型假设 …… 160
6.1.3 模型建立与求解 …… 160
6.1.4 结果分析 …… 166
6.2 军队装备采购博弈模型 …… 167
6.2.1 问题提出 …… 167
6.2.2 问题分析与模型假设 …… 167
6.2.3 模型建立和求解 …… 167
6.2.4 结果分析 …… 170
参考文献 …… 171
6.3 无人机集群作战指挥决策模型 …… 171
6.3.1 问题提出 …… 171
6.3.2 问题分析与模型假设 …… 171
6.3.3 模型建立与求解 …… 173
6.3.4 结果分析与拓展应用 …… 177
参考文献 …… 181

6.4 诺曼底登陆对策模型 …… 181
6.4.1 问题提出 …… 182
6.4.2 问题分析与模型假设 …… 182
6.4.3 模型建立与求解 …… 182
6.4.4 结果分析 …… 184
6.5 一类远程火力打击模型 …… 184
6.5.1 问题提出 …… 184
6.5.2 问题分析与模型假设 …… 185
6.5.3 模型建立与求解 …… 185
6.5.4 结果分析与拓展应用 …… 191
参考文献 …… 191
附录 对策论的基础知识 …… 192
第7章 军事建模竞赛案例
7.1 多传感器的管理和控制模型 …… 198
7.1.1 问题重述 …… 198
7.1.2 基本假设 …… 199
7.1.3 符号说明 …… 199
7.1.4 模型的建立与求解 …… 200
7.1.5 模型评价 …… 214
7.1.6 模型的改进和推广 …… 214
参考文献 …… 215
附录 …… 215
7.2 山地战场的目标探测与情势巡查问题 …… 223
7.2.1 问题提出 …… 224
7.2.2 模型假设与符号说明 …… 225
7.2.3 模型建立与求解 …… 226
7.2.4 结果分析与拓展 …… 251
参考文献 …… 251
附录 …… 252
7.3 军用油库人员的优化配置模型 …… 267
7.3.1 问题重述 …… 267
7.3.2 模型的假设与符号说明 …… 268
7.3.3 建模前的准备 …… 269
7.3.4 模型的建立 …… 269
7.3.5 模型的求解 …… 271
7.3.6 模型的优缺点分析 …… 282
参考文献 …… 282
附录 …… 283
7.4 潜艇突破反潜封锁区域 …… 292

7.4.1　问题重述 …… 293
7.4.2　问题分析与模型假设 …… 294
7.4.3　模型建立与求解 …… 295
7.4.4　结果分析与拓展 …… 317
参考文献 …… 319

第 1 章　初等模型

若研究对象的机理比较简单，一般可以用静态的、线性的、确定性的模型来表达建模的目的时，基本上就可以用初等数学的方法建立模型和求解模型。

本章主要介绍核军备竞赛模型、飞行方向确定模型、军用物资存储模型、战场目标估算模型。

1.1　核军备竞赛模型

几乎所有现代战争都与反复无常的军备竞赛有关，Michael Wallac 研究了 1816—1965 年 99 件国际争端中有反复军备竞赛在先的 28 次争端中有 23 次升级为战争，没有竞赛在先的 71 次争端中只有 3 次导致战争。曾任美国参谋长联席会议主席的泰勒将军提出的核威慑的目标是：战略核力量拥有实施大规模破坏的绝无仅有的能力，它应该承担一项威慑苏联的特殊任务，使之怯于采取任何形式的战略核冲突。为了使威慑效力达到最大限度，它们必须能够在大规模的第一次打击后生存下来，而且能够破坏足够的敌方目标，也就是摧毁对于战争和和平的国家领导人十分敏感的有效政府、社会和经济，从而消灭苏联。这就是“核威慑战略”。尽管随着苏联的解体，美苏达成了一系列的消减核武器条约，但是面对复杂的国际环境，如何应对核威慑战略仍然是我军必须长期思考的问题。

1.1.1　问题提出

在核军备竞赛中，双方拥有的核武器是无限增长呢，还是存在暂时的平衡状态？而且，当一方采取加固核基地、发展反弹道导弹等措施时，平衡状态会发生什么变化？

1.1.2　问题分析与模型假设

1. 问题分析

“核威慑战略”的主要思想如下：

（1）核力量的非核使用为手段，迫使敌人放弃发动核进攻，从而达到国家的政治、军事目标安全的方略。

（2）即使遭受了敌人的核打击，依然有力量毁灭敌方，也就是“通过相互会毁灭来保证自身安全”。

来自《世界核武库现状》的资料显示，目前全世界保有的核武器超过 2 万枚，其中 6000 多枚处于警戒待命状态，可在数分钟至数小时内投入使用。与冷战时期一样，美国和俄罗斯保有绝大多数——超过总数 95% 的核武器，核军备竞赛依然存在。因此，希望通过建立数学模型解决以下问题。

（1）在什么情况下双方的核军备竞赛不会无限扩张，而存在暂时的平衡状态？

（2）估计平衡状态下双方拥有的最少的核武器数量，这个数量受哪些因素影响？

（3）当一方采取加强防御、提高武器精度、发展多弹头导弹等措施时，平衡状态会发生什么变化？

2. 模型假设

（1）以双方（战略）核导弹数量描述军备竞赛的大小。

（2）认为对方发起所谓第一次核打击，即倾其所有核导弹攻击摧毁己方的核导弹基地，瞄准的目标是导弹基地。

（3）己方在经受第一次核打击后，应保存足够的核导弹，给对方重要目标以毁灭性的打击，瞄准的目标是核基地、人口和工业中心。

（4）假设 1 枚核导弹只能攻击对方的一个核导弹基地，至多摧毁 1 枚导弹。

（5）1 枚核导弹摧毁被攻击的 1 枚核导弹的可能性是常数。

1.1.3 模型建立与求解

1. 模型建立

设甲方有 x 枚导弹时，乙方采用核威慑战略所需的最少导弹数为 $y=f(x)$；乙方有 y 枚导弹时，甲方采用核威慑战略所需的最少导弹数为 $x=g(y)$。

当 $x=0$ 时，$y=y_0$，y_0 是甲方在实施第一次核打击后已经没有核导弹时，乙方为毁灭甲方的工业、交通中心、核基地等重要目标所需要的核导弹，称为乙方的**威慑值**。同样地，设甲方的**威慑值**为 x_0。当 x 增加时，y 随之增加，所以由模型假设（4），$y=f(x)$ 不会超过直线

$$y = y_0 + x \tag{1-1}$$

即 $y_0 \leqslant y=f(x) \leqslant y_0+x$，所以曲线 $y=f(x)$ 应在图 1-1 所示的范围内。

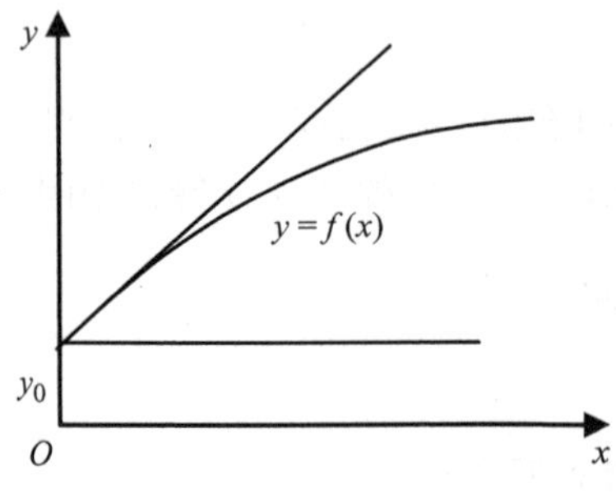

图 1-1　曲线 $y=f(x)$ 的范围

同样地，曲线 $x=g(y)$ 有类似的性质，其不会超过直线 $x=x_0+y$，即 $x_0 \leqslant x=f(y) \leqslant x_0+y$。

将两条曲线 $y=f(x)$ 和 $x=g(y)$ 画在一起，它们会有交点吗？

答案是肯定的，设乙方的核武器是甲方的 r 倍，即 $y=rx$。根据假设，当乙方以全部核武器 y 袭击甲方时，甲方的核武器不会全部被摧毁。设甲方每枚核武器在一次打

击后保存下来的概率是 $p(r)$，则不论 r 多大，总有 $p(r)>0$，于是甲方平均能保存 $xp(r)$ 枚，从而只要 $xp(r)\geqslant x_0$，甲方就认为自己是安全的。设 x_r 是满足 $xp(r)\geqslant x_0$ 的最小的 x，则在乙方拥有 r 倍于甲方拥有的核武器的情况下甲方只需要有 x_r 枚，就是安全的，从而 x_r 是 $x=g(y)$ 与直线 $y=rx$ 的交点的横坐标。说明不论 r 多大，$x=g(y)$ 都必定与 $y=rx$ 相交。同理，不论 r 多大，$y=f(x)$ 都必定与 $x=ry$ 相交，所以 $x=g(y)$ 与 $y=f(x)$ 必然相交。可知它们会交于一点，如图 1-2 所示。

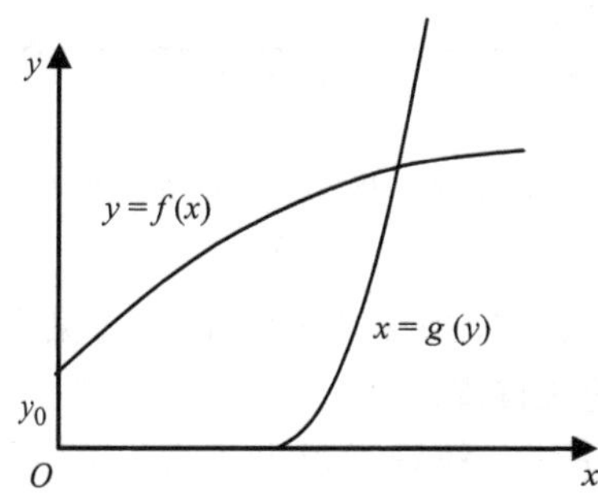

图 1-2　曲线 $y=f(x)$ 的范围

把两条曲线的交点记为 $P(x_m, y_m)$，下面讨论 P 点的含义。

根据 $y=f(x)$ 的定义，当 $y\geqslant f(x)$ 时，乙方是安全的，把 $y\geqslant f(x)$ 称为**乙方安全区**，把曲线 $y=f(x)$ 称为**乙方安全线**。类似地，当 $x\geqslant g(y)$ 时，甲方是安全的，把 $x\geqslant g(y)$ 称为**甲方安全区**，把曲线 $x=g(y)$ 称为**甲方安全线**。两个安全区的公共部分即为**双方安全区**，是核军备竞赛的稳定区域，而点 P 的横坐标 x_m、纵坐标 y_m 分别是稳定状态下甲、乙双方分别拥有的最小导弹数，即 P 点是**平衡点**（图 1-3）。

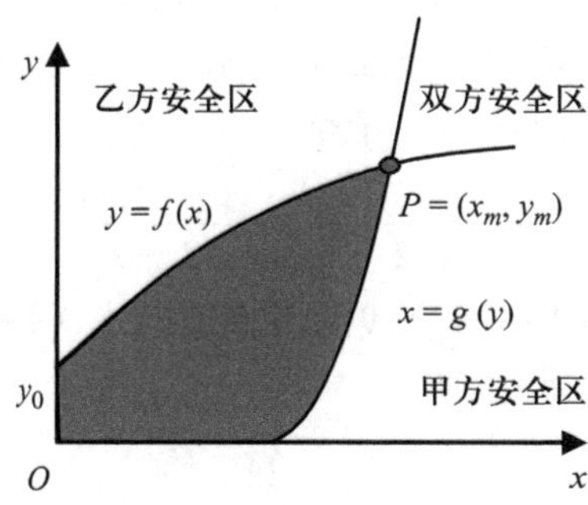

图 1-3　安全区、安全点和平衡点

这个平衡点是可以达到的，如果甲方最初只有 x_0 枚导弹（威慑值），乙方为了自己的安全至少要拥有 y_1 枚导弹，而甲方为了自身安全需要将导弹数量增加到 x_1，如此下去双方的导弹数量会趋于 x_m 和 y_m，变化趋势如图 1-4 所示。

2. 模型求解

军备竞赛模型关键在于构建函数 $y=f(x)$ 及 $x=g(y)$。

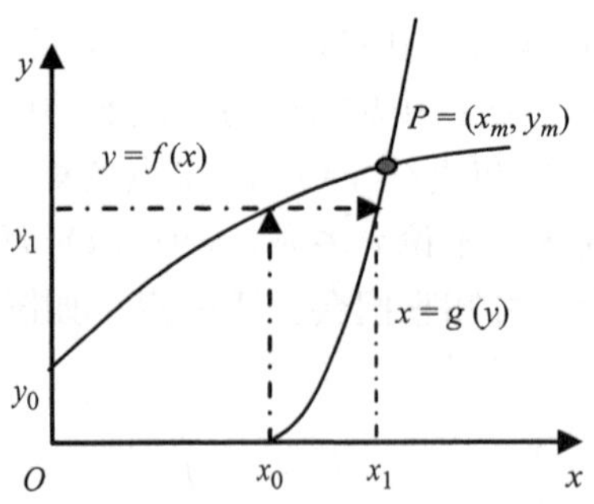

图 1-4　核军备竞赛图模型

先看乙方安全线 $y=f(x)$，甲方 1 枚导弹攻击乙方某个基地，基地未被摧毁的概率记为 s（$0<s<1$），称为**乙方的残存率**。

（1）当 $x<y$ 时，甲方以全部 x 枚导弹攻击乙方 y 个基地中的 x 个，则乙方有 sx 个基地未被摧毁。且有 $y-x$ 个基地未被攻击，则乙方在经受第一次核打击后保存下来的核导弹数为 $y_0=sx+y-x$，也就是图 1-4 中的威慑值 y_0，于是

$$y = y_0 + (1 - s)x \tag{1-2}$$

由 $0<s<1$ 可知，式（1-2）直线的斜率小于式（1-1）直线的斜率。即式（1-2）直线的图形应该在式（1-1）直线的图形下方。

（2）当 $x=y$ 时，显然有 $y_0=sx=sy$，则

$$y = \frac{y_0}{s} \tag{1-3}$$

（3）当 $y<x<2y$ 时，甲方以全部 x 枚导弹攻击乙方 y 个核基地，则乙方有 $x-y$ 个核基地将被攻击 2 次，其中有 $s^2(x-y)$ 个基地未被摧毁。且有 $y-(x-y)=2y-x$ 个基地被攻击 1 次，有 $s(2y-x)$ 个基地未被摧毁，则乙方在经受第一次核打击后保存下来的核导弹数为 $y_0=s^2(x-y)+s(2y-x)$，于是

$$y = \frac{y_0}{s(2-s)} + \frac{(1-s)x}{2-s} \tag{1-4}$$

因为 $0<s<1$，可知，式（1-4）直线的斜率小于式（1-2）直线的斜率。

（4）当 $x=2y$ 时，有 $y_0=s^2y$，则

$$y = \frac{y_0}{s^2} \tag{1-5}$$

上述过程可以持续下去，当允许 x、y 连续取值时，考察 $x=ay$，a 是大于零的任意实数，表示乙方（临界）安全条件下甲、乙双方导弹数量之比，那么类似于 $x=y$ 及 $x=2y$ 的方法可以设想 $y=f(x)$ 的形式为

$$y = \frac{y_0}{s^a} = \frac{y_0}{s^{\frac{x}{y}}} (0 < s < 1) \tag{1-6}$$

它应该是图 1-5 中的光滑曲线，利用微积分的知识可以证明这是一条上凸的曲线。

由式（1-6）可得出**乙方安全线的性质**。

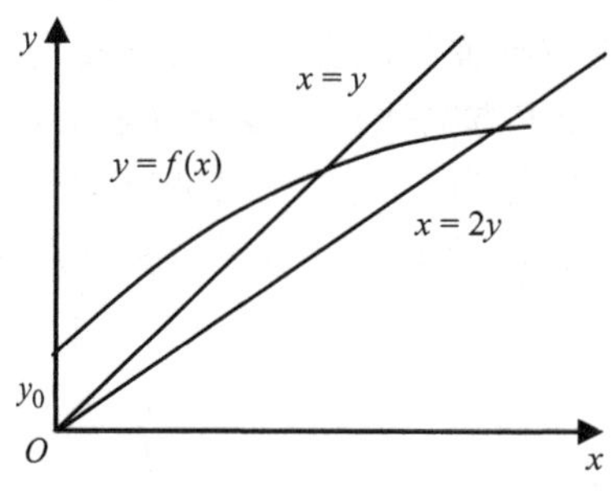

图 1-5　线 $y=f(x)$ 的形成

若乙方的威慑值 y_0 增大，则曲线整体上移，且变陡；若乙方的残存率 s 变大，则曲线趋平。

类似的方法可以得到 $x=g(y)$ 是一条右凸的曲线，其中 s **甲方的残存率**。也可得出甲方安全线的类似性质。

利用甲、乙双方安全线的性质就可以用模型来解释军备竞赛中平衡点的各种变化情况。

1.1.4　结果分析与拓展应用

1. 结果分析

通过建立军备竞赛图模型，说明在核军备竞赛中，双方拥有的核武器的数量并不是无限增长的，是存在暂时的平衡状态的。

2. 拓展应用

基于军备竞赛模型，我们探讨几个核军备竞赛中的实际问题。

1）若甲方增加经费保护及疏散工业、交通中心等重要目标

甲方采取这些措施后，乙方的威慑值 y_0 将增大，在其他因素不变的情况下，乙方的安全线 $y=f(x)$ 将上移，使得平衡点 $P(x_m, y_m)$ 变为 $P'(x'_m, y'_m)$，显然 $x'_m>x_m$，$y'_m>y_m$，说明甲方即使是被动地增加防御，也会使双方的军备竞赛升级，如图 1-6 所示。

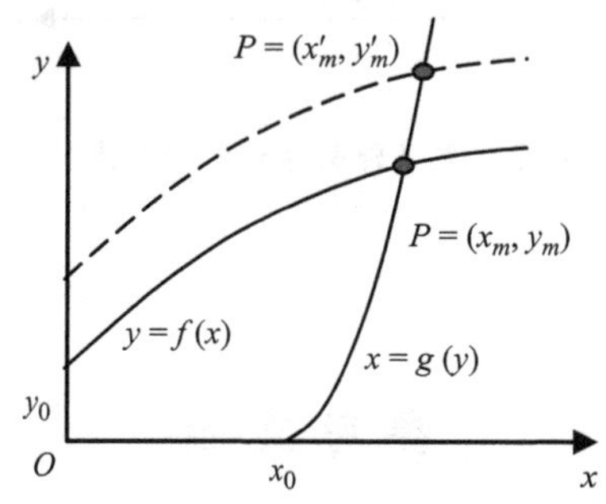

图 1-6　甲方被动增加防御，致军备竞赛升级

2）甲方将原来的固定核导弹基地改进为可移动发射架

甲方采取该措施，由于甲方导弹数没变，则乙方安全线 $y=f(x)$ 没有变化（乙方的威慑值，残存率均不变），而甲方的残存率变大（乙方的威慑值不变），于是 x 减少，甲方的安全线 $x=g(y)$ 向 y 轴靠近，使得平衡点 $P(x_m, y_m)$ 变为 $P'(x'_m, y'_m)$，显然 $x'_m<x_m$，$y'_m<y_m$，说明甲方这种单独行为，会使双方的核导弹数量减少，如图 1-7 所示。

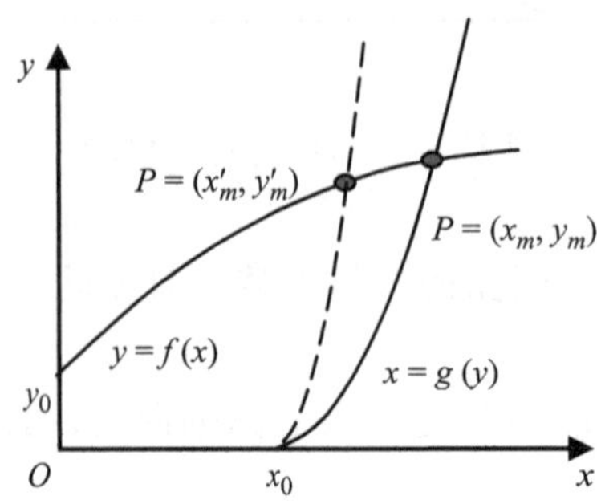

图 1-7　甲方单方改进移动发射架，使双方的核导弹数量减少

3）双方发展多弹头导弹，每个弹头可以独立地摧毁目标

若双方发展多弹头导弹时，双方的威慑值 x_0、y_0 和残存率均减小，乙方的安全线由于 y_0 的减小而下移且变平，又由于残存率的变小，使 y 增加且曲线变陡。甲方安全线有类似的变化，二者的综合影响则可能使得平衡点 $P(x_m, y_m)$ 变为 $P'(x'_m, y'_m)$ 或 $P''(x''_m, y''_m)$，如图 1-8 所示的两种情况，但具体是那种情况需要更多的信息才能确定。

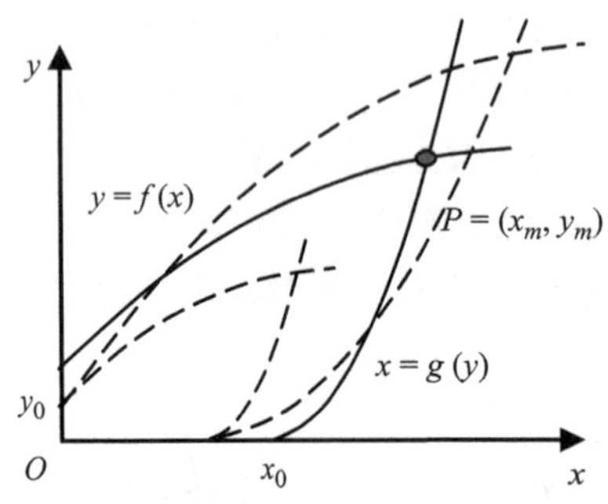

图 1-8　双方发展多弹头导弹时平衡点的变化情况

参考文献

［1］姜启源．数学建模［M］．4 版．北京：高等教育出版社，2011．

1.2 飞行方向确定模型

飞行员在飞行中由于受风的影响，通常不能直接朝着目标方向飞行，必须根据风的大小和方向偏离一定的角度飞行才能准确飞向目的地。

1.2.1 问题提出

如图 1-9 所示，一架战斗机在静止的空气中飞行速度为 580km/h，飞行员从机场起飞，按照罗盘向北飞行，飞行 30min 后，飞机实际朝北偏东 5°方向飞行了 280km。如果你是一名战斗机飞行员，在飞行中如何根据这些情况确定风的速度大小？怎样确定飞行方向才能到达目的地？

图 1-9 飞行中的战斗机

1.2.2 问题分析与模型假设

1. 问题分析

要求风的速度，可以先建立坐标系，作出战斗机速度分解的几何示意图形，再根据图形分析。由于速度是既有大小又有方向的量，即向量，因此确定风的速度实际上归结为确定战机的飞行方向问题。

2. 模型假设

（1）战斗机在飞行过程中风的大小和方向不变。

（2）战斗机在飞行过程中飞行方向不变。

（3）战斗机在飞行过程中飞行方向、风的大小和方向都不受其他环境因素影响。

1.2.3 模型建立与求解

1. 模型建立

以机场为原点，以正东方向为 x 轴，建立平面直角坐标系，如图 1-10 所示。设风的速度的大小为 v_1，方向为东偏南方向 α 角。设战斗机的飞行速度为 v，战斗机的飞行目标在正北方向，战斗机的实际飞行方向为北偏西方向 β 角。飞行员要达到目的地，必须是风使战机的北偏东的偏移量等于飞机的北偏西的偏移量，这样就能保证飞机达到预定的目的地。

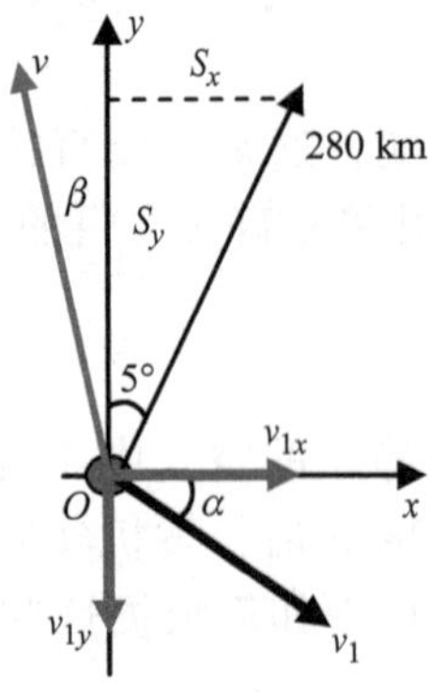

图 1-10　几何示意图

1）风速模型

战斗机在 30min 内飞行的距离为 $s=vt=580\times\frac{30}{60}=290\text{km}$，大于 280km，故 $\alpha>0°$。将风速在坐标轴方向分解：

$$v_{1x}=v_1\cos\alpha,\ v_{1y}=v_1\sin\alpha$$

再将角度单位化为度（°），从而得到风速的大小和方向：

$$\alpha=\arctan\frac{v_{1y}}{v_{1x}}\times 180/\pi,\ v_1=\frac{v_{1x}}{\cos\alpha}$$

因为飞行速度为 $v=580\text{km/h}$ 的战斗机从机场起飞，按照罗盘向北飞行，飞行 30min 后，战斗机实际朝北偏东 5°方向飞行了 280km，即 v_{1x}、v_{1y} 满足

$$\begin{cases}(580-v_{1y})\times\dfrac{30}{60}=280\cos(\dfrac{5\pi}{180})\\ v_{1x}\times\dfrac{30}{60}=280\sin(\dfrac{5\pi}{180})\end{cases}$$

2）飞行方向模型

因为战斗机的速度大小为 v，方向为北偏西方向 β 角，要使战斗机向正北方向飞行，那么战斗机在 x 轴方向的分速度必须等于风速在 x 轴方向的分速度，则

$$v\sin\beta=v_1\cos\alpha$$

所以，战斗机的北偏西方向的偏离角为

$$\beta=\arcsin(\frac{v_1}{v}\cos\alpha)\times 180/\pi$$

2. 模型求解

1）风速模型

因为 $(580-v_{1y})\times 30/60=280\cos(5\pi/180)$，所以 $v_{1y}=580-560\cos(5\pi/180)$。又因为 $v_{1x}\times 30/60=280\sin(5\pi/180)$，所以 $v_{1x}=560\sin(5\pi/180)$，则

$$\alpha=\arctan\frac{v_{1y}}{v_{1x}}\times 180/\pi=\arctan(\frac{580-560\cos(5\pi/180)}{560\sin(5\pi/180)})\times 180/\pi=24.3913°$$

$$v_1 = \frac{560\sin(5\pi/180)}{\cos\alpha} = 53.5903(\text{km/h})$$

2）飞行方向模型

当战斗机以 v=580km/h 飞行，目标是正北方向时，若风速大小为 v_1=53.5903km/h，方向为东偏南方向 α=24.3913°，为克服风的影响，战斗机应该以北偏西方向 β 角飞行，则

$$\beta = \arcsin(\frac{v_1}{v}\cos\alpha) \times 180/\pi = \arcsin(\frac{53.5903}{580}\cos 24.3913°) \times 180/\pi = 4.8272°$$

3）编程计算

利用 Matlab 软件编程计算：

```
alfa = atan((580 - 2 * 280 * cos(5 * pi/180))/(2 * 280 * sin(5 * pi/180))) * 180/pi
v1 = 2 * 280 * sin(5 * pi/180)/cos( 24.3913 * pi/180)
beta = asin(53.5903/580 * cos(24.3913 * 2 * pi/360)) * 180/pi
```

1.2.4 结果分析

一架战斗机在静止的空气中飞行速度为 580km/h，飞行员从机场起飞，按照罗盘向北飞行，飞行 30min 后，战斗机实际朝北偏东 5°方向飞行了 280km。在这种条件下，风的速度为 $v_1 = 560\sin(5\pi/180)/\cos\alpha$，飞行员应该向北偏西方向 $\beta = \arcsin(\frac{v_1}{v}\cos\alpha)\times 180/\pi$ 角就能达到目的地。

1.3 军用物资存储模型

部队在日常训练时，根据需要会不断消耗掉各种物资，库存物资就会随之减少，库存减少到一定程度就必须对库存进行补充，以保持训练的正常进行。那么何时补充库房物资，每次补充多少就是后勤部门经常遇到的问题。

1.3.1 问题提出

为保障部队正常的日常消耗，让部队有限的资金发挥最大的效能，该部队应该多长时间补充一次训练物资？每次补充的训练物资数量应该是多少呢？

1.3.2 问题分析与模型假设

1. 问题分析

军用物资存储问题就是一个关于库存的一个策略问题，就是说库存物资的储存量究竟要多大才合适的问题。储存量过大，储存费用太高；储存量太小，会导致物资采运费增加，或不能及时满足训练需求，影响部队的日常训练工作。

由于部队训练事关国防建设，不允许无故影响训练计划，一旦出现缺货就会影响部队的正常训练秩序，因此不允许训练物资短缺的情况发生。下面在训练物资需求量稳定的前提下讨论一种简单的存储模型：不允许缺货的存储模型。

为了使问题简化，可以认为部队所需的物资是配发下拨的，无需支付购买费，一次需要支付的经费只有两项：物资采运费、仓库管理费。所谓物资采运费包括外出联系、采集、运输、装配等费用，这一类费用往往只与采运的次数有关，而与每次采运的物资数量无关。所谓仓库管理费是指物质存放在仓库里要加以管理，要占用和消耗人力、物力与场地等，一般地，单位时间的物资的库存费不变，且只与库存的物资数量成正比。

不妨先简单地分析一下：若训练中需要某种物资的日需求量为 100 件，采运费 5000 元，储存费每日每件 1 元。如果上级供应的物资充足，远大于训练需求，并且不允许出现缺货，试安排该项物资的采运计划，即多少天采运一次（称为采运周期），每次采运的数量是多少（称为采运量），可使总费用最小。

我们先来试算以下几种特殊情况的结果：

若每天采运一次，每次采运 100 件，则可知，此时无储存费，采运费 5000 元，每天费用为 5000 元；

若 10 天采运一次，每次采运 1000 件，则我们可知，此时储存费为 900+800+…+100=4500（元），采运费 5000 元，总计 9500 元，平均每天费用为 950 元；

若 50 天采运一次，每次采运 5000 件，则我们可知，此时储存费为 4900+4800+…+100=122500 元，采运费 5000 元，总计 127500 元，平均每天费用为 2550 元。

从以上的计算看，10 天采运一次比每天及 50 天采运一次的费用少。采运周期短、采运量少，会使储存费小，但采运费较大；而采运周期长、采运量多，会使储存费大，采运费较小。所以必然存在一个最佳的采运周期，使总费用最小。因此，应该建一个优化模型来解决问题。

2. 模型假设

为了处理的方便，考虑建立连续模型，设采运周期 T 和采运量 Q 均为连续量。根据问题性质作出如下假设。

（1）需求的物资是连续的、均匀的，每天物资需求量为常数 r。

（2）次采运费为 C_1，每天每件物资储存费为 C_2。

（3）运周期为 T 天，每次采运 Q 件物资，当储存量降到零时，Q 件产品可以即供给需求，即不允许缺货。

1.3.3 模型建立与模型求解

1. 模型建立

将储存量表示为时间 t 的函数 $q(t)$，设开始时，即 $t=0$ 采运 Q 件物资，此时储存量 $q(0)=Q$，$q(t)$ 以需求率 r 递减，直到 $q(T)=0$，如图 1-11 所示，显然有

$$q(t) = Q - rt \qquad Q = rT$$

一个采运周期总费用：采运费为 C_1，存储费为 $C_2\int_0^T q(t)\,\mathrm{d}t = \frac{1}{2}C_2QT = \frac{1}{2}C_2rT^2$，其中的积分恰好等于图（1-11）中 $\triangle QOT$ 的面积。

所以一个采运周期 T 内的费用为

$$C(T) = C_1 + \frac{1}{2}C_2rT^2$$

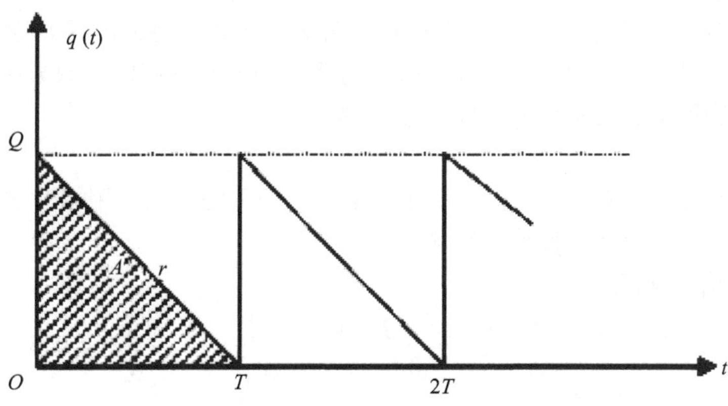

图 1-11　不允许缺货模型的储存量 q (t)

一个采运周期平均每天的费用为

$$\bar{C}(T)=\frac{C(T)}{T}=\frac{C_1}{T}+\frac{1}{2}C_2rT$$

问题归结为求采运周期 T 使 $\bar{C}$ (T) 最小。

2. 模型求解

利用“高等数学”中求函数最值的方法来求解模型。

令$\frac{\mathrm{d}\bar{C}(T)}{\mathrm{d}T}=-\frac{C_1}{T^2}+\frac{1}{2}C_2r=0$，不难求得最优采运周期为

$$T=\sqrt{\frac{2C_1}{rC_2}}$$

从而每个采运周期的最优采运量为

$$Q=rT=\sqrt{\frac{2C_1r}{C_2}}\quad（经济订货批量公式，简称 EOQ 公式）$$

最小费用为

$$C=\sqrt{2C_1C_2r}$$

1.3.4　结果分析与模型验证

1. 结果分析

经过计算得最优采运周期为 $T=\sqrt{\frac{2C_1}{rC_2}}$ 及每个采运周期的最优采运量为 $Q=\sqrt{\frac{2C_1r}{C_2}}$。

从计算结果看：

（1）当采运费 C_1 增加时，采运周期 T 和采运量 Q 都变大。

（2）当储存费 C_2 增加时，采运周期 T 和采运量 Q 都变小。

（3）当需求量 r 增加时，采运周期 T 变小和采运量 Q 变大。

这些关系当然是符合常识的，不过公式在定量上的平方根关系却是凭常识无法得到的。

利用这个结果可以计算前面提到的问题。当采运费为5000元，每件每天储存费1元，日需求量 $r=100$ 件时，算出最优采运周期 $T=10$ 天，每天的平均费用为 $C=1000$ 元。在问题分析时，当 $T=10$ 天，每天的平均费用为 $C=950$ 元，这微小的差别，显然是由于经济订货批量公式是从连续模型求解得到的。

2. 模型验证

为了讨论参数 C_1、C_2、r 的微小变化对采运周期 T 的影响，用相对改变量衡量结果对参数的敏感程度，定义并计算敏感度 S。

（1）T 对 C_1 的敏感度：

$$S(T,\ C_1)=\frac{\Delta T/T}{\Delta C_1/C_1}\approx\frac{\partial T}{\partial C_1}\frac{C_1}{T}=\frac{1}{\sqrt{2C_1C_2r}}\cdot\frac{C_1}{\sqrt{\dfrac{2C_1}{rC_2}}}=0.5$$

可见，C_1 增加1%时，T 增加0.5%。

（2）T 对 C_2 的敏感度：

$$S(T,\ C_2)=\frac{\Delta T/T}{\Delta C_2/C_2}\approx\frac{\partial T}{\partial C_2}\frac{C_2}{T}=-\frac{1}{2}\sqrt{\frac{2C_1}{rC_2^3}}\cdot\frac{C_2}{\sqrt{\dfrac{2C_1}{rC_2}}}=-0.5$$

可见，C_2 增加1%时，T 减少0.5%。

（3）T 对 r 的敏感度：

$$S(T,\ r)=\frac{\Delta T/T}{\Delta r/r}\approx\frac{\partial T}{\partial r}\frac{r}{T}=-\frac{1}{2}\sqrt{\frac{2C_1}{r^3C_2}}\cdot\frac{r}{\sqrt{\dfrac{2C_1}{rC_2}}}=-0.5$$

可见，r 增加1%时，T 减少0.5%。

总之，参数 C_1、C_2、r 的微小变化对采运周期 T 的影响是很小的。

参考文献

［1］姜启源．数学建模［M］．4版．北京：高等教育出版社，2011．

［2］中国人民解放军学位委员会办公室．军事定量分析方法［M］．北京：国防工业出版社，2015．

1.4 战场目标估算模型

在信息化条件下，精确估算战场目标是制定作战计划的基础性工作之一，也是在战场上实现精确打击的重要保证。在实际作战中，需要对作战目标的地域面积进行估算，其估算方法与精度要求是与作战的目的和目标区域的形态有关的。例如，若目标区域中包含有山谷，则就需要计算山体的表面积；若目标区域是一块比较平坦，而且面积不是很大的地域，则可把它看成一个近似的平面区域来处理；若目标区域是一块面积很大的地域，则可把它近似看成球面的一部分（将地球近似看成是一个球体）来处理。当然，如果能有更翔实的区域地貌信息，则应该根据地域的曲面特性进行更精确的战场目标估算。

1.4.1 问题提出

根据作战需要，假设某重要作战目标为长 4000m、宽 3000m 的矩形区域，如图 1-12 所示，该区域以步长为 5m 划分网格，若网格节点对应的海拔高度值已知，试估算所给目标区域内的海拔在 12m 以上部分的地表面积。

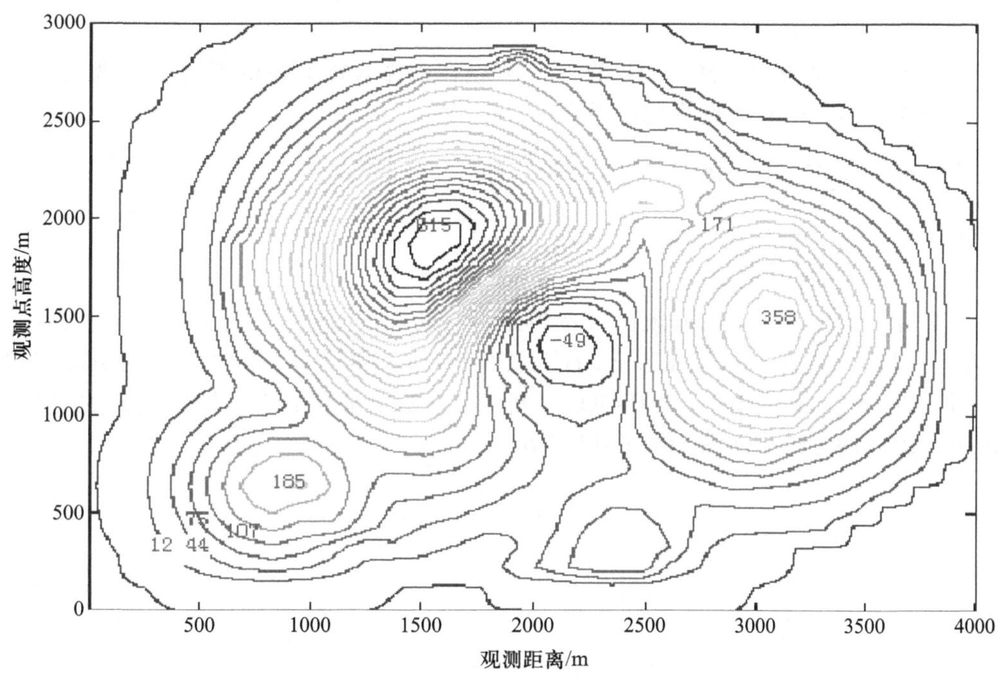

图 1-12 目标区域等高线图

进一步，经技术侦察发现，敌方的指挥部设在 358 高地上，并在整个区域内设有若干个观测哨，以实现该区域的全覆盖观测。根据目前所掌握的情况，指挥部的观测点高出地面 10m，在无障碍的情况下，最远可观测距离为 1000m。每个观测哨的观测点高度为 3m，在无障碍情况下，最远可观测距离为 500m。实际中，敌方也会考虑到地理因素和观测效果，尽量少地设置观测哨而实现整个区域的无盲区全覆盖观测。为了实现精确打击，试分析研究敌方会在该目标区域内设置多少个观测哨，最可能的位置设在何处？

1.4.2 问题分析与模型假设

1. 问题分析

为了实现整个作战目标区域的无盲区全覆盖观测，应在整个山地区域中多处设置观测哨所，且应遵循尽量少设置原则，从而更好地满足作战的实际需要。在理想状态下，每个观测哨所相当于一个点源，向周围全方位发射有限距离的信号，因此，观测哨所的观测范围应是一个以哨所为中心的圆形区域。但是，考虑到复杂的地形和地物影响，圆形观测范围内必然存在观测盲点，因此需要多个观测哨所在区域内进行合理设置，从而实现该目标区域的全覆盖观测，这属于视界覆盖问题。由于观测哨所的圆形观测范围之间必然存在交叠，因此要实现观测哨区域内的最优设置，也可以理解为用任意多边形来对该目标区域进行最优填充。最优填充，就是在满足完全覆盖的情况下所用的点源数量最少，即在目标区域内设置最少的观测哨所。

2. 模型假设

（1）目标区域内山体表面在小区域范围内表现得较为平整光滑，没有很大的起伏、坑洼。

（2）对于一个单元网格，如果它 4 个节点在山体表面对应的点能够被观测到，则认为该山体表面上所有的点均能被观测到。

1.4.3 模型建立与求解

1. 模型建立

1）表面积的计算模型

分别计算目标区域内的海拔在 12m 以上部分的地表面积和目标区域的总地表面积。

（1）计算海拔在 12m 以上部分的地表面积。将长 4000m、宽 3000m 的矩形作战目标区域，以 5m 为步长划分为 800×600 个网格，并给出了其中任一网格节点对应的海拔高度值，山体的三维立体图如图 1-13 所示。

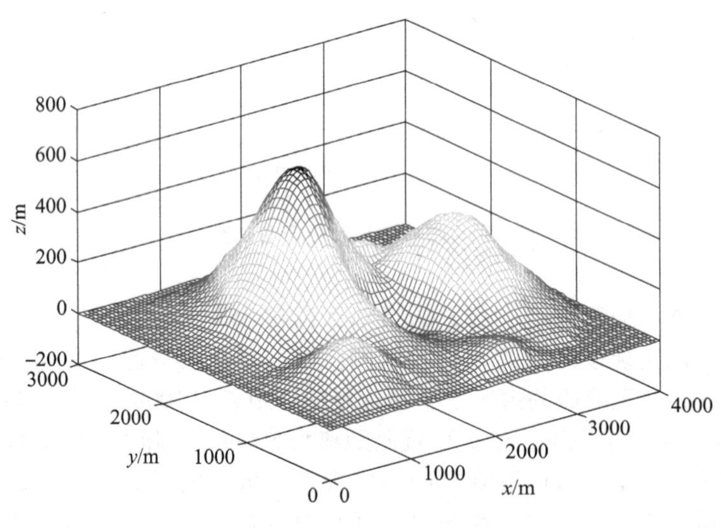

图 1-13 山体的三维立体图

要求海拔 12m 以上部分的山体总表面积，可通过计算每一个 5m×5m 的方形单元网格曲面面积，然后求和得到山体的总表面积 s。计算每一个网格所对应的山体的表面积，可以采用三角形法，如图 1-14 所示，为三角形法中任一网格对应的山体曲面图。

曲面可以近似为两个三角形的组合，而对于空间的 4 个点，这种组合共有两种。

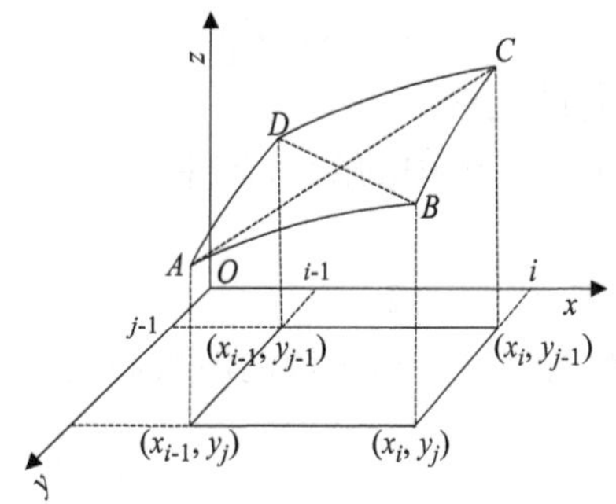

图 1-14　网格对应的山体曲面图（三角形法）

其分别为△ABC 与△ACD，△ABD 与△BCD。因此单元网格所对应的曲面面积 s_{ij} 近似为 $S_{\triangle ABC}+S_{\triangle ACD}$ 或是 $S_{\triangle ABD}+S_{\triangle BCD}$，更好的方法是取其平均值得到一个网格的曲面面积：

$$s_{ij}=\frac{S_{\triangle ABC}+S_{\triangle ACD}+S_{\triangle ABD}+S_{\triangle BCD}}{2}$$

对于每一个三角形,根据海伦公式,其面积的计算公式为 $s_{\triangle}=\sqrt{(\rho-a)(\rho-a)(\rho-a)\rho}$，其中 a、b、c 为三角形三边长，$\rho=\dfrac{a+b+c}{2}$。

再将各个网格面积相加，得到海拔 12m 以上部分的**山体总表面积**。

$$s=\sum_{i=1}^{800}\sum_{j=1}^{600}s_{ij}$$

式中：s_{ij} 为海拔高度在 12m 以上的曲面面积，$0\leqslant i\leqslant 800$，$0\leqslant j\leqslant 600$，且 i、j 均为整数。

表面积计算模型的求解。要求海拔高度在 12m 以上部分面积，首先应对数据进行筛选，此时将 $h(x_i, y_j)$ 作为判断指标，当 $h(x_i, y_j)\geqslant 12$ 时，将此网格对应山体的表面积单元计入表面积，否则舍去。

具体算法如下。

步骤 1：定义一个 800×600 的面积矩阵 $\boldsymbol{S}_{800\times 600}$，$s_{ij}$ 为 $\boldsymbol{S}_{800\times 600}$ 中第 i 行第 j 列所对应的元素。

步骤 2：以 $i=0$，$j=0$ 为初始条件，其中 $0\leqslant i\leqslant 800$，$0\leqslant j\leqslant 600$，$i$、$j$ 以步长为 1 逐步增加，进行二重循环。

步骤 3：判断任一网格节点对应 $h(x_i, y_j)$ 值的大小。若 $h(x_i, y_j)$ 值大于或等于 12，则继续进行步骤 4 的运算，否则令 $s_{ij}=0$，并跳出一次循环。

步骤 4：利用海伦公式，计算出每一网格上 4 个节点所组成的三角形面积，并除以 2 得到 s_{ij}。

步骤 5：对 800×600 的面积矩阵 $\boldsymbol{S}$ 求和，即可得到海拔在 12m 以上部分山体表面积 s。

（2）计算总表面积。对海拔高度在 12m 以上部分表面积计算模型进行适当修改，便得到目标区域山体总表面积 $S_{总}$ 的求和模型为

$$S_{总} = \sum_{i=1}^{800} \sum_{j=1}^{600} s_{ij}$$

式中：s_{ij} 为面积矩阵 $\boldsymbol{S}$ 中所有的元素。

采用三角形方法，去掉上述算法中的筛选条件 $h(x_i, y_i) \geq 12$，利用 Matlab 软件编程即可求得。

利用 Matlab 软件编程计算（1）、(2)：

% 说明，数组 $aa_{801*601}$ 是已知的目标区域的海拔高度矩阵；

```
S=0;s=0;
fori=1:800
    for j=1:600
        a=sqrt(25+(aa(i,j)-aa(i,j+1))^2);
        b=sqrt(25+(aa(i,j+1)-aa(i+1,j+1))^2);
        c=sqrt(25+(aa(i+1,j)-aa(i+1,j+1))^2);
        d=sqrt(25+(aa(i+1,j)-aa(i,j))^2);
        e=sqrt(50+(aa(i,j)-aa(i+1,j+1))^2);
        f=sqrt(50+(aa(i+1,j)-aa(i,j+1))^2);
        r=(a+b+e)/2; abe=sqrt(r* (r-a)* (r-b)* (r-e));
        r=(c+d+e)/2; cde=sqrt(r* (r-c)* (r-d)* (r-e));
        r=(a+d+f)/2; adf=sqrt(r* (r-a)* (r-d)* (r-f));
        r=(b+c+f)/2; bcf=sqrt(r* (r-b)* (r-c)* (r-f));
        SS(i,j)=(abe+cde+adf+bcf)/2;  % 计算第 i,j 块的表面积;
        S=S+SS(i,j);                  % 累加计算目标区域总面积;
        ifaa(i,j)>=12                 % 筛选海拔高度在 12m 以上的目标区域;
            ss(i,j)=SS(i,j);
        else
            ss(i,j)=0;
        end
        s=s+ss(i,j);                  % 计算海拔高度在 12m 以上的目标区域的面积;
    end
end
s,S
```

计算结果：(1) 最终求解得 $s=9.7698\times10^6\text{m}^2$，即海拔在 12m 以上部分山体总的表面积为 $9.7698\times10^6\text{m}^2$。

(3) $S_{总}=1.2898\times10^7$，即目标区域山体总的表面积 $S_{总}=1.2898\times10^7\text{m}^2$。

2）观测哨所设置数量的初步估算

不考虑山地地形和地物等因素的影响，观测哨所的观测范围可以看作圆形区域。为了保证区域的无盲区全覆盖观测，各个圆形观测区域之间必然会有很多交叠之处。当考虑观测区域的交叠之后，实际上每个观测哨所的观测范围仅为一个多边形。根据交叠情况的不同，哨所的有效观测区域也不相同，通过查阅文献［7］，选择以下样式来设置观测哨所最适宜，如图 1-15 所示。

(1) 设置观测哨所的分布形状选择。根据交叠情况的不同，通过查阅文献［7］，主要有以下三种情况。

情况 1：每个哨所相间 120°，相邻设置了 3 个哨所，则哨所的有效观测区域为正三角形。

情况 2：每个哨所相间 90°，相邻设置了 4 个哨所，则哨所的有效观测区域为正方形。

情况 3：每个哨所相间 60°，相邻设置了 6 个哨所，则哨所的有效观测区域为正六边形。

其具体形状如图 1-15 所示。

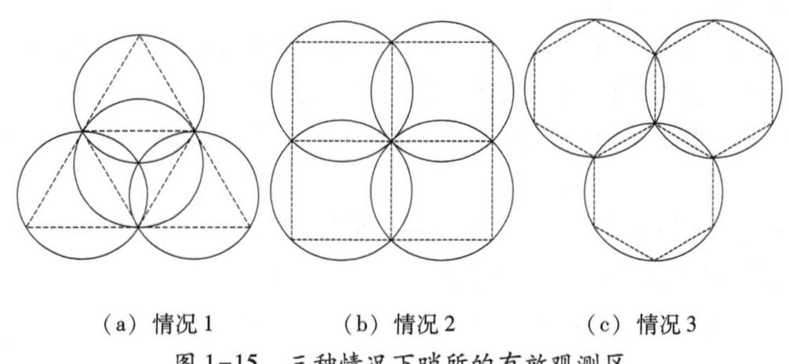

（a）情况 1　　（b）情况 2　　（c）情况 3

图 1-15　三种情况下哨所的有效观测区

在圆形观测半径相同的条件下，计算上述三种情况下哨所距离、有效观测区域面积、交叠区宽度、交叠区面积和面积交叠率（表 1-1），表中 r 表示哨所观测区域的半径。

表 1-1　三种情况下哨所观测区域比较

观测区域形状	正三角形	正方形	正六边形
哨所之间距离	r	$\sqrt{2}r$	$\sqrt{3}r$
有效观测区域面积	$1.3r^2$	$2r^2$	$2.6r^2$
交叠区宽度	r	$0.59r$	$0.27r$
交叠区面积	$1.2\pi r^2$	$0.73\pi r^2$	$0.35\pi r^2$
面积交叠率	1.2	0.73	0.35

由表 1-1 可知，当哨所的有效观测区域为正六边形时，各观测哨所的观测范围之间的交叠面积最小，故选择以情况 3 样式来设置观测哨所最适宜，如图 1-16 所示。

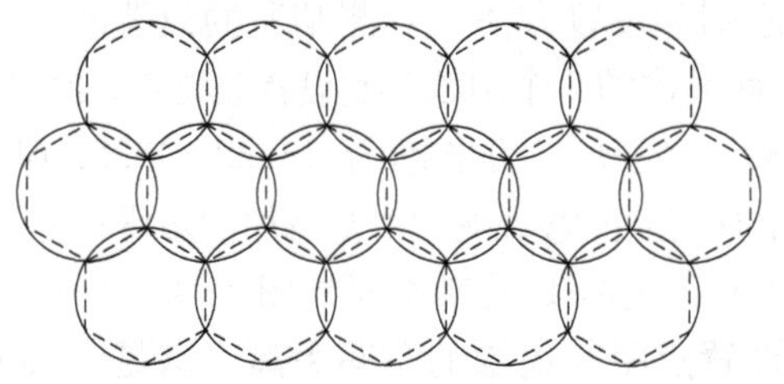

图 1-16　观测哨所蜂窝状设置图

（2）初步计算观测哨所的数量。令初步设置观测哨所的数量为 N_0，则哨所在理想的观测状态下，有

$$N_0 = \frac{S_{总} - \pi R^2}{s_1}(N_0 \geqslant 1，且为整数)$$

式中：s_1 为哨所的有效观测区域面积，$s_1=2.6r^2$（$r=500\text{m}$）；R 为指挥所观测点的有效观测区域半径（$R=1000\text{m}$）。

故易求解得 $N_0=16$，即需要初步设置的观测哨所数量为 16 个。

3）观测哨所的设置原则

目标区域内的观测哨所初步设置，暂不考虑区域内地形和地物的影响，经过研究分析，应满足以下几点原则才能使哨所的设置最优。

原则 1：在满足目标区域完全覆盖的前提条件下，观测哨所设置的数量应越少越好。

原则 2：首先从山顶开始设置观测哨所，呈辐射状依次向山顶周围层层设置，相邻两层观测哨所之间的观测范围可以有交叠，但不能存在观测盲区。

原则 3：所有哨所的有效观测范围尽可能按正六边形连接，形成一个六边形网，设置后的整个观测哨所的观测范围大致呈蜂窝状。

原则 4：不考虑空间地形地物对观测视线的遮挡，能观测到的距哨所最远的空间距离即为观测哨所的观测半径。

原则 5：观测哨所全部设置在已划分好的网格节点上面，若网格的 4 个节点在山体上对应的点能够被观测到，则认为该网格对应的山体表面均能被观测到。

4）观测哨所的设置方法

（1）从作战目标区域中的 3 个山顶开始设置观察哨所，在 358 高地上设置敌方指挥部的观测点，它的最远观测半径为 1000m，在 615 高地和 185 高地上分别设置一个观测哨所，它们的最远观测半径为 500m。对于指挥部观测点，只要距观测点的空间距离不大于 1000m 的点，均认为能够被观测到；对于观测哨所，只要距观测哨所的空间距离不大于 500m 的点，也均能被观测到。

（2）按照设置原则，依次向山头周围设置观测哨所。每设置一个观测哨所，就将它的观测范围用阴影进行覆盖标记，阴影覆盖之间可以有交叠，但不能出现空白部分，直到整个目标区域内被阴影完全覆盖，即认为实现了该区域的无盲区全覆盖观测。

2. 模型求解

首先对观测哨所进行编号，根据设置的先后顺序，依次编号为 1，2，3，…，然后遵循上述的各初步设置原则和设置方法，观测哨所的设置的具体步骤如下。

步骤 1：首先从目标区域内的 3 个山顶开始设置观测点，经计算，敌指挥部观测点的坐标为（3035，1455，357.30），哨所 1 的坐标为（1520，1825，614.40），哨所 2 的坐标为（965，630，184.35）。3 个观测点能够观测到得范围用阴影进行标记，如图 1-17 所示。

步骤 2：在 615 高地上，哨所 1 观测范围如图 1-17 所示，以其圆形观测区域边缘为边界条件，新的哨所设置点距其边缘的空间距离应满足 $l \leqslant 500\text{m}$，且根据正六边形设置原则，它们的观测范围应按照正六边形连接，因此，观测哨在 615 高地所在山顶的第二层设置应满足如图 1-18 所示的关系。但是，考虑到实际地形的影响，新哨所的设

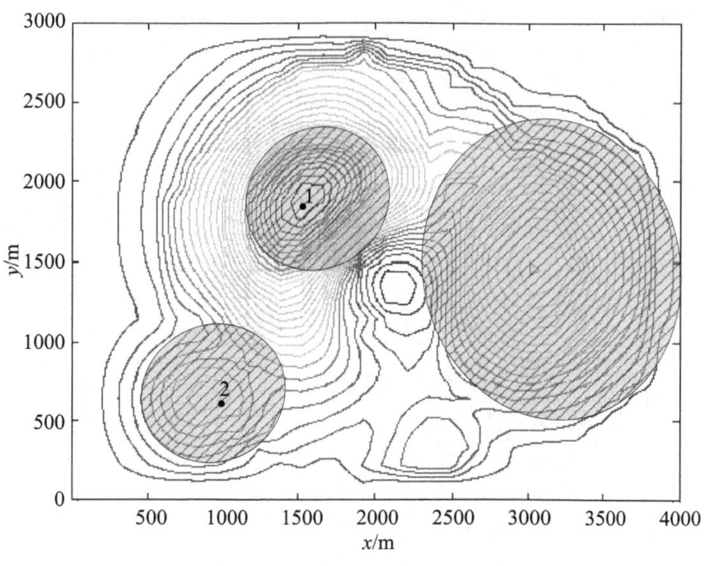

图 1-17　第一批观测点设置图

置位置应在如图 1-18 所示的菱形区域内，靠近理论布置点。

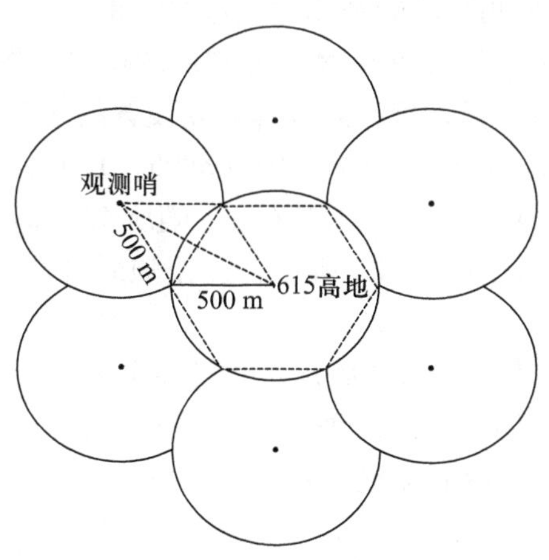

图 1-18　615 高地周围哨所设置关系简图

以空间距离为约束条件，在哨所 1 圆形观测区域周围进行搜索，最终确定了新设置的 6 个观测哨所的位置，如图 1-19 所示，并将哨所按顺时针顺序，依次编号为 3，4，5，6，7，8。

经计算，新设置的 6 个观测哨所的坐标如下：

哨所 3（2270，2075，235.03），哨所 4（2270，1770，164.76），哨所 5（1470，1195，277.01），哨所 6（845，1495，169.90），哨所 7（770，2080，124.63），哨所 8（1520，2595，197.50）。

步骤 3：在 358 高地上，原指挥部观测点的观测范围为一个半径为 1000m 的圆形区

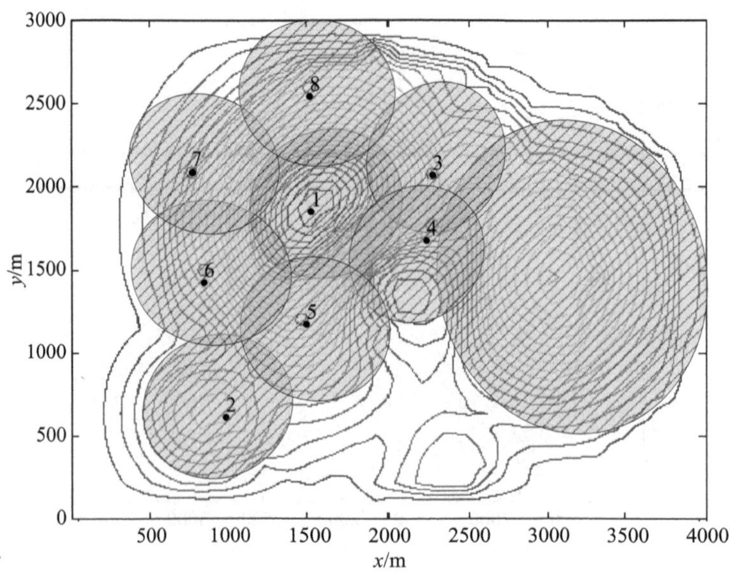

图 1-19　第二批观测哨所设置图

域（图 1-19），新设置的观测哨所能观测的最远空间距离 $l \leqslant 500$m，在观测点圆形观测区域周围进行搜索，最终确定了 5 个新增观测哨所的位置如图 1-20 所示，并按顺时针顺序依次编号为 9，10，11，12，13，经计算，新设置的 5 个观测哨所的坐标如下：

哨所 9（3035，2275，81.71），哨所 10（3895，1895，12.02），哨所 11（3895，1095，14.84），哨所 12（3035，755，135.69），哨所 13（2145，1005，23.02）。

第三批观测哨所设置图如图 1-20 所示，并按顺时针顺序依次编号为 9，10，11，12，13。

步骤 4：观察图 1-20 中的空白区域，此时已经不能再用正六边形原则进行最优填充，经过分析研究，哨所应主要按以下两种情况进行设置。

情况 1：3 个圆形观测区域的交叠（图 1-21（a）），观测哨所设置在三角形区域内，并应尽量靠近圆心 O_1。

情况 2：4 个圆形观测区域的交叠（图 1-21（b）），观测哨所设置在平行四边形区域内，并应尽量靠近圆心 O_1。

对上述两种情况所示的区域内进行搜索，最终确定了空白区域中新设置的 8 个观测哨所的位置如图 1-22 所示，按顺时针顺序依次编号为 14，15，16，17，18，19，20，21。经计算，新设置的 8 个观测哨所的坐标分别为：

哨所 14（3720，2695，0），哨所 15（745，75，0），哨所 16（2445，370，93.55），哨所 17（1795，345，19.17），哨所 18（220，1745，8.50），哨所 19（345，970，24.00），哨所 20（920，2695，36.91），哨所 21（2145，2720，104.99）。

步骤 5：观察图 1-22，经过前 4 个步骤的哨所设置后，目标区域内边缘处任有几处未被哨所的观测范围覆盖，因此，再适当地在区域内的空白处设置 5 个观测哨所，按顺时针顺序依次编号为 22，23，24，25，26，从而使整个目标区域实现无盲区全覆

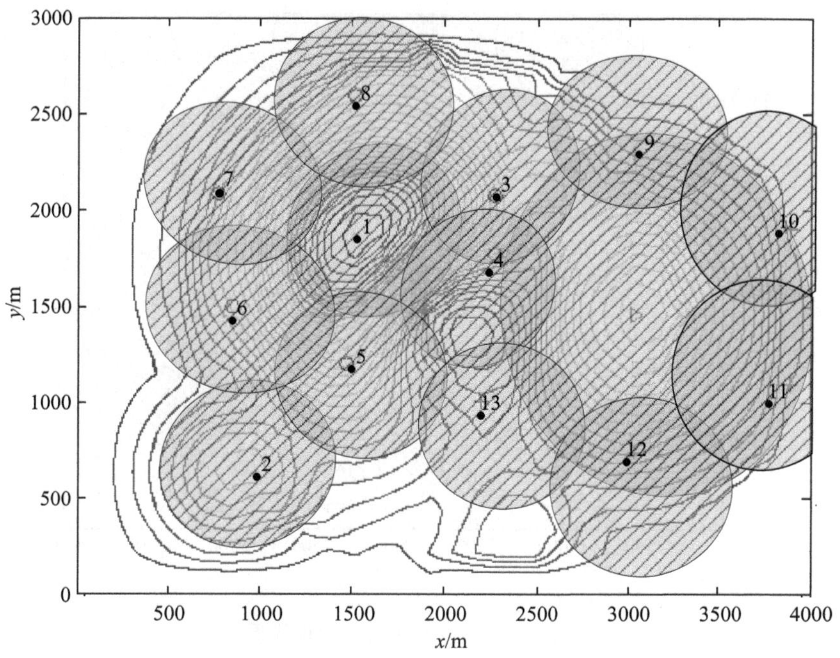

图 1-20　第三批观测哨所设置图

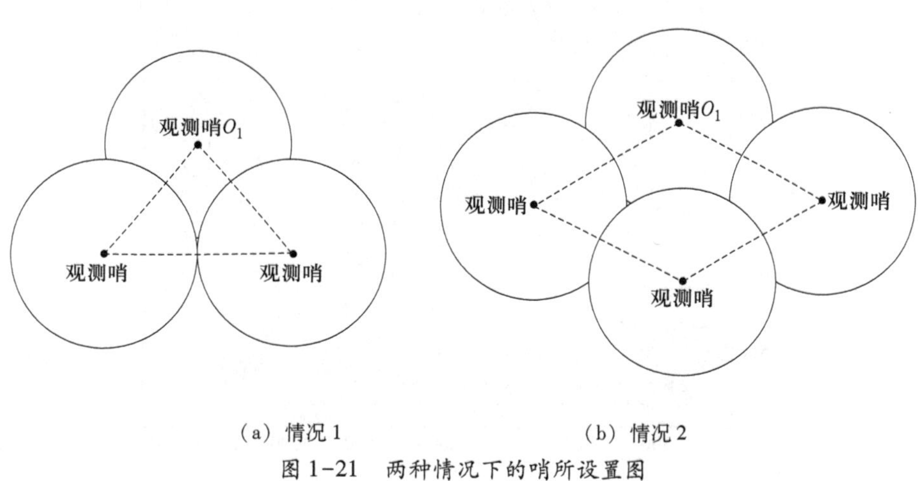

(a) 情况 1　　(b) 情况 2

图 1-21　两种情况下的哨所设置图

盖观测，如图 1-23 所示。经计算，图中新设置的 5 个观测哨所的坐标分别为：

哨所 22（2895，40，2.32），哨所 23（1100，9，5.02），哨所 24（395，295，30.80），哨所 25（195，2645，0），哨所 26（2945，2945，0.29）。

根据上述哨所初步设置的 5 个步骤，共需要设置 26 个观测哨所才能实现整个目标区域的无盲区全覆盖观测，其中不包括敌方在 358 高地上设置的指挥部观测点。

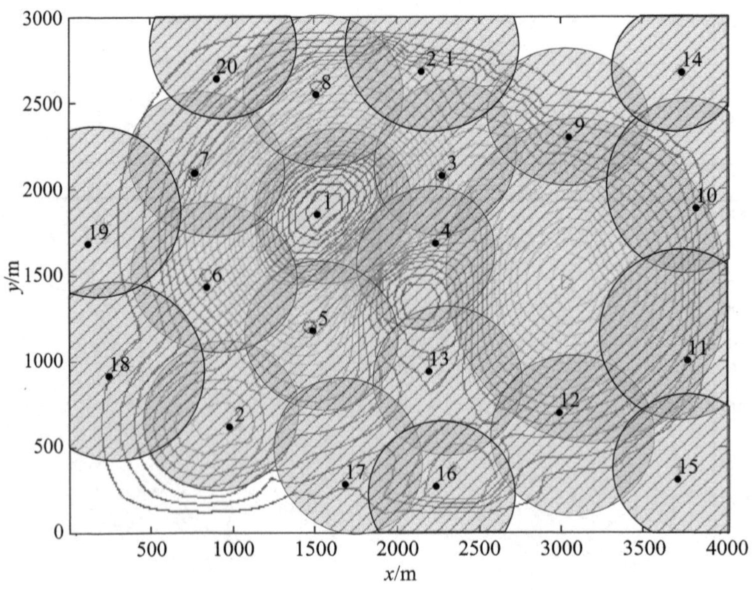

图 1-22　第四批观测哨所设置图

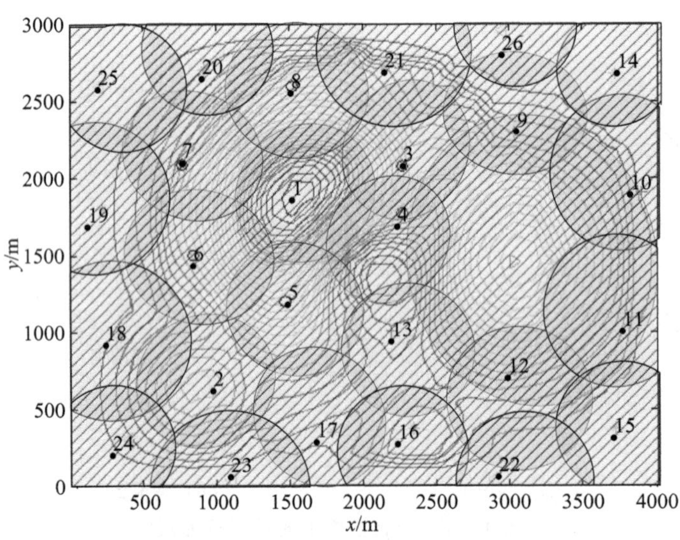

图 1-23　第五批观测哨所设置图

1.4.4　结果分析与拓展应用

1. 结果分析

根据上述哨所初步设置的 5 个步骤，共需要设置 26 个观测哨所才能实现整个目标区域的无盲区全覆盖观测。

对海拔高度在 12m 左右的山体表面积的计算采用了近似处理，势必会造成一定的误差，而山体表面积的数值大小影响到了观察哨的设置，对模型的解造成影响。模型的建立过程中需要随机选取一些数据进行初始位置的确定，增加了模型的误差。

2. 拓展应用

在实际作战中，可根据区域内不同地形地貌，对地形进行分类，并设置不同的权重值：权重较小的位置，只要满足区域全覆盖即可；而在权重大的位置，在满足区域全覆盖的前提下，应该再适当增设观测哨所的数量，实现对重要区域的重点覆盖。如有些地方坡度较为平缓，适合敌方展开进攻或者空降突袭，应在其范围内增加观测哨所的数量；有些地方坡度较陡，不适合进攻作战，则不需要增设观测哨所，只要满足全覆盖要求即可。

参考文献

[1] 同济大学数学系．高等数学（下册）[M]．北京：高等教育出版社，2007.

[2] 同济大学数学系．线性代数 [M]．北京：高等教育出版社，2007.

[3] 韩中庚．数学建模竞赛——获奖论文精选与点评 [M]．北京：科学出版社，2006.

[4] 姜启源．数学模型 [M]．北京：高等教育出版社，2003.

[5] 董霖．MATLAB 使用详解 [M]．北京：电子工业出版社，2008.

[6] 孙荣恒．应用数理统计 [M]．北京：科学出版社，1998.

[7] 雷博，谢维信，等．空间分析中视界覆盖问题的研究 [J]．系统工程与电子技术，27（11）：1833-1834.

[8] 盛骤，谢式千，等．概率论与数理统计 [M]．北京：高等教育出版社，2008.

第2章　微分方程模型

当我们描述军事对象的某些特性随时间而演变的过程、分析它的变化规律、预测它的未来形态、研究它的控制手段时，通常要建立军事对象的动态模型，而微分方程正好就是描述的动态模型，如兰彻斯特作战模型、鱼雷追踪敌舰模型、舆情传播模型等。微分方程是研究函数变化规律的有力工具，在科技、工程、经济和军事领域中有着广泛的应用。

2.1　兰彻斯特作战模型

打不打这场战争？战争的胜负能否预测？早在第一次世界大战时期（1914年7月至1918年11月），F. W. Lamchester于1914年提出了预测战争结局的微分方程数学模型，他是第一个对战斗过程中对抗双方的力量关系进行系统地数学分析的科学家。他从1914年开始，首次从古代冷兵器战斗和运用枪炮进行战斗的不同特点出发，建立了相应的微分方程组，深刻地揭示了交战过程中双方战斗单位数（兵力）变化的数量关系，人们把这一组微分方程称为兰彻斯特方程。用这些模型可以分析历史上一些著名的战争，如美日硫磺岛战役，该模型对局部战役的研究是有一定价值的。

2.1.1　问题提出

对于一场战争应考虑以下几个问题：

（1）打还是不打？

（2）打的话，胜算是多少？

（3）损失有多大？

2.1.2　问题分析与模型假设

1. 问题分析

对于有大量单位参加的战斗，由于受众多因素的影响，一个作战单位的状态对作战双方整体状态影响不大，作战双方的相对剩余战斗兵力将接近于其数学期望值。这时，可以把参加战斗的兵力数近似看为一个连续变量，从而使我们对问题的处理得以大大简化。在战斗中，兵力数的变化与兵力数的多少和对方战斗力的强弱有关。

2. 模型假设

考虑冷兵器时代和近代战争，不考虑信息化战争，因而只考虑双方兵力的多少和战斗力的强弱，战斗力即杀伤对方的能力，与射击率、命中率以及战争类型（正规战和游击战）有关；交战双方的兵力理解为武器和人的结合体，武器损坏了，认为人也阵亡了；只讨论作战双方的整体性质，而不涉及较小战斗单位的状态细节。

2.1.3 模型建立与求解

战争模型有很多类，对于不同的战斗条件和环境有不同的模型，主要考虑三种战争模型：兰彻斯特第一线性律、兰彻斯特第二线性律、兰彻斯特平方律。

1. 兰彻斯特第一线性律

在冷兵器时代，战斗形式通常是单兵之间一对一地进行格斗，战斗的结局取决于双方的格斗水平。因此，在给定时刻，双方实际进行格斗的士兵数目大体相等；而且当战线长度一定时，在战线上格斗的士兵数目是几乎不变的（而不管双方各投入了多少兵力）。这样，在单位时间里，甲、乙双方伤亡的兵力（武器）数也各是一个常数。

为了使描述的作战过程的数学模型简化，把双方兵力都看作是随时间变化的随机变量（一定满足连续条件），且定义如下：

$x(t)$ ——t 时刻甲军的武器数量的平均数；

$y(t)$ ——t 时刻乙军的武器数量的平均数；

x_0——作战开始时，甲军的武器数量，也称甲军的初始兵力；

y_0——作战开始时，乙军的武器数量，也称乙军的初始兵力；

a——乙军在单位时间内对甲军武器的平均毁伤数，乙军的战斗效能；

b——甲军在单位时间内对乙军武器的平均毁伤数，甲军的战斗效能。

设作战开始时刻为 0，对于作战开始后的任意时刻 t，则在 $[t, t+\Delta t]$ 这一段时间内甲军武器的平均损失数与乙军的战斗效能成正比，即

$$x(t) - x(t + \Delta t) = a \cdot \Delta t$$

令 $\Delta t \to 0$，并考虑到初始兵力，有

$$\begin{cases} \dfrac{\mathrm{d}x(t)}{\mathrm{d}t} = - a \\ x|_{t=0} = x_0 \end{cases} \tag{2 - 1}$$

同理，对乙军也有类似的微分方程

$$\begin{cases} \dfrac{\mathrm{d}y(t)}{\mathrm{d}t} = - b \\ y|_{t=0} = y_0 \end{cases} \tag{2 - 2}$$

解之得

$$\begin{cases} x(t) = x_0 - at = x_0 - at \\ y(t) = y_0 - at = y_0 - bt \end{cases} \tag{2 - 3}$$

当 $x=0$ 时，$t_1 = \dfrac{x_0}{a}$；当 $y=0$ 时，$t_2 = \dfrac{y_0}{b}$。它们分别为甲、乙军兵力能持续的时间，如果甲、乙双方都血战到底，那么胜负决定于甲、乙双方作战持续时间的长短。

当 $t_1>t_2$，即 $bx_0>ay_0$，甲军胜；

当 $t_1<t_2$，即 $bx_0<ay_0$，乙军胜；

当 $t_1=t_2$，即 $bx_0=ay_0$，甲、乙双方同归于尽。

作战时间 $T=\min(t_1, t_2)$；

由式（2-3）有

$$bx(t) - ay(t) = bx_0 - ay_0 \tag{2-4}$$

如果有 $bx_0-ay_0>0$，则在整个战斗过程中一直有 $bx-ay>0$；反之亦然。

bx（t）和 ay（t）分别称为甲、乙军在 t 时刻的平均战斗力；bx_0 和 ay_0 分别称为甲、乙军的初始战斗力。

兰彻斯特把由式（2-4）所描述的关系概括为“在单兵一对一格斗的条件下，交战一方的有效战斗力与其战斗单位数与该方每一个战斗单位的平均战斗力的乘积”成正比。人们称为兰彻斯特第一线性律。

2. 兰彻斯特第二线性律

兰彻斯特第一线性律只适用于相互一对一格斗的情况。下面研究一种间瞄射击毁伤的情形。这时甲、乙双方虽然相互都知道对方火力配置的地域，但却不知道该地域内的准确位置，因此射击表现为压制性的火力（如地炮的压制性射击那样），排除了火力集中的可能性。这时一方武器（火力）数量的损失，既与对方武器数量的多少（压制火力的大小成正比），又与自己一方武器数量的多少（目标密度的大小成正比）。重新定义如下：

a——乙军一件武器（如一门火炮）在单位时间对甲军配置地域内的平均每件武器（火力）毁伤率；

b——甲军一件武器在单位时间对乙军配置地域内的平均每件武器（火力）毁伤率。

在［t，$t+\Delta t$］这一段时间内乙军对甲军武器的毁伤数为

$$x(t) - x(t + \Delta t)^2 = a \cdot x(t) \cdot y(t) \cdot \Delta t,\ 令\ \Delta t \to 0$$

$$\frac{dx(t)}{dt} = - a \cdot x(t) \cdot y(t) \tag{2-5}$$

同理，对乙军也有类似的微分方程为

$$\frac{dy(t)}{dt} = - bx(t)y(t) \tag{2-6}$$

对式（2-5）、式（2-6）稍加变化，有

$$b\frac{dx(t)}{dt} - a\frac{dy(t)}{dt} = 0$$

考虑初始条件：

$$\begin{cases} x|_{t=0} = x_0 \\ y|_{t=0} = y_0 \end{cases} \tag{2-7}$$

积分后得

$$bx(t) - ay(t) = bx_0 - ay_0\ 或\ a(y_0 - y(t)) = b(x_0 - x(t)) \tag{2-8}$$

由此可见，在对阵进行间瞄射击情况下，在战斗过程中，双方兵力损耗之间的关系由式（2-8）表示。

把式（2-5）和式（2-6）两式相除，可得

$$\frac{dx(t)}{dy(t)} = \frac{a}{b}$$

则

$$x(t)=\frac{a}{b}y(t)+c \tag{2-9}$$

即 $x(t)$ 和 $y(t)$ 间成线性关系。

兰彻斯特将式（2-8）所表述的关系概括为“在面向目标间接瞄准射击的条件下，交战一方的有效战斗力正比于其战斗单位数与该方每一单位的平方战斗力的乘积”。人们称为兰彻斯特第二线性律。

对式（2-9）考虑初始条件式（2-7），可得

$$c=x_0-\frac{a}{b}y_0 \tag{2-10}$$

将式（2-9）、式（2-10）代入式（2-6），可得

$$\frac{\mathrm{d}y(t)}{\mathrm{d}t}=-ay^2(t)-(bx_0-ay_0)y(t)$$

令 $z(t)=\frac{1}{y(t)}$，可化成一阶线性微分方程：

$$\frac{\mathrm{d}z(t)}{\mathrm{d}t}=a+(bx_0-ay_0)\cdot z(t)$$

由 $t=0$，$z(0)=\frac{1}{y_0}$ 可得

$$z(t)=\frac{ay_0-bx_0\exp[bx_0-ay_0)t]}{(ay_0-bx_0)y_0} \tag{2-11}$$

令

$$K=\frac{bx_0}{ay_0} \tag{2-12}$$

可得

$$y(t)=\frac{1}{z(t)}=\frac{y_0(K-1)}{K\exp[ay_0(K-1)t]-1} \tag{2-13}$$

将式（2-11）代入式（2-9），注意到式（2-12）有

$$x(t)=\frac{x_0(1-K)}{\exp[ay_0(1-K)t]-K} \tag{2-14}$$

容易看出，无论 t 怎样大，$x(t)$ 和 $y(t)$ 都不为 0，故这时判断胜负采用下述公理。

由式（2-13）和式（2-14）可得

$$\frac{y(t)}{x(t)}=\frac{y_0}{x_0}\cdot\exp[ay_0(1-K)t] \tag{2-15}$$

当 $K=\frac{bx_0}{ay_0}>1$ 时，对于任意 t，有

$$\frac{y(t)}{x(t)}<\frac{y_0}{x_0}$$

故在整个作战时间内，甲军体现出较强的战斗力，甲军胜。

当 $K=\frac{bx_0}{ay_0}<1$ 时，对于任意 t，有

$$\frac{y(t)}{x(t)} > \frac{y_0}{x_0}$$

故在整个作战时间内，甲军体现出较强的战斗力，乙军胜。

显然，$K=\frac{bx_0}{ay_0}=1$ 是整个作战时间内，甲、乙双方势均力敌的标志。

由式（2-15），可得

$$\frac{y(t)}{x(t)} = \frac{y_0}{x_0} \cdot \exp[(ay_0 - bx_0)t]$$

由上式可以看出：

若 $ay_0-bx_0>0$，当 $t\to\infty$时，$\frac{y(t)}{x(t)}\to\infty$；

若 $ay_0-bx_0<0$，当 $t\to\infty$时，$\frac{y(t)}{x(t)}\to 0$；

若 $ay_0-bx_0=0$，当 $t\to\infty$时，$\frac{y(t)}{x(t)}=\frac{y_0}{x_0}$。

由兵力比变化规律可知，对阵地间瞄压制式的射击只有当 $t\to\infty$时，失败的一方的兵力才趋向于零。这表明对阵地间瞄射击只适宜于在作战初期进行，当敌方生存的目标越来越少时，间瞄射击效率就会大大降低。这种现象符合战斗的实际情况。

3. 兰彻斯特平方律

假设甲、乙双方有大量兵力（武器）参加，每件武器对对方的目标实施直瞄射击，一旦毁伤了目标，就立即转移火力，向其他目标射击，甲、乙双方的射击流都是泊松流。并规定：a 为单位时间内一件乙方武器杀伤甲方武器的数量；b 为单位时间内一件甲方武器杀伤乙方武器的数量。则在 $[t, t+\Delta t]$ 时间内甲方武器的损失数为

$$x(t) - x(t+\Delta t) = ay(t) \cdot \Delta t$$

令 $\Delta t\to 0$，有

$$\frac{\mathrm{d}x(t)}{\mathrm{d}t} = -ay(t) \tag{2-16}$$

同理，对乙方有

$$\frac{\mathrm{d}y(t)}{\mathrm{d}t} = -bx(t) \tag{2-17}$$

式（2-16）、式（2-17）说明，每方兵力损失的速率与对方的兵力成正比，两式相除得

$$\frac{\mathrm{d}x(t)}{\mathrm{d}y(t)} = \frac{ay(t)}{bx(t)}$$

即

$$bx^2(t) = ay^2(t) + C$$

由初始条件$\begin{cases} x\big|_{t=0}=x_0 \\ y\big|_{t=0}=y_0 \end{cases}$，可得

$$C = bx_0^2 - ay_0^2$$

最后得

$$bx^2 - ay^2 = bx_0^2 - ay_0^2 \tag{2-18}$$

甲、乙胜负的条件：由式（2-18），若 $bx_0^2 > ay_0^2$，则在任意时刻有 $bx^2(t) > ay^2(t)$，最后 $y(t)$ 先变为0，乙方被歼灭。

若 $bx_0^2<ay_0^2$，有 $bx^2<ay^2$，最后 $x(t)$ 先变为0，甲方被歼灭；

若 $bx_0^2=ay_0^2$，有 $bx^2=ay^2$，最后 $x(t)$、$y(t)$ 同时变为0，甲、乙方同归于尽。

由于战斗力与武器数的平方成正比，兰彻斯特将式（2-18）所表示概括为"在直接瞄准射击条件下，交战一方的有效战斗力正比于其战斗单位数的平方与每一战斗单位平均战斗力（平均毁伤系数）的乘积"，人们称为兰彻斯特平方律。

考虑双方增援，令 $f(t)$ 和 $g(t)$ 分别表示甲方和乙方 t 时刻的增援率，所谓增援率，就是增援战士投入战斗或战士撤离战斗的速率。此时正规部队对正规部队的作战模型为

$$\begin{cases} \dfrac{\mathrm{d}x(t)}{\mathrm{d}t} = -ay(t) + f(t) \\ \dfrac{\mathrm{d}y(t)}{\mathrm{d}t} = -bx(t) + g(t) \end{cases} \tag{2-19}$$

2.1.4 结果分析与拓展应用

1. 利用瓦弄战役的作战损耗验证模型

中印边境自卫反击作战是1962年6月至11月间，在我国西藏、新疆，东西两段同时进行的边境战争。瓦弄战役是在战争的第二阶段位于东段的瓦弄地区实施的。入侵印军第十一旅4个营凭险扼守。11月16日上午，各团先后与印军打响战斗，我边防部队以1个团向瓦弄西北之印军左翼实施迂回包围，以1个团加1个营分别向瓦弄扎公、曲子扎公反击，以4个连从察隅河以东反击，分割歼灭瓦弄地区之敌。11月21日12时，我军进至金古底，逼近中印边界传统习惯线。追击部队奉命停止追击，就地转入搜剿。在这次战役中，时间6天，我方参战兵力为6000人，印军参战兵力为2000人，我军伤亡约800人，印军伤亡约1200人。

瓦弄战役中，我军采用集中优势兵力的作战方法，双方使用的武器装备基本相似，且双方非战斗减员少，可忽略不计，且随着作战时间的推移，双方的战斗损耗是动态变化的。因此，可以应用兰彻斯特平方律检验瓦弄战役兵力损耗。

设 x、y 分别表示我军、印军的兵力数量，时间以天为单位，a、b 分别表示印军、我军每一战斗成员在单位时间内平均毁伤对方战斗成员的数目，则兵力损耗模型为

$$\begin{cases} \dfrac{\mathrm{d}x}{\mathrm{d}t} = -ay \\ \dfrac{\mathrm{d}y}{\mathrm{d}t} = -bx \end{cases}$$

由于 a、b 分别表示印军、我军每一个战斗成员在单位时间内平均毁伤对方战斗成员的数目，由初始条件 $\begin{cases} x|_{t=0} = x_0 = 6000 \\ y|_{t=0} = y_0 = 2000 \end{cases}$，因此，有

$$\begin{cases} a = 800/(2000 \times 6) = 0.067 \\ b = 1200/(6000 \times 6) = 0.033 \end{cases}$$

作战持续 t 天双方兵力数量：

$$\begin{cases}x(t)=x_0\mathrm{ch}(\sqrt{ab}\,t)-(\sqrt{a/b}\,y_0)\mathrm{sh}(\sqrt{ab}\,t)\\ y(t)=y_0\mathrm{ch}(\sqrt{ab}\,t)-(\sqrt{b/a}\,x_0)\mathrm{sh}(\sqrt{ab}\,t)\end{cases} \tag{2-20}$$

将 a、b 代入式（2-19），可得

$$\begin{cases}x(t)=6000\mathrm{ch}(0.047t)-2850\mathrm{sh}(0.047t)\\ y(t)=2000\mathrm{ch}(0.047t)-4211\mathrm{sh}(0.047t)\end{cases}$$

即为作战持续 t 天双方兵力数量。

当 $t=6$ 天时，有

$$\begin{cases}x(6)=6000\mathrm{ch}(0.282)-2850\mathrm{sh}(0.282)=6240-826=5414(\text{人})\\ y(6)=2000\mathrm{ch}(0.282)-4211\mathrm{sh}(0.282)=2080-1211=869(\text{人})\end{cases}$$

即我方和印军的剩余兵力分别为 5414 人和 869 人，与实际剩余兵力数据 5200 人、800 人大体上吻合。

微分方程模型：

$$\begin{cases}\dfrac{\mathrm{d}x(t)}{\mathrm{d}t}=-0.067y(t)\\ \dfrac{\mathrm{d}y(t)}{\mathrm{d}t}=-0.033x(t)\end{cases}$$

可以用于预测瓦弄战役兵力损耗。

假设作战 6 天后仍持续进行，直至印军剩余兵力变为 0，则交战持续时间为

$$T_y=\frac{1}{2\sqrt{ab}}\ln\left[\frac{\sqrt{b}\,x_0\sqrt{a}\,y_0}{-\sqrt{b}\,x_0+\sqrt{a}\,y_0}\right]=\frac{1}{0.094}\ln\left[\frac{1092+518}{-1092+518}\right]=10(\text{天})$$

我方剩余兵力为

$$x_s=\sqrt{x_0^2-(a/b)\ y_0^2}=\sqrt{6000^2-(0.067/0.033)\ 2000^2}=5280\ (\text{人})$$

从理论上我方将多损失 134 名兵力。因此，我军于 1962 年 11 月 21 日 12 时，进至金古底，逼近中印边界传统习惯线，追击部队便停止追击，就地转入搜剿，既节省了时间减少了兵力损失又大获全胜。

2. 拓展应用

兰彻斯特模型只考虑了双方兵力的损失、战争的持续时间以及战争的胜负，没有考虑战争带来的代价，下面分析战争带来的代价。

1）代价函数

平方律公式表示了战斗实力与战斗单位数量平方之间的关系，揭示了集中使用兵力作战的重要性，所以又可称为集中律。

当 $bx_0^2>ay_0^2$时，甲方占优势，在战斗结束时，乙方将被全歼，从而有 $b=0$，甲方剩余的兵力数为

$$x_s=\sqrt{x_0^2-(a/b)y_0^2}$$

甲方阵亡的兵力数为

$$x_w=x_0-x_s=x_0-\sqrt{x_0^2-(a/b)y_0^2}$$

取 $x_0=1000$，$y_0=500$，$a=b=1$，得 $x_s=866$，$x_w=134$，假设甲、乙双方每投入一个

战斗单位的平均代价是 2，每阵亡一个战斗单位的平均代价是 20，计算出甲方投入 1000 人的代价是 1000×2+134×20＝4680（人）。

x_0 取不同的数值，会有甲方不同的代价，我们将进一步引入代价函数的概念，寻求集中使用兵力的最优方案，并根据历史上一些战例的数据，计算代价函数的代价系数比。

集中优势兵力，不仅能够夺取战斗的胜利，而且又能较少地付出代价，寻求出一个集中兵力的最优方案，为此所要找的函数就是集中兵力的代价函数。

在甲方获胜的前提下，假设甲方每投入一个战斗单位的平均代价是 c_1，每阵亡一个战斗单位的平均代价是 c_2，则战斗结束后甲方付出的总代价为

$$f(x_0) = c_1x_0 + c_2\left(x_0 - \sqrt{x_0^2 - \frac{a}{b}y_0^2}\right) \tag{2-21}$$

式（2-21）则可以定义为集中兵力的代价函数，它表明在 c_1、c_2、a、b 和乙方的初始兵力 y_0 为已知的情况下，甲方所付出的代价随初始兵力变化的情况，利用该代价函数可以求出甲方初始兵力为 x_0 时全歼乙方所付出的代价。

对代价函数 $f(x_0)$ 求导，令 $f(x_0)=0$ 可得

$$x_0^* = \frac{\sqrt{a}\left(1 + \dfrac{c_2}{c_1}\right)y_0}{\sqrt{b}\sqrt{1 + 2\dfrac{c_2}{c_1}}} \tag{2-22}$$

式（2-22）表明，甲方初始兵力取 x_0^*，将得到甲方取胜付出最小代价的集中使用兵力方案，最小代价为 $f(x_0^*)$，将 x_0^* 代入式（2-21）可求得。

代价函数 $f(x_0^*) = \sqrt{\frac{a}{b}c_1(c_1+2c_2)}/y_0$ 的函数曲线如图 2-1 所示。

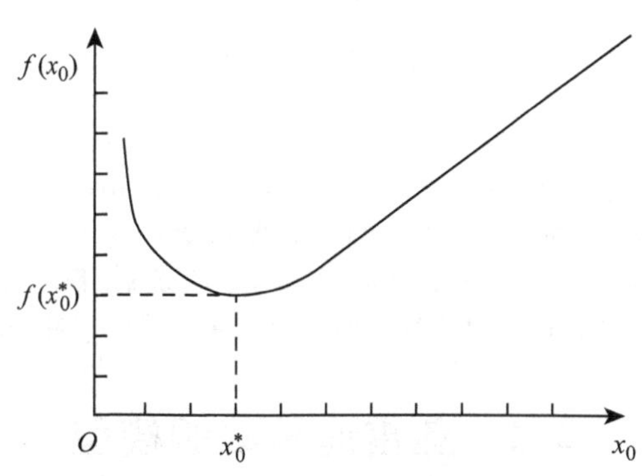

图 2-1　代价函数曲线图

从图 2-1 可以看到：当 $x_0<x_0^*$ 时，x_0 越偏离 x_0^*，由于阵亡的单位数的增加，甲方所付代价不断增加；当 $x_0>x_0^*$ 时，x_0 越偏离 x_0^*，由于投入的战斗单位数的增加，甲方所付代价不断增加，且越来越接近 c_1x_0。

2）代价系数比的确定

在代价函数中，c_1 和 c_2 的大小往往由募集、训练一个病员的费用和阵亡一个病员的平均抚恤费用决定，与具体的历史发展时期相联系，受时间、地点、兵力、武器装备、运输、后勤保障等多种因素的制约，确定它们的大小是一个十分复杂的问题。

令代价函数的系数 c_2、c_1 之比为 η，即 $\eta=c_2/c_1$。

那么代价系数比 η 在什么范围取值比较合理？通过历史上一些战例的数据进行计算，计算它等于多少。利用一些符合兰彻斯特平方律的实际战斗来验证，我们认定这些战例是集中使用兵力的成功战例，认定这些战例的兵力使用方案是获得战斗胜利所付总代价最小的方案，它们的初始兵力 $x_0=x_0^*$，利用它们的数据，估算代价函数的代价系数比 η。

在已知甲、乙两方的初始兵力和甲、乙方每一战斗成员的毁伤系数比的情况下，求 c_2/c_1，舍去负根可得

$$\eta = A - 1 + \sqrt{A^2 - A} \tag{2-23}$$

式中：$A=ax_0^2/by_0^2$ 人。

通过分析成功的战例，将有关数据代入上式，可得具体的战争背景下获胜一方的代价系数比 η。

例如，在第二次世界大战日美硫黄岛战役中，美军投入的初始兵力 $x_0=73000$ 人，日军初始兵力 $y_0=21500$ 人，每一个从事实际战斗的美军平均每天杀伤 0.0119888 个日军，每一个从事实际战斗的日军每天平均杀伤 0.0539976 个美军，即 $a=0.0539976$，$b=0.0119888$，利用式（2-23）求得 $\eta=3.55$。

通过战例计算出来的代价系数比大小为 3.30～3.50，表明了战争的规律性。可以看到同一个历史时期内的代价系数比如此相互接近，因此，通过历史战争数据的分析，通过对代价系数比的估计，利用代价函数可以进一步对未来战争加以研究，寻求未来作战集中兵力使用的最佳方案。

参考文献

[1] 姜启源，谢金星，叶俊. 数学模型 [M]. 高等教育出版社，北京，2011.

[2] 但琦. 高等数学军事应用案例 [M]. 国防工业出版社，北京，2017.

[3] 王克格，陈俊珍. 兰彻斯特方程与集中兵力优化问题 [J]. 军事系统工程，1997 (3).

[4] 中国人民解放军学位委员会办公室. 军事定量法分析方法 [M]. 北京：国防工业出版社，2015.

2.2 鱼雷追踪敌舰模型

鱼雷是一种水中的武器，鱼雷发射后可以自己控制方向以及深度，一旦碰上舰船，就会爆炸，而且鱼雷一旦爆炸，威力无法估量，因此鱼雷是水中最好的武器。

2.2.1 问题提出

在某海域，我舰发现一艘敌舰，通过观察敌舰的运行路线，我舰发射鱼雷欲打击敌舰，试问鱼雷在何时、何地击中敌舰，并用仿真演示鱼雷运动轨迹。

2.2.2 问题分析与假设

首先建立平面直角坐标系，通过对鱼雷运动轨迹和敌舰运动轨迹的分析，在鱼雷发射后的任何时刻鱼雷头始终对准敌舰，鱼雷做曲线运动，速率不变，敌舰做直线运动，当鱼雷运动轨迹和敌舰运动轨迹相交时，即鱼雷击中敌舰。

假设敌舰没有发现我舰，某发射鱼雷的甲舰位于坐标原点（0，0），发现敌舰时，敌舰位于（1，0），并沿与 y 轴正向相平行方向直线行驶。此刻，甲舰立即发射鱼雷，该鱼雷能在发射后的任何时刻都对准目标。

2.2.3 模型的建立与求解

敌舰在某海域运动是有规律的，考虑两个方向：一个是敌舰沿正北方向；另一个是敌舰沿与 x 轴成 θ 角的方向直线运动。

1. 敌舰向正北方向运动

如图 2-2 所示建立直角坐标系，敌舰初始位在点 A（1，0），方向为平行于 y 轴正方向，鱼雷发射位置 O（0，0）。

设鱼雷的轨迹曲线为 $y=y(x)$ 敌舰的速度为 v_0，并设经过时间 t，鱼雷位于点 $P(x, y)$，敌舰位于点 $Q(1, v_0t)$。由于鱼雷始终对准敌舰，故此时直线 PQ 就是鱼雷的轨迹曲线弧 OP 在点 P 处的切线，即有

$$y' = \frac{v_0t - y}{1 - x}$$

即

$$v_0t = (1 - x)y' + y$$

又根据题意，$\overset{\frown}{OP}$ 的长度为 $|AQ|$ 的 5 倍，即

$$\int_0^x \sqrt{1 + y'^2}\,\mathrm{d}x = 5v_0t$$

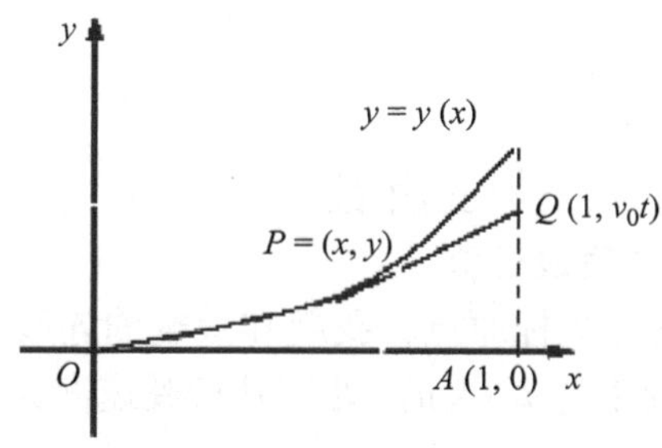

图 2-2　鱼雷追击坐标图

由此得

$$(1 - x)y' + y = \frac{1}{5}\int_0^x \sqrt{1 + y'^2}\,\mathrm{d}x$$

得到鱼雷追击舰艇的微分方程模型为

$$(1-x)y''=\frac{1}{5}\sqrt{1+y'^2}$$

并有初值条件 $y(0)=0$，$y'(0)=0$，可得

$$y=-\frac{5}{8}(1-x)^{\frac{4}{5}}+\frac{5}{12}(1-x)^{\frac{6}{5}}+\frac{5}{24}$$

此即鱼雷运行的曲线方程。

当 $x=1$ 时，$y=\frac{5}{24}$，即当敌舰航行到点 $(1,\frac{5}{24})$ 处时被鱼雷击中。被击中时间为 $t=\frac{y}{v_0}=\frac{5}{24v_0}$。若 $v_0=1$，则在 $t=0.21$s 处被击中。

用 Matlab 求解模型 $(1-x)\ y''=\frac{1}{5}\sqrt{1+y'^2}$ 的数值解。

令 $y_1=y'$，$y_2=y'_1$，将 $(1-x)\ y''=\frac{1}{5}\sqrt{1+y'^2}$ 化为一阶微分方程组：

$$\begin{cases} y'_1=y_2 \\ y'_2=\frac{1}{5}\sqrt{1+y_1^2}/(1-x) \end{cases}$$

建立 m-文件 eq1. m

1. 建立 m-文件 eq1. m

```
function dy=eq1(x,y)
dy=zeros(2,1);
dy(1)=y(2);
dy(2)=1/5* sqrt(1+y(1)^2)/(1-x);
```

2. 取x0=0，xf=0. 9999，建立主程序如下：

```
x0=0;xf=0.99999;
[x,y]=ode23('eq1',[x0 xf],[0 0]);
Y=0:0.01:2;
plot(1,Y,'g.')
hold on
plot(x,y(:,1),'b* ')
```

结论是鱼雷大致在（1，0. 2）处击中敌舰。

2. 敌舰沿与 x 轴成 θ 角的方向直线运动

设我舰发射鱼雷时位置在坐标原点，我舰和敌舰的连线为 x 轴，建立直角坐标系，如图 2-3 所示。敌舰在 x 轴正向 d（km）处，其行驶速度为 a（km/h），方向与 x 轴夹角为 θ，鱼雷运动速度为 b（km/h）。

设 t 时刻时鱼雷位置为 $P(x(t),y(t))$，则

$$\sqrt{\left(\frac{dx}{dt}\right)^2+\left(\frac{dy}{dt}\right)^2}=b \qquad (2-24)$$

t 时刻敌舰位置为 $Q(X(t),Y(t))$，则

$$\begin{cases} X(t)=d+at\cos\theta \\ Y(t)=at\sin\theta \end{cases}$$

鱼雷对准目标敌舰，则鱼雷轨迹切线方向为

$$\begin{pmatrix} \dfrac{\mathrm{d}x}{\mathrm{d}t} \\ \dfrac{\mathrm{d}y}{\mathrm{d}t} \end{pmatrix} = \lambda \begin{pmatrix} X - x \\ Y - y \end{pmatrix}$$

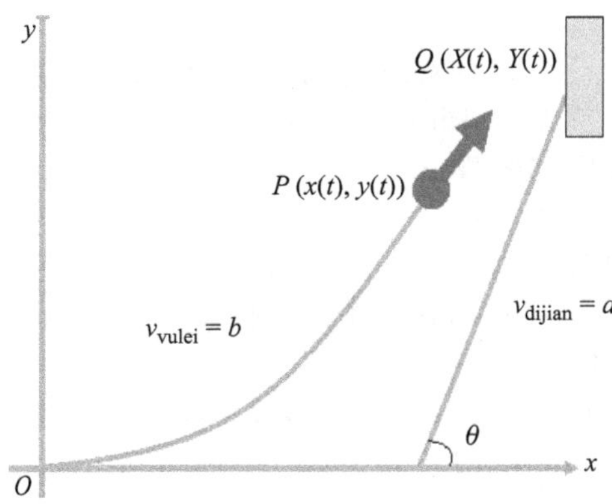

图 2-3　鱼雷追踪示意图

将上式代入式（2-24）消去 λ，可得鱼雷追击敌舰的微分方程模型：

$$\begin{cases} \dfrac{\mathrm{d}x}{\mathrm{d}t} = \dfrac{b}{\sqrt{(X-x)^2 + (Y-y)^2}}(X - x) \\ \dfrac{\mathrm{d}y}{\mathrm{d}t} = \dfrac{b}{\sqrt{(X-x)^2 + (Y-y)^2}}(Y - y) \end{cases}$$

初始条件为 $x(0)=0$，$y(0)=0$。

该模型没有解析解，用 Matlab 软件编程求数值解。

（1）建立 m-文件 fungaijin. m 如下：

```
function dy=fungaijin(t,y,flag,T,a,b,seta,d)
   dy=zeros(2,1);
   X=d+a. * t. * cos(seta);
   Y=a. * t. * sin(seta);
   dy(1)=b* (X-y(1))/sqrt((X-y(1))^2+(Y-y(2))^2);
   dy(2)=b* (Y-y(2))/sqrt((X-y(1))^2+(Y-y(2))^2);
```

（2）取 t0=0，tf=T，建立主程序 chase2. m 如下：

```
clc;clear all;
% 请输入基础观测数据:T,a,b,seta,d;
T=0.1,a=90,b=450,seta=4* pi/6,d=50
[t,y]=ode45('fungaijin',[0:0.00001:T],[0 0],[],T,a,b,seta,d);
X=d+a. * t. * cos(seta); % 敌舰横坐标
Y=a. * t. * sin(seta);
plot(X,Y,'.'), hold on
plot(y(:,1),y(:,2),'r.')
```

```
jj=size(t);
for j=1:jj                % 通过比较横坐标,得到一个时间序号数组;
    if y(j,1)<X(j)
        TT(j)=100000;     % 未击中敌舰时,赋一个很大的值;
    else
        TT(j)=j;          % 击中敌舰时,赋时间序列号;
    end
end                       % TT 的最小值 j 对应的 t(j)就是击中敌舰的具体时间。
tt=min(TT);               % 求出击中敌舰的时间序号;
if tt<100000 % 判断能否击中敌舰;
  disp(['敌舰在打击范围内!'])
  disp(['击中敌舰的时间为:']);
  disp([t(tt)])           % 显示击中敌舰的具体时间;
  disp(['击中敌舰的位置为:']);
  disp([blanks(8),'P(x,y)',blanks(15),'Q(X,Y)'])
  disp([y(tt,:),X(tt),Y(tt)])
else
  disp(['敌舰在打击范围外!'])
  disp(['最后 T 时刻鱼雷与敌舰的位置坐标:'])
  disp([blanks(6),'P(x(T),y(T))',blanks(7),'Q(X(T),Y(T))'])
  disp([y(jj(1),:),X(jj(1)),Y(jj(1))])
  gtext('P(x(T),y(T))'), gtext('Q(X(T),Y(T)))')
end
```

取 $\theta=\frac{2\pi}{3}$时，讨论两种结果：一是鱼雷能击中敌舰；二是鱼雷不能击中敌舰。

情况（1）：我舰发现敌舰时，我舰离敌舰的距离 $d=40\text{km}$。

```
T=0.1,a=90,b=450,seta=2* pi/3,d=40
T=    0.1000
a=    90
b=    450
seta=    2.0944
d=    40
```

敌舰在打击范围内，击中敌舰的时间为 0.0834h。

击中敌舰的位置为 $P(x, y)=(36.2499, 6.4650)$，$Q(X, Y)=(36.2484, 6.4980)$，如图 2-4 所示。

情况（2）：我舰发现敌舰时，我舰离敌舰的距离 $d=50\text{km}$。

```
T=0.1,a=90,b=450,seta=2* pi/3,d=50
T=    0.1000
a=    90
b=    450
seta=    2.0944
d=50
```

敌舰在打击范围外。

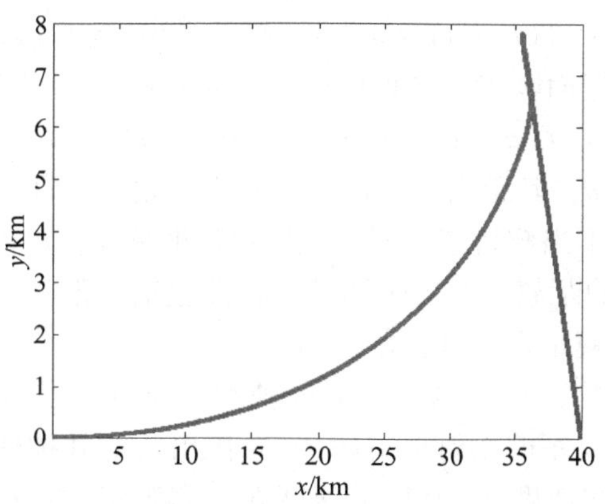

图 2-4　鱼雷击中敌舰

最后 T 时刻鱼雷与敌舰的位置坐标：

$P\ (x\ (T),\ y\ (T)\ )\ =\ (44.0529,\ 6.7783)$

$Q\ (X\ (T),\ Y\ (T)\ )\ =\ (45.5000,\ 7.7942)$

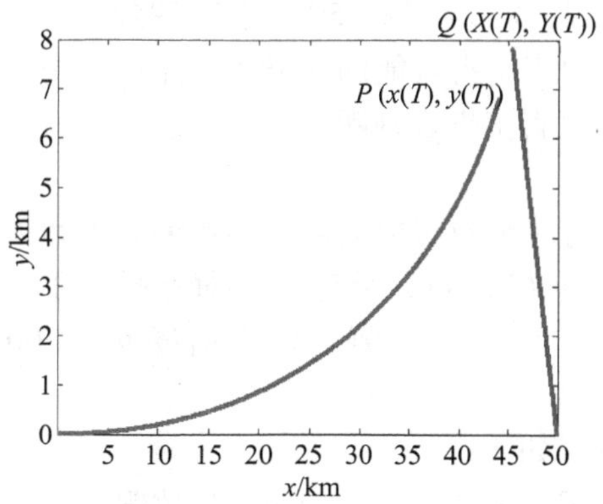

图 2-5　鱼雷不能击中敌舰

2.2.4　结果分析与拓展应用

1. 结果分析

对于给定的 a、b、d，θ 进行计算，当 $x\ (t)$ 满足

$$x(t) \geqslant d + at\cos\theta$$

则认为已击中目标。

如果 $t<T$，则敌舰在打击范围内，若需要就可以发射；否则敌舰在打击范围外，不需要发射鱼雷。

鱼雷的有效范围：设 a=90km/h，b=450km/h，T=0.1h，讨论 θ、d 的有效范围。

（1）若 θ=0，即敌舰正好背向行驶，即 x 轴正向，那么鱼雷直线飞行，击中时间 t=

$d/(b-a)<T$，可得

$$d < T(b - a) = 0.1 \times (450 - 90) = 36(\text{km})$$

（2）若 $\theta=\pi$，即迎面驶来，类似有 $t=d/(a+b)<T$，可得

$$d < T(a + b) = 0.1 \times (450 + 90) = 54(\text{km})$$

一般地，对任意的 θ，其距离 d 的最大值介于这之间，即有 $36<d_{\max}<54$。

由于微分方程组给不出解析解，根据敌舰反应时间 T，鱼雷速度 a，敌舰的速度 b，敌舰的方向 θ，与敌舰的距离 d，通过 Matlab 软件包编写程序，通过求微分方程组的数值解的方法，来判断敌舰是否在打击范围内。

根据目前的电子系统，迅速测出敌舰的种类、位置以及敌舰行驶速度和方向，根据情报，这种敌舰能在我军舰发射鱼雷后 Tmin 作出反应并摧毁鱼雷。上述程序只要给出敌舰反应时间 T，鱼雷速度 a，敌舰的速度 b，敌舰的方向 θ，与敌舰的距离 d，就可以判断我鱼雷能否在敌舰作出反应并摧毁鱼雷前击中敌舰。能够击中时，给出了击中敌舰的时间和位置坐标，不能够击中敌舰时，给出了在 T 时鱼雷与敌舰的位置坐标。

计算时给出了两种情况，前面参数相同，只是距离 d 不同：

d=40km 时，敌舰在打击范围内，击中敌舰的时间为 0.0834h。击中敌舰时鱼雷与的位置为 $P(x, y) = (36.2499, 6.4650)$，$Q(X, Y) = (36.2484, 6.4980)$。

d=50km 时，敌舰在打击范围外，在 T 时鱼雷与敌舰的位置坐标分别为 $P(x, y) = (44.0529, 6.7783)$，$Q(X, Y) = (45.5000, 7.7942)$。

在实际工作中，可以对于所有可能的 d 和 θ，计算击中所需时间，从而对不同 θ，得 d 的临界值，具体应用时直接查表判断。

2. 拓展应用

鱼雷追踪敌舰微分方程模型也可以离散化，用差分方程表示。

设敌舰初始位置在点 $A(1, 0)$，沿正北方向即平行于 y 轴正方向航行，即 A_k 位置，敌舰的速度 $a=1/60$，鱼雷 B_k 位置，鱼雷速度 $b=5/60$，鱼雷追击敌舰的路线如图 2-6 所示。

鱼雷与敌舰的动态位置如下：

鱼雷的初始位置在点 $B(0, 0)$，$t=t(k)$ 时敌舰的位置 $(1, at(k))$，鱼雷的位置坐标为 (x_k, y_k)。

鱼雷追赶方向可用方向余弦表示为

$$\begin{cases} \cos\alpha_k = \dfrac{1 - x_k}{\sqrt{(1 - x_k)^2 + (at_k - y_k)^2}} \\ \sin\alpha_k = \dfrac{at_k - y_k}{\sqrt{(x - x_k) + (at_k - y_k)^2}} \end{cases}$$

式中：α_k 为鱼雷在 $t=t(k)$ 时刻运动的切线与 x 轴的夹角。

$t=t_{k+1}=t_k+\Delta t$（Δt 时间步长）时，鱼雷的位置坐标为 (x_{k+1}, y_{k+1})。

建立差分方程：

$$\begin{cases} x_{k+1} - x_k = \Delta x_k \approx b\Delta t\cos\alpha_k \\ y_{k+1} - y_k = \Delta y_k \approx b\Delta t\sin a_k \end{cases}$$

第一步：设置时间步长 Δt，速度 a、b 及初始位置 $x_0=0$，$y_0=0$，$k=0$。

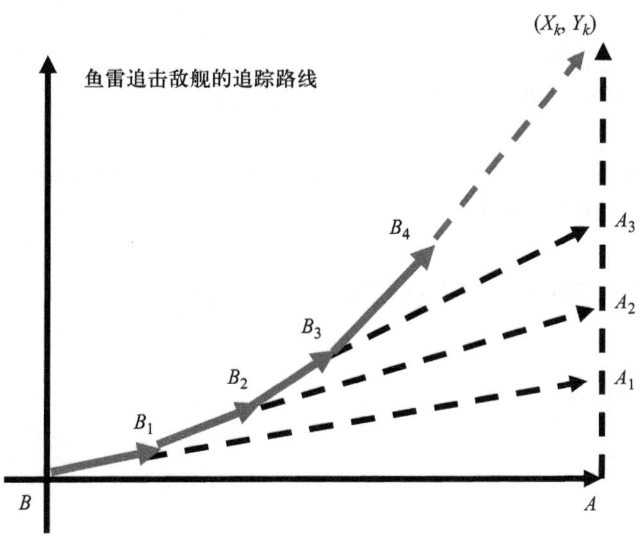

图 2-6 鱼雷追击敌舰的过程分解图

第二步：计算动点鱼雷在时刻 $t_{k+1}=t_k+\Delta t$ 时的坐标，即

$$\begin{cases} x_{k+1} = x_k + b\Delta t = \dfrac{1 - x_k}{\sqrt{(1 - x_k)^2 + (at_k - y_k)^2}} \\ y_{k+1} = y_k + b\Delta t = \dfrac{at - y_k}{\sqrt{(1 - x_k)^2 + (at_k - y_k)^2}} \end{cases}$$

计算敌舰在时刻 $t_{k+1}=t_k+\Delta t$ 时的坐标（x'_{k+1}，y'_{k+1}）：

$$x'_{k+1} = 1,\ y'_{k+1} = a(t_k + \Delta t)$$

第三步：计算鱼雷与敌舰这两个动点之间的距离，即

$$d_k = \sqrt{(x_{k+1} - x'_{k+1})^2 + (y_{k+1} - y'_{k+1})^2}$$

根据事先给定的距离，判断鱼雷是否已经追上了敌舰，从而判断退出循环还是让时间产生一个步长，返回到第二步继续进入下一次循环，

第四步：当从上述循环退出后，由点列（x_{k+1}，y_{k+1}）和（x'_{k+1}，y'_{k+1}）可分别绘制成两条曲线，即为鱼雷和敌舰走过的轨迹曲线。

用 Matlab 软件编程如下：

```
m=1;
a=1/60;
b=5/60;
d=0.01;
dt=0.12;
t=0;
jstx=0;
jsty=0;
zscx=m;
zscy=0;
```

```
hold on
axis([0,3,0,0.3])
while (sqrt((jstx-zscx)^2+(jsty-zscy)^2)>d)
    t=t+dt;
    jstx=jstx+b* dt* (1-jstx)/sqrt((1-jstx)^2+(a* t-jsty)^2);
    jsty=jsty+b* dt* (a* t-jsty)/sqrt((1-jstx)^2+(a* t-jsty)^2);
    zscy=a* t;
    plot(jstx,jsty,'r+',zscx,zscy,'b* ')
    pause(0.2)
end
jstx,jsty,zscx,zscy,t
```

运行结果如下：

```
jstx=
    0.9985
jsty=
    0.2090
zscx=
    1
zscy=
    0.2060
t=
    12.3600
```

通过不断地调整 dt 的数值，由图 2-7 可知当敌舰在（1，0.206）处鱼雷击中乙舰，时间是 12.36s，经检验这一结果实际值近似。

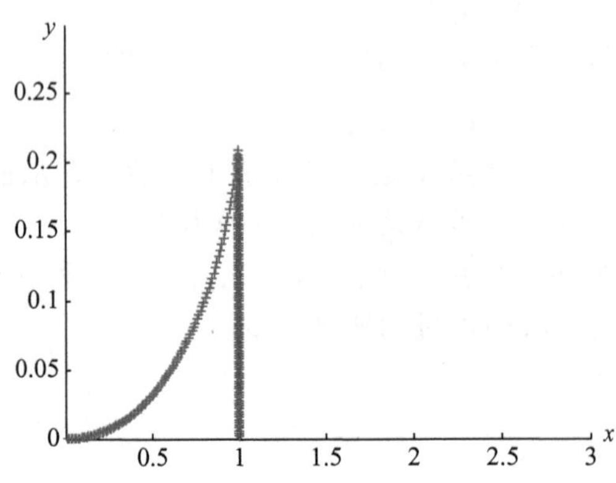

图 2-7 鱼雷追踪敌舰的仿真模拟图

参考文献

[1] 但琦. 高等数学军事应用案例［M］. 北京：国防工业出版社，2017.

2.3 舆情信息的传播规律与效应

在当今信息化高速发展的背景下，舆论战愈发重要。通信、网络和媒体等信息技术的飞速发展，使得舆论信息的传播途径越来越多、速度越来越快、范围越来越广，对人的影响力越来越大。能否正确有效地使用舆论战的战略战术，关系着敌对双方军事决策者的判断力和战场上指挥决策计划的制定与实施。正确地掌握舆论信息的传播规律，科学合理地使用舆论战的战术方法，能够在战争中取得制信息权和决策主动权。

2.3.1 问题提出

在正常情况下，讨论舆情信息的传播规律性，研究正面信息和负面信息的传播规律与传播效应，以及有效控制舆论信息传播的策略，并应用实际案例检验模型，说明其模型的合理性。

2.3.2 问题分析与模型的假设

1. 问题分析

在传染病传播（SIR）模型的基础上，对信息舆情传播与传染病传播模型进行对比分析，它们不同之处在于，信息传播的主体——人具有选择行为的能力，所以不知者既可转化为传播者，也可以转化成免疫者。不知者转化为传播者的倾向性与信息本身的正向态度的导向性有关，正面信息与负面信息通过信息正向态度的导向强度为 D_1 大小来区分。通过分析各类人群之间的相互转化关系，建立舆情信息的传播规律微分方程模型。

舆情传播效应主要与传播范围 $d(t)$、传播速度 $v(t)$、对人的影响力 $b(t)$ 这三个因素有关，其中传播范围 $d(t)$ 用已经被传播的人数占总人数的百分比表示，传播速度 $v(t)$ 用不知者 $S(t)$ 的变化率计算，影响力 $b(t)$ 用传播者占所有已经被传播人的比例表示，将 3 个指标进行归一化处理，并通过层次分析法赋予相对权值，即得到评价舆情效应的权重模型，通过建立的权重模型刻画舆情信息的传播规律。

2. 模型假设

（1）正面信息与负面信息不会相互转化。

（2）不考虑信息传播过程中所研究的人口基数的变化。

（3）一旦成为信息免疫者，就不再对信息进行传播。

2.3.3 模型的建立与求解

1. 舆情信息传播规律

1）各类人群

由问题的分析，将人群分为不知道消息的人，即不知者（S 态）；知道消息并传播消息的人，即传播者（I 态）和知道消息但不传播消息，即免疫者（R 态）3 类。3 类人在总人数 N 中所占的比例分别记为 $S(t)$、$I(t)$ 和 $R(t)$，记初始时刻 3 类人的比例分别为 $S(0)$（$S(0)>0$）、$I(I(0)>0)$、$R(0)$ （不妨设免疫者的初始值 $R(0)=0$），且

$$S(t) = I(t) + R(t) = 1 \tag{2-25}$$

人群中的转化关系如图 2-8 所示。

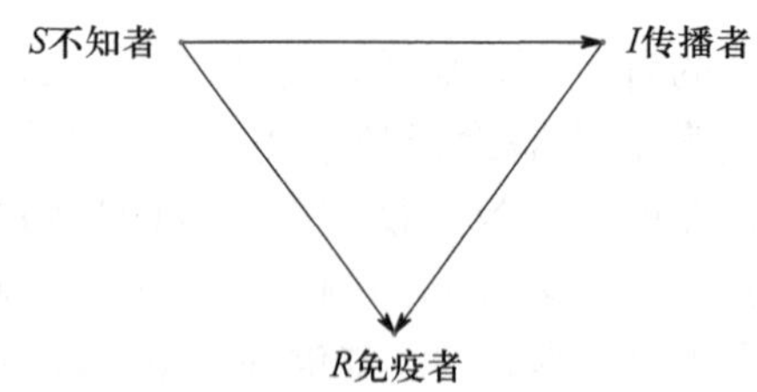

图 2-8 人群中的转化关系图

2）信息传播规律模型的建立

舆情传播主要受日传播率 λ（表示每个传播者每天能将信息传播给不知者的数量的比例）影响，设信息正向态度的导向强度为 D_1，每日传播者退出传播率为 μ（表示每天由传播者向免疫者转化的人数的比例）。

不知者人群 S 与传播者人群 I 间的转化。设每个传播者每天有效传播的不知者数为 $\lambda S(t)$，$N(t)I(t)$ 个传播者平均每天能使 $\lambda NS(t)I(t)$ 个不知者成为传播者，不知者人群的下降率为

$$N\frac{\mathrm{d}S(t)}{\mathrm{d}t} = -\lambda S(t)NI(t) \tag{2-26}$$

不知者人群 S 和传播者人群 I 向信息免疫者人群 R 的转化。考虑人们对信息态度的倾向性，信息免疫者人群的变化率由传播者人群的退出率与不知者人群受正面信息的影响的转入率决定，即

$$N\frac{\mathrm{d}R(t)}{\mathrm{d}t} = \mu NI(t) - \lambda D_1 NS(t)I(t) \tag{2-27}$$

联系实际情况，在舆情信息传播初始阶段，传播者总是零散地存在于空间，在人群中没有形成广泛的关注，考虑初始时刻，$I(0) = 0$，$S(0) = 1$。

正常情况下信息的传播模型为

$$\begin{cases} N\dfrac{\mathrm{d}S(t)}{\mathrm{d}t} = -\lambda S(t)NI(t) \\ N\dfrac{\mathrm{d}R(t)}{\mathrm{d}t} = \mu NI(t) - \lambda D_1 NS(t)I(t) \\ N\dfrac{\mathrm{d}I(t)}{\mathrm{d}t} = (1 + D_1)\lambda NS(t)I(t) - \mu NI(t) \\ S + I + R = 1 \\ S(0) = S_0 \\ I(0) = I_0 \\ R(0) = R_0 \end{cases} \tag{2-28}$$

对于不同的舆情信息，其正向态度的导向强度 D_1 也不同，为了研究正面信息和负面消息的传播规律、传播效应，即要研究不同 D_1 的值对 $S(t)$、$I(t)$ 关系的影响。

3）信息传播规律模型的求解和结论讨论

式（2-28）无法得出解析解，利用 Matlab 可以求出数值解，程序见附录。

为了更清楚分析信息的传播规律，据资料显示，舆情信息的传播分为“散播—集聚—热议—流行”4 个状态，通过是 S（t）、I（t）的图形很清晰观察到这 4 个状态的特点。

在正常情况下，正面信息传播和负面信息传播规律一样，也分为“散播—集聚—热议—流行”4 个阶段，但它们的传播速度、范围不一样。

正面信息传播，即信息正向态度的倾向性 $D_1>0.5$；负面信息传播，即信息正向态度的倾向性 $D_1<0.5$，在式（2-28）中，考虑 S（t）、I（t）随 D_1 变化而变化结果，利用 Matlab 软件作出 S（t）、I（t）随时间变化的图形，如图 2-9 和图 2-10 所示。

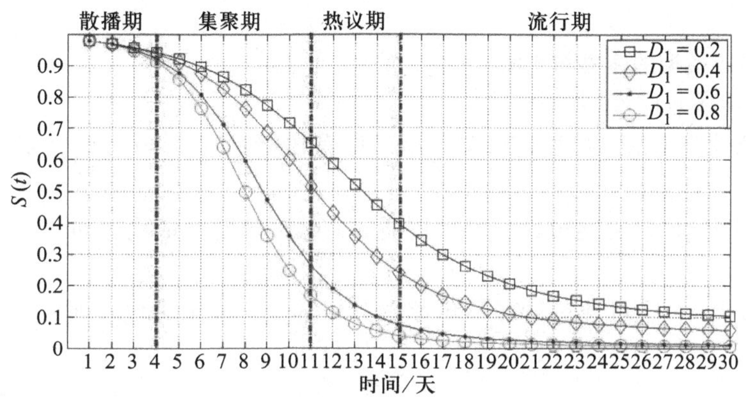

图 2-9　D_1 取不同值 S（t）的变化规律

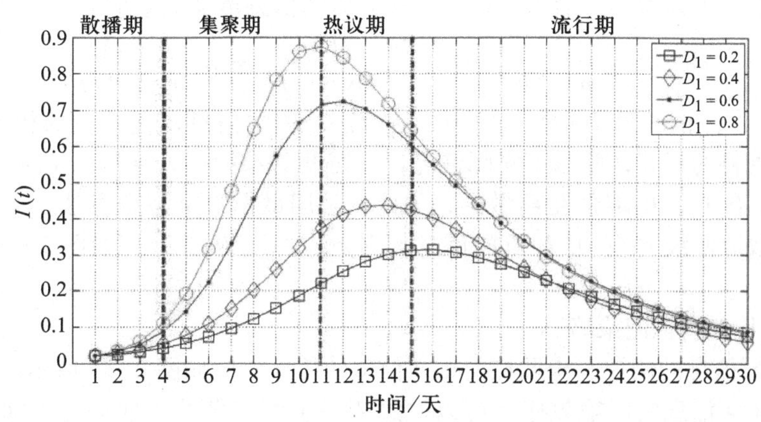

图 2-10　D_1 取不同值 I（t）的变化规律

图 2-9 和图 2-10 基本上能分为 4 段，从图中可以看出，不同的舆情信息的传播开始处于散播状态，传播周期约为 30 天。

（1）散播期。约 0 ~4 天内，此时传播者总是零散地存在于空间，在人群中没有形成广泛的关注，所以未知者 S 的变化很小，传播者 I 增加也很小，正面信息比负面信息散播状态持续时间更短。

（2）集聚期。散播状态后，传播就进入了集聚状态。集聚状态一般为 4 ~11 天内。集聚状态下，未知者 S 和传播者 I 的变化都很快，散播状态中的正面信息与负面信息相比，在人群中传播的速度更快。

（3）热议期。集聚状态后，舆情信息的传播进入热议状态。热议状态一般为 11 ~15 天，热议状态下，未知者 S 和传播者 I，继续增加并保持在较高的水平，热议状态中负面信息很难到达峰值，即很难造成较大影响。

（4）流行期。热议状态后，舆情信息的传播进入流行状态。流行状态一般在是在 15 天后，流行状态下，未知者 S 和传播者 I，逐渐减小至零，负面信息造成的影响很小。

2. 信息传播效应模型的建立与求解

1）信息传播效应模型

舆情传播效应由信息传播范围 $d(t)$、信息传播速度 $v(t)$ 以及对人的影响力 $b(t)$ 确定。

传播范围 $d(t)$，可通过计算已被传播的人数百分比来量化，即

$$d(t) = I(t) + R(t)$$

传播速度 $v(t)$，可通过计算不知者 $S(t)$ 的变化率来量化，即

$$v(t) \propto \left|\frac{\mathrm{d}S(t)}{\mathrm{d}t}\right|$$

对人的影响力 $b(t)$，可通过计算传播者 $I(t)$ 占所有被传播者 $d(t)$ 的比例量化，即

$$b(t) = I(t)/(I(t) + R(t))$$

综合以上 3 个因素归一后求加权后，建立舆情信息传播的效应 $H(t)$ 模型：

$$H(t) = q_1 \frac{d(t)}{\max(d(t))} + q_2 \frac{v(t)}{\max(v(t))} + q_3 \frac{b(t)}{\max(b(t))} \tag{2-29}$$

式中：q_1、q_2、q_3 依次为 $d(t)$、$v(t)$、$b(t)$ 对舆情信息传播效应的相对影响权重。经过对大量资料的研究，联系了实际情况，不妨设 $q_1=0.5$，$q_2=0.2$，$q_3=0.3$，由实际统计数据知，$H(t)$ 的取值是离散的，为此，采用最小二乘拟合方法，可以得到正面信息的传播效应曲线 $H_1(t)$ 和负面信息传播效应曲线 $H_2(t)$，如图 2-11 和图 2-12 所示。

2）信息传播的控制策略

（1）正面信息的调控。未调控前正面信息的传播效应如图 2-11 所示。我们希望尽可能地提升正面信息的传播效应，可以通过拓展正面信息的传播渠道、加强正面信息的宣传力度等调控手段，使日传播率 λ 得到增加 $\Delta\lambda$，利用 Matlab 软件作出调控后传播效应图与原传播效应图进行比较，如图 2-13 所示。

结果显示，可通过拓展正面信息的传播渠道，加强正面信息的宣传力度等调控手段来增加日传播率 λ，从而有效提高传播效应。

（2）负面信息的调控。未调控前负面信息的传播效应如图 2-12 所示，我们希望应

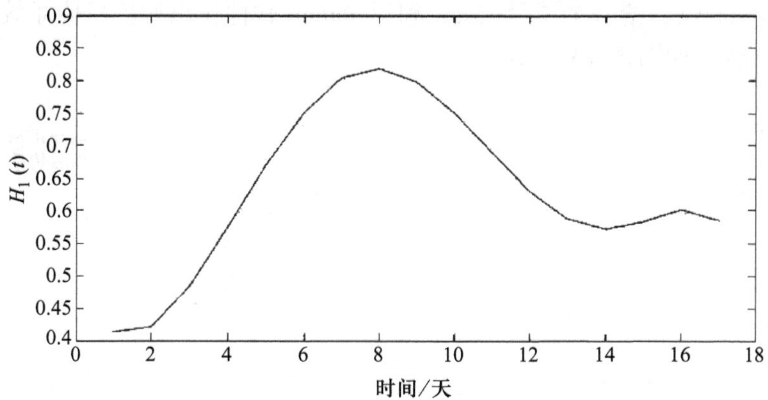

图 2-11　正面信息的传播效应 H_1（t）的近似曲线

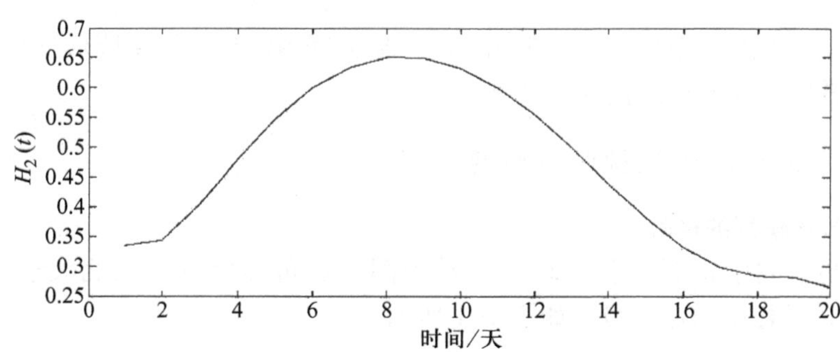

图 2-12　负面信息的传播效应 H_2（t）的近似曲线

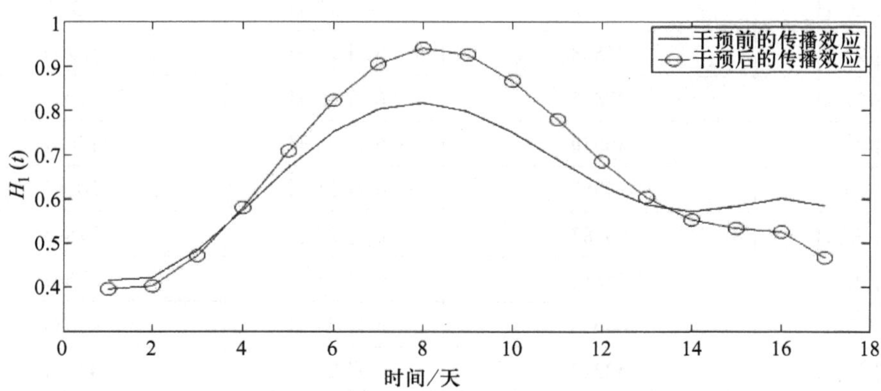

图 2-13　调控后的正面信息传播效应曲线

尽可能降低负面信息的传播效，可通过查封传播源头和阻断传播途径等调控手段，使日传播率 λ 降低 $\Delta\lambda$，给一个减量 $-\Delta\lambda$，利用 Matlab 软件作出调控后传播效应图与原传播效应进行比较，如图 2-14 所示。

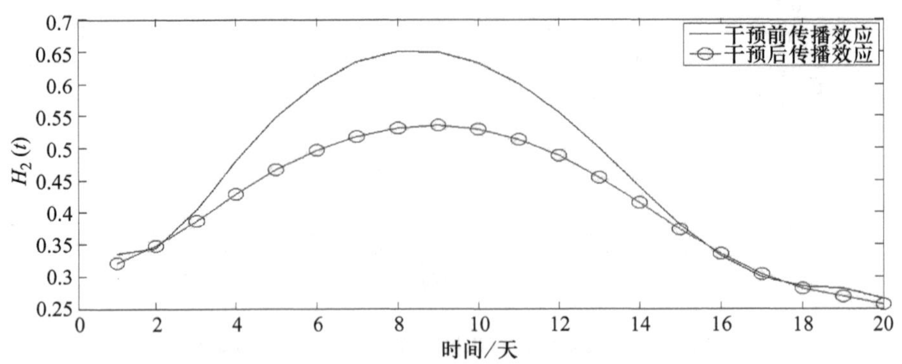

图 2-14　调控后的负面信息传播效应曲线

结果显示，可通过查封传播源头和阻断传播途径等调控手段来降低日传播率 λ，有效减小传播效应，降低负面信息的影响。

2.3.4　信息传播规律模型的检验与推广

1. 信息传播规律模型的检验

查到网易新闻中正面信息“2013 感动中国”和负面信息“河北大学‘我爸是李刚’”在传播过程中的点击量，如表 2-1 所列。

表 2-1　网易新闻上对于两则新闻的新增发帖数

“2013 感动中国”		“我爸是李刚”	
2 月 19 日	12150	6 月 16 日	6878
2 月 20 日	16572	6 月 17 日	8375
2 月 21 日	21588	6 月 18 日	10284
2 月 22 日	27845	6 月 19 日	12051
2 月 23 日	56579	6 月 20 日	14851
2 月 24 日	79367	6 月 21 日	20187
2 月 25 日	88382	6 月 22 日	31895
2 月 26 日	75812	6 月 23 日	37692
2 月 27 日	69676	6 月 24 日	42084
2 月 28 日	52217	6 月 25 日	44681
3 月 1 日	42581	6 月 26 日	46172
3 月 2 日	28219	6 月 27 日	45926

续表

"2013 感动中国"		"我爸是李刚"	
3 月 3 日	24861	6 月 28 日	48721
3 月 4 日	21086	6 月 29 日	49755
3 月 5 日	18027	6 月 30 日	50218
3 月 6 日	15986	7 月 1 日	45812
3 月 7 日	12891	7 月 2 日	40376
		7 月 3 日	34338
		7 月 4 日	28921
		7 月 5 日	22612
		7 月 6 日	17902
		7 月 7 日	14767

由于模型式（2-29）是较为复杂的微分方程模型，要求解析解是很困难的，于是将微分方程转化为差分方程求其数值解。

在求解过程中，利用参数辨识法，即确保 $\sum_t (I_1(t) - I_2(t))^2$ 达到最小，进行求解并确定模型中的待定参数 λ 和 μ，其中 $I_1(t)$ 表示 t 时刻新闻的实际点击量，$I_2(t)$ 表示由模型计算出的 t 时刻新闻的实际点击量。

对正面消息，以 3 月 19 日的"2013 感动中国"网易新闻 12150 个点击量为初始值，网易新闻活跃用户即人口总数 N 为 11 万，即 $I(0) = 12150/N = 0.109$，$R(0) = 0$。求解可得实际数据的 $I_1(t)$ 与模型计算数据 $I_2(t)$ 的比较，如图 2-15 所示。

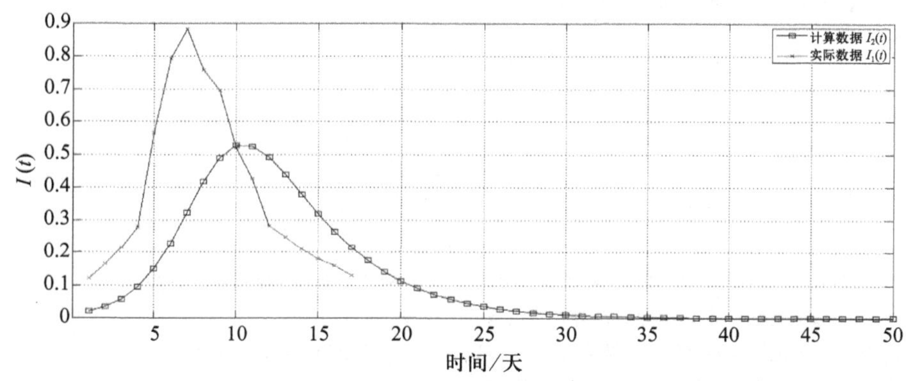

图 2-15　正面信息的检验

对负面消息，以 6 月 16 日"河北大学'我爸是李刚'"网易新闻 11378 个点击量为初始值。同样将实际数据 $I_1(t)$ 与模型计算数据 $I_2(t)$ 进行比较，如图 2-16 所示。

由图 2-15 和图 2-16 可以看出两种消息实际数据 $I_1(t)$ 与模型计算结果 $I_2(t)$ 的

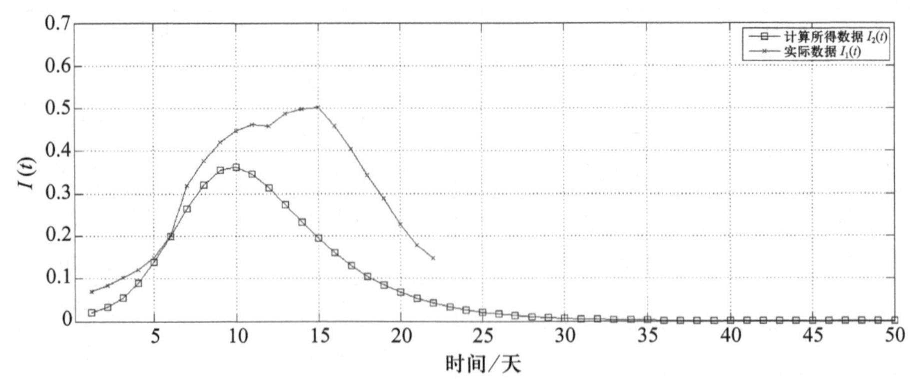

图 2-16　负面信息的检验

走势大致相同，其值存在略微的差异，由参数辨识可以得到正面消息中未确定的两个待定参数 $\lambda=0.8$，$\mu=0.35$，负面消息中未确定的两个待定参数 $\lambda=0.3$，$\mu=0.33$。

图 2-15 和图 2-16 显示，正面和负面信息传播过程中，通过模型求出传播人数的比例与新闻点击量（即传播人数）占活跃人数比例的变化趋势基本吻合，模型能初步反应实际案例的变化情况，验证了模型的正确性。

2. 模型的推广

该模型除了可以用于研究舆情信息的传播，还可以用于医学，研究人体服用药物后，药物在人体内的分布与排除；用于环境学，研究长江的水质污染问题；用于物理学，研究烟雾的扩散与消失；用于统计学，研究人口增长问题。

还有很多类似问题都能用此模型，或者用此模型修改后的模型进行研究。因此，这个模型具有很强的现实推广意义。

参考文献

[1] 周凯、宋军全、邬学军．数学建模竞赛入门与提高［M］．浙江：浙江大学出版社，2012.

[2] 姜启源．数学模型［M］．北京：高等教育出版社，1999.

[3] 韩中庚．数学建模竞赛获奖论文精选与点评［M］．北京：科学出版社，2007.

[4] 赵静，但琦．数学建模与数学实验［M］．北京：高等教育出版社，2008.

[5] 李彦刚 祁忠斌．数学建模方法引论［M］．北京：北京理工大学出版社，2012.

[6] 胡晓峰，罗批，张明智．社会仿真——信息化战争研究的新领域［M］．北京：电子工业出版社，2010.

[7] 王宏伟．舆情信息工作策略与方法［M］．北京：中国人事出版社，2011.

[8] 钱颖，张楠，赵来军，等．微博舆情传播规律研究［J］．情报学报，2012，31（12）：1299-1304.

该文章取自于 2013 年第四届军队院校军事建模竞赛论文，作者 戎翔、胡捷、任焰辉，指导教师但琦。

附录（部分程序）

```
% 正常情况下考虑传播因子的信息传播规律
function y=ill(t,x)
k=1.3;
a=0.32;b=k*[0.42 0.34 0.28 0.27 0.265 0.265 0.26 0.255 0.25 0.248 0.247 0.247 0.246 0.245 0.244
0.244 0.244 0.244 0.244 0.244 0.244 0.244 0.243 0.243 ];
d1=1.5;
if t<=12
for ts=1:t
y=[a* x(1)* x(2)-b(ts)* x(1)+d1* a* x(2)* x(1),-a* x(1)* x(2)]';
end
else
    y=[a* x(1)* x(2)-b(12)* x(1)+d1* a* x(2)* x(1),-a* x(1)* x(2)]';
end
ts=1:30;
x0=[0.02,0.98];
[t,x]=ode45('ill',ts,x0);[t,x];
plot(t,x(:,1),'.-',t,x(:,2)),grid on
```

2.4 无源测距定位模型

在以导弹为主战兵器的现代战斗中，快速精确打击目标，是决定胜负的关键。利用侦察（无源）引导导弹发射，在现代战争中得到广泛应用。利用侦察（无源）主要有三个方面的优势：①为导弹隐蔽发射提供一种引导方法；②当对方反辐射武器太强，雷达无法开机时，为导弹发射提供一种引导途径；③当雷达出现故障，无法对导弹实施引导时，为导弹应急发射提供一种引导手段。因此，无源定位在现代战争中的地位越来越高。

2.4.1 问题提出

目前，很多的空中飞行器（如攻击机、反辐射武器等）在战场侦察和打击地面目标过程中，大量采用无源定位技术。在实际战术使用中，敌辐射的具体参数、信号体制等情况是未知的，如何在这种条件下实现对目标的快速精确定位，找到通用性较好，又能满足一定测量精度和较短定位时间的定位方法呢？

2.4.2 问题分析与模型假设

1. 问题分析

通过对观测站和目标间运动关系的分析，从运动学原理出发，可以运用基于方位角变化率的快速高精度无源测距定位方法来求解被观测目标的位置。

通过导航设备测得某个时刻飞行器的运动速度 v 和此时目标相对于飞行器观测站的方位角 β 和俯仰角 ε，同时只要能够测得这一时刻的夹角 β 的变化率 $\dot{\beta}$，就可求出此时飞行器与目标间的距离 R，这是一个利用方位角变化率测距定位问题（图 2-17）。

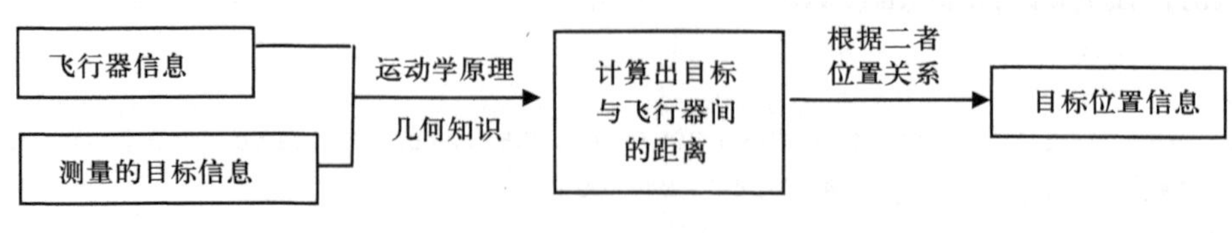

图 2-17 流程图

2. 模型假设

（1）由于飞行器的快速运动，对于地面的慢速运动目标可以将它们视为固定目标，在一定限度内，这样的近似不会引入严重的误差。

（2）若是飞行器攻击目标，则需要考虑定位过程的快速性，即采用的无源定位技术具有实时性。

2.4.3 模型建立与求解

在忽略地球曲率的情况下，在大地直角坐标系下，飞行器观测站与目标的三维位置示意图如图 2-18 所示。观测站 O 位于飞行器上，位置坐标为（X_0，Y_0，Z_0），速度为 v，在 XOY 平面上的投影速度为 v_0。目标 T 是地面上的固定目标，位置坐标为（X_T，Y_T，Z_T）。观测站飞行器与目标的距离为 R，在 XOY 平面上的投影距离为 R_0，目标相对于观测站的方位角和俯仰角分别为 β、ε，确定地面固定目标的坐标位置（X_T，Y_T，Z_T），ε_v 是飞行器速度与 Z 轴夹角，β_v 是飞行器投影速度与 X 轴夹角。

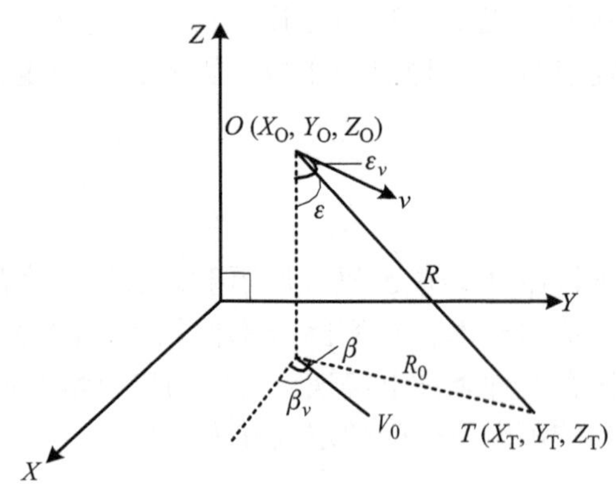

图 2-18 观测站与目标的三维位置示意图

根据飞行器观测站与目标两者的几何关系和运动学原理，可得如下的方程组：

$$\begin{cases}R_0 = R\sin\varepsilon \\ v_0 = v\sin\varepsilon_v\end{cases} \tag{2-30}$$

$$\begin{cases}X_T - X_0 = R_0\cos\beta \\ Y_T - Y_0 = R_0\sin\beta \\ Z_0 - Z_T = R\cos\varepsilon\end{cases} \tag{2-31}$$

对式（2-31）的前两个方程两边同时对 t 求导，可得

$$\begin{cases}-\dfrac{\mathrm{d}X_0}{\mathrm{d}t} = \dfrac{\mathrm{d}R_0}{\mathrm{d}t}\cos\beta - \dfrac{\mathrm{d}\beta}{\mathrm{d}t}R\sin\beta \\ -\dfrac{\mathrm{d}Y_0}{\mathrm{d}t} = \dfrac{\mathrm{d}R_0}{\mathrm{d}t}\sin\beta + \dfrac{\mathrm{d}\beta}{\mathrm{d}t}R\cos\beta\end{cases} \tag{2-32}$$

在式（2-32）中，方位角 β 可通过飞行器的测向系统获得 $\mathrm{d}X_0/\mathrm{d}t$，$\mathrm{d}Y_0/\mathrm{d}t$ 分别表示飞行器的飞行速度 v_0 在 X、Y 方向上的速度分量，可由导航系统获得 $\mathrm{d}\beta/\mathrm{d}t$ 为目标辐射源信号到达角中方位角的变化率，也可测量获得，所以这些参量可视为已知量。因此，对于上述方程组而言，其是一个关于 $\mathrm{d}R_0/\mathrm{d}t$、$R_0$ 的二元一次方程组，对该方程组进行求解可得目标与飞行器间的距离：

$$R_0 = \left(\frac{\mathrm{d}X_0}{\mathrm{d}t}\sin\beta - \frac{\mathrm{d}Y_0}{\mathrm{d}t}\cos\beta\right) \Big/ \frac{\mathrm{d}\beta}{\mathrm{d}t} \tag{2-33}$$

将式（2-33）代入式（2-30）得飞行器观测站与目标的距离：

$$R = \frac{R_0}{\sin\varepsilon} = \left(\frac{\mathrm{d}X_0}{\mathrm{d}t}\sin\beta - \frac{\mathrm{d}X_0}{\mathrm{d}t}\cos\beta\right) \Big/ \left(\frac{\mathrm{d}\beta}{\mathrm{d}t}\sin\varepsilon\right) \tag{2-34}$$

式（2-34）中的参量 $\mathrm{d}X_0/\mathrm{d}t$、$\mathrm{d}Y_0/\mathrm{d}t$、$\mathrm{d}\beta/\mathrm{d}t$ 可由图 2-10 可表示为

$$\begin{cases}\dfrac{\mathrm{d}X_0}{\mathrm{d}t} = v_0\cos\beta_v = v\sin\varepsilon_v\cos\beta_v \\ \dfrac{\mathrm{d}Y_0}{\mathrm{d}t} = v_0\sin\beta_v = v\sin\varepsilon_v\sin\beta_v \\ \dfrac{\mathrm{d}\beta}{\mathrm{d}t} = \beta\end{cases} \tag{2-35}$$

将式（2-35）的参量关系式代入式（2-34）中，得飞行器观测站与目标距离 R 的最终表达式：

$$R = \frac{v\sin\varepsilon_v\sin(\beta - \beta_v)}{\dot{\beta}\sin\varepsilon} \tag{2-36}$$

式（2-36）即为无源测距的表示式，从式（2-36）的物理意义可知，只要能够测出方位角 β，在已知目标角度 β、ε 信息和飞行器运动速度 v 的条件下，就可求出此时观测器与目标间的距离 R，将距离 R 代入式（2-31）就可得到目标的具体位置坐标，即

$$\begin{cases}X_T = X_O = R\sin\varepsilon\cos\beta \\ Y_T = Y_O = R\sin\varepsilon\sin\beta \\ Z_T = Z_O - R\cos\varepsilon\end{cases} \tag{2-37}$$

从而实现由角度信息和距离这两个要素对目标的快速定位，把上述这种方法称为利用方位角变化率的测距定位方法。

2.4.4 结果分析与拓展

通过导航设备得到某个时刻观测器的运动速度 v 和此时的 β、ε，同时只要能够测得这一时刻的 $\dot{\beta}$，就可求出此时观测器与目标间的距离 R，有了距离 R 就可得到目标的具体位置坐标。

针对飞行器对目标进行无源定位要求快速性这一技术特点，利用上述基于解算目标与飞行器观测站距离的定位方法，为实现无源快速定位的工程应用提出了一条途径，该定位方法具有通用性，不受测向体制和目标辐射信号形式的限制。

参考文献

[1] 但琦．高等数学军事应用案例［M］．北京：国防工业出版社，2017.

[2] 神文凉，李艳斌，陈卫东，等．基于无源测距的快速定位方法研究［J］．电子学报，2009，37（6）。

2.5 降落伞的选择模型

在物资救援中，空投已经成为一种十分重要且便利的报送方式，由于降落伞难以多次利用，因此如何减少空投成本，是一个值得研究的问题。

这是一个某航空兵部队在物资救援中使用空投救援时降落伞的选择问题，降落伞的正确选择可以大大地减少在满足空投要求的条件下所需的费用，避免造成资金的浪费。

2.5.1 问题提出

为向灾区空投一批救灾物资，共 2000kg，需选购一批降落伞，已知空投高度为 500m，要求降落伞落地时的速度不能超过 20m/s，降落伞的伞面为半径 r 的半球面，用每根长 L 共 16 根绳索连接的重 m 位于球心正下方球面处，如图 2-19 所示。每个降落伞的价格由 3 部分组成，伞面费用 C_1 由伞的半径 r 决定，

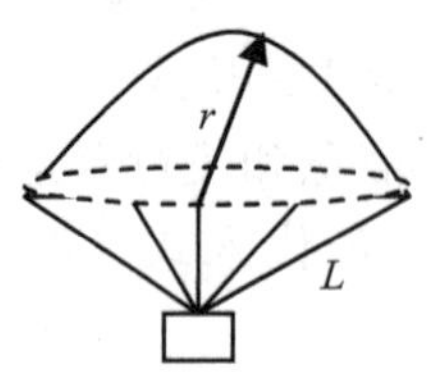

图 2-19 降落伞空投物资

如表 2-1 所列；绳索费 C_2 用由绳索总长度及单价 4 元每米决定，固定费用 $C_3 =$ 200 元。

表 2-2　伞面费用

r/m	2	2.5	3	3.5	4
C_1/元	65	170	350	660	1000

降落伞在降落过程中除受到重力外，还受到空气的阻力，可以认为与降落的速度和伞的面积的乘积成正比。为了确定阻力系数，利用半径 $r=3$m，载重 $m=300$kg 的降落伞从 500m 高度作降落试验，测得各个时刻的高度 x，如表 2-3 所列。

表 2-3　降落伞各个时刻的高度

t/s	0	3	6	9	12	15	18	21	24	27	30
x/m	500	470	425	372	317	264	215	160	108	55	1

试确定降落伞的选购方案，即共需要多少个伞，每个伞的半径多大（在给定的半径的伞中选），在满足空投要求的条件下，使费用最低。

2.5.2 问题分析与模型假设

1. 问题分析

根据题意，每种伞的价格是确定的，要确定伞的选购方案，即需多少个伞，每个伞的半径多大（在给定的半径的伞中选）？在满足空投要求的条件下，使费用最低。首先，必须知道每种伞在满足空投的条件最大载重量 $M(r)$，意欲得到 $M(r)$，必须先求出空气阻力系数 k；然后根据运动方程得出 $M(r)$；最后求解线性整数规划，得到问题的结果。

2. 模型假设

（1）救灾物资 2000kg 可以任意分割。

（2）降落伞落地时的速度不超过 20m/s。

（3）降落伞和绳索的质量是可以忽略的。

（4）伞在降落过程中，只受到重力和一个可以认为是非重力因素共同作用的合力的空气阻力的作用。

（5）空气阻力的阻力系数 k 是定值，与其他因素无关。

3. 符号说明

$M(r)$ ——半径 r 在满足空投的条件最大的载重量；

t——降落伞从开始下降开始计时的时间；

$H(t)$ ——降落伞从降落位置到 t 时刻所下降的距离；

m——降落伞负重质量；

g——重力加速度；

s——降落伞散伞面面积；

n_r——选购的半径为 r 的降落伞的个数。

2.5.3 模型的建立与求解

1. 确定空气阻力系数 k

降落伞在下降过程中受到重力 mg（m 为降落伞负重质量，g 为重力加速度）和空气阻力 kvs（k 为空气阻力系数，v 为降落伞下降在 t 时刻的速度，s 为降落伞散伞面面积）的作用，降落伞的初速度为0。

由牛顿第二定律，有

$$\begin{cases}\dfrac{\mathrm{d}v(t)}{\mathrm{d}t}=g-\dfrac{kvs}{m}\\ v(0)=0\end{cases}\tag{2-38}$$

则

$$v(t)=\frac{mg}{ks}-\frac{mg\cdot \mathrm{e}^{\frac{-kst}{m}}}{ks}\tag{2-39}$$

该降落伞从降落位置到 t 时刻所下降的距离为

$$H(t)=\int_0^t v(t)\,\mathrm{d}t\tag{2-40}$$

积分得

$$H(t)=\frac{mgt}{ks}+\frac{m^2g\cdot \mathrm{e}^{\frac{-kst}{m}}}{k^2s^2}-\frac{m^2g}{k^2s^2}\tag{2-41}$$

将表2-2的不同时间降落伞离地面的距离转换成不同时间降落伞下降距离，可得表2-4。

表2-4　降落伞不同时间降落伞下降距离

t/s	0	3	6	9	12	15	18	21	24	27	30
H/m	0	30	75	128	183	236	285	340	392	445	499

第一种估算阻力系数方法。描绘下降高度 H 随时间 t 的关系图，从图2-12中可以看出，H（m）$\backsim t$（s）在后阶段基本是线性关系，即降落伞是做匀速运动，重力等于空气阻力，即 $mg=kvs$。设降落伞半径 $r=3$m，质量 $m=300$kg，取 $g=9.8\mathrm{m/s^2}$，伞面积 $s=2\pi r^2$，估算出 $v\approx\dfrac{499}{30}17$（m/s），$k=\dfrac{mg}{vs}\approx2.9$。

第二种计算阻力系数方法。利用速度随伞面面积和质量的关系：

$$v(t)=\frac{mg}{ks}-\frac{mg\cdot \mathrm{e}^{\frac{-kst}{m}}}{ks}$$

首先计算伞面面积 s，将 $r=3$m 代入 $s=2\pi r^2$，得到面积 s，然后将 $m=300$kg，$9=9.8\mathrm{m/s^2}$，代入到 $v(t)=\dfrac{mg}{ks}-\dfrac{mg\cdot \mathrm{e}^{\frac{-kst}{m}}}{ks}$中。分析得出，$v(t)$ 一开始增长很快，因为是负项成负指数衰减，所以很快就接近极限值$\dfrac{mg}{ks}$，即重力等于空气阻力，降落伞后期做匀速运动。

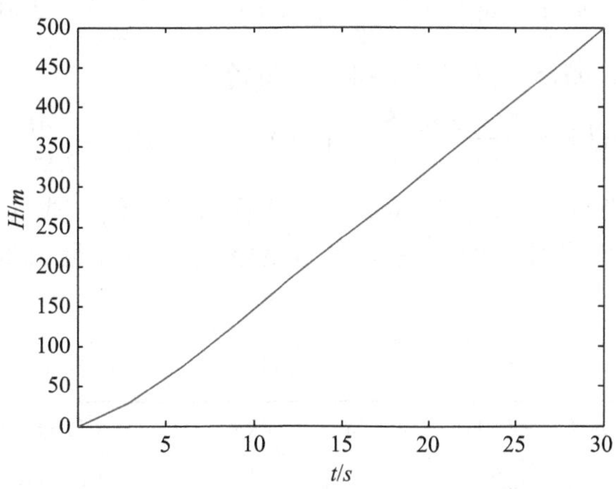

图 2-20　下降高度 H 随时间 t 的关系图

对 9s 以后的数据运用最小二乘法进行线行拟合。设 $H(t)=vt+b+\delta$，其中，δ 符合正态分布，Matlab 程序：

```
t=[9 12 15 18 21 24 27 30];
H=[128 183 236 285 340 392 445 499];
p=polyfit(t,H,1)
```

计算结果：[17. 5794，-29. 2976]；

得到 $v=17.5794$m/s，由 $v\approx\frac{mg}{ks}$，得到空气阻力系数 $k=2.9575$。

2. 计算半径为 r 的降落伞在满足空投的条件下最大的载重量 $M(r)$

当把载重量 m 看作自变量时，则速度 $v(t)=\frac{mg}{ks}-\frac{mg\cdot e^{\frac{-kst}{m}}}{ks}$ 就是载重量 m 的函数 $v(m)=\frac{mg}{ks}-\frac{mg\cdot e^{\frac{-kst}{m}}}{ks}$，可以验证 $v(m)$ 是关于 m 的增函数。

在给定 g、k、s 的情况下，从 500 m 的高空空投时，降落伞在落地瞬间的速度 $v(m)$ 是关于 m 的增函数，其反函数 $m(v)$ 也是关于 v 的增函数。所以，要求取半径为 r 伞在满足空投的条件最大的载重量 $m(r)$，就是要在 v 取最大值时取得，即取 $v=20$ m/s，求出指定半径 r 的 $m(r)$，即由以下方程组确定：

$$\begin{cases} v(t)=\dfrac{mg}{ks}-\dfrac{mg\cdot e^{\frac{-kst}{m}}}{ks} \\ H(t)=\dfrac{mgt}{ks}+\dfrac{m^2g\cdot e^{\frac{-kst}{m}}}{k^2s^2}-\dfrac{m^2g}{k^2s^2} \end{cases} \tag{2-42}$$

由式（2-42），可得

$$H(t)=-m^2g\cdot\ln\left(1-\frac{ksv}{mg}\right)/(k^2s^2)-\frac{mv}{ks} \tag{2-43}$$

将 $H(t)=500$ m，$v=20$ m/s，代入式（2-43），可得

$$-m^2 g\cdot\ln\left(1-\frac{20\cdot ks}{mg}\right)/(k^2s^2)-\frac{20\cdot m}{ks}=500 \tag{2-44}$$

将 $g=9.8\ \mathrm{m/s^2}$，$k=2.9575$ 代入式（2-44），可得

$$-9.8m^2\cdot\ln\left(1-\frac{20\times 2.9575\times s}{9.8\times m}\right)/(2.9575^2\times s^2)-\frac{20\times m}{2.9575\times s}=500 \tag{2-45}$$

由 $s=2\pi r^2$，分别将半径 $r=2\mathrm{m}$，$2.5\mathrm{m}$，$3\mathrm{m}$，$3.5\mathrm{m}$，$4\mathrm{m}$ 代入式（2-45），调用 Matlab 的命令 solve 分别解得半径 r 的降落伞在满足空投的条件最大的载重量 $m(r)$，如表 2-5 所列。

表 2-5　不同半径 r 降落伞的最大的载重量 $m(r)$

$m(2)$ /kg	$m(2.5)$ /kg	$m(3)$ /kg	$m(3.5)$ /kg	$m(4)$ /kg
151.6947	237.0229	341.3130	464.5649	606.7787
取整 152	取整 237	取整 341	取整 465	取整 607

3. 计算每种降落伞的单价

绳索的长度由降落伞的半径决定，即 $L=\sqrt{2}r$，则绳索的费用为 $C_2=4\times\sqrt{2}r\times 16$，固定费用为 $C_3=200$ 元，伞面费用 C_1 见表 2-2，总费用为 $C=C_1+C_2+C_3$，如表 2-6 所列。

表 2-6　各项费用和总费用

半径 r/m	2	2.5	3	3.5	4
C_1/元	65	170	350	660	1000
C_2/元	181.0193	226.2742	271.5290	316.7838	362.0387
C_3/元	200	200	200	200	200
C/元	446	596.3	821.5	1176.8	1562
C（取整）/元	446	596	822	1177	1562

4. 选取降落伞的优化模型

每种降落伞的价格是确定的，每种降落伞的最大载重量也知道了，要确定降落伞的选购方案（在给定的半径的降落伞中选），在每种降落伞满足空投的条件最大载重量 $m(r)$ 要求的条件下，使费用最低，原问题就成了一个线性整数规划问题。

设 n_r 为选购的半径为 r 的降落伞的个数，所有的降落伞的价格最少。

目标函数为

$$\min\{446n_2+596n_{2.5}+822n_3+1177n_{3.5}+1562n_4\}$$

满足空投条件下的最大载重量 2000kg：

$$\begin{cases}152n_2+237n_{2.5}+341n_3+465n_{3.5}+607n_4\geqslant 2000\\ n_r\ \text{为非负整数}(r=2,\ 2.5,\ 3,\ 3.5,\ 4)\end{cases}$$

得到整数规划模型为

$$\min\{446n_2+596n_{2.5}+822n_3+1177n_{3.5}+1562n_4\}$$

$$
\text{s. t.} \begin{cases} 152n_2 + 237n_{2.5} + 341n_3 + 465n_{3.5} + 607n_4 \geqslant 2000 \\ n_r \text{ 为非负整数}(r = 2, 2.5, 3, 3.5, 4) \end{cases}
$$

运用线性规划配合分支定界法，求得

$$
n_2 = 0, \quad n_{2.5} = 0, \quad n_3 = 6, \quad n_{3.5} = 0, \quad n_4 = 0
$$

选取半径为3m的降落伞6个。

2.5.4 结果分析与拓展应用

1. 结果分析

模型的结果就是在需要空投2000kg的情况下，需要选购半径为3m的降落伞6把，每个降落伞的承受的质量可以按照333×4+334×2的方式分配，满足空投要求，计算出最低总费用为4932元。

2. 拓展应用

在求解空气阻力系数 k 时，分析数据得出在运动后期降落伞做近似的匀速运动，并以此为前提对数据进行拟合求出了 k，运用获得的数据对降落伞的运动情况进行检验如表2-7所列。

表2-7 不同半径下 M/s 值

r/m	2	2.5	3	3.5	4
M (r)	151.6947	237.0229	341.3130	464.5649	606.7787
$s=2\pi r^2$	25.1327	39.2699	56.5487	76.9690	100.5310
M/s	6.035740	6.035739	6.035739	6.035739	6.035739

从表2-7可以看出，M/s 几乎是常数，又有 $mg=f_{阻}=kvs$ 是降落伞后期运动为匀速运动的充分必要条件，即 $\frac{m}{s}=\frac{kv}{g}$ 为常数，所以降落伞后期运动做近似匀速运动。因此，在求空气阻力系数 k 时假设后期运动为近似匀速运动是合理的。

降落伞大幅度加速过程很快就结束了，对给定的伞和给定的承载质量很快就进入近似匀速运动，而且速度与空投高度基本上无关的，所以空投高度并不十分重要。

参考文献

[1] http://www.21.maths.com.

第 3 章　概率统计模型

部队在日常管理和军事行动中都存在许多的随机影响因素，如在对装备存储管理中，装备的寿命是随机的；在军事行动中导弹的命中率和被拦截毁伤往往也存在一定的随机性。这就需要建立概率统计模型来定量分析，为辅助决策提供参考。

3.1　装备检测模型

装备的寿命往往是随机的，存在某种概率分布。通过其概率分布，可以定义它的可靠度和失效率。

定义 3.1　可靠度和失效率

用随机变量 X 表示零件的寿命，其分布函数 $F(t)=P\{X\leqslant t\}$ 表示零件不超过时间 t 的概率。X 的概率密度记为 $f(t)$，寿命大于 t 的概率记为 $R(t)$，即

$$R(t)=P\{X>t\}=1-F(t) \tag{3-1}$$

$R(t)$ 称为零件的可靠度。显然有 $R(0)=1$，$R(\infty)=0$。按照定义和简单的推导，平均寿命即 X 的期望为（设积分收敛）

$$E(X)=\int_0^{\infty} t\mathrm{d}F(t)=\int_0^{\infty} R(t)\mathrm{d}t$$

设零件运行到时刻 t 仍然正常，则它在 $(t,\ t+\Delta t)$ 内的失效概率为

$$P\{X\leqslant t+\Delta t \mid X>t\}=\frac{F(t+\Delta t)-F(t)}{1-F(t)}\approx\frac{f(t)\Delta t}{R(t)} \tag{3-2}$$

由式（3-2）定义 $r(t)=\dfrac{f(t)}{R(t)}$ 为失效率。

由于装备寿命服从随机分布，对它的检测时间应该根据其分布来确定。

3.1.1　问题提出

某部经常检测武器装备的完好情况，以便及时发现和排除故障，保证装备处于良好状态。接连两次检测的时间间隔称为检测周期，如何确定检测周期，使总的平均费用最小？

3.1.2　问题分析与模型假设

1. 问题分析

装备出现故障是随机的，一旦出现故障，让其带故障运行，有时可能会出现相当大的损失。显然，检测周期越长，损失越大。另外，检测需要费用，周期越短，检测费用越多。同时，需要对装备发生故障的随机规律、损失费用、检测费用等作出合理假设，建立一个随机优化模型。

一般来说，检测周期不一定是常数，而应根据故障出现时刻的概率分布确定，在故障概率大的时候检测周期短，故障概率小的时候检测周期长，故障概率可用连续分布函数来描述。相应地，检测周期应表示为时刻 t 的函数，记为 $s(t)$，并且假设它是连续的。单位时间的检测次数也是 t 的函数，记为 $n(t)$，显然 $n(t)=\frac{1}{s(t)}$。通常，与装备正常运行的时间相比，检测周期很短，因而 $n(t)$ 很大，$n(t)$ 可视为连续函数。

2. 模型假设

(1) 武器装备故障时刻的概率分布函数为 $F(t)$，概率密度为 $f(t)$，装备服役使用期限为 T，于是 $F(T)=1$。

(2) 装备带故障运行到检测时为止的损失与这段运行时间成正比，比例系数 c_1 即为单位时间损失费。

(3) 因为单位时间检测次数 $n(t)$ 多，所以相邻两次检测之间出现故障的时刻可认为是均匀分布的，而带故障运行的时间则取这个分布的均值。

(4) 每次检测费用为 c_2，到时刻 t 为止的检测次数可表示为 $\int_0^t n(\tau)\mathrm{d}\tau$。

3.1.3 模型建立与求解

装备运行一直到某次检测发现故障或到使用期限为止，优化模型的目标函数取一次运行的总费用（损失费与检测费）的期望值。

若装备在 $[t, t+\Delta t]$ 内发生故障，由模型假设 (3) 知故障时刻在周期 $s(t)$ 内呈均匀分布，均匀分布的均值等于分布区间的 1/2，所以带故障运行时间为 $\frac{s(t)}{2}=\frac{1}{2n(t)}$。再由模型假设 (2) 知损失费为 $\frac{c_1}{2n(t)}$。根据模型假设 (4) 知，检测费为 $c_2\int_0^t n(\tau)\mathrm{d}\tau$。于是总费用为

$$\frac{c_1}{2n(t)}+c_2\int_0^t n(\tau)\mathrm{d}\tau \tag{3-3}$$

由模型假设 (1) 知装备在一次运行中总费用的期望值为

$$c(n(t))=\int_0^T\left[\frac{c_1}{2n(t)}+c_2\int_0^t n(\tau)\mathrm{d}\tau\right]f(t)\mathrm{d}t \tag{3-4}$$

式中：$c(n(t))$ 为 $n(t)$ 的泛函。

令 $x(t)=\int_0^t n(\tau)\mathrm{d}\tau$ 表示到时刻 t 为止 的检测次数，则

$$c(x(t))=\int_0^T\left[\frac{c_1}{2x'(t)}+c_2x(t)\right]f(t)\mathrm{d}t \tag{3-5}$$

$x(t)$ 的端点条件为

$$x(0)=0,\ x(T)\ 自由$$

于是变成了一端固定、一端自由的泛函极值问题。

由欧拉方程可得 $x(t)$ 应满足

$$c_2f(t)+\frac{c_1}{2}\frac{\mathrm{d}}{\mathrm{d}t}\left(\frac{f(t)}{x'^2(t)}\right)=0 \tag{3-6}$$

积分式（3-6）并注意到$\frac{\mathrm{d}F}{\mathrm{d}t}=f(t)$，有

$$c_2F(t)+\frac{c_1}{2}\frac{f(t)}{x'^2(t)}=k$$

令积分常数 $k=c_2a$，则

$$\frac{f(t)}{x'^2(t)}=\frac{2c_2}{c_1}[a-F(t)] \tag{3-7}$$

用自由端点的横截条件确定常数 a，根据泛函知识可知

$$\left.\frac{f(t)}{x'^2(t)}\right|_{t=T}=0$$

于是有 $a=1$，即

$$\frac{1}{x'^2(t)}=\frac{2c_2}{c_1}\frac{1-F(t)}{f(t)} \tag{3-8}$$

根据 $x(t)=\int_0^t n(\tau)\mathrm{d}\tau$ 和 $x(0)=0$，可得

$$n(t)=\sqrt{\frac{c_1}{2c_2}\frac{f(t)}{1-F(t)}} \tag{3-9}$$

这就是总的期望费用达到最小的检测次数函数。若将装备的正常运行时间视为寿命，引用可靠度和失效率的概念和记号，式（3-9）有可表示为

$$n(t)=\sqrt{\frac{c_1r(t)}{2c_2}}$$

式中：$r(t)$ 为失效率。

结果表明最优的检测次数 $n(t)$ 完全由单位时间的损失费 c_1、每次检测费 c_2 和装备的失效率 $r(t)$ 决定，当 $r(t)$ 较大时，检测次数就应该多一些。

特别地，当装备寿命服从参数 λ 的指数分布，失效率 $r(t)=\lambda$ 为常数，且平均寿命 $\mu=\frac{1}{\lambda}$，则结果为

$$n=\sqrt{\frac{c_1}{2c_2\mu}}$$

表明单位时间检测次数与 t 无关。检测周期可表示为

$$s=\sqrt{\frac{2c_2\mu}{c_1}} \tag{3-10}$$

式中：s 为常数，即最优检测方案是等周期的。

3.1.4 结果分析与拓展应用

1. 结果分析

检测次数是对于时间区间而言的，并且只取正整数，模型中将它视为时刻 t 的连续

函数，利用“高等数学”的知识，把优化问题归结为泛函极值问题。其中，离不开一些合理的假设。

这个模型的目标函数是运行到发现故障为止的总期望费用，而没有采用单位时间的平均费用。事实上如果忽略从装备故障到发现故障这段较少的时间，那么用这两种目标函数来求解最优的 $n(t)$ 是等价的，因为在后者中运行时间的期望与 $n(t)$ 无关。

2. 拓展应用

武器装备、弹药、配件等设备的检测周期受环境、自身损耗等随机因素的制约，失效率往往随机变化。由本文建立模型可知，它们的检测周期往往与失效率有关。

3.2 防空导弹的拦截毁伤概率模型

现代战争中，巡航导弹作为一种远程精确制导武器，已成为军事强国实施空中打击的重要手段。反巡航导弹袭击成为现代防空的重要任务之一。作为除中远程防空导弹和近程防空火炮系统外的有效反导武器，火箭弹具有火力密集度高、射程远、射速高、威力大、机动性强等优点。火箭弹对巡航导弹的毁伤模式通常分为功能毁伤、结构毁伤、引爆战斗部、使其偏航四种形式。

3.2.1 问题提出

火箭弹对巡航导弹的功能毁伤主要是靠破片的动能打击和爆破冲击波将其摧毁。通常破片常采用预制或半预制形式，形状上有球形、菱形、小箭形等。聚焦型破片战斗部具有破片密集分布的聚焦束，对目标具有近似“切割”作用，但要求武器系统具有很高的制导精度。试建立模型计算某型火箭弹对巡航导弹的拦截功能毁伤概率。

3.2.2 问题分析与模型假设

1. 问题分析

国内某新型 122mm 增强型火箭弹采用高能钝感浇注 PBX 炸药，主要采取对目标破片杀伤式战斗部来毁伤目标。下面通过对目标易损性、毁伤机理分析，充分考虑弹目交汇条件、战斗部威力参数、引战配合效率、火箭弹散布误差等因素，分析战斗部预制破片特性，建立火箭弹对目标的毁伤概率模型，并对毁伤概率模型进行数据计算，获得相应定量结果。

2. 模型假设

（1）火箭弹和巡航导弹的常见参数为已知，如火箭弹破片数、破片初速、破片的速度衰减系数、巡航导弹的规格、战斗部的厚度等。

（2）火箭战斗部被毁伤概率主要取决于火箭弹的命中概率和其破片的击穿概率。

（3）火箭弹的射击误差可测。

3.2.3 模型建立与求解

1. 战斗部破片击穿概率模型

1）破片初速计算

火箭弹爆炸后，破片动能应满足一定条件，才能对来袭导弹造成一定的毁伤，此时破片的初速 v_0 通常用 Gurney 公式计算，即

$$v_0 = \sqrt{\frac{2EB}{1 + 0.5B}}$$

式中：$\sqrt{2E}$ 为炸药的 Gurney 常数（m/s）；B 为炸药装药质量与壳体质量比值。

2）破片存速计算

战斗部爆破后，破片沿某个方向飞散，飞到一定距离后，速度会衰减到某个值，此时破片具有的动能只有满足击穿或引燃或引爆条件时，才能对导弹造成一定毁伤。根据仿真试验结果表明：在相同初速条件下，飞散到距爆心相同距离处，质量大的、表面曲线光滑的破片（如球形的）速度衰减慢。设距离爆心 R_c 处，破片存速为

$$v_R = v_0 \mathrm{e}^{-cR_c} \tag{3-11}$$

式中：v_0 为破片初速；c 为破片衰减系数，它由破片阻力系数、空气密度、破片迎风面积（形状系数）、破片质量综合决定。

3）击穿概率计算

随着火控技术的发展，射击精度的提高，火箭弹对巡航导弹的毁伤效能也会大大增强。通常破片对目标的毁伤主要有击穿、引燃、引爆三种方式。对单个破片而言，击穿作用概率取决于已知等效硬铝（Al）面积上的比动能 E_b，对于钢制破片，有

$$E_b = 1.02 \times 10^{-4} \frac{m_f^{\frac{1}{3}} v_f^2}{\delta_{\mathrm{Al}}} \tag{3-12}$$

式中：m_f 为破片质量（g）；δ_{Al} 为目标等效铝合金厚度（mm）；v_f 为破片与目标相遇时速度（m/s）。

根据已有文献研究，单个破片击穿概率为

$$p(E_b) = \begin{cases} 0 & (E_b \leqslant 4.5) \\ 1 + 2.65\mathrm{e}^{-0.34E_b} - 2.96\mathrm{e}^{-0.14E_b} & (E_b > 4.5) \end{cases} \tag{3-13}$$

2. 战斗部破片毁伤概率模型

1）单发火箭弹命中概率计算

设 $f_X(x)$ 为引信引爆点沿 X 轴散布的一元正态概率密度，其表达式为

$$f_X(x) = \frac{1}{\sqrt{2\pi}\delta_x} \exp\left[-\frac{(x - m_x)^2}{2\delta_x^2}\right]$$

式中：m_x 为引信启点沿 X 轴散布的数学期望；δ_x 为均方差。

火箭弹对目标射击时弹着散布（Y，Z）服从二维正态分布，设瞄准点与目标中心重合为 O 点（图3-1），δ_y 和 δ_z 分别为 Y 和 Z 方向上的散布误差，其散布中心为 O'，y_0 和 z_0 为 Y 和 Z 方向上的射击误差，其概率密度函数为

$$f_{(Y,Z|X)}(y, z|x) = \frac{1}{2\pi\delta_y\delta_z} \exp\left[-\frac{(y - y_0)^2}{2\delta_y^2} - \frac{(z - z_0)^2}{2\delta_z^2}\right]$$

于是，单发火箭弹命中概率 P_d 为

$$P_d\{(X, Y, Z) \in \Omega\} = \iiint_{\Omega} f_{(X,Y,Z)}(x, y, z)\mathrm{d}x\mathrm{d}y\mathrm{d}z = \iiint_{\Omega} f_X(x) f_{(Y,Z|X)}(y, z|x)\mathrm{d}x\mathrm{d}y\mathrm{d}z \tag{3-14}$$

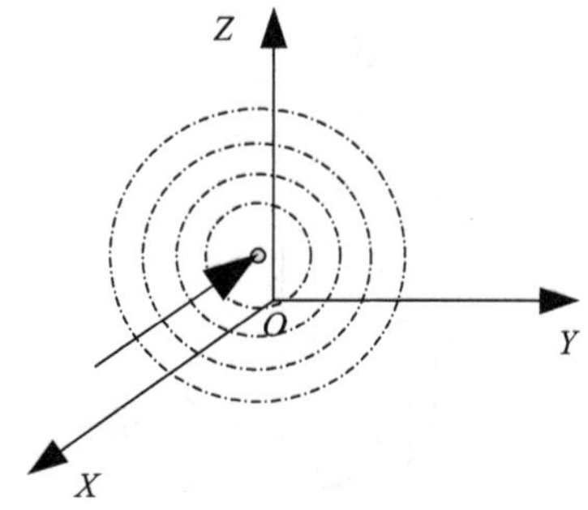

图 3-1　弹着点分布

2）单发火箭弹坐标毁伤概率计算

战斗部爆炸后预制破片朝一定方向飞散，即存在最大飞散角 φ_2 和最小飞散角 φ_1，破片在弹目交汇平面上投影为一个圆环，当目标落入该圆环内，且破片具备一定动能时，才可能对目标造成毁伤。

火箭弹命中导弹后的毁伤概率取决于有效破片数 N 及单个特定质量的破片对目标的毁伤概率。设圆环的外环半径为 r_2，内环半径为 r_1，d 为炸点到目标的距离，如图 3-2 所示。

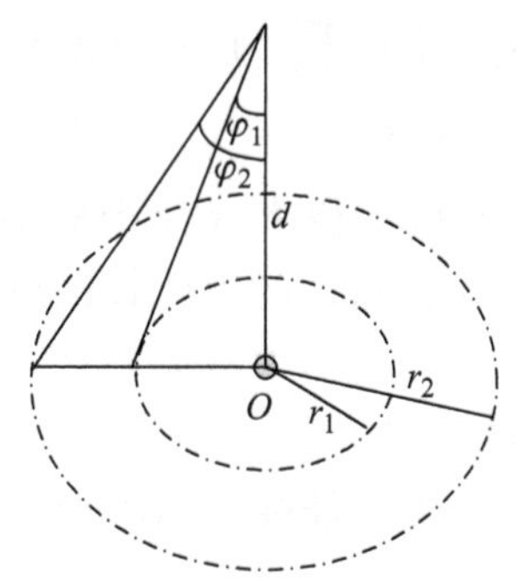

图 3-2　破片平均密度等效算法示意图

若将破片平均密度算法等效到弹目交汇平面散布后形成的圆环区域上，求解方法如下：

$$\rho(x,\ y) = \frac{N}{\pi d^2(r_2^2 - r_1^2)} = \frac{N}{\pi d^2(\tan^2\varphi_2 - \tan^2\varphi_1)} \tag{3-15}$$

将导弹简化为直径为 D，长度为 l 的圆柱形，炸目连线与导弹纵轴的夹角为 β，如图 3-3 所示。通过计算投影，则导弹平均被弹面积为

$$\bar{A} = \frac{\int_0^{\frac{\pi}{2}}\left(\frac{\pi D^2}{4}\cos\beta + Dl\sin\beta\right)\mathrm{d}\beta}{\int_0^{\frac{\pi}{2}}\mathrm{d}\beta} = \frac{\frac{\pi D^2}{4} + Dl}{\frac{\pi}{2}} = \frac{D^2}{2} + \frac{2Dl}{\pi}$$

目标飞过交汇平面上任意一点时，导弹的破片数目期望值为

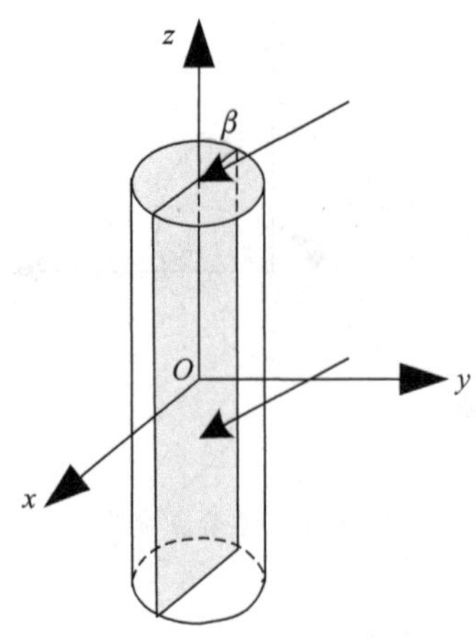

图 3-3　导弹各舱段平均被弹面积

$$n = \iint_{\bar{A}} \rho(y, z)\mathrm{d}y\mathrm{d}z \tag{3-16}$$

假设整个巡航导弹被 n 个破片击中，每个破片击穿的概率为 p_i（E_b）。目标被毁伤的随机事件为每个破片至少有一个击穿了导弹，根据概率加法公式得目标被毁伤概率为

$$p_h = 1 - \prod_{i=1}^{n} [1 - p_i(E_b)] \tag{3-17}$$

3）单发火箭弹整体毁伤概率计算

若已知目标落入战斗部扩散圆内的概率（命中概率）P_d，目标落入扩散圆内被毁伤的概率 P_h，由乘法原理可知，导弹目标的整体毁伤概率为

$$P_k = P_d \cdot P_h \tag{3-18}$$

4）多发火箭弹整体毁伤概率计算

若求得单发毁伤概率为 P_k，m 发火箭弹对巡航导弹的毁伤概率为

$$P_m = 1 - (1 - P_k)^m \tag{3-19}$$

3. 模型求解

1）破片存速分析

设某型火箭弹破片为预制破片，爆破初速 v_0=2100m/s，破片质量为 m_f，破片速度衰减系数为 c，距离爆心距离为 R_c，破片存速为 v_R，假设破片在相同的初始条件下，不同质量和不同飞散距离时，由式（3-11）知破片存速 v_R 的变化规律如表 3-1 所列。

表 3-1　不同质量的破片速度衰减变化趋势

破片质量 m_f/g	衰减系数 c	距爆心距离 R_c/m	破片存速 v_R/m/s
1.0	0.0233	1.0	2051.6
2.0	0.0185	1.0	2061.5
3.0	0.0162	1.0	2066.3

续表

破片质量 m_f/g	衰减系数 c	距爆心距离 R_c/m	破片存速 v_R/m/s
5.0	0.0136	1.0	2071.6
7.0	0.0122	1.0	2074.5
9.0	0.0112	1.0	2076.6
10.0	0.0108	1.0	2077.4

利用 Matlab 程序计算：

```
v0=2100;                                                             % 初速
c=[0.0233, 0.0185, 0.0162, 0.0136, 0.0122, 0.0112, 0.0108];          % 衰减系数
r=[1.0 1.0 1.0 1.0 1.0 1.0 1.0];                                     % 距爆心距离
v=v0* exp(-c.* r)                                                    % 破片存速
```

由表3-1 计算结果表明：在相同初速和相同飞散距离条件下，大质量破片要比小质量破片速度衰减要小，质量为1g 的破片飞散1m 时，存速为2051.6m/s；质量为10g 的破片飞散1m 时，存速为2077.40m/s。由表3-2 计算结果表明：质量为1g 的破片飞散12m 时，速度衰减了512.2m；质量为10g 破片飞散12m 时，速度衰减了255.3m，质量大的破片具有速度衰减慢的特点。

表3-2　不同质量破片随爆心距离的变化所具有的存速

破片质量 m_f/g	衰减系数 c	距爆心距离 R_c/m	破片存速 v_R/m/s
1.0	0.0233	1.0	2051.6
1.0	0.0233	12.0	1587.8
2.0	0.0185	3.0	1986.6
3.0	0.0162	5.0	1936.6
5.0	0.0136	7.0	1909.3
7.0	0.0122	9.0	1881.6
9.0	0.0112	11.0	1856.6
10.0	0.0108	12.0	1844.7

利用 Matlab 程序计算：

```
v0=2100;
c=[0.0233  0.0233  0.0185  0.0162  0.0136  0.0122  0.0112 0.0108];
r=[1.0 12.0 3.0 5.0 7.0 9.0 11.0 12.0];
v=v0* exp(-c.* r)
```

2）破片击穿导弹目标的概率分析

破片击穿作用是依靠破片动能击穿目标，造成导弹的机械或控制元件损坏，现模拟不同壳体厚度的目标等效 LY12CZ 铝合金，不同破片质量和速度下，对目标的击穿毁伤概率，由式（3-12）和式（3-13），可得表3-3。

表 3-3　不同质量破片对不同厚度的铝合金击穿概率

破片质量 m_f/g	等效铝合金厚度/mm	破片速度/（m/s）	比动能	击穿概率
1.0	5.0	2100	89.9640	1.0000
1.0	20.0	2100	22.4910	0.8743
1.0	30.0	2100	14.9940	0.6534
3.0	30.0	2100	21.6251	0.8583
5.0	30.0	2100	25.6394	0.9187
7.0	30.0	2100	28.6825	0.9468
9.0	30.0	2100	31.1888	0.9625
10.0	30.0	1843	24.8807	0.9097

利用 Matlab 程序计算：

```
h=[5.0 20.0 30.0 30.0 30.0 30.0 30.0 30.0];                        % 铝合金壳体厚度
v=[2100 2100 2100 2100 2100 2100 2100 1843];                       % 破片速度
Eb=1.02* 10^(-4).* m.^(1/3).* v.^2./h                              % 比动能
n=size(m);
p=[];
for i=1:n(2)
    if Eb(i)<=4.5
        p(i)=0;
    else
        p(i)=1+2.65* exp(-0.34* Eb(i))-2.96* exp(-0.14* Eb(i));   % 击穿概率
    end
end
p
```

由表 3-3 结果表明：质量为 1g 的破片在速度为 2100m/s，对壳体厚度 5mm 的 LY12CZ 铝合金击穿概率基本上可达 100%；对壳体厚度为 20mm 的 LY12CZ 铝合金时，击穿概率可达 0.8743。一般的飞航式导弹壳体厚度只有 15mm，足可对其毁伤。破片对导弹的毁伤概率取决于单位面积上的比动能，为了提高对导弹的毁伤概率，在保证一定破片流密度的情况下，选取高能炸药和较大质量的破片。例如 5g 的破片在速度为 2100m/s 时，可击穿壳体厚度 30mm 的铝合金材料的概率为 0.9186，即使是 10g 破片，在飞散到毁伤半径 12m 处，存速为 1844m/s，击穿壳体厚度 30mm 的铝合金材料的概率仍可达 0.90 以上。

3）火箭弹对巡航导弹的毁伤概率分析

设某型导弹直径 2m，长度 6m。火箭弹存速 2000m/s，沿 Z 轴和 Y 轴方向的射击误差均取 4～16m，破片数 N=3000 枚，单枚破片质量为 5g，引信启点沿 X 轴散布的数学期望 $m_x=3.5$m，均方差 $\delta_x=1.0$m。射击距离 1000～4000m，炸弹-目标（炸-目）距离 d=10m，火箭弹爆炸后破片最小飞散角 $\varphi_{\min}=10°$，最大飞散角 $\varphi_{\min}=50°$。通过 Matlab 编程计算，火箭弹对导弹的毁伤概率计算结果如表 3-4 所列。

表 3-4　火箭弹对巡航导弹的毁伤概率

射击距离/m	散布误差/m	射击误差/m	单发毁伤概率	5 发毁伤概率
1000	3. 3	4. 0	0. 9319	1. 0000
2000	6. 7	8. 0	0. 3766	0. 9058
3000	10. 0	12. 0	0. 1655	0. 5952
4000	13. 3	16. 0	0. 0904	0. 3772

利用 Matlab 程序计算：

```
D=2;
L=6;
N=3000;
d=10;                                                    % 炸目距离
jiao1=2* pi* 10/360;
jiao2=2* pi* 50/360;
zw=N/(pi* d^2* (tan(jiao2)^2-tan(jiao1)^2));             % 破片平均密度
s=D^2/2+2* D* L/pi;
nn=s* zw;                                                % 破片期望数
m=5;
h=30;
v=2100;
Eb=1.02* 10^(-4).* m.^(1/3).* v.^2./h;                   % 比动能
pjc=1+2.65* exp(-0.34* Eb)-2.96* exp(-0.14* Eb);
                                                         % 单个破片击穿概率
ph=1-(1-pjc)^nn                                          % 多个破片击穿概率
m=5;
mx=3.5;
juli=[1000 2000 3000 4000];
deta1=[3.3  6.7  10.0  13.3];
deta2=[4.0  8.0  12.0  16.0];
deta3=1.0;
pd=[];
symsxyz
f1=1/(sqrt(2* pi)* deta3)* exp(-(x-mx)^2/(2* deta3^2));
for i=1:4
   f2=exp(-(y-deta2(i))^2/(2* deta1(i)^2)-(z-deta2(i))^2/(2* deta1(i)^
2))/(2* pi* deta1(i)^2);
   pd(i)=int(f1,x,0,10)* int(int(f2,y,-10,10),z,-10,10); % 单个命中概率
end
p1=pd.* ph                                               % 单发毁伤概率
p5=1-(1-p1).^5                                           % 5 发毁伤概率
```

由表 3-4 结果表明：火箭弹在 2000m 的距离上拦截来袭导弹，火箭弹散布误差较小，射击误差较小，单发毁伤概率可达 0. 3766，采用多发弹毁伤概率可达 0. 9058。当

射击距离较远时，散布误差和射击精度有所下降，单发毁伤概率较低，采用集火体制射击，对目标的毁伤概率对能提高。所以要提高系统对目标的毁伤概率，就应提高系统的射击精度，提高引战配合效率和战斗部威力。在现有条件下，未来巡航导弹速度越来越快，系统反应时间越来越短，被打击和拦截的次数大大减少。所以，必须通过集火制多门炮同时射击，才能形成较大杀伤面积和一定厚度的弹幕。数据结果表明：多发弹对导弹具有较高的毁伤概率。

3.2.4 结果分析与拓展应用

1. 结果分析

以某型火箭弹为例，分析了目标易损性，以及火箭弹预制破片速度特性及火箭弹爆炸后破片飞散特点，建立了火箭弹拦截巡航导弹的毁伤概率模型。通过仿真计算表明：随着拦截距离的增加，火箭弹散布增大，火控系统射击精度下降，多发弹同时射击才能形成较大的杀伤区域和一定密度的破片流，从而保证了对来袭导弹的有效毁伤。单枚质量为5g 的破片在存速为2000m/s 时，对巡航导弹壳体厚度为30mm 铝合金材料，仍具有较高的毁伤概率。

2. 拓展应用

军事行动中对目标的射击过程是一个随机过程，存在一些随机现象，如是否命中，命中后目标是否被毁伤。这就需要计算相应的命中概率、命中后的毁伤概率。军事中的战斗过程就是一个摧毁敌方目标的过程，本模型和数据分析对其他类型的目标摧毁概率的计算具有重要的指导意义。

参考文献

[1] 王金云，王孟军，纪政．某型火箭弹对巡航导弹毁伤概率仿真分析［J］．指挥控制与仿真，2012，34（1）：92-92.

[2] 常二莉，韩亮．高炮对巡航导弹拦阻射击毁伤计算模型［J］．系统仿真学报，2006，18（2）：83-85.

[3] 李向东，苏义岭，韩永要．导弹目标在破片式战斗部作用下的易损性评估［J］．爆炸与冲击波，2007，27（5）：468-472.

[4] 徐晨．某型火箭防空武器系统对巡航导弹的毁伤概率计算分析［D］．南京：南京理工大学，2009.

[5] 李晋庆，胡焕性．聚焦型破片战斗部对目标毁伤概率的工程算法［J］．兵工学报，2003，24（4）：555-557.

[6] 李炜，范宁军，王正杰．EFP 定向战斗部导弹系统毁伤概率分析［J］．弹道学报，2008，20（2）：60-63.

[7] 张学锋，吴萍，乐高贵，等．火箭武器对巡航导弹的毁伤效能研究［J］．系统仿真学报，2006，18（3）：535-560.

3.3 反舰导弹的突防概率模型

自20 世纪60 年代初排队论（又称随机服务系统理论）出现以来，它很快就应用到了防御系统作战分析领域之中。防空作战就是一种典型的防御系统作战。现代战争中，随着敌方导弹来袭，可以组建多层防线进行防御。如航空母舰防御系统就包括各种远防炮、近防炮，以及护卫舰的防空导弹等。

3.3.1 问题提出

如何利用排队论知识，计算单防线防御系统和多防御系统的突防概率呢?

3.3.2 问题分析与模型假设

1. 问题分析

把每座防空导弹和近程反导舰炮当作服务员，把反舰导弹流当作顾客，防御过程看作服务过程。防御系统作战中对反舰导弹的突防概率 p 可以看做系统有顾客未被服务的概率，被拦截的概率为 $1-p$。这可以用典型排队论的知识解决。

2. 模型假设

排队论是研究顾客、服务机构以及排队现象的一种理论，此模型有四个基本组成部分，包括输入过程、服务规则、服务机构和服务时间。

（1）输入过程。输入过程是指敌方发射的反舰导弹按一定规则进入系统的时间过程。把反舰导弹流处理成简单流（普松流），其分布函数为

$$p(X(t)=k)=\frac{(\lambda t)^k}{k!}\mathrm{e}^{-\lambda t} \tag{3-20}$$

式中：t 为相邻两次来袭的时间间隔；λ 为普松流强度。

（2）服务规则。反舰导弹按照先后顺序接受服务。当敌反舰导弹进入航空母舰编队的防空区域时，首先使用区域防空导弹进行抗击，对突破第一层抗击的反舰导弹，当其进入近程防空导弹范围，应组织火力拦截。最后，应使用反导舰炮抗击。

（3）服务机构。航空母舰编队上可用于抗击反舰导弹的防空武器。

（4）服务时间。火力单元可以采用“射—看—射”火力原则。设一个火力单元同一段时间内只能对一个目标进行射击，且对每个目标的射击时间服从参数为 μ 的负指数分布，即 $f(t)=\mu\mathrm{e}^{-\mu t}$。其中，$\mu$ 为一个目标通道的火力密度，$\mu=\frac{1}{\bar{t}_{fw}}$，$\bar{t}_{fw}$ 为平均拦截时间，它主要决定于平均反应时间和导弹从发射点到遭遇点的平均时间。

3.3.3 模型建立与求解

1. 目标对防御系统突防成功的概率模型

因为随机服务系统中的流为简单流，所以系统中进行的过程可看作连续的马尔可夫过程。一般来说，随机过程在不同时刻的状态之间一般都有某种联系，马尔可夫研究了一类状态之间具有某种特殊的统计联系的随机过程，这种联系就是无后效性。如花粉运动中的位置、服务系统的顾客数、生物种群的大小等。在近代物理学、生物学、管理科学、信息处理等领域有重要应用，特别是马尔可夫链在实际当中有着非常重要的应用。

定义 3.2 给定随机过程 $\{X(t), t\in T\}$，若对于参数集中任意 $t_1<t_2<\cdots<t_n$，有

$$P\{X(t_n)<x_n \mid X(t_1)=x_1, \cdots, X(t_{n-1})=x_{n-1}\}$$
$$=P\{X(t_n)<x_n \mid X(t_{n-1})=x_{n-1}\}$$

则称随机过程 $\{X(t), t\in T\}$ 为马尔可夫过程（简称为马氏过程）。

本背景下，这个随机服务时间服从参数为 μ 的指数分布，属于 M/M/n 损失制随机

服务系统。设 $\{X(t), t \geqslant 0\}$ 表示 t 时突防的反舰导弹数，其状态空间为 $E=\{0, 1, 2, \cdots, n\}$。$\{X(t), t \geqslant 0\}$ 是状态离散、参数连续的马氏过程。

（1）系统状态转移图如图 3-4 所示。

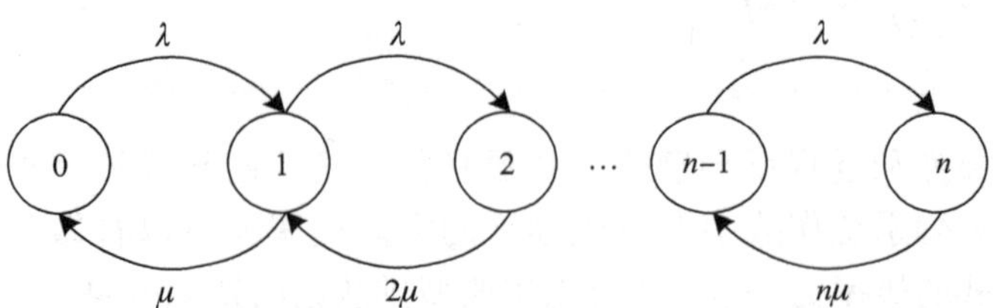

图 3-4 状态转移图

其对应的状态转移速度矩阵为

$$\mathbf{Q}=\begin{bmatrix} -\lambda & \lambda & 0 & 0 & \cdots & 0 & 0 \\ \mu & -(\lambda+\mu) & \lambda & 0 & \cdots & 0 & 0 \\ 0 & 2\mu & -(\lambda+2\mu) & \lambda & \cdots & 0 & 0 \\ \vdots & \vdots & \vdots & \vdots & & \vdots & \vdots \\ 0 & 0 & 0 & 0 & \cdots & n\mu & -n\mu \end{bmatrix} \tag{3-21}$$

（2）按照状态转移图，本马氏过程是一种生灭过程，生灭过程均满足科尔莫戈罗夫微分方程，即是 $P'(t)=P(t)\mathbf{Q}$，$P(+0)=\mathbf{I}$（单位矩阵），建立概率微分方程：

$$\begin{cases} p'_0(t)=-\lambda p_0(t)+\mu p_1(t) \\ p'_1(t)=\lambda p_0(t)-(\lambda+\mu)p_1(t)+2\mu p_2(t) \\ \qquad\vdots \\ p'_k(t)=\lambda p_{k-1}(t)-(\lambda+k\mu)p_k(t)+(k+1)\mu p_{k+1}(t) \\ \qquad\vdots \\ p'_{n-1}(t)=\lambda p_{n-2}(t)-[\lambda+(n-1)\mu]p_{n-1}(t)+n\mu p_n(t) \\ p'_n(t)=\lambda p_{n-1}(t)-n\mu p_n(t) \end{cases} \tag{3-22}$$

式中：$P(t)=(p_{ij}(t))$，$p_{j-i}(t)=p_{ij}(t)=P\{X(t)=j \mid X(0)=i\}$。

（3）根据分析，确定系统中是否存在稳定状态。所谓稳定状态是指在该状态下的转移概率与时间无关 $P'(t)=0$，即 $p_k(t)=p_k=$常数（$p'_k=0$），式（3-22）可转化为

$$\begin{cases} 0=-\lambda p_0+\mu p_1 \\ 0=\lambda p_0-(\lambda+\mu)p_1+2\mu p_2 \\ \qquad\vdots \\ 0=\lambda p_{k-1}-(\lambda+k\mu)p_k+(k+1)\mu p_{k+1}\left(\sum_{i=0}^{n} p_i=1\right) \\ \qquad\vdots \\ 0=\lambda p_{n-2}-[\lambda+(n-1)\mu]p_{n-1}+n\mu p_n \\ 0=\lambda p_{n-1}-n\mu p_n \end{cases} \tag{3-23}$$

（4）解方程组，找出系统最终状态概率。当拦截纵深很小时，即当系统饱和时后

反舰导弹突防，无需等待，这属于即时损失制排队系统，这时空中目标受到射击的概率为

$$p_0 = \frac{1}{\sum_{k=0}^{n} \frac{\eta^k}{k!}},\ p_k = \frac{\eta^k}{k!} p_0 = \frac{\eta^k}{k!} \frac{1}{\sum_{k=0}^{n} \frac{\eta^k}{k!}} \quad (k = 1,\ 2,\ \cdots,\ n) \tag{3-24}$$

式中：$\eta = \frac{\lambda}{\mu} = \lambda \bar{t}_{fw}$。

2. 多层异类防空导弹突防概率及防空兵力部署优化模型

假设共部署了 k 道防线，第 i 道防线部署 x_i 套导弹兵器系统，满足 $\sum_{i=1}^{k} x_i = N$。并且与防线上武器类型相同，不同防线上武器可不相同。对第一道防线，反舰导弹流的平均强度为 λ_1 枚/min，T_1 为第一层火力单元的平均拦截时间，由式（3-24）可知，第一道防线的被突防概率为

$$p_1 = \frac{(\lambda_1 T_1)^{x_1}}{x_1!} \frac{1}{\sum_{j=0}^{x_1} \frac{(\lambda_1 T_1)^j}{j!}} \tag{3-25}$$

已知反舰导弹在第一道防线突防概率 p_1，则被拦截的概率为 $1-p_1$。若每套武器的杀伤概率为 p_{d1}，进入第一道防线数 $M_1 = M$，则反舰导弹在第一道防线被毁伤的期望为

$$M_1(1 - p_1)p_{d1}$$

进入第 i 道防线的反舰导弹有两部分组成：①第 $i-1$ 道防线突防的导弹；②虽遭拦截但未毁伤的导弹。因此进入第 i 道防线的导弹数为

$$M_i = M_{i-1}p_{i-1} + M_{i-1}(1 - p_{i-1})(1 - p_{di-1}) = M_{i-1}(1 - p_{di-1} + p_{i-1}p_{di-1}) \tag{3-26}$$

进入第 i 道防线的导弹目标流平均为 $\lambda_i = \lambda_{i-1}\ (1-p_{di-1}+p_{i-1}p_{di-1})$，由排队论理论可知，导弹突破第 i 道防线的突防概率为

$$p_i = \frac{(\lambda_i T_i)^{x_i}}{x_i!} \frac{1}{\sum_{j=0}^{x_i} \frac{(\lambda_i T_i)^j}{j!}} \tag{3-27}$$

则导弹在第 i 道防线遭拦截的概率为 $1-p_i$；进入第 i 道防线的反舰导弹数目为 M_i，总的毁伤导弹数目为 $M_i\ (1-p_i)\ p_{di}$，总的导弹毁伤数目为 $Q = \sum_{i=1}^{k} M_i(1 - p_i)p_{di}$。那么导弹总的突防概率为

$$p = 1 - \frac{\sum_{i=1}^{k} M_i(1 - p_i)p_{di}}{M_1} \tag{3-28}$$

我方部署的目的是使导弹突防概率最小，其优化模型为

$$\min p = 1 - \frac{\sum_{i=1}^{k} M_i(1 - p_i)p_{di}}{M_1} \tag{3-29}$$

且满足

$$\begin{cases}\sum_{i=1}^{k} x_i = N \\ M_i = \begin{cases}M_1(i=1) \\ M_{i-1}(1-p_{di-1}+p_{i-1}p_{di-1})(i>1)\end{cases} \\ \lambda_i = \begin{cases}\lambda_1(i=1) \\ \lambda_{i-1}(1-p_{di-1}+p_{i-1}p_{di-1})(i>1)\end{cases} \\ p_i = \dfrac{(\lambda_i T_i)^{x_i}}{x_i!} \dfrac{1}{\sum_{j=0}^{x_1} \dfrac{(\lambda_i T_i)^j}{j!}}\end{cases} \tag{3-30}$$

3. 模型求解

假设某防空火力体系由两道防线组成，每道防线由相同的火力单元组成，数量分别为 x_1、x_2，且 $x_1+x_2=n$。单发导弹毁伤概率分别为 p_{d1}、p_{d2}，平均拦截时间分别为 t_1、t_2，初始来袭目标流强度为 λ_1。此时，上述模型变成为

$$\min p = 1 - \frac{\sum_{i=1}^{2} M_i(1-p_i)p_{di}}{M_1} \tag{3-31}$$

$$\text{s. t.}\begin{cases}x_1 + x_2 = n \\ M_i = \begin{cases}M_1(i=1) \\ M_1(1-p_{d1}+p_1p_{d1})(i=2)\end{cases} \\ \lambda_i = \begin{cases}\lambda_1(i=1) \\ \lambda_1(1-p_{d1}+p_1p_{d1})(i=2)\end{cases} \\ p_i = \dfrac{(\lambda_i t_i)^{x_i}}{x_i!} \dfrac{1}{\sum_{j=0}^{x_1} \dfrac{(\lambda_i t_i)^j}{j!}}(i=1, 2)\end{cases} \tag{3-32}$$

通过假设基本参数，编制程序如下：

子程序（阶乘）：

```
function y=jies(n)
s=1;
for j=1:n
    s=s* j;
end
y=s;
```

主程序：

```
n=10;                          % 总火力单元数
pd=[0.6,0.8];                  % 单发导弹毁伤概率向量
t=[3,5];                       % 平均拦截时间向量
x=[];                          % 每道防线火力单元数量
da=[];                         % 来袭目标流强度
```

```
M=[];                               % 进入每道防线的导弹数
p=[];                               % 进入每道防线的突防概率
da(1)=3;
M(1)=20;
for k=1:n
    x(1)=k;                         % 第一道防线的火力单元数
    x(2)=n-k;                       % 第二道防线的火力单元数
    for i=1:2
      s=0;
      for j=1:x(i)
          s=s+(da(i)* t(i))^j/jies(j);
      end
      p(i)=((da(i)* t(i))^x(i))/(jies(x(i)))/s;
                                    % 计算每道防线的突防概率
      da(2)=da(1)* (1-pd(1)+p(1)* pd(1));
      M(2)=M(1)* (1-pd(1)+p(1)* pd(1));
    end
    ss=0;
    for i=1:2
        ss=ss+M(i)* (1-p(i))* pd(i);
    end
    pp(k)=1-ss/M(1);
                                    % 计算不同防线下总的突防概率
end
p2=min(pp);                         % 不同防线下突防概率的最小值
for k=1:n
    if pp(k)==p2
      xx=k;                         % 突防概率最小的第一道火力单元数
    end
end
xx1=xx                              % 突防概率最小的第一道火力单元数
xx2=n-xx1                           % 突防概率最小的第一道火力单元数
```

在上述假设参数下,计算导弹突防概率最小时,两道防线的火力单元分别是 6 发和 4 发,此时导弹突防概率为 0.4767。

3.3.4 结果分析与拓展应用

1. 结果分析

通过适当改变上述程序,还可以得到如下结果。

(1)当 λ_1 一定时,增加火力单元 n 的数量,突防概率逐渐减小,但当火力单元数增加到一定程度,再增加数量并没有突防概率的显著变化。这说明在一定条件下,以增加火力单元数量降低突防概率是无效的(图 3-5)。

(2)当 $x_1+x_2=n, p_{d1}<p_{d2}$ 时,突防概率随着 x_1 增大而减小的程度小于随着 x_2 增大而减

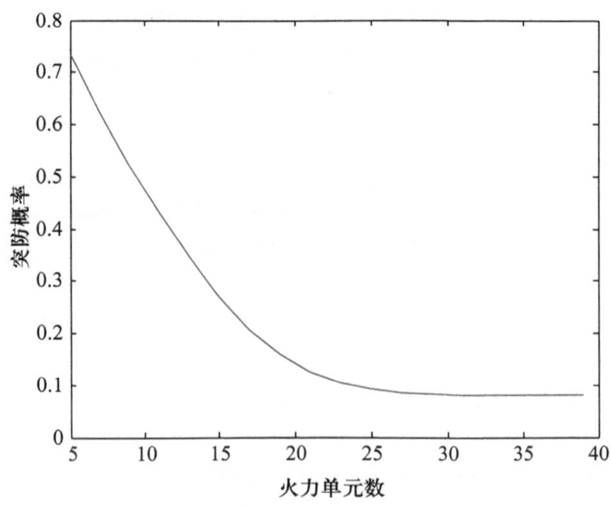

图 3-5　增加火力单元数与突防概率的关系

小的程度，这就意味着增加单发炮弹毁伤概率高的火力单元数量更容易降低突防概率。

（3）当 $x_1=x_2=\dfrac{n}{2}$，$T_1=T_2$，$p_{d1}<p_{d2}$ 时，将两层防线武器系统对调。单发导弹毁伤概率低的火力单元放在前面会使得突防概率较低。随着 n 的增加，两种部署方式突防概率差距逐渐减小。

（4）当 $x_1=x_2=\dfrac{n}{2}$，$p_{d1}=p_{d2}$，$T_1<T_2$ 时，将两层防线武器系统对调。平均拦截时间短的火力单元放在前面会有较低突防概率。随着火力单元的增加，两种部署方式突防概率差距逐渐减小。

2. 拓展应用

利用随机服务系统（排队论）理论推导出防空系统的稳态方程组，建立了计算多防线突防概率的数学模型，并在此基础上“量化”分析了武器单元数量、毁伤能力和反应时间对突防概率的影响情况。

随着军事技术的突飞猛进，反导和突防模型越来越复杂。就提高导弹的突防能力来说：①可采取有源和无源干扰的方法，对敌反导雷达等预警和侦察设备实施电子干扰。常用的办法有两种：让弹头拖带或释放假目标、箔条、干扰丝等消极干扰物，在空中形成一个个干扰云和干扰“走廊”，使敌雷达迷盲，无法辩认真假目标。美国的“民兵”“海神”导弹弹头中装有总重 122kg，多达 1 亿根涂有铝粉的金属丝，接近目标时抛撒开来后可形成一个 320km×720km 的“空中走廊”，在敌反导雷达无所措手足之时，导弹乘机突防而至。除消极干扰外，有些弹头还带有有源积极干扰设备，向反导雷达发射功率强大的无线电、噪声等信号，进行主动式对抗干扰或欺骗干扰。②发射假弹头，以假乱真，掩护真弹头突防。③采用集束式多弹头，分散目标反导的注意力，让它顾此失彼。④采用分导式多弹头和机动式弹头等，把一个母弹头分成若干个子弹头，让母弹头、子弹头都具有机动能力和制导能力，而且相互间隔数十，乃至数百千米，造成大区域散布，不规则俯冲，从而给敌方造成饱和式袭击，以达突防之目的。

参考文献

[1]陆风山．排队论及应用[M]．长沙：湖南科学技术出版社，1984.

[2]卢发兴，吴玲．多防线防御系统目标突防概率的计算[J]．系统工程与电子技术，2005，27(6).

[3]邵正途，朱和平，陆捷．多层导弹防御效能评估模型研究[J]．微计算机信息，2008，9-3：27-28.

[4]郑泽席．多种防空武器混合部署时抗击效率的数学模型及方法[J]．军事系统工程，2000，3.

[5]曾松林，钟生新．基于排队论的火力抗击反舰导弹模型分析[J]．战术导弹技术，2008 (6)：38-40.

[6]韩松臣．导弹武器系统效能分析的随机理论[M]．北京：国防工业出版社，2001.

3.4 信号分类与识别模型

在现代信息技术高速发展的条件下，为了取得战争的胜利，各国军队都在大量使用常规或非常规的通信设备，其配置的空间从地面、空中、海上发展到外层空间，通信体制多样化，配置数量巨增。为了及时、准确、有效地获取敌方情报，有针对性地对敌重要通信装备及其载体(如水面或水下目标、空中飞行目标、陆地固定目标等)进行监视、控制、干扰或打击，这就对通信信号的分析研究手段提出了更高的要求。因此，根据通信辐射源信号的特征，实现从一般通信信号的分类识别到个体信号的识别，这对在信息化条件下提高军事通信对抗作战能力，保证在未来战争中情报信息的获取与利用，掌握战争的主动权具有重要价值和意义。

3.4.1 问题提出

2017 年军事数学建模竞赛 B 题附件 1 给出了 5 种通信辐射源的侦测接收信号的特征样本(500 个信号 5 种特征)，第 1 问试建立分类模型，对信号进行分类识别，区分出 5 种通信辐射源信号；附件 2、第 2 问给出了两个通信辐射源信号的特征样本，试进行识别，确定各属于哪一类。

3.4.2 问题分析

第 1 问要求将特征样本进行分类，这是聚类分析的问题。系统聚类分析方法是目前常用的聚类方法，基本思想是：计算样本之间的距离，将距离最小的类并为一新类，再计算并类后的新类与其他类的距离，又将距离最小的两类并为一新类，这样每次减少一些类，直到将所有的样本合并称一类为止。由于样本之间的距离有不同的定义方式，类与类之间的距离也有不同定义方式，所以聚类方法有很多种，如最短距离法、中间距离法、重心法、离差平方和法、类平均法等，其中离差平方和法被认为是一种理论上和实际上都非常有效的分类方法，应用较为广泛。

第 2 问要求判断所给的两个特征样本属于哪一类，这是判别分析的问题。判别分析的主要方法有距离判别方法、费希尔 (Fisher)判别方法、贝叶斯(Bayes)判别方法等。这里，选择距离判别法进行判别分析。

3.4.3 模型建立与求解

1. 基于离差平方和的系统聚类

设将 N 个样品分成 k 个类：$G_1, G_2, \cdots, G_k$，用 $X_{(t)}^{(i)}$ 表示 G_t 中第 i 个样品，N_t 表示 G_t 中的样品个数，$\bar{X}_{(t)}$ 表示 G_t 的重心，则 G_t 的样品离差平方和为

$$S_t = \sum_{i=1}^{N_t} (X_{(t)}^{(i)} - \bar{X}_{(t)})'(X_{(t)}^{(i)} - \bar{X}_{(t)})$$

k 个类的离差平方和为

$$S = \sum_{t=1}^{k} \sum_{i=1}^{N_t} (X_{(t)}^{(i)} - \bar{X}_{(t)})'(X_{(t)}^{(i)} - \bar{X}_{(t)})$$

当 k 固定时，要选择使得 S 达到最小值的分类结果。

基于离差平方和的系统聚类的具体做法：先将 N 个样品各自分成一类，然后每次缩小一类，每缩小一类后的离差平方和就要增大，选择使 S 增大最小的两类合并，直到所有样品归为一类为止。

根据上述分类方法，运用 Matlab 编程进行分类，具体程序如下：

```
[data textdata]=xlsread('3.4 附件 1.xlsx');
x=zscore(data);               % 数据标准化
y=pdist(x,'euclidean');       % 采用欧氏距离
z=linkage(y,'ward');          % 采用离差平方和方法
t=cluster(z,5);               % 分类结果
a=tabulate(t)                 % 统计每类的个数及所占百分比
```

运行结果：

```
a =
    1.0000    81.0000    16.2000
    2.0000   100.0000    20.0000
    3.0000   119.0000    23.8000
    4.0000   100.0000    20.0000
5.0000   100.0000    20.0000
```

结果表明：第 1 类有 81 个，第 2 类有 100 个，第 3 类有 119 个，第 4 类有 100 个，第 5 类有 100 个，详细结果如表 3-5 所列。

表 3-5　分类结果

类别	1	2	3	4	5
个数/个	81	100	119	100	100
所占比例/%	16.2	20	23.8	20	20

2. 马氏距离判别法

设 Σ 表示特征的协差阵，即

$$\Sigma = (\sigma_{ij})_{p \times p}$$

式中

$$\sigma_{ij} = \frac{1}{n-1}\sum_{a=1}^{n}(x_{ai} - \bar{x}_i)(x_{aj} - \bar{x}_j) \quad (i, j = 1, 2, \cdots, p)$$

$$\overline{x_i} = \frac{1}{n}\sum_{a=1}^{n} x_{ai}, \quad \overline{x_j} = \frac{1}{n}\sum_{a=1}^{n} x_{aj}$$

如果 Σ^{-1} 存在，则两个样品之间的马氏距离为

$$d_{ij}^2(M) = (X_i - X_j)'\Sigma^{-1}(X_i - X_j)$$

这里 X_i 为样品 X_i 的 p 个指标组成的向量，即原始资料阵的第 i 行向量。样品 X 到总体 G 的马氏距离定义为

$$d^2(X, G) = (X - \mu)'\Sigma^{-1}(X - \mu)$$

式中：μ 为总体的均值向量；Σ 为协方差阵。

距离判别法的具体做法是：首先根据已知分类的数据，分别计算各类的重心，计算新个体到每类的距离，确定最短的马氏距离。

根据上述判别方法，运用 Matlab 编程，具体程序如下：

```
[data textdata]=xlsread('3.4 附件 1.xlsx');
training=data;              % 用于存放构造判别函数的样本数据
x=zscore(data);             % 数据标准化
y=pdist(x,'euclidean');     % 采用欧几里得距离
z=linkage(y,'ward');        % 采用离差平方和方法
t=cluster(z,5);             % 分类结果
group=t;                    % 与 training 相应的分组变量
sample=xlsread('3.4 附件 2.xlsx');     % 待分组的数据
[class,err]=classify(sample,training,group,'mahalanobis')   % 利用马氏距离判
别法分类
运行结果为
class=4
  2
err=  0
```

结果表明：第一个信号属于第 4 类，第二个信号属于第 2 类，出错的概率为 0。

3.4.4 结果分析

根据距离定义方法的不同，还可以尝试采用最短距离法、最长距离法、中间距离法、重心法、类平均法等进行聚类分类；对于判别分析，也可尝试贝叶斯判别法，即计算新给样品属于各总体的条件概率，比较概率的大小，然后将新样品判归为来自概率最大的总体。

3.5 信息化部队战斗力评价模型

战斗力也称作战能力，是指武装力量遂行作战任务的能力。信息化部队战斗力是指部队在信息化战争背景下遂行作战任务的能力。当前，世界新军事变革的本质和核心是信息化，信息化的全面推进促使战争形态由传统的机械化战争转变为信息化战争。

3.5.1 问题提出

信息化战争在战争形态、作战力量和作战空间等方面均发生了根本性的改变，如何进行信息化部队作战能力评价呢?

3.5.2 问题分析

进行信息化部队战斗力评价一般考虑如下三步：

（1）指标体系的建立。信息化部队战斗力评价指标体系是一个复杂的体系，指标多且很多指标具有不确定性和不完全性，必须结合实际，设置合理适宜、能反映不同侧面的指标体系。

（2）指标权重的确定。建立了评价指标体系后，需要对每一个指标赋予一定的权值（也称为权重，是指某个指标在所有评价指标中所占有的比重）。它在进行评判和决策的过程中至关重要，反映了各个因素在评判和决策过程中所占有的地位或所起的作用，权值确定的合理与否将直接关系到评估结果的科学性和准确性。

（3）评价模型的建立。选取合适的评价方法进行信息化部队战斗力评估。

3.5.3 模型建立与求解

1. 多层次评价指标体系

结合实际，首先给出建立指标体系应遵循的原则。

（1）评价指标应能反映出信息化战争的本质特性。

（2）评价指标应可最大限度地实施量化处理且能客观公正地反映信息化作战效能。

（3）指标体系应尽可能地反映出指标间的相互关联性。

基于这些原则，通过分析研究，建立由五大类 22 个具体指标构成的信息化部队战斗力评价体系，如图 3-6 所示。五大类指标的详细介绍如下。

（1）信息能力，包括信息获取能力、信息传输能力、信息处理能力、信息利用能力。

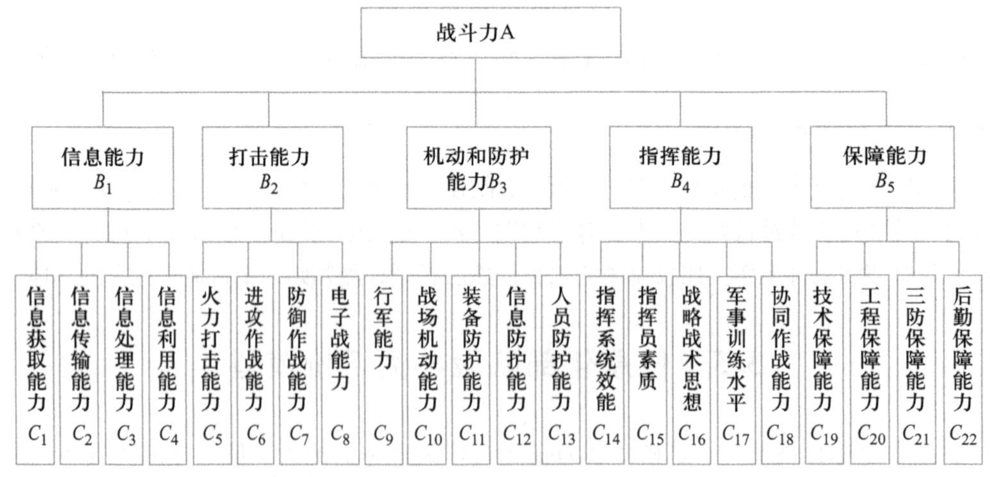

图 3-6 信息化部队战斗力的多层次评价指标体系

（2）打击能力，包括火力打击能力、进攻作战能力、防御作战能力、电子战能力。

（3）机动和防护能力，包括行军能力、战场机动能力、装备防护能力、信息防护能力、人员防护能力。

（4）指挥能力，包括指挥系统效能、指挥员素质、战略战术思想、军事训练水平、协同作战能力。

（5）保障能力，包括技术保障能力、工程保障能力、三防保障能力、后勤保障能力。

2. 主成分分析法确定各指标的权重

为避免人为确定权重的主观性，这里采用主成分分析法进行指标权重分配。具体过程如下。

步骤1：评价指标数据标准化处理

由于不同参数具有不同的量纲和尺度，而主成分分析法依赖于初始变量所用的尺度。因此，要将初始变量数值标准化，使所有的初始变量都有可比较的尺度。设 x_{ij} 为第 i 个样本第 j 种指标的数值，X_{ij} 为第 i 个样本第 j 种指标的标准化数据，$\overline{x_j}$ 为第 j 种指标的平均值，s_j 为第 j 种指标的标准差。标准化公式如下：

$$X_{ij} = \frac{x_{ij} - \bar{x}_j}{s_j}(i = 1,\ 2,\ \cdots,\ m;\ j = 1,\ 2,\ \cdots,\ n) \tag{3-33}$$

根据标准化公式（3-33），将 n 个专家关于 m 个指标的打分数据进行标准化处理，构成一个标准化数据矩阵：

$$\boldsymbol{X} = \begin{pmatrix} X_{11} & X_{12} & \cdots & X_{1m} \\ X_{21} & X_{22} & \cdots & X_{2m} \\ \vdots & \vdots & & \vdots \\ X_{n1} & X_{n2} & \cdots & X_{nm} \end{pmatrix} \triangleq (\boldsymbol{X}_1,\ \boldsymbol{X}_2,\ \cdots,\ \boldsymbol{X}_m) \tag{3-34}$$

其中

$$\boldsymbol{X}_i = \begin{pmatrix} X_{1i} \\ X_{2i} \\ \vdots \\ X_{ni} \end{pmatrix}(i = 1,\ 2,\ \cdots,\ m)$$

步骤2：计算矩阵 $\boldsymbol{X}$ 的相关系数矩阵的特征值和相应的特征向量

首先，求矩阵 $\boldsymbol{X}$ 的相关系数矩阵 $\boldsymbol{R}=(r_{ij})_{m\times m}$，其中 r_{ij} 为变量 X_i 与 X_j 之间的相关系数，其计算公式为

$$r_{ij} = \frac{\sum_{k=1}^{n}(X_{ki} - \overline{X}_i)(X_{kj} - \overline{X}_j)}{\sqrt{\sum_{k=1}^{n}(X_{ki} - \overline{X}_i)^2 \sum_{k=1}^{n}(X_{kj} - \overline{X}_j)^2}}(i,\ j = 1,\ 2\cdots,\ m)$$

然后，求出相关系数矩阵 $\boldsymbol{R}=(r_{ij})_{m\times m}$ 的特征值 λ_i（$i=1,\ 2,\ \cdots,\ m$）和对应的特征向量 $\boldsymbol{v}^{(i)}$（$i=1,\ 2,\ \cdots,\ m$），其中特征值按大小顺序排列，即 $\lambda_1 \geqslant \lambda_2 \geqslant \cdots \geqslant \lambda_m$；$\boldsymbol{v}_j^{(i)}$ 表示向量 $\boldsymbol{v}^{(i)}$ 的第 j 个分量。

步骤 3：写出主成分表达式，选择重要的主成分

利用所求的特征向量，构造矩阵 $\boldsymbol{X}$ 的 m 个向量 $\boldsymbol{X}_1$，$\boldsymbol{X}_2$，…，$\boldsymbol{X}_m$ 的线性组合，由此得到 m 个主成分：

$$\begin{cases} y_1 = v_1^{(1)}\boldsymbol{X}_1 + v_2^{(1)}\boldsymbol{X}_2 + \cdots v_m^{(1)}\boldsymbol{X}_m \\ y_2 = v_1^{(2)}\boldsymbol{X}_1 + v_2^{(2)}\boldsymbol{X}_2 + \cdots v_m^{(2)}\boldsymbol{X}_m \\ \vdots \\ y_m = v_1^{(m)}\boldsymbol{X}_1 + v_2^{(m)}\boldsymbol{X}_2 + \cdots v_m^{(m)}\boldsymbol{X}_m \end{cases} \tag{3-35}$$

因为各个主成分的方差是递减的，包含的信息量也是递减的，所以实际分析时一般不全选，而是根据各个主成分累计贡献率的大小选取重要的主成分。一般要求累计贡献率达到85%以上，这样才能保证综合变量能包括原始变量的绝大多数信息。累计贡献率的计算公式如下：

前面 p 个主成分 y_1，y_2，…，y_p（$p<m$）的累计贡献率为

$$\rho = \frac{\sum_{i=1}^{p}\lambda_i}{\sum_{i=1}^{n}\lambda_i}$$

当 $\rho \geqslant 0.85$，就可选用前 p 个主分量代替原来 m 个变量，它们基本上保留了原来 m 个变量所包含的信息。

步骤 4：确定各指标的权重

称前 p 个主成分为公共因子，m 个指标在第 i 个公共因子上的荷载向量：

$$\boldsymbol{\alpha}_i = \sqrt{\lambda_i}\,v^{(i)} = \sqrt{\lambda_i}\begin{pmatrix} v_1^{(i)} \\ v_2^{(i)} \\ \vdots \\ v_m^{(i)} \end{pmatrix} (i = 1, 2, \cdots, p) \tag{3-36}$$

第 j 个指标在全部 p 个公共因子上的荷载的平方和称为变量的公共度，其数学表达式为

$$H_j = h_j^2 = \sum_{i=1}^{p}\alpha_{ij}^2 (j = 1, 2, \cdots, m)$$

它的大小反映了各原始指标对选出的主成分所起的作用，即反映了各原始指标的重要程度。比较 m 个变量的公共度，可知哪一个变量在公共度方面起的作用大。由此，可以把每个指标的公共度分别归一化作为该变量的权重。

设 w_{AB_k} 表示目标层 A 下的指标 B_k 的权重，$w_{B_kC_j}$ 表示指标 B_k 的下一级指标 C_j 的权重，则有

$$w_{AB_k} = \frac{\sum_{j=a_k}^{b_k} H_j}{\sum_{j=1}^{22} H_j} (k = 1, 2, \cdots, 5)$$

$$w_{B_kC_j} = \frac{H_j}{\sum_{j=a_k}^{b_k} H_j}(i = 1,\ 2,\ \cdots,\ 5;\ j = 1,\ 2,\ 3,\ \cdots,\ 22)$$

式中：a_k、b_k 分别为指标 B_k 的下一级指标编号的最小值和最大值。例如，指标 B_3 的下一级指标为 C_9，C_{10}，…，C_{13}，则 $a_3=9$，$b_3=13$，即

$$w_{AB_3} = \frac{\sum_{j=9}^{13} H_j}{\sum_{j=1}^{22} H_j}$$

3. 战斗力评价模型

设指标 B_k 对应的分战斗力为 M_{B_k}，定义

$$M_{B_k} = \frac{1}{n}\sum_{j=a_k}^{b_k}\sum_{i=1}^{n} w_{B_kC_j}X_{ij}(k = 1,\ 2,\ 3,\ 4,\ 5)$$

式中：n 为专家人数；X_{ij} 为第 i 个专家关于第 j 种指标的打分。

设信息化部队综合战斗力为 M，则

$$M = \sum_{k=1}^{5} w_{AB_k}M_{B_k}$$

很明显，M 的大小表明一支部队战斗力水平的优劣程度，M 越大战斗力水平越高。

4. 模型求解

假设要对某作战部队战斗力进行评估，根据战斗力评价指标体系，经 5 位专家组成的考核组对部队进行静态和动态考核，对应评价指标体系中的 22 项指标打分如表 3-6 所列。

表 3-6　各评价指标得分统计表

B_1				B_2				B_3					B_4					B_5			
C_1	C_2	C_3	C_4	C_5	C_6	C_7	C_8	C_9	C_{10}	C_{11}	C_{12}	C_{13}	C_{14}	C_{15}	C_{16}	C_{17}	C_{18}	C_{19}	C_{20}	C_{21}	C_{22}
70	80	90	95	80	85	88	95	65	73	80	86	92	70	76	82	85	92	75	78	80	93
68	75	82	80	75	90	78	85	70	90	86	80	73	68	75	75	78	85	68	85	70	90
65	75	82	80	68	86	80	75	80	85	70	65	78	70	90	78	86	80	70	80	85	75
78	67	86	84	72	80	68	79	89	84	67	79	80	93	75	60	73	84	62	77	86	92
76	80	62	78	93	88	74	63	69	70	87	74	66	78	85	69	66	70	85	63	78	89

首先利用 Matlab 编程计算得到各主成分及对应的特征值与贡献率。

Matlab 程序代码：

```
clc
clear
x=[70 80 90 95 80 85 88 95 65 73 80 86 92 70 76 82 85 92 75 78 80 93;
    68 75 82 80 75 90 78 85 70 90 86 80 73 68 75 75 78 85 68 85 70 90;
```

```
    65 75 82 80 68 86 80 75 80 85 70 65 78 70 90 78 86 80 70 80 85 75;
    78 67 86 84 72 80 68 79 89 84 67 79 80 93 75 60 73 84 62 77 86 92;
    76 80 62 78 93 88 74 63 69 70 87 74 66 78 85 69 66 70 85 63 78 89];   % 录入数据
X=zscore(x);                       % 数据标准化
std=CORRCOEF(X);                   % 计算相关系数矩阵
[vec,val]=eig(std);                % 求出相关系数矩阵的特征值和特征向量
newval=diag(val);                  % 将特征值构成一个新向量
[y,i]=sort(newval);                % 将特征向量的特征值排序
rate=y/sum(y);                     % 计算特征值的贡献率
% 记录累计贡献率大于 85% 的特征值的序号放入 newi 中
sumrate=0 ;
newi=[] ;
for k=length(y):-1:1
    sumrate=sumrate+rate(k);
    newi(length(y)+1-k)=i(k);
    if sumrate>0.85
        break;
    end
end
fprintf('主成分数:% g\n\n',length(newi))
data=[y(newi) rate(newi)]  % 记录累计贡献率大于 85% 的主成分对应的特征值和贡献率
sum(data(:,2))
运行结果:
主成分数:3
data =7.9007    0.3591
    6.8569    0.3117
    4.5961    0.2089
ans=0.8797
```

由结果可以看出，前 3 个主成分的累积贡献率已经达到 87.97%，故取第 1、第 2 和第 3 主成分作为公共因子。前 3 个主成分对应的特征值、贡献率、累计贡献率结果如表 3-7 所列。

表 3-7　排前三的主成分对应的特征值及贡献率

主成分排名	特征值	贡献率/%	累计贡献率/%
第 1 主成分	7.9007	35.91	35.91
第 2 主成分	6.8569	31.17	67.08
第 3 主成分	4.5961	20.89	87.97

接下来，在找出重要主成分的基础上，确定各指标对应的权重。

Matlab 程序代码：

```
% 计算载荷 aa
for i=1:1:length(newi)
    for j=1:1:length(y)
```

```
        aa(i,j)=sqrt(newval(newi(i)))* vec(j,newi(i));
    end
end
% 计算各指标的权重
H=sum(aa.* aa);
for i=1:4
w(i)=H(i)/sum(H(1:4));
end
for i=5:8
w(i)=H(i)/sum(H(5:8));
end
for i=9:13
w(i)=H(i)/sum(H(9:13));
end
for i=14:18
w(i)=H(i)/sum(H(14:18));
end
for i=19:22
w(i)=H(i)/sum(H(19:22));
end
ww(1)=sum(H(1:4))/sum(H);
ww(2)=sum(H(5:8))/sum(H);
ww(3)=sum(H(9:13))/sum(H);
ww(4)=sum(H(14:18))/sum(H);
ww(5)=sum(H(19:22))/sum(H);
w,ww
```

根据运行结果列成权重表，见表3-8。

最后，利用战斗力评价模型计算分战斗力得分和总战斗力得分。

Matlab 程序代码：

```
% 计算分战斗力评价得分
for i=1:5
    s(i,:)=w.* x(i,:)
end
M1=sum(sum(s(:,1:4)))/5;                    % 分战斗力
M2=sum(sum(s(:,5:8)))/5;
M3=sum(sum(s(:,9:13)))/5;
M4=sum(sum(s(:,14:18)))/5;
M5=sum(sum(s(:,19:22)))/5;
M=sum(ww.* [M1 M2 M3 M4 M5])               % 总战斗力
```

运行结果：

```
M =78.1612
```

表 3-8　评价体系各级指标及其权重

评价目标	一级指标	权重	二级指标	权重
信息化部队战斗力	信息能力	0.1929	信息获取能力	0.2659
			信息传输能力	0.2497
			信息处理能力	0.2676
			信息利用能力	0.2168
	打击能力	0.1900	火力打击能力	0.2679
			进攻作战能力	0.2125
			防御作战能力	0.2491
			电子战能力	0.2705
	机动和防护能力	0.2162	行军能力	0.2387
			战场机动能力	0.1351
			装备防护能力	0.2026
			信息防护能力	0.2313
			人员防护能力	0.1923
	指挥能力	0.2425	指挥系统效能	0.2095
			指挥员素质	0.1692
			战略战术思想	0.2062
			军事训练水平	0.2023
			协同作战能力	0.2128
	保障能力	0.1584	技术保障能力	0.2897
			工程保障能力	0.2617
			三防保障能力	0.1401
			后勤保障能力	0.3085

3.5.4　结果分析

结果表明：该部队战斗力评价得分为 78.1612 分。如果将战斗力分 5 个等级强（90 分以上）、较强（80 ~90 分）、一般（70 ~80 分）、较差（60 ~70 分）、很差（60 分以下）。按照此分级方式，该部队战斗力属一般水平。

参考文献

[1] 田锐．信息化部队战斗力评价［D］．济南：山东大学，2007.

3.6 船艇维修器材需要量预测模型

船艇维修器材需要量是指在规定时间内进行船艇装备维修所需维修器材的数量。它是确定维修器材请领量、采购量、储备量和分配量的基本依据，是船艇器材计划指标中的基础性指标。船艇维修器材需要量确定准确与否，将对船艇器材计划的质量产生重大影响。例如，在制定器材计划时，若确定的某种维修器材的需要量大于实际需求量，则会造成器材积压和浪费，降低器材保障的效率；反之，若确定的某种维修器材的需求量小于实际需求量，则将无法满足正常的船艇装备维修需要，影响船艇装备的战备完好率。因此，采取科学的方法确定维修器材需要量对于合理制定船艇器材计划、提高船艇器材保障效率具有十分重要的意义。

3.6.1 问题提出

某船艇部队某型船艇装备维修器材 E 的需要量与船艇航时的统计数据，如表 3-9 所列。试预测船艇航时为 1520 时维修器材 E 的需要量。

表 3-9 某船艇部队某型船艇装备维修器材 E 的需要量与船艇航时的统计数据

船艇航行时间/h	350	260	430	520	680	750	960	1100	1220	860
E 需要量/件	6	5	9	11	13	14	18	22	25	17

3.6.2 问题分析

船艇维修器材需要量受到多种因素的影响，是一个随机变量。为了建立有效的船艇器材维修需要量预测模型，首先必须对影响维修器材需要量的因素进行分析，找出主要影响因素。确定主要因素后，可应用回归分析的方法建立船艇维修器材需要量预测模型来解决问题。

3.6.3 模型的建立和求解

1. 船艇维修器材需要量的影响因素分析

影响船艇维修器材需要量的因素有四个方面。

（1）船艇航时因素。规定时间内船艇装备的航时将对维修器材需要量产生重大影响。同一型号船艇装备，规定时间内航时越多，表明使用越频繁、损耗越大，维修器材的需要量也越大；反之则越小。

（2）零部件故障率因素。零部件的故障率是零部件的故有特性，与零部件的材料、结构等因素相关。零部件的故障率直接影响船艇维修器材需要量。某种维修器材的故障率越高，其需要量就越大；反之则越小。

（3）装备使用环境因素。船艇装备的使用环境会对器材的需要量产生影响。例如，同型号的沿海船艇装备和内河船艇装备，在其他条件相同的情况下，由于各自所处环境的温度、湿度及盐度等的不同，对同一种维修器材的需要量也会不同。

（4）装备管理水平因素。船艇装备管理水平会对维修器材需要量产生影响。人员素质高、制度健全、使用操作规范，维修器材需要量就小；反之则大。

在以上四个因素中，船艇航时因素和零部件故障率因素对维修器材需要量的影响是最大的。但对于同一种维修器材而言，其故有故障率相差不大，因此，同一种维修器材的需要量主要是规定时间内的船艇航时决定，船艇航时因素是其主要影响因素。然而，船艇航时并不能唯一确定船艇维修器材需要量。对于某一个固定的船艇航时，船艇维修器材需要量在一定范围内上下波动。因此，船艇维修器材需要量和船艇航时之间的关系是相关关系，可以用一元线性回归分析来建立船艇维修器材需要量预测模型。

2. 船艇维修器材需要量预测模型

设某型船艇某种维修器材的需要量为 y，船艇航时为 x，则

$$y = \beta_0 + \beta_1 x + \varepsilon \tag{3-37}$$

式中：β_0、β_1 及 σ^2 为待估参数，且相互独立，都不依赖于 x；ε 为其他随机因素对 y 的影响，且 $\varepsilon \sim N(0, \sigma^2)$。

设 (x_1, y_1)，(x_2, y_2)，…，(x_n, y_n) 表示样本容量为 n 的一组样本观察值，β_0、β_1 是由该样本观察值确定的参数 β_0、β_1 的估计值，则有

$$y = \beta_0 + \beta_1 x \tag{3-38}$$

式（3-38）即为船艇维修器材需要量关于船艇航时的线性回归方程，也就是船艇维修器材需要量预测模型。

1）参数 β_0、β_1 估计

建立了船艇维修器材需要量预测模型之后，接下来利用样本容量为 n 的样本值 (x_1, y_1)，(x_2, y_2)，…，(x_n, y_n)，对未知参数 β_0、β_1 进行估计。采用最小二乘法确定估计值 β_0、β_1，则

$$\beta_1 = \frac{\sum_{i=1}^{n} x_i y_i - \frac{1}{n}\sum_{i=1}^{n} x_i \sum_{i=1}^{n} y_i}{\sum_{i=1}^{n} x_i^2 - \frac{1}{n}\left(\sum_{i=1}^{n} x_i\right)^2}，\quad \beta_0 = \frac{1}{n}\sum_{i=1}^{n} y_i - \frac{1}{n}\beta_1 \sum_{i=1}^{n} x_i \tag{3-39}$$

将表3-10中的样本值代入式（3-39），可得

$$\beta_1 = 0.0202，\beta_0 = -0.4$$

于是，得到的船艇维修器材需要量预测模型为

$$y = 0.0202x - 0.4$$

2）假设检验

前面建立船艇维修器材需要量预测模型时，假设船艇维修器材需要量与船艇航时具有线性关系。二者是否具有线性关系，需要进行假设检验。若线性假设成立，则 β_1 不应等于0；否则，线性假设不成立。

假设检验的步骤如下：

（1）假设 H_0：$\beta_1=0$，H_1：$\beta_1 \neq 0$。

（2）计算统计量 t 的数值：

$$t = \frac{\beta_1}{\sqrt{\dfrac{W(\beta_0, \beta_1)}{(n-2)\sum_{i=1}^{n}\left(x_i - \dfrac{1}{n}\sum_{i=1}^{n}x_i\right)^2}}}$$

（3）若给定显著性水平 α，则拒绝域为

$$|t| \geqslant t_{\frac{\alpha}{2}}(n-2) \tag{3-40}$$

若计算出来的 t 值落在式（3-40）确定的拒绝域内，则拒绝 H_0。当 H_0 被拒绝时，船艇维修器材需要量与船艇航时的线性关系明显，回归预测模型效果显著；否则，回归预测模型效果不显著。

代入实例数据，取置信水平 $1-\alpha=0.95$ 进行假设检验，有

$$t = \frac{0.0202}{0.00207} = 27.5885$$

显然，$t=27.5885>t_{\frac{\alpha}{2}}$（$n-2$）$=t_{0.025}$（8）$=2.306$。因此，拒绝 H_0，回归预测模型效果显著。

3）预测

若经过假设检验，建立的预测模型效果显著。那么，就能利用该模型对船艇维修器材需要量进行预测。

设 $y=\beta_0+\beta_1 x$ 是根据样本值确定的某型船艇装备某种维修器材需要量的预测模型。当船艇航时 x 已知时，可以利用建立的模型预测该器材的需要量。对器材需要量的预测可以分为两种。

（1）点预测。将航时 x_0 代入到预测模型，得到

$$y_0 = \beta_0 + \beta_1 x_0 \tag{3-41}$$

将数据代入式（3-41），可得：

$$y_0 = 0.0202x_0 - 0.4 = 0.0202 \times 1520 - 0.4 = 30.3 \approx 31$$

即当航时为 1520 h，维修器材 E 的需要量为 31 件。

（2）区间预测。给定置信水平为 $1-\alpha$，根据已知的船艇航时 x_0，得到该维修器材需要量 y_0 的预测区间为

$$\left(y_0 - t_{\frac{\alpha}{2}}(n-2)\sigma M,\ y_0 + t_{\frac{\alpha}{2}}(n-2)\sigma M\right)$$

式中

$$\sigma = \sqrt{\frac{W(\beta_0, \beta_1)}{n-2}},\quad M = \sqrt{1 + \frac{1}{n} + \frac{\left(x_0 - \dfrac{1}{n}\sum_{i=1}^{n}x_i\right)^2}{\sum_{i=1}^{n}x_i^2 - \dfrac{1}{n}\left(\sum_{i=1}^{n}x_i\right)^2}}$$

对于实例，给定置信水平为 $1-\alpha=0.95$，则有 y_0 预测区间为

$$\begin{aligned}&\left(y_0 - t_{\frac{\alpha}{2}}(n-2)\sigma M,\ y_0 + t_{\frac{\alpha}{2}}(n-2)\sigma M\right)\\&=(30.3 - 2.306 \times 0.7122 \times 1.3891,\ 30.3 + 2.306 \times 0.7122 \times 1.3891)\\&=(23.4562,\ 32.5841)\end{aligned}$$

3. Matlab 实现过程

利用 Matlab 完成上述过程，程序代码如下。

1）数据录入与处理

```
data=[350  260  430  520   680  750  960  1100  1220   860;
      6    5    9    11    13   14   18    22    25     17];
x=[ones(size(data,2),1),data(1,:)'];
y=data(2,:)';
```

2）线性回归及检验

```
[b, bint, r, rint, stats]=regress(y, x, 0.05) ;   % 取置信水平为 0.95
b, bint, stats                                    % 显示参数 t, bint, stats
```

运行结果如下：

```
b = -0.4000
    0.0202
bint = -1.7094    0.9094
        0.0185    0.0219
stats = 0.9896  762.8432    0.0000    0.5059
```

结果表明：回归系数 $\beta_0=-0.4$，$\beta_1=0.0202$，β_0 的置信区间为［-1.7094，0.9094］，β_1 的置信区间为［0.0185，0.0219］。$R^2=0.9896$，$F=762.8432$，$P<0.05$，可知回归是显著的。

3）预测

```
y0=b(1)+b(2)* 1520
```

运行结果：

```
y0 =30.2985
```

即当航时为 1520 h，维修器材 E 的需要量约为 31 件。

3.6.4 结果分析与拓展

下面，根据预测模型和原始数据，利用 Matlab 作出预测模型的线性拟合图以及残差图，来进行模型的有效性分析。

Matlab 程序代码：

```
rcoplot(r,rint)
figure
z=b(1)+b(2)* x(:,2) ;
plot(x(:,2),y,'k+',x(:,2),z,'r')
title('线性回归图') ;
xlabel('航时') ;
ylabel('维修器材需要量') ;
```

运行结果如图 3-7 和图 3-8 所示。

从图 3-7 不难看出，通过预测模型计算得到的数据与原始数据差距非常小，拟合效果很好；另外，从图 3-8 也可以看到，预测模型的残差均在可接受范围内。图 3-7 和图 3-8 充分说明了所建立的预测模型是可靠的、有效的。

本例利用回归分析，结合对影响船艇维修器材需要量因素进行分析，建立了一种船艇维修器材需要量预测模型，并通过实例计算，验证了模型的有效性。然而，本例在建立预测模型时只考虑了影响船艇维修器材需要量的主要因素——船艇航时因素，下一步可以尝试综合考虑其他影响因素并将其量化，建立更合理的船艇维修器材需要量预测模型。

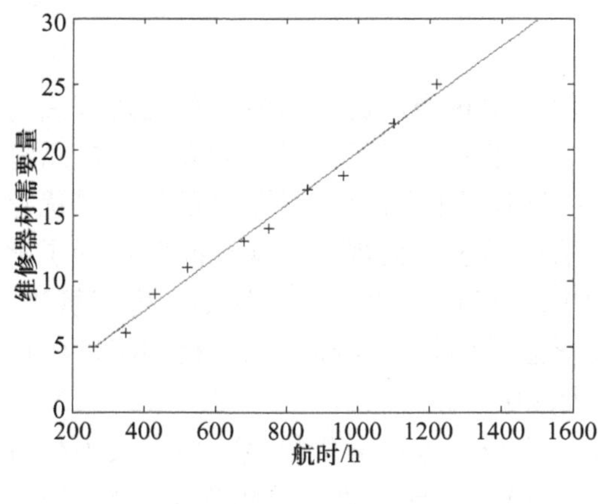

图 3-7　预测模型的线性拟合图

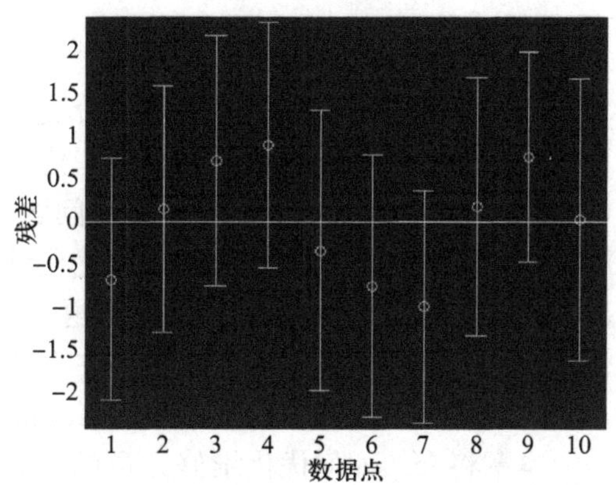

图 3-8　预测模型的残差图

参考文献

[1] 陈涛，王悦坤．基于回归分析的船艇维修器材需要量预测模型研究［J］．镇江船艇学院学报，2010，1.

第 4 章　优化模型

最优化是应用数学的一个重要分支，是一门应用相当广泛的学科，最优化方法的目的在于针对所研究的系统，按照一定的标准，寻求一个可行的最优方案，发挥系统的最优效能。“高等数学”中的最值问题、条件极值问题就是我们接触到的简单最优化问题。伴随着计算机的高速发展和优化计算方法的进步，大规模的优化问题得到了解决，甚至能够有效地处理大数据问题。最优化问题广泛应用于经济计划、生产管理、信息通信、交通运输等重要领域。在军队现代化建设中最优化模型更是得到了广泛应用，比如线性规划方法就是诞生于第二次世界大战中。

本章将介绍如何优化维修人员的配置模型、作战任务的分配模型、坦克火力的分配模型、弹药库选址模型、空中飞行器无源定位模型、导弹火力打击任务分配模型、空降作战中伞降高度的选择模型等军事方面的优化模型。

4.1　维修人员的优化配置模型

2001 年，美国国防部副部长保罗・沃尔夫威兹在国防部维修颁奖大会上曾自豪地说：“美国战争中的秘密武器之一是拥有世界上最好的维修人员。”海湾战争美军包括维修人员在内的技术保障人员与作战人员之比高达 5∶1，装备维修人力资源的重要性充分体现出来。随着大量高新技术武器装备部队，对维修人员整体素质的要求空前提高，拥有一支过硬的维修队伍是从根本上提升装备维修保障水平的重要保证。由于受到军队规模军费规模的限制，维修人力资源同时又称为稀缺资源，如何以有限的人力资源投入获得最大的军事效益和经济效益的产出是一个值得研究的问题。

4.1.1　问题提出

装备维修机构的管理者经常遇到这样两个问题：一是如何将新充实到本单位的维修人员分配到合适的岗位上；二是当维修任务发生变化或者通过实践发现某些维修人员不适应某些岗位而需要进行调整。如果能科学合理地处理这些问题，就能够使有限的维修人员和维修经费发挥最大的效用，在不加大资源投入的基础上使装备的维修保障能力得到提高。

例如，某部在某型设备进行维修时，有 m 个维修工作岗位 M_1，M_2，…，M_m，从本部门以及外单位申请参加该项维修工程的维修人员一共有 n 人（$n>m$）。那么管理部门怎样在 n 个维修人员中选择 m 个维修人员分别走上 M_1，M_2，…，M_m 的工作岗位，才能够使有限的维修人员和维修经费发挥最大的效用。

4.1.2 问题分析与模型假设

1. 问题分析

要对维修人力资源进行优化配置，应先理清军事人力资源的概念。军事人力资源是随着社会分工而产生的人力资源的特殊分工，它是指在特定的历史条件下，军事工业部门和军事部门中直接或间接从事军事生产、军事技术、国防经济活动和军事活动人员的智力和体力资源的总和，它体现在军企、各级军工管理部门和职工，以及军队职工和现役军人身上。依照上述概念，装备维修人力资源配置可理解为将有限的装备维修人员合理地分配到不同的装备维修机构，使它们在运行过程中发挥最大的军事效益和经济效益。它包括3个层次的内涵：一是通过维修任务分析，划分合适的工作岗位；二是将维修人员分配到合适的维修岗位上；三是通过一定的手段、措施使每个维修人员最大限度地发挥作用。这里主要针对第二个层次的内容进行研究。

各岗位对人才的要求不同，每个维修人员的能力也存在差异，可以把该问题抽象为规划论中的指派问题，通过建立线性规划模型分析求解。在以人为本的管理理念下，尽可能考虑管理者和维修人员双方的意愿，即在满足工作岗位需要的前提下也兼顾候选者本人的工作意向。因此，可以建立一个双向选择模型。

2. 模型假设

（1）对新招收的人员从基础知识、基本技能、知识面、理解能力、应变能力、表达能力等方面考察维修人员的能力素质。

（2）对岗位调整人员从实践能力、理论水平、工作业绩、工作经验、敬业精神、创新能力、管理能力等方面考察维修人员的能力素质。

4.1.3 模型建立与求解

1. 模型建立

1）确定候选的维修人员和维修岗位

考虑将 n 个维修人员分配到 m 个维修岗位的情况。用集合表示如下：

候选维修人员集：$M=[M_1, M_2, \cdots, M_n]$；维修岗位集：$T=[T_1, T_2, \cdots, T_m]$。

2）确定维修人员能力要素

对不同的候选人员考察的重点不同，考虑以下两种情形：

（1）对新招收的人员应该着重从这几个方面考察：基础知识、基本技能、知识面、理解能力、应变能力、表达能力。

（2）对岗位调整人员应该着重从这几个方面考察：实践能力、理论水平、工作业绩、工作经验、敬业精神、创新能力、管理能力。

将能力要素以集合表示为

$$F=[F_1, F_2, \cdots, F_g]$$

3）对候选人员进行测评

对候选人员按照统一的分制进行测评，再将测评分按正态计分制转换成标准分数，标准分数的转换公式为

$$a_{ij}=(e_{ij}-e_j)/R_j \qquad (i=1, 2, \cdots, n; j=1, 2, \cdots, g)$$

式中：a_{ij} 为人员 M_i 在能力要素 F_j 上的标准分数；e_{ij} 为人员 M_i 在能力要素 F_j 上的原始测评分数；e_j 为能力要素 F_j 上所有人员原始测评分的平均值；R_j 为在能力要素 F_j 上所有人员原始测评分的标准差。

所有人员在各能力要素上的标准测评分用矩阵表示为 $\boldsymbol{A}=(a_{ij})_{n\times g}$。

4）候选人员自评

候选人员对工作或岗位的选择实际上就是对自己在各能力要素上的水平估值，自评分数计分方法同前。各人员的标准自评分数为 $\boldsymbol{B}=(b_{ij})_{n\times g}$，其中 b_{ij} 表示人员 M_i 在能力要素 F_j 上的标准自评分数。

5）确定岗位各能力要素的权重

由于不同岗位有不同的职责，对人员的能力要求也不同，这就需要确定每个岗位上各能力要素的权重分配。权重的计算用层次分析法（AHP）比较有效。AHP 是将各要素配对比较，根据各要素的相对重要程度进行判断，再通过计算判断矩阵的特征值获得权重向量。

运用以上方法，求得能力要素集在岗位集上的权重矩阵为 $\boldsymbol{W}=(w_{ij})_{g\times m}$。

6）计算双向选择系数

构造矩阵

$$\boldsymbol{C}=[\alpha\boldsymbol{A}+(1-\alpha)\boldsymbol{B}]\boldsymbol{W}=(C_{ij})_{n\times m}$$

式中：$C_{ij}=\sum_{k=1}^{g}[\alpha a_{ik}+(1-\alpha)b_{ik}]\boldsymbol{W}_{kj}$（$i=1,2,\cdots,n$；$j=1,2,\cdots,m$）就是人员 M_i 在岗位 T_j 上的综合得分，也称为人员 M_i 与岗位 T_j 上的双向选择系数。一般情况下取 $0<\alpha<1$。不考虑自评分或不考虑组织对人员的测评分时，分别取 $\alpha=1$ 和 $\alpha=0$。

7）建立双向选择模型

定义 0-1 变量 x_{ij}：当人员 M_i 分配到岗位 T_j 上时 $x_{ij}=1$，当人员 M_i 不分配到岗位 T_j 上时 $x_{ij}=0$；以双方得分最大为目标，以每个维修人员最多只能分配到一个岗位上，每个岗位也只能分配到一个维修工人为条件，建立人员结构优化问题的数学模型为

$$\max Z=\sum_{i=1}^{n}\sum_{j=1}^{m}C_{ij}x_{ij}$$

$$\text{s.t.}\begin{cases}\sum_{i=1}^{n}x_{ij}=1(j=1,2,\cdots,m)\\ x_{ij}\in\{0,1\}(i=1,2,\cdots,n;j=1,2,\cdots,m)\\ \sum_{j=1}^{m}x_{ij}\leqslant 1(i=1,2,\cdots,n)\end{cases}$$

这显然是一个 0-1 线性规划模型。

简单的优化模型可以直接使用 Matlab 软件包的优化工具箱进行求解，也可以用 Lingo 软件包编程求解；复杂一些的可以用搜索法自己编程序进行求解；至于更复杂的或者规模更大的优化模型，前面提到的解法不一定有效，可以采用最优化理论的一些优化算法来求解：如神经网络算法、遗传算法和模拟退火算法、支持向量机和粒子群算法等。

2. 模型求解

考虑到可能存在的竞争情况，假设有一定的淘汰率，即维修人员数大于岗位数（$n>m$）。

例4-1　假设有8个维修人员 M_1，M_2，…，M_8，有6个维修工作岗位 T_1，T_2，…，T_6，要求将8个维修人员中的6位分配到这6个岗位上，使组织的整体效率最高。岗位各能力要素的权重确定用AHP取得，求解过程这里就省略了。测评数据按上述方法处理后，得到各维修人员对应于各岗位的双向选择系数，如表4-1所列。

表4-1　各维修人员对应于各岗位的双向选择系数 C

人员	岗位 T_1	岗位 T_2	岗位 T_3	岗位 T_4	岗位 T_5	岗位 T_6
M_1	81	78	—	65	76	—
M_2	75	82	—	81	—	71
M_3	62	85	73	—	79	86
M_4	84	—	62	80	—	78
M_5	—	—	87	72	65	79
M_6	78	88	62	—	65	86
M_7	76	84	86	64	—	78
M_8	82	—	65	86	85	—

表中“—”表示该维修人员没有申请该岗位。为方便计算，将其改为一个小于最低系数62的一个数，如10。从而得到完整的双向选择系数矩阵 $\boldsymbol{C}$，利用Lingo软件编程求解该双向选择模型，即可求得结果。

利用Lingo软件包编程计算：

```
Title 指派问题;
sets:
weixiu/M1..M8/:;                         ! 定义维修工集合;
gangwei/T1..T6/:;                        ! 定义岗位集;
FP(weixiu,gangwei):C,x;                  ! 双向选择系数矩阵及分配矩阵;
Endsets
DATA:  ! 数据集;
C=81 78 10 65 76 10
   75 82 10 81 10 71
   62 85 73 10 79 86
   84 10 62 80 10 78
   1010 87 72 65 79
   78 88 62 10 65 86
   76 84 86 64 10 78
   82 10 65 86 85 10;
enddata
Max=@ sum(FP(i,j):C(i,j)* x(i,j));
                                         ! 目标函数;
@ for(gangwei(j):@ sum(weixiu(i):x(i,j))=1);
```

```
                                    ! 每个岗位只能有一人上岗;
@ for(weixiu(i): @ sum(gangwei(j): x(i,j))<1);
                                    ! 每个人最多只能一个岗位上岗;
@ for(FP: @ bin(x));                ! x 都是 0-1 整数变量;
end
```

计算结果：最优解的目标函数值为 511。

由此得出的维修人力资源的最优配置方案为：将维修人员 M_2 分配到岗位 T_4 上，维修人员 M_3 分配到岗位 T_6 上，维修人员 M_4 分配到岗位 T_1 上，维修人员 M_5 分配到岗位 T_3 上，维修人员 M_6 分配到岗位 T_2 上，维修人员 M_8 分配到岗位 T_5 上，维修人员 M_1 和 M_7 被淘汰。

4.1.4　结果分析与拓展应用

1. 结果分析

计算结果显示，维修人员 M_2 分配在双向选择系数为 81 的岗位 T_4 上，而不是双向选择系数为 82 的岗位 T_2 上，M_8 分配在双向选择系数为 85 的岗位 T_5 上，而不是双向选择系数为 86 的岗位 T_4 上。由此结果可以看出，人力资源优化配置的最优解并不一定是人员对应于岗位双向选择系数最大的解，而是能使组织的效率最高的解。

2. 拓展应用

装备维修人力资源优化配置方面已建立了诸多模型，指派模型在军事上应用只是其中一方面，如文献［2］将指派问题模型用到了防化保障中并用匈牙利算法方法求解。文献［3］讨论了如何在固定的时间内以最少的人员完成预定的维修任务，建立了固定工期人员最少的“工期人员”数学模型，并用蚁群算法求解。

参考文献

［1］杨光辉，陈智雄，曹小平．装备维修人力资源优化配置模型研究［J］．后勤保障科技研究，2006（11）．

［2］唐业军，王德才，张良华．多目标指派问题在防化保障中的应用［C］//信息化条件下——作战与军事运筹研究，军事运筹学 2008 年学术年会论文集，2008，33-37.

［3］孙文选，杨宏伟，杨学强．基于蚁群算法的装备维修人力资源优化模型研究［J］．Sys Practice 系统实践，2010，11：62-64.

［4］王文军，陈尚东，陈士涛．地空导弹装备维修人力资源优化配置模型研究［J］．地面防空武器，2009，40（2）：47-50.

4.2　作战任务的分配模型

部队每次承担一项作战任务，都面临着怎样根据自己掌握的资源和已掌握的敌方的情况，研究如何分配作战任务，才能最大限度地发挥作战效能。

4.2.1 问题提出

某航空兵部队接到命令，摧毁敌人的坦克生产基地，该基地有几个不同的生产点，生产方式为流水作业。此次任务分配到一定数量的汽油和几种不同型号的飞机，已知机场到各生产点的距离及各种不同型号的飞机的估计命中率。根据安全方面的规定，每架飞机需要的汽油除足够往返之外，还要剩余一定数量的汽油备用。根据实际情况到每个点轰炸的飞机数有数量限制。要取得最大的成功，应如何分配轰炸任务？

4.2.2 问题分析与模型假设

1. 问题分析

如何利用手中的人力、物力资源，最大可能地摧毁敌人的坦克生产基地是指挥员的最大愿望。问题归结为指挥员如何分配各型飞机去轰炸各个生产点，使得坦克生产基地总的摧毁概率最大，这是一个优化问题。由于坦克生产基地的几个不同的生产点的生产方式为流水作业，就是炸毁其中一个生产点就会让整个生产线受损，故坦克生产基地总的残存概率应该是各个生产点的残存概率的乘积。

设该基地有 m 个不同的生产点，n 种不同型号的飞机。设分配第 i 种飞机去轰炸敌方第 j 个坦克生产点的飞机架数为 x_{ij}，第 i 种飞机去轰炸敌方第 j 个坦克生产点的命中率为 p_{ij}，第 i 种飞机总架数为 L_i，第 i 种飞机每加仑的汽油能够飞行 α_i km，派到每个生产点轰炸的飞机总数不超过 l_i 架，使敌人瘫痪的概率 Q。

2. 模型假设

（1）坦克生产基地有 m 个不同的生产点，生产方式为流水作业。

（2）派到每个点轰炸的飞机总数不超过 l_j 架。

（3）每种飞机总架数 L_i 是常数。

（4）执行任务需要的汽油总量不超过 M。

（5）机场到第 j 个坦克生产点的距离为 d_j。

（6）第 i 种飞机每加仑（1 gal=3.78541L）油飞行 α_i km。

（7）每架飞机执行完任务返回后，还要有 β 加仑汽油备用。

4.2.3 模型建立与求解

1. 模型建立

1）目标函数

当派 x_{ij} 架第 i 种飞机去轰炸敌方第 j 个坦克生产点时，生产点残存的概率为

$$(1-p_{ij})^{x_{ij}}$$

根据模型假设（1），n 种不同的飞机去轰炸这 m 个不同的生产点时残存的概率为

$$\prod_{i=1}^{n}\left(\prod_{j=1}^{m}(1-p_{ij})^{x_{ij}}\right)$$

使敌坦克生产基地瘫痪的概率为

$$Q=1-\prod_{i=1}^{n}\left(\prod_{j=1}^{m}(1-p_{ij})^{x_{ij}}\right)$$

2）约束条件

根据模型假设（3），派出第 i 种飞机的总架数不超过该种飞机的总架数 L_i：

$$\sum_{j=1}^{m} x_{ij} \leqslant L_i (i=1, 2, \cdots, n)$$

根据模型假设（2），派到每个点轰炸的飞机总数不超过 l_i 架：

$$\sum_{i=1}^{n} x_{ij} \leqslant l_j (i=1, 2, \cdots, m)$$

根据模型假设（4）～（7），执行任务需要的汽油总量不超过 M：

$$\sum_{i=1}^{n}\sum_{j=1}^{m}\left(\beta + \frac{2 \times d_j}{\alpha_i}\right) x_{ij} \leqslant M$$

派出的飞机的数量是非负整数：$x_{ij} \geqslant 0$ 为整数（$i=1, 2, \cdots, n$；$j=1, 2, \cdots, m$），所以该问题的数学模型为

$$\max \quad Q = 1 - \prod_{i=1}^{n}\left(\prod_{j=1}^{m}(1-p_{ij})^{x_{ij}}\right)$$

$$\text{s. t.}\begin{cases}\sum_{j=1}^{m} x_{ij} \leqslant L_i (i=1, 2, \cdots, n)\\ \sum_{i=1}^{n} x_{ij} \leqslant l_j (i=1, 2, \cdots, m)\\ \sum_{i=1}^{n}\sum_{j=1}^{m}\left(\beta + \frac{2 \times d_j}{\alpha_i}\right) x_{ij} \leqslant M\\ x_{ij} \in N\end{cases}$$

这是一个非线性整数规划模型。通常可以利用 Lingo 软件包编程求解。

2. 模型求解

例 4-2　某航空兵部队接到命令，摧毁敌人的坦克生产基地，该基地有 4 个不同的生产点，生产方式为流水作业。此次任务分配到 48000 加仑汽油，每架飞机需要的汽油除足够往返之外，还要有 100 加仑备用。该部队拥有的飞机种类、数量和耗油量如表 4-2 所列，机场到各生产点的距离及估计命中率如表 4-3 所列。设到每个点轰炸的飞机数不超过 30 架。要取得最大的成功，应如何分配轰炸任务？

表 4-2　各型飞机的油耗、数量表

飞机类型	每加仑油飞行距离 α_i/km	飞机架数 L_i/架
重型	2	48
中型	3	32

表 4-3　机场到各生产点的距离及估计命中率

敌坦克生产点	到机场距离/km	命中率 p_{ij}	
		重型	中型
1	450	0.10	0.08

续表

敌坦克生产点	到机场距离/km	命中率 p_{ij}	
		重型	中型
2	480	0. 20	0. 16
3	540	0. 15	0. 12
4	600	0. 25	0. 20

根据题目要求，先简化模型，根据题目给出的具体数据代入模型得

$$\max \quad Q = 1 - 0.9^{x_{11}}0.8^{x_{12}}0.85^{x_{13}}0.75^{x_{14}}0.92^{x_{21}}0.84^{x_{22}}0.88^{x_{23}}0.8^{x_{24}}$$

$$\text{s. t.}\begin{cases} x_{11} + x_{12} + x_{13} + x_{14} \leqslant 48 \\ x_{21} + x_{22} + x_{23} + x_{24} \leqslant 32 \\ x_{1j} + x_{2j} \leqslant 30 \quad (j = 1, 2, 3, 4) \\ 550x_{11} + 580x_{12} + 640x_{13} + 700x_{14} \\ + 400x_{21} + 420x_{22} + 460x_{23} + 500x_{24} \leqslant 48000 \\ x_{ij} \geqslant 0 \quad \text{为整数}(i, j = 1, 2, 3, 4) \end{cases}$$

由于模型是非线性整数规划模型，用 Lingo 软件包进行编程求解。

```
model:
title 作战任务的分配问题;
min=0. 9^x11 * 0. 8^x12 * 0. 85^x13 * 0. 75^x14 * 0. 92^x21
 * 0. 84^x22 * 0. 88^x23 * 0. 8^x24;
x11+x12+x13+x14<=48;
x21+x22+x23+x24<=32;
x11+x21<=30;
x12+x22<=30;
x13+x23<=30;
x14+x24<=30;
550 * x11+580 * x12+640 * x13+700 * x14+400 * x21+420 * x22
+460 * x23+500 * x24<=48000;
@ gin (x11); @ gin (x12); @ gin (x13); @ gin (x14); @ gin (x21);
@ gin (x22); @ gin (x23); @ gin (x24);
end
```

计算结果如表 4-4 所列。

表 4-4　变量的计算值

x_{11}	x_{12}	x_{13}	x_{14}	x_{21}	x_{22}	x_{23}	x_{24}
0	12	11	25	0	18	9	5

目标函数值，也就是摧毁敌坦克生产基地的概率为 $1-0.3890816\times10^{-7}$，几乎为 1。

4.2.4 结果分析

计算结果表明：派 12 架重型飞机和 18 架中型飞机去轰炸第二个坦克生产点，派 11 架重型飞机和 9 架中型飞机去轰炸第三个坦克生产点，派 25 架重型飞机和 5 架中型飞机去轰炸第四个坦克生产点，就可以以几乎为 1 的概率摧毁敌人的坦克生产基地。

参考文献

[1] 姜启源．数学建模 [M]．4 版．北京：高等教育出版社，2011.

4.3 坦克火力的分配模型

现代作战条件下，随着坦克射击距离的增加和战场条件的复杂化，对射击效果观察更加困难，势必会影响坦克武器的射击效能，因此，研究坦克武器射击前如何对现有目标进行火力分配变得十分必要。

4.3.1 问题提出

假设我方有 k 辆坦克，各自携带各种穿甲弹，敌方有 m 个装甲目标，经侦查估算知道各目标的价值系数，毁伤各目标所需炮弹数，我方坦克对敌方装甲目标的命中概率等数据，如何根据自己掌握的几种坦克火力对指定的几个目标进行射击，得出以下结论。

（1）如何分配火力使其对敌装甲目标的总体毁伤价值最大。

（2）为达到对敌 0. 5 的毁伤价值，如何分配火力使我方消耗的弹药量小。

4.3.2 问题分析与模型假设

1. 问题分析

实际作战中，通常是坦克分队的多个火力单位对多个目标进行火力打击，这就需要确定各火力单位在给定时间内的打击目标，这种火力单位对目标的分配即通常所说的火力分配。因为分队内各火力单位对目标的毁伤效能以及诸目标本身价值的不同，所以火力单位对目标的分配存在诸多方案。最优火力分配的任务在于发挥诸火力单位的整体协调优势，寻求在给定约束条件下，总毁伤效果最好的分配方案。根据坦克分队作战特点，以对敌方总体毁伤价值最大和弹药消耗最少为最优准则，采用非线性规划模型，对坦克武器火力分配问题进行探讨，主要问题如下：

（1）我方如何分配火力以使对敌方装甲目标的总体毁伤价值最大。

（2）若要对敌方装甲目标达到一定程度的总体毁伤，如何合理分配火力，使我方消耗的弹药量最小。

2. 模型假设

（1）我方坦克分队在某地区进行进攻或防御作战，携带的弹种型号和性能均相同。

（2）敌方装甲目标在我方坦克射程之内。

（3）假设连续几次射击间隔时间较短，坦克对敌方目标命中概率不变。

4.3.3 模型建立与求解

1. 模型建立

设 i 代表第 i 个火力单位（$i=1, 2, \cdots, k$）；j 代表第 j 个目标（$j=1, 2, \cdots, m$）；N_i 为第 i 个火力单位发射的炮弹数；N 为发射的炮弹总数；x_{ij} 为射击第 j 个目标的第 i 类炮弹数量；x_j 为射击第 j 个目标的炮弹数量；v_j 为第 j 个目标的价值系数；ω_{ij} 为第 i 个火力单位毁伤第 j 个目标所需的炮弹数；p_{ij} 为第 i 个火力单位对第 j 个目标的命中概率；分队的火力分配矩阵用 $\boldsymbol{X}=(x_{ij})$ 来描述。

1）建立问题（1）的模型

最优火力分配的目标函数是对敌装甲目标的总体毁伤价值达到最大，规划的建立过程如下：

我方第 i 个火力单位对敌第 j 个目标进行一次射击时，对目标 j 的毁伤概率为

$$W_{ij}^{1} = p_{ij}/\tilde{\omega}_{ij} \tag{4-1}$$

令 $A_{ij}=1-p_{ij}/\tilde{\omega}_{ij}$，设第 i 个火力单位对第 j 个目标进行射击的次数为 x_{ij}，则对目标的毁伤概率为

$$V_{ij}^{x_{ij}} = 1 - A_{ij}^{x_{ij}} \tag{4-2}$$

毁伤价值为

$$V_{ij}^{x_{ij}} = v_j(1 - A_{ij}^{x_{ij}}) \tag{4-3}$$

用 k 个火力单位对第 j 个目标射击时，对目标的毁伤价值为

$$V_j^{x_j} = v_j(1 - \prod_{i=1}^{k} A_{ij}^{x_{ij}}) \tag{4-4}$$

用 k 个火力单位对敌 m 个目标射击时，对敌目标的总体毁伤价值为

$$V = \sum_{j=1}^{m} \{ v_j(1 - \prod_{i=1}^{k} A_{ij}^{x_{ij}}) \} \tag{4-5}$$

建立如下规划模型：

$$\max \quad V = \sum_{j=1}^{m} \{ v_j(1 - \prod_{i=1}^{k} A_{ij}^{x_{ij}}) \}$$

$$\text{s.t.} \begin{cases} A_{ij} = 1 - p_{ij}/\tilde{\omega}_{ij}(i=1, 2, \cdots, k; j=1, 2, \cdots, m) \\ N_i = \sum_{j=1}^{m} x_{ij}, \ x_{ij} \geqslant 0(i=1, 2, \cdots, k) \\ x_j = \sum_{i=1}^{k} x_{ij}(j=1, 2, \cdots, m) \\ N = N_1 + N_1 + \cdots + N_k \end{cases} \tag{4-6}$$

2）建立问题（2）的模型

若要对敌装甲目标达到一定程度的总体毁伤，优化的目标是消耗的弹药量最小，即规划的目标函数为

$$\min\{N_1 + N_1 + \cdots + N_k\} \tag{4-7}$$

则除了模型一的约束条件外，主要约束条件是：对敌装甲目标的整体毁伤程度符合作战任务的要求，即

$$\max\sum_{j=1}^{m}\{v_j(1 - \prod_{i=1}^{k}A_{ij}^{x_{ij}})\} \geqslant V_0 \tag{4-8}$$

建立如下规划模型：

$$\min\{N_1 + N_1 + \cdots + N_k\}$$

$$\text{s. t.}\begin{cases} A_{ij} = 1 - p_{ij}/\tilde{\omega}_{ij}(i = 1, 2, \cdots, k; j = 1, 2, \cdots, m) \\ N_i = \sum_{j=1}^{m} x_{ij}, \ x_{ij} \geqslant 0(i = 1, 2, \cdots, k) \\ \max\sum_{j=1}^{m}\{v_j(1 - \prod_{i=1}^{k}A_{ij}^{x_{ij}})\} \geqslant V_0 \\ x_j = \sum_{i=1}^{k} x_{ij}(j = 1, 2, \cdots, m) \end{cases} \tag{4-9}$$

式中：V_0 为对敌目标进行射击时所要求的毁伤价值。

该模型是一个整数非线性优化模型，可以用 Lingo 软件包编程求解，也可以采用逐步寻优的方法利用 Matlab 软件包编程求解。

2. 模型求解

例 4-3　假设我方有两辆坦克 A 和 B，各携 4 枚和 3 枚穿甲弹，敌方有 3 个装甲目标，分别为 1 ~3 号，各目标的价值系数如表 4-5 所列，毁伤各目标所需炮弹数如表 4-6 所列，我坦克对敌装甲目标的命中概率如表 4-7 所列。

表 4-5　目标价值系数

目标	1 号	2 号	3 号
价值系数	0.4	0.6	0.3

表 4-6　毁伤目标所需炮弹数

目标	1 号	2 号	3 号
坦克 A	2	5	3
坦克 B	3	4	2

表 4-7　当前状态下我坦克对敌装甲目标命中概率

目标	1 号	2 号	3 号
坦克 A	0.7	0.6	0.5
坦克 B	0.5	0.7	0.6

问题：（1）如何分配火力使其对敌装甲目标的总体毁伤价值最大。

（2）为达到对敌0.5的毁伤价值，如何分配火力使我方消耗的弹药量小。

1）问题（1）的求解

问题（1）解法的总体思想是：从第一次射击开始，选择合适的火力单元，逐步增加射击的次数。增加的每次射击分配给合适的目标，使每一步的毁伤价值达到最大，一直达到要发射的炮弹总数 N 为止，最后得到的火力配置即为最优火力配置。解法流程如图 4-1 所示。

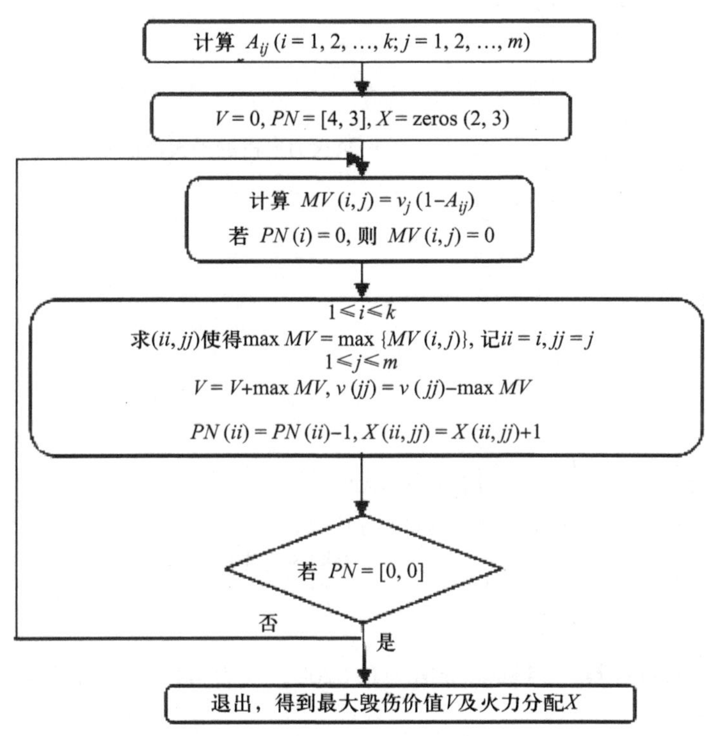

图 4-1 问题（1）的解法流程图

根据解法流程图 4-1，利用 Matlab 编程：

```
% 设有 2 辆坦克对 3 个装甲目标进行射击;
v=[0.4,0.6,0.3];                    % 目标价值系数;
w=[2,5,3; 3,4,2];                   % 第 i 个火力单位毁伤第 j 个目标所需的炮弹数;
p=[0.7,0.6,0.5; 0.5,0.7,0.6];       % 第 i 个火力单位对第 j 个目标的命中概率;
X=zeros(2,3);                       % 火力分配矩阵;
PN=[4,3];                           % 2 辆坦克各自携带的炮弹数;
V=0;
for i=1:2
for j=1:3
A(i,j)=1-p(i,j)/w(i,j);
end
```

```
end
PNn=PN(1)+PN(2);                              % 统计初始炮弹总数 PNn;
whilePNn>0
  fori=1:2                                    % 求火力射击的价值表 MV;
for j=1:3
if  PN(i)==0
MV(i,j)=0;
else
MV(i,j)=v(j)* (1-A(i,j));
end
end
end
maxMV=0;                                      % 求火力射击的最大价值 maxMV;
for i=1:2
for j=1:3
if  MV(i,j)>maxMV
maxMV=MV(i,j);
ii=i;jj=j;
end
end
end
  V=V+maxMV;      v(jj)=v(jj)-maxMV;
  PN(ii)=PN(ii)-1; X(ii,jj)=X(ii,jj)+1;
PNn=PNn-1;                                    % 求剩余炮弹数 PNn;
end
V,X
```

计算结果：通过计算，目标总价值为 0.6208。火力分配方案如表 4-8 所列。

表 4-8　火力分配表

目标	1 号	2 号	3 号
坦克 A（4 枚）	3	1	0
坦克 B（3 枚）	0	2	1

由表 4-8 可见：坦克 A 分别用 3 枚穿甲弹打击 1 号、用 1 枚穿甲弹打击 2 号目标；坦克 B 用 2 枚穿甲弹打击 2 号，用 1 枚穿甲弹打击 3 号目标，获得最大的目标毁伤价值为 0.6208。

2）问题（2）的求解

问题（2）解法的总体思想是：从第一次射击开始，选择合适的火力单元，逐步增加射击的次数，增加的每次射击分配给合适的目标，使每一步的毁伤价值都达到最大，一直达到规定的毁伤程度为止，最后得到的火力配置即为最优火力配置。解法流程如图 4-2 所示。

根据解法流程图 4-2，利用 Matlab 编程：

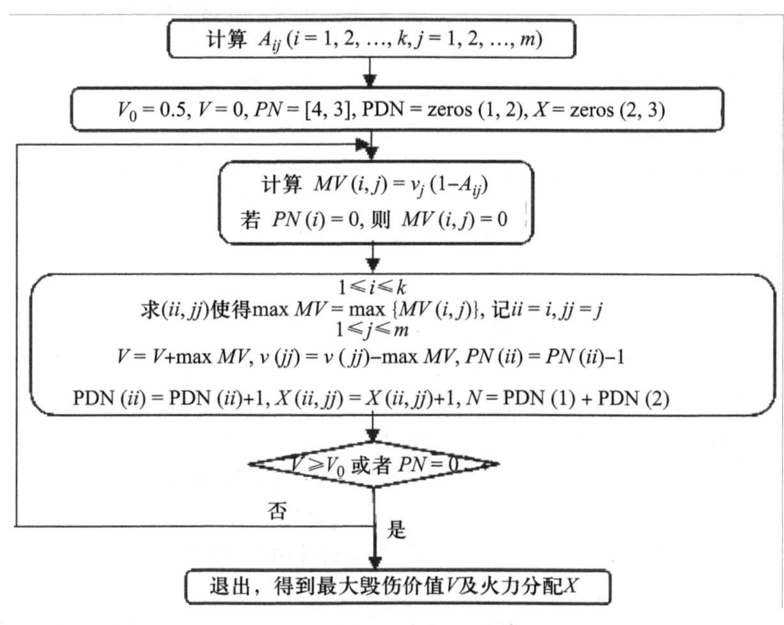

图 4-2　问题（2）的解法流程图

```
% 设有 2 辆坦克对 3 个装甲目标进行射击;
v=[0.4,0.6,0.3];                     % 目标价值系数;
w=[2,5,3; 3,4,2];                    % 第 i 个火力单位毁伤第 j 个目标所需的炮弹数;
p=[0.7,0.6,0.5; 0.5,0.7,0.6];        % 第 i 个火力单位对第 j 个目标的命中概率;
X=zeros(2,3);                        % 火力分配矩阵;
PD=[4,3];                            % 两辆坦克各自携带的炮弹数;
PDm=zeros(1,2);                      % 统计使用的炮弹总数;
V0=0.5;  V=0;
for i=1:2
for j=1:3
A(i,j)=1-p(i,j)/w(i,j);
end
end
PDn=PD(1)+PD(2);                     % 统计初始炮弹总数 PNn;
while V<V0 |PDn==0
  fori=1:2                           % 求火力射击的价值表 MV;
for j=1:3
if  PD(i)==0
MV(i,j)=0;
else
MV(i,j)=v(j)* (1-A(i,j));
end
end
end
```

```
maxMV=0;                          % 求火力射击的最大价值 maxMV;
for i=1:2
for j=1:3
if  MV(i,j)>maxMV
maxMV=MV(i,j);
ii=i;jj=j;
end
end
end
  V=V+maxMV;       v(jj)=v(jj)-maxMV;
  PD(ii)=PD(ii)-1; X(ii,jj)=X(ii,jj)+1;
PDm(ii)=PDm(ii)+1;
PDn=PDn-1;                        % 求剩余炮弹数 PNn;
end
N=PDm(1)+PDm(2)                   % 统计使用的炮弹数
PDn,V,X
```

计算结果：当 $V_0=0.5$ 时，通过计算，目标总价值为 0.5126。火力分配方案如表 4-9 所列。

表 4-9　火力分配表（$V_0=0.5$）

目标	1 号	2 号	3 号	合计/枚
坦克 A	2	0	0	2
坦克 B	0	2	1	3

由表 4-9 可见，一共用了 5 枚炮弹，坦克 A 用 2 发炮弹打击 1 号目标，坦克 B 一共用了 3 发炮弹，其中用 2 发炮弹打击 2 号目标，1 发炮弹打击 3 号目标，获得的最大目标毁伤价值为 0.5126，达到了目标毁伤价值的规定要求。

4.3.4　结果分析与拓展应用

1. 模型验证

问题：（1）如何分配火力使其对敌装甲目标的总体毁伤价值最大。

（2）为达到对敌 0.5 的毁伤价值，如何分配火力使我方消耗的弹药量小。

1）问题（1）的求解根据解法流程，可以手工一步一步地计算。

第一步，两坦克对目标各射击 1 次，获得的目标毁伤价值如表 4-10 所列。

表 4-10　坦克射击获得价值表

目标	1 号	2 号	3 号
坦克 A	0.14	0.072	0.05
坦克 B	0.0667	0.105	0.09

由表 4-10 可知，用坦克 A 打击 1 号目标所获得的目标毁伤价值最大，坦克 A 对 1

号目标射击后，炮弹减少1枚。同时，各目标的价值也相应减少，各目标的价值在分配完第1枚炮弹后，如表4-11所列。

表4-11　目标价值系数

目标	1号	2号	3号
价值系数	0.26	0.6	0.3

第二步，在剩余的炮弹中，选取一发使其对目标的毁伤价值最大。各坦克对目标射击时，毁伤各目标的价值如表4-12所列。

表4-12　坦克射击获得价值表

目标	1号	2号	3号
坦克A	0.091	0.072	0.05
坦克B	0.0433	0.105	0.09

可知，用坦克B打击2号目标获得的价值最大，把第2发炮弹打击2号目标后，各目标的价值也相应减少，各目标的价值在分配完第2发炮弹后，如表4-13所列。

表4-13　目标价值系数

目标	1号	2号	3号
价值系数	0.26	0.495	0.3

同理，可对剩下的炮弹进行火力分配，通过计算，可获得目标总价值为0.6208。火力分配方案如表4-14所列。

表4-14　火力分配表

目标	1号	2号	3号
坦克A（4枚）	3	1	0
坦克B（3枚）	0	2	1

由表4-14可见，用坦克A分别打击1号、2号目标，B的2发炮弹打击2号，3号目标，能够获得最大的目标毁伤价值。

2）问题（2）的求解

为达到对敌0.5的毁伤价值，如何分配火力使我方消耗的弹药量小。

同理，当$V_0=0.5$时，可根据解法流程图4-2一步一步手工求解问题（2），计算结果如表4-15所列。

表4-15　火力分配表（$V_0=0.5$）

目标	1号	2号	3号	合计/枚
坦克A	2	0	0	2
坦克B	0	2	1	3

2. 拓展应用

武器—目标分配系统是研究如何分配不同杀伤能力的武器，构成火力攻防系统，以达到最佳的作战效果，该问题的计算属于 NP 完全问题，随着武器和目标数目的增加，其解空间将呈现组合爆炸的趋势，传统的优化算法难以计算，近年来粒子群算法、遗传算法、神经网络算法、模拟退火算法等智能算法被广泛应用，在时效性、精确性方面都得到了不同程度的提高。

参考文献

[1] 郝智爽，彭亚霖，刘焕章. 非线性规划在坦克武器系统火力分配中的应用［J］. 电光与控制，2006.

[2] 沈新明，袁卫卫，欧微，等. 武器—目标分配问题的混沌粒子群算法［C］//信息化条件下——作战与军事运筹研究，军事运筹学 2008 年学术年会论文集，2008，62-67.

[3] 刘付显，邢清华. 基于混合遗传算法的目标优化分配［J］. 系统工程理论与实践，2002，35（7）：84-88.

[4] 叶结松，周全. 炮兵目标分配模型及算法研究［C］//信息化条件下——作战与军事运筹研究，军事运筹学 2008 年学术年会论文集，2008；171-175.

4.4 弹药库选址模型

部队战备及训练中需要消耗大量的弹药，弹药又是危险物品，为了确保安全，通常情况下尽量集中保存，为了便于弹药的使用，弹药库位置的选取就非常重要。

4.4.1 问题提出

某集团军为了保证弹药库的安全，决定根据需要集中建立几个弹药库，供几个下属单位共同使用。基于安全方面的考虑，下属单位要使用弹药只能当天领取当天用完。在没有候选地址的情况下，将弹药库建在什么地方合适呢?

4.4.2 问题分析与模型假设

1. 问题分析

弹药库选址问题就是根据该集团军几个下属单位的地理位置，在没有候选地址的情况下，选取几个地方建设集中存放弹药的弹药库，目的是尽量让几个下属单位的运输总工作量（吨千米）尽量小，在计算过程中，为了让几个下属单位的运输工作量尽量一致，将运输车辆的自重也考虑进模型中。

2. 模型假设

（1）本模型只考虑与弹药运输有关的问题，其他情况不予考虑。

（2）由于没有地图，假设弹药库到使用单位之间均有直线道路相连。

（3）同一天每个下属单位只能到一个弹药库领取弹药。

（4）用吨千米来衡量每个弹药下属单位的工作量。

（5）每个弹药库运到各个下属单位的总量不超过弹药库的存储量。

（6）领取弹药的车辆自重为 $m=1.5$t。

（7）只考虑弹药的领取，不考虑剩余、废弃等弹药的回收。

4.4.3 模型建立与求解

设第 i 个下属单位的位置为（a_i，b_i）（$i=1$，2，…，n）；第 i 个下属单位需要弹药量为 l_i（$i=1$，2，…，n）；第 j 个弹药库的位置为（x_i，y_i）（$j=1$，2，…，m）；第 j 个弹药库储备的弹药量为 e_jt（$j=1$，2，…，m）；第 i 个下属单位从第 j 个弹药库领取的弹药量为 x_{ij}（$i=1$，2，…，n，$j=1$，2，…，m）；第 i 个下属单位从第 j 个弹药库领取了弹药，则 $k_{ij}=1$，否则 $k_{ij}=0$（$i=1$，2，…，n，$j=1$，2，…，m）。

1. 模型建立

1）目标函数

根据模型假设（2），第 i 个下属单位到第 j 个弹药库的距离为 $d_{ij}=\sqrt{(x_i-a_j)^2+(y_i-b_j)^2}$，根据模型假设（4）、（6）、（7），故第 i 个下属单位工作量为

$$f(i)=\sum_{j=1}^{m}(x_{ij}+2m)\sqrt{(x_i-a_j)^2+(y_i-b_j)^2}$$

因此，模型的目标函数为

$$\min \sum_{j=1}^{m}\sum_{i=1}^{n}(x_{ij}+2m)\sqrt{(x_i-a_j)^2+(y_i-b_j)^2}$$

2）约束条件

根据模型假设（2），满足每个下属单位每天需求的弹药量：

$$\sum_{j=1}^{n}x_{ij}=l_i(i=1,2,\cdots,n)$$

根据模型假设（5），每天每个弹药库的出库量不超过存储量：

$$\sum_{i=1}^{n}x_{ij}\leqslant e_j(j=1,2,\cdots,m)$$

根据模型假设（3），每个下属单位的只能在一个弹药库领取弹药：

$$\begin{cases}x_{ij}\leqslant x_{ij}k_{ij}(i=1,2,\cdots,n;\ j=1,2,\cdots,m)\\ \sum_{j=1}^{m}k_{ij}=1(i=1,2,\cdots,n)\\ k_{ij}\in\{0,1\}(i=1,2,\cdots,n;\ j=1,2,\cdots,m)\end{cases}$$

第 i 个库向第 j 个下属单位的弹药运送量大于等于零：

$$x_{ij}\geqslant 0(i=1,2,\cdots,m;\ j=1,2,\cdots,n)$$

综上所述，选址问题的规划模型为

$$\min \sum_{j=1}^{m}\sum_{i=1}^{n}(x_{ij}+2m)\sqrt{(x_i-a_j)^2+(y_i-b_j)^2}$$

$$
\text{s. t.} \begin{cases} \sum_{j=1}^{m} x_{ij} = l_i (i = 1, 2, \cdots, n) \\ \sum_{i=1}^{n} x_{ij} \leqslant e_j (j = 1, 2, \cdots, m) \\ x_{ij} \leqslant x_{ij} k_{ij} (i = 1, 2, \cdots, n; j = 1, 2, \cdots, m) \\ \sum_{j=1}^{m} k_{ij} = 1 (i = 1, 2, \cdots, n) \\ k_{ij} \in \{0, 1\} (i = 1, 2, \cdots, n; j = 1, 2, \cdots, m) \end{cases}
$$

这是一个非线性规划模型。

该模型既可以用 Matlab 软件包进行求解，也可以用 Lingo 软件包编程求解。

2. 模型求解

例 4-4　计划修建两个弹药库供应 6 个下属单位存储弹药，每个下属单位的位置（用平面坐标系 a、b 表示，距离单位：km）及弹药日需求量/（t）由表 4-16 给出，两个弹药库的日储量各有 20t。为简化模型，假设从弹药库到下属单位之间均有直线道路相连，试问弹药库应该建在什么位置，使得每天的供应计划，即从 A、B 弹药库分别向各使用单位运送多少吨弹药时，使总的吨千米数最小。

表 4-16　各单位的位置坐标及弹药需求量

下属单位	1	2	3	4	5	6
横坐标 a/km	1.25	8.75	0.5	5.75	3	7.25
纵坐标 b/km	1.25	0.75	4.75	5	6.5	7.75
需求量 l/t	3	5	4	7	6	11

根据上述已知条件，规则模型简化为

$$
\min \quad \sum_{j=1}^{2} \sum_{i=1}^{6} (x_{ij} + 2m) \sqrt{(x_i - a_j)^2 + (y_i - b_j)^2}
$$

$$
\text{s. t.} \begin{cases} \sum_{j=1}^{2} x_{ij} = l_i (i = 1, 2, \cdots, 6) \\ \sum_{i=1}^{6} x_{ij} \leqslant e_j (j = 1, 2) \\ x_{ij} \leqslant x_{ij} k_{ij} (i = 1, 2, \cdots, 6; j = 1, 2) \\ \sum_{j=1}^{2} k_{ij} = 1 (i = 1, 2, \cdots, 6) \\ k_{ij} \in \{0, 1\} (i = 1, 2, \cdots, 6; j = 1, 2) \end{cases}
$$

由于模型的 28 个变量中有 12 个是 0-1 变量，不方便用 Matlab 软件包求解，但可以用 Lingo 软件包编程求解：

```
model:
Title 弹药库选址;
sets:
xiashudanwei/1..6/:a,b,d;                    ! 定义6个下属单位;
danyaoku/A,B/:xx,yy,e;                       ! 定义2个弹药库;
links(xiashudanwei,danyaoku):x,k;            ! x为运量;
endsets
data:
   m=1.5                                     ! 运输车辆的自重;;
a=1.25, 8.75, 0.5, 5.75,3 ,7.25;             ! 下属单位的位置横坐标;
   b=1.25 ,0.75, 4.75 ,5, 6.5, 7.75;         ! 下属单位的位置纵坐标;
   d=3,5,4,7,6,11;                           ! 下属单位的弹药需求量;
e=20,20;                                     ! 弹药库的日存储量;
enddata
min=@ sum(links(i,j):(x(i,j)+2* m)* k(i,j)* ((xx(j)-a(i))^2+(yy(j)-b(i))^
2)^(1/2));
                                             ! 目标函数:使得总的顿千米最小;
@ for(xiashudanwei(i):@ sum(danyaoku (j):x(i,j))=d(i));
                                             ! 约束条件:满足各下属单位的日需求量;
@ for(xiashudanwei(i):@ sum(danyaoku (j):k(i,j))=1);
                                             ! 约束条件:每个单位只能到一个弹药库领
                                               取弹药;
@ for(danyaoku (j):@ sum(xiashudanwei(i):x(i,j))<=e(j));
                                             ! 约束条件:弹药库每天总运出量不超过存
                                               储量;
@ for(links:x<=x* k);                        ! 约束条件:如果 kij=0,则 xij=0;
@ for(links:@ bin(k));                       ! 约束条件:kij 为 0-1 变量;
end
```

计算结果为:

即两个弹药库的坐标分别为 A（3.082554, 5.446541），B（7.250, 7.750），由弹药库 A、B 向 6 个下属单位的弹药运料方案为如表 4-17 所列。

表 4-17　弹药配送方案

	1	2	3	4	5	6
弹药库 A/t	3	0	4	7	6	0
弹药库 B/t	0	5	0	0	0	11

总的吨千米数为 140.0263。

图 4-3 是 6 个下属单位和两个弹药库的位置图及配送方案示意图。

4.4.4　结果分析

修建两个弹药库的位置坐标分别为 A（3.082554, 5.446541），B（7.250, 7.750），由弹药库 A 向下属单位 1 运送了 3t 弹药，向下属单位 3 运送了 4t 弹药，向下属单位 4 运送了 7t 弹药，向下属单位 5 运送了 6t 弹药，共运送了 20t 弹药。弹药库 B 向下属单

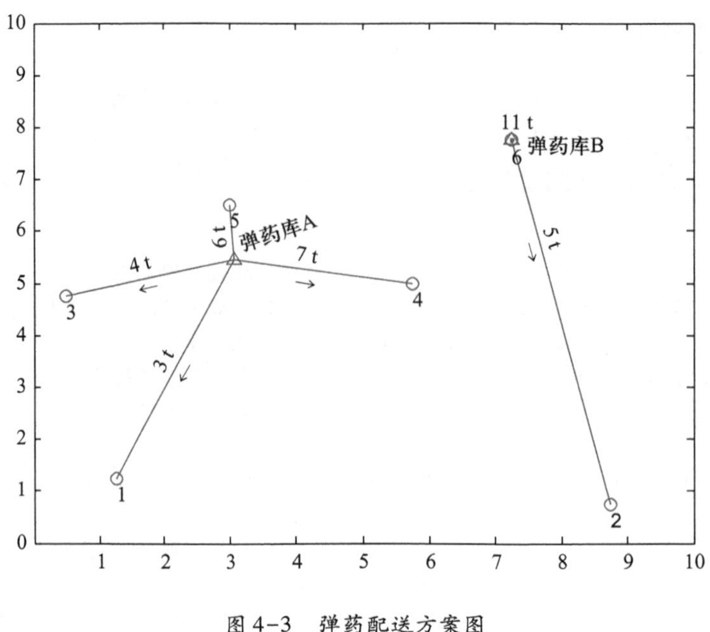

图 4-3　弹药配送方案图

位 2 运送了 5t 弹药，向下属单位 6 运送了 11t 弹药，共运送了 16t 弹药。

此时，总的吨千米数最小，其值为 140.0263。

参考文献

[1] 姜启源．数学建模［M］．4 版．北京：高等教育出版社，2011.

[2] 中国人民解放军学位委员会办公室．军事定量分析方法［M］．北京：国防工业出版社，2015.

4.5　空中飞行器无源定位模型

目标定位技术是导航与制导技术的重要基础。在现有的导航与制导技术中，卫星定位技术是精度最高的，也是较为理想的导航与制导技术。目前，比较成熟的卫星导航系统有 GPS、Galileo 系统、“北斗” 系统等。卫星定位的基本原理是目标接收机通过接收多颗卫星的信号测量出目标距各卫星的距离（伪距），再通过一定的计算确定出目标的位置。

4.5.1　问题提出

对于空中飞行器，在其飞行过程中很容易接收到太空卫星的信号。现在考虑通过测量飞行器与地球同步卫星的方向角来实现空中飞行器的自定位。不妨设空中飞行器 P

同时能接收到 N 颗同步卫星的信号，为了方便检测与同步卫星的方向角，在空中飞行器上固定安装了两个相互垂直的测向阵列，如何通过测量空中飞行器测向阵列方向 d_1 和 d_2 与多颗地球同步卫星的夹角 α_i 和 β_i，如何建立数学模型对空中飞行器进行定位。对表 4-18 给出的 9 颗同步卫星的数据，试确定空中飞行器 P 的位置参数。

表 4-18　某时刻空中飞行器检测到地球同步卫星的相关数据

卫星编号	经度 ϕ/（°）	α_i/（°）	β_i/（°）
1	E76	21.33	69.25
2	E89	35.82	54.63
3	E110	60.73	29.81
4	E125	79.24	11.99
5	E130	85.46	6.95
6	E136	92.91	5.99
7	E142	100.32	11.58
8	E163	125.58	36.04
9	E172	135.93	46.34

4.5.2　问题分析与模型假设

1. 问题分析

要对空中飞行器进行定位，就是根据通过测量飞行器与地球同步卫星的方向角，求解出位于坐标系中飞行器的坐标。根据 N 颗卫星的经度及测量角，可先得到卫星的位置坐标。然后，将同步卫星与飞行器测向阵列夹角理解为两向量夹角，通过向量点乘列出方程。由于夹角 α_i、β_i 的测量结果必定存在误差，通过最小二乘法，将非线性方程转化为优化问题，确定目标函数，搜索空间中使目标函数取得最小值的点，得到飞行器的位置。

2. 模型假设

（1）地球与同步卫星静止不动，飞行器速度为相对速度。

（2）不考虑地球大气层对方位角测量影响。

（3）飞行器速度不大，在 70s 时间内视为匀速直线飞行。

（4）不考虑卫星时钟差。

4.5.3　模型建立与求解

1. 模型建立

1）建立球心坐标系

首先以地球中心为坐标原点，以东经 0°为 x 轴，东经 90°为 y 轴，垂直赤道平面方向为 z 轴建立球心坐标系，z 轴指向北半球，如图 4-4 所示。

在球心坐标系下，设空中飞行器 P 的空间坐标记为（x，y，z），不妨设它同时能接收到 N 颗同步卫星的信号，其 N 颗同步卫星 X 空间坐标分别记为（x_i，y_i，z_i）（i=

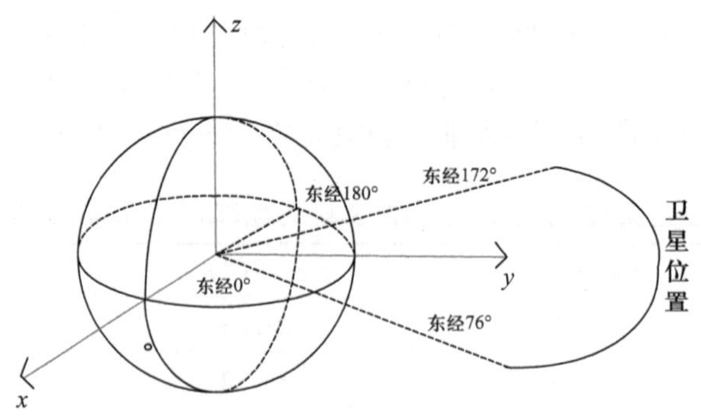

图 4-4 球心坐标系

1，2，…，N)。为了方便检测飞行器与同步卫星的方向角，在空中飞行器上固定安装了两个相互垂直的测向阵列，它们的指向分别为 $\boldsymbol{d}_1=(d_{1x}, d_{1y}, d_{1z})$ 和 $\boldsymbol{d}_2=(d_{2x}, d_{2y}, d_{2z})$。

2）确定同步卫星坐标

由于地球半径为 6367km，同步卫星距地面高度为 35800km 且都在赤道平面内，故记同步卫星距离地心距离为 D（D=42167km)。根据各同步卫星所在经度，得出各同步卫星与 x 轴夹角 γ_i，则可以计算出各同步卫星的坐标（表 4-19)：

$$\begin{cases} x_i = D\cos\gamma_i \\ y_i = D\sin\gamma_i (i=1, 2, \cdots, 9) \\ z_i = 0 \end{cases}$$

表 4-19 同步卫星坐标值

编号	经度（东经）/（°）	坐标 x/km	坐标 y/km	坐标 z/km
1	76	10201	40914	0
2	89	736	42161	0
3	110	−14422	39624	0
4	125	−24186	34541	0
5	130	−27104	32302	0
6	136	−30332	29292	0
7	142	−33228	25961	0
8	163	−40325	12328	0
9	172	−41757	5869	0

各卫星在俯视图上位置如图 4-5 所示，箭头指向圆圈表示卫星位置，箭头起点为地心。

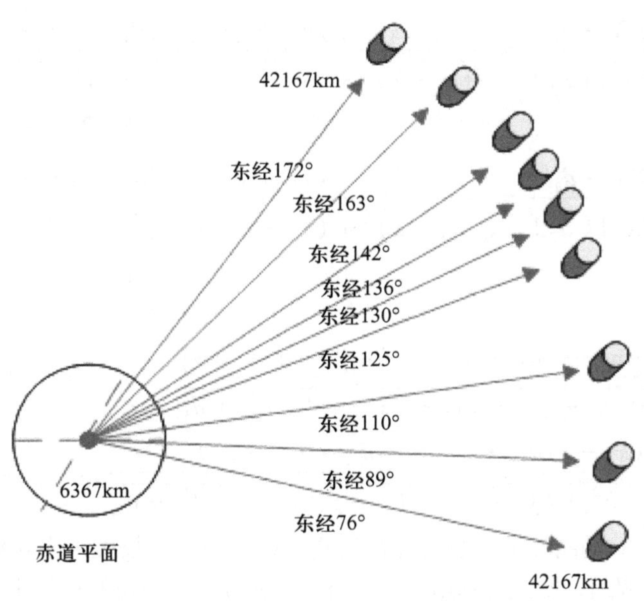

图 4-5　地球与卫星空间位置关系图

3）建立单目标非线性规划模型

飞行器测向阵列可理解为两个向量，卫星与飞行器测向阵列的夹角则为两向量夹角，通过向量点乘可列出 18 个方程，其中有飞行器位置坐标（3 个未知量）和测向向量（6 个未知量）共 9 个未知量。

首先假设测向阵列方向上两方向向量为 $\boldsymbol{d}_i=(d_{ix},\ d_{iy},\ d_{iz})\ (i=1,\ 2)$，由 $\boldsymbol{d}_1=(d_{1x},\ d_{1y},\ d_{1z})$ 和 $\boldsymbol{d}_2=(d_{2x},\ d_{2y},\ d_{2z})$ 相互垂直，可以得到以下关系式：$\boldsymbol{d}_1\cdot\boldsymbol{d}_2=0\Rightarrow d_{1x}\cdot d_{2x}+d_{1y}\cdot d_{2y}+d_{1z}\cdot d_{2z}=0$

另外，飞行器距地心距离应该大于地球半径，有

$$x^2+y^2+z^2>R^2$$

根据飞行器上测向阵列 $\boldsymbol{d}_1$、$\boldsymbol{d}_2$ 与同步卫星间的夹角关系，如图 4-6 所示。

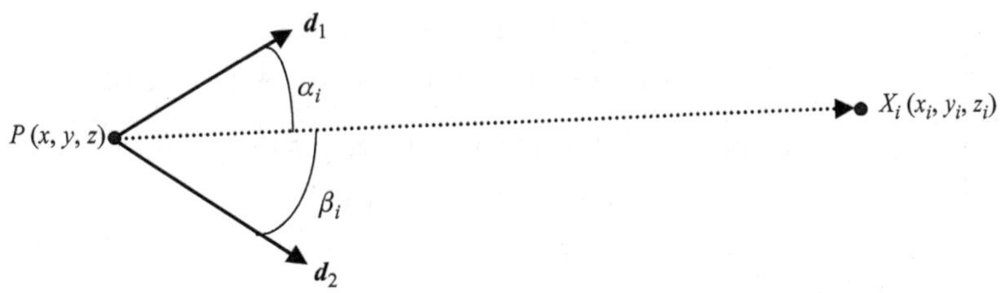

图 4-6　飞行器测向阵列与同步卫星间的关系

设 a_i 为向量 $\boldsymbol{d}_1=(d_{1x},\ d_{1y},\ d_{1z})$ 和向量 $\boldsymbol{PX}_i$ 夹角，b_i 分别为向量 $\boldsymbol{d}_2=(d_{2x},\ d_{2y},\ d_{2z})$ 和向量 $\boldsymbol{PX}_i$ 的夹角，利用公式 $\cos\alpha=\dfrac{\boldsymbol{a}\cdot\boldsymbol{b}}{|\boldsymbol{a}|\ |\boldsymbol{b}|}$，建立关系式：

$$\cos\alpha_i = \frac{\overrightarrow{PX_i} \cdot \overrightarrow{d_1}}{|\overrightarrow{PX_i}||\overrightarrow{d_1}|} = \frac{(x_i - x)d_{1x} + (y_i - y)d_{1y} + (z_i - z)d_{1z}}{\sqrt{(x_i - x)^2 + (y_i - y)^2 + (z_i - z)^2}\sqrt{d_{1x}^2 + d_{1y}^2 + d_{1z}^2}} \quad (i = 1, 2, \cdots, N) \tag{4-10}$$

$$\cos\beta_i = \frac{\overrightarrow{PX_i} \cdot \overrightarrow{d_2}}{|\overrightarrow{PX_i}||\overrightarrow{d_2}|} = \frac{(x_i - x)d_{2x} + (y_i - y)d_{2y} + (z_i - z)d_{2z}}{\sqrt{(x_i - x)^2 + (y_i - y)^2 + (z_i - z)^2}\sqrt{d_{2x}^2 + d_{2y}^2 + d_{2z}^2}} \quad (i = 1, 2, \cdots, N) \tag{4-11}$$

即

$$\begin{cases} \cos\alpha_i = \dfrac{(x_i - x)d_{1x} + (y_i - y)d_{1y} + (z_i - z)d_{1z}}{\sqrt{(x_i - x)^2 + (y_i - y)^2 + (z_i - z)^2}\sqrt{d_{1x}^2 + d_{1y}^2 + d_{1z}^2}} & (i = 1, 2, \cdots, 9) \\ \cos\beta_i = \dfrac{(x_i - x)d_{2x} + (y_i - y)d_{2y} + (z_i - z)d_{2z}}{\sqrt{(x_i - x)^2 + (y_i - y)^2 + (z_i - z)^2}\sqrt{d_{2x}^2 + d_{2y}^2 + d_{2z}^2}}, & (i = 1, 2, \cdots, 9) \end{cases}$$

由于夹角 α_i、β_i 的测量结果必定存在误差，且方程的个数大于未知数的个数，因此得到的是一个超定方程组，所以方程组不一定有解，实际计算时可利用最小二乘法求解。

设 α_i、β_i 的测量值应为

$$\begin{cases} \alpha_{mi} = \alpha_i + \delta\alpha_i \\ \beta_{mi} = \beta_i + \delta\beta_i \end{cases} \tag{4-12}$$

式中：$\delta\alpha_i$、$\delta\beta_i$ 分别为两个阵列对方位的测量误差，并假设它们服从相应分布（如 $N(0, \delta_2)$ 分布）。

目标函数可设为

$$\min \quad f = \sum_{i=1}^{N}(\alpha_i - \alpha_{mi})^2 + \sum_{i=1}^{N}(\beta_i - \beta_{mi})^2$$

综上所述，将问题转化为下面的优化模型：

$$\min \quad f = \sum_{i=1}^{N}(\alpha_i - \alpha_{mi})^2 + \sum_{i=1}^{N}(\beta_i - \beta_{mi})^2$$

$$\text{s. t.} \begin{cases} \alpha_i = \arccos \dfrac{(x_i - x)d_{1x} + (y_i - y)d_{1y} + (z_i - z)d_{1z}}{\sqrt{(x_i - x)^2 + (y_i - y)^2 + (z_i - z)^2} \cdot \sqrt{d_{1x}^2 + d_{1y}^2 + d_{1z}^2}} \\ \qquad (i = 1, 2, \cdots, N) \\ \beta_i = \arccos \dfrac{(x_i - x)d_{2x} + (y_i - y)d_{2y} + (z_i - z)d_{2z}}{\sqrt{(x_i - x)^2 + (y_i - y)^2 + (z_i - z)^2} \cdot \sqrt{d_{2x}^2 + d_{2y}^2 + d_{2z}^2}} \\ \qquad (i = 1, 2, \cdots, N) \\ d_{1x}d_{2x} + d_{1y}d_{2y} + d_{1z}d_{2z} = 0 \\ x^2 + y^2 + z^2 > R^2 \end{cases}$$

这是一个非线性优化模型，可以利用 Matlab 软件包编程求解，利用非线性规划函数直接求解比较困难，可以采用搜索的方法编程求解。为了提高计算速度，采用搜索步长逐步缩小、搜索范围也逐步缩小的方法得到较优解即可。

2. 模型求解

对 9 颗卫星根据其经度从小到大分别编号为 1 ~ 9 号卫星，飞行器的坐标 x、y、z 的初

始值取值范围分别为［-10000，10000］，［-10000，10000］和［0，10000］，初步设搜索步长为1000（表4-20）。在此范围内进行搜索，可大致确定飞行器坐标，求解程序如下：

```
clear;clc;
phi=[76,89, 110, 125, 130, 136, 142, 163, 172];
alfa=[21.33, 35.82, 60.73, 79.24, 85.46, 92.91, 100.32, 125.58, 135.93];
beta=[69.25, 54.63, 29.81, 11.99, 6.95, 5.99, 11.58, 36.04, 46.34];
R=6367;gaodu=35800;                  % pi=3.1415926;
DD=R+gaodu; hudu=(2* pi/360); du=360/(2* pi); % 度转化为弧度;
fori=1:9
x(i)=DD* cos(phi(i)* hudu);          % 计算卫星的坐标;
y(i)=DD* sin(phi(i)* hudu);
z(i)=0;
ddd(i)=sqrt(x(i)* x(i)+y(i)* y(i)+z(i)* z(i));
                                     % 验证卫星高度;
end
wucha=100;  k=1;  bc1=0.1;  bc2=1000; aa=10000;
for d1x=-0.5:bc1:0.5
for d1y=-0.5:bc1:0.5
for d1z=-0.5:bc1:0.5
for d2x=-0.5:bc1:0.5
for d2y=-0.5:bc1:0.5
for d2z=-0.5:bc1:0.5
          d1d2=d1x* d2x+d1y* d2y+d1z* d2z;
                                     % 计算 d1 与 d2 的数量积;
if  abs(d1d2)<0.001
for xx=-aa:bc2:aa
for yy=-aa:bc2:aa
for zz=0:bc2:aa
if (xx)^2+(yy)^2+(zz)^2>R^2
wc=0;
for i=1:9
alfa1(i)=acos(  ( (x(i)-xx)* d1x+(y(i)-yy)* d1y+(z(i)-zz)* d1z )/( sqrt( (x
(i)-xx)^2+(y(i)-yy)^2+(z(i)-zz)^2 )* sqrt( d1x^2+d1y^2+d1z^2) )  );
beta1(i)=acos(  ( (x(i)-xx)* d2x+(y(i)-yy)* d2y+(z(i)-zz)* d2z )/( sqrt( (x
(i)-xx)^2+(y(i)-yy)^2+(z(i)-zz)^2 )* sqrt( d2x^2+d2y^2+d2z^2) )  );
wc=wc+(alfa1(i)* du-alfa(i))^2+(beta1(i)* du-beta(i))^2 ;
end
if wc<wucha
wucha=wc;
      a(k,1)=d1x;  a(k,2)=d1y; a(k,3)=d1z; a(k,4)=d2x; a(k,5)=d2y; a
(k,6)=d2z; a(k,7)=xx; a(k,8)=yy; a(k,9)=zz;  a(k,10)=d1d2;  a(k,11)=wucha;
            k=k+1;
          end
```

```
                    end
                  end
                end
              end
            end
          end
        end
      end
    end
  end
end
  x,y,z,ddd,a
```

表 4-20　第一步搜索范围、步长及结果

参数	搜索范围	搜索步长	搜索结果
x	[-10000，10000]	1000	-6000
y	[-10000，10000]	1000	7000
z	[0，10000]	1000	6000
d_{1x}	[-0.5，0.5]	0.1	0
d_{1y}	[-0.5，0.5]	0.1	0
d_{1z}	[-0.5，0.5]	0.1	0
d_{2x}	[-0.5，0.5]	0.1	-0.1
d_{2y}	[-0.5，0.5]	0.1	0.1
d_{2z}	[-0.5，0.5]	0.1	0

调整 d_1，d_2 及飞行器的坐标的取值范围和搜索步长，再进行搜索，得出精度比较高的 Q（x，y，z）点作为飞行器坐标如表 4-21 所列。

表 4-21　再次调整搜索范围、步长及结果

参数	搜索范围	步长	搜索结果
x	[-6500，-5000]	100	-5200
y	[6200，7200]	100	6600
z	[3000，7000]	100	3100
d_{1x}	[-0.2，0.2]	0.1	0.1
d_{1y}	[-0.2，0.2]	0.1	0.1
d_{1z}	[-0.2，0.2]	0.1	0
d_{2x}	[-0.2，0.2]	0.1	-0.2
d_{2y}	[-0.2，0.2]	0.1	0.2
d_{2z}	[-0.2，0.2]	0.1	0

再次调整 d_1，d_2 及飞行器的坐标的取值范围和搜索步长，再进行搜索，最终得出精度更高的 Q（x，y，z）点作为飞行器坐标，如表 4-22 所列。

表 4-22　最终搜索范围、步长及结果

参数	搜索范围	步长	搜索结果
x	[-5150，-5250]	1	-5201
y	[6550，6650]	1	6600
z	[3050，3150]	1	3100
d_{1x}	[0.05，0.15]	0.05	0.1
d_{1y}	[005，0.15]	0.05	0.1
d_{1z}	[-0.05，0.05]	0.05	0
d_{2x}	[-0.25，-0.15]	0.05	-0.1
d_{2y}	[0.15，0.25]	0.05	0.1
d_{2z}	[-0.05，0.05]	0.05	0

经过反复的搜索，以精度达到时停止，最后得到飞行器的坐标为（-5201，6600，3100）。

4.5.4　结果分析与拓展应用

1. 结果分析

利用搜索法，经过不断减小搜索步长，最后得到飞行器的坐标为（-5201，6600，3100）。当然，由于赤道平面的对称性，飞行器的坐标也可以为（-5201，6600，-3100）。对空中飞行器位置点进行搜索，可以得到一个精度比较高的点，但随着步长的细化，计算量会成指数倍增加，造成运算量大，需要不断缩小搜索范围，不断减小步长，以减少求解工作量。

2. 拓展应用

本节的方法也适用于一些特殊情况下对飞行器进行定位。如空中飞行器能直接检测到同步卫星数量较少时，可以利用空中飞行器在匀速飞行过程中多次检测的结果实现定位。

参 考 文 献

[1] 胡来招. 无源定位 [M]. 北京：国防工业出版社，2004.

[2] 刘利生，等. 卫星导航测量差分自校准融合技术 [M]. 北京：国防工业出版社，2007.

[3] 谭述森. 卫星导航定位工程 [M]. 北京：国防工业出版社，2007.

4.6 导弹火力打击任务分配模型

导弹在未来作战中将发挥越来越重要的作用。某型导弹使用车载发射装置，为了安全保密起见，平时需要部署在隐蔽区域，在受领发射任务后，能携带导弹沿指定道路机动，快速抵达指定发射点位实施导弹发射，对射程内的目标进行火力打击。研究如何分配导弹的打击任务，发挥导弹打击的最佳效能是一项非常有意义的工作。

4.6.1 问题提出

某部现有 12 套车载发射装置，平均部署在两个待机地域：D_1，D_2，可携带甲、乙、丙三种类型导弹，分别可对应打击 A、B、C 三个目标，在作战区域内有 30 个发射点位（F1 ~ F30），5 个转载地域（Z1 ~ Z5），38 个道路结点（J1 ~ J38）。作战区域示意图如图 4-6 所示，相应要素的名称及位置坐标数据如表 4-23 所列。由于实际路况限制，除主干道路（双实线），可以双车（双向）通行外，其他道路（细实线）均只能单向通行，但在各道路结点处可以两车交会，通常车辆的平均机动速度为 50 km/h。

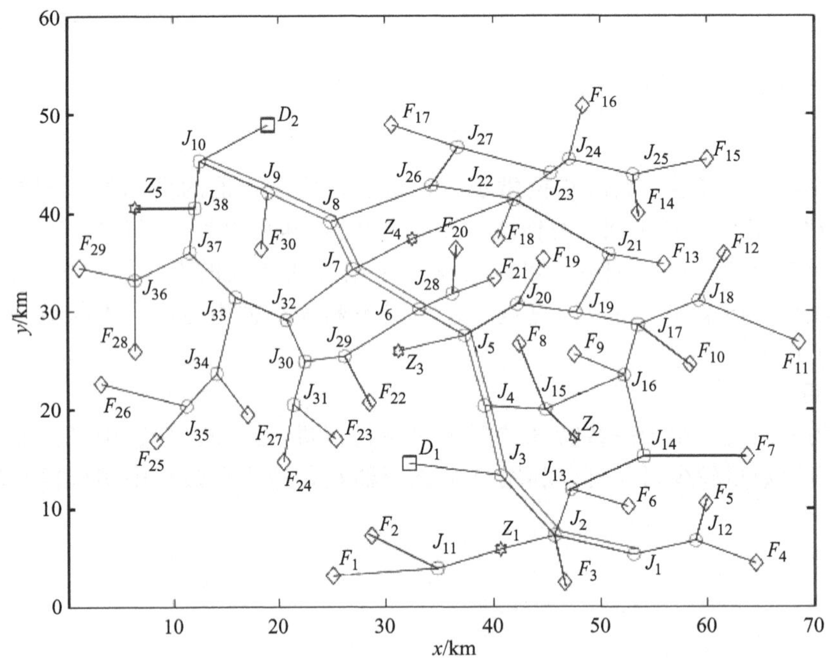

图 4-7 作战区域内相关要素及道路分布示意图

每个发射装置只能载弹 1 枚，如需连续多波次发射，则需要返回转载地域重新装载导弹。每个转载地域存放的导弹数量最多 5 枚，且弹种是确定的。一个转载地域最多同时容纳 2 台发射装置，但不能同时装载作业，一台转载作业平均需要 10 min。

部队接收到发射命令后，需要进行具体的发射任务分配，即合理分配每个发射装置到相应的发射点位实施发射以打击相应目标。通常情况下，同一波次的导弹要求齐射，发射点到目标点连线的大地投影不交叉（即使得弹道不交叉），且整体暴露时间（即所有发射装置的暴露时间总和）最短。

该部现接收到 1 个波次对 3 个目标的火力打击任务，如何给出发射任务的合理分配方案和机动方案。

表 4-23　要素名称及坐标

要素名称	坐标 (x, y)	要素名称	坐标 (x, y)	要素名称	坐标 (x, y)	要素名称	坐标 (x, y)
目标 A	(596.2, 323.6)	F_{16}	(48.5, 50.8)	J_1	(53.2, 5.2)	J_{21}	(50.9, 35.7)
目标 B	(593.6, 327.0)	F_{17}	(30.7, 48.9)	J_2	(45.8, 7.1)	J_{22}	(41.5, 41.8)
目标 C	(591.2, 336.4)	F_{18}	(40.5, 37.3)	J_3	(40.7, 13.3)	J_{23}	(45.4, 44)
D_1	(32.3, 14.5)	F_{19}	(44.7, 35.1)	J_4	(39.2, 20.2)	J_{24}	(47.2, 45.4)
D_2	(19.1, 48.8)	F_{20}	(36.7, 36.2)	J_5	(37.5, 27.4)	J_{25}	(53.2, 43.7)
F_1	(25.2, 3.0)	F_{21}	(40.3, 33.3)	J_6	(33.3, 30.1)	J_{26}	(34.5, 42.7)
F_2	(28.8, 7.1)	F_{22}	(28.6, 20.7)	J_7	(27.1, 34.2)	J_{27}	(36.8, 46.6)
F_3	(46.7, 2.3)	F_{23}	(25.5, 16.9)	J_8	(25.1, 39.1)	J_{28}	(36.4, 31.7)
F_4	(64.6, 4.3)	F_{24}	(20.5, 14.7)	J_9	(19.1, 42.0)	J_{29}	(26.3, 25.3)
F_5	(59.9, 10.4)	F_{25}	(8.5, 16.7)	J_{10}	(12.6, 45.1)	J_{30}	(22.7, 24.8)
F_6	(52.7, 10.1)	F_{26}	(3.3, 22.6)	J_{11}	(34.9, 3.8)	J_{31}	(21.6, 20.5)
F_7	(63.8, 15.1)	F_{27}	(17.2, 19.3)	J_{12}	(59, 6.5)	J_{32}	(20.9, 29.1)
F_8	(42.5, 26.5)	F_{28}	(6.5, 25.8)	J_{13}	(47.4, 11.9)	J_{33}	(16, 31.4)
F_9	(47.6, 25.6)	F_{29}	(1.2, 34.3)	J_{14}	(54.1, 15.2)	J_{34}	(14.3, 23.6)
F_{10}	(58.4, 24.5)	F_{30}	(18.5, 36.2)	J_{15}	(44.9, 19.9)	J_{35}	(11.4, 20.3)
F_{11}	(68.7, 26.8)	Z_1	(40.8, 5.7)	J_{16}	(52.3, 23.4)	J_{36}	(6.5, 33.1)
F_{12}	(61.7, 35.7)	Z_2	(47.6, 17.1)	J_{17}	(53.7, 28.5)	J_{37}	(11.7, 35.8)
F_{13}	(56.0, 34.7)	Z_3	(31.3, 25.9)	J_{18}	(59.2, 31)	J_{38}	(12.2, 40.4)
F_{14}	(53.7, 39.9)	Z_4	(32.7, 37.3)	J_{19}	(47.9, 29.7)		
F_{15}	(60.1, 45.3)	Z_5	(6.5, 40, 4)	J_{20}	(42.4, 30.6)		

4.6.2　问题分析与模型假设

1. 问题分析

要根据接收波次对目标进行火力打击，首先以总暴露时间之和最短为目标，平均部署待机地域、同一个波次的导弹要求齐发、对每个目标打击 4 发导弹及发射点到目标点连线的大地投影不交叉为约束条件建立单目标规划模型；然后根据待机地域、发射点位、打击目标、节点坐标求解带权邻接矩阵，接着将带权邻接矩阵代入 Dijkstra 算法中求解得到待机地域到各发射点位的路径和路程；然后针对待机地域，用遗传算法求解优化模型，确定载发射装置车辆的最优行驶路径；最后通过聚类分析确定最优分配方案和机动方案。

2. 模型假设

（1）将各待机地域、转载地域、发射点位、车载发射装置视为质点，不考虑其大小、形状。

（2）不考虑车载发射装置油料不够、速度变化的问题。

（3）不考虑天气变化、汽车故障等导致发射不了的问题。

（4）不考虑地形变化问题，汽车的通行是无阻的。

4.6.3 模型建立与求解

1. 模型建立

1）目标函数

设第 i 辆车的起始点为 D_i（待机地域）、终止点为 F_i（发射点位），打击目标为 C_i，记 $R_i=(R_{i1}, R_{i2}, R_{i3}, \cdots, R_{i,n_i})$ 为第 i 辆车从待机点 D_i 到发射点 F_i 的路径，其中 n_i 为路径 R_i 的总节点数。

将作战区域相关要素及道路分布示意图中的所有节点按照待机点、发射点、装载点及道路节点的顺序统一进行编号，分配编号分别 1 ~75。将图4-6 中每个地点（待机点、发射点、装载点及道路节点）看做一个节点，每条道路看成一条边，建立该图对应的邻接矩阵，记为 $\boldsymbol{A}=(a_{ij})_{75\times 75}$，其中

$$a_{ij}=\begin{cases}1(i \sim j\text{ 有路})\\0(i \sim j\text{ 无路})\end{cases}$$

设图中第 j 个节点的坐标为(x_j, y_j) （$j=1, 2, \cdots, 75$）用 d_{jk} 表示第 j 个节点到第 k 个节点的欧氏距离，即

$$d_{jk}=\sqrt{(x_j-x_k)^2+(y_j-y_k)^2} \quad (j, k=1, 2, \cdots, 75)$$

由此可构建无向图所对应的距离矩阵 $\boldsymbol{W}=(w_{jk})_{75\times 75}$，其中

$$w_{jk}=\begin{cases}d_{jk}(j \sim k\text{ 有路})\\\infty(j \sim k\text{ 无路})\end{cases}$$

设发射装置车辆的平均机动速度为 v，通常 $v=50$km/h。因为路线分布呈树型结构，一次分配情况不存在在单行道上相遇的情况，因此，不考虑等待时间，直接以总暴露时间之和最短为目标建立目标函数，可表示为

$$\min \sum_{i=1}^{12} \sum_{j=1}^{n_i-1} \frac{d_{R_{ij}R_{i,j+1}}}{v}$$

2）约束条件

根据作战区域相关要素及道路分布示意图中点的编号分配原则为

$$D_i \in \{1, 2\}, F_i \in \{3, 4, \cdots, 32\}$$

为了保证发射装置车辆在待机点平均分配，则$\sum_{i=1}^{12} D_i = 6\times1+6\times2=18$。

为了满足每一个发射点一次只能进行 1 枚导弹的发射要求，发射点编号 F_i、F_j 应满足：当 $i\neq j$ 时，$F_i \neq F_j$，$(i, j=1, 2, \cdots, 12)$。

又因为车辆必须在有路的情况下才能通过，所以

$$w_{R_{ij}R_{i,j+1}} = 1(i=1, 2, \cdots, 12; j=1, 2, \cdots, n_{i-1})$$

另外，为了使得发射点到打击目标点连线的大地投影不交叉，记打击目标 C_i 的坐标为(X_{C_i}, Y_{C_i})，其中 $C_i \in \{1, 2, 3\}$，且分别对应打击目标为 A、B、C。根据两线段在平面内不相交判定知识可知

$$\begin{vmatrix} X_{C_i} & Y_{C_i} & 1 \\ x_{F_i} & y_{F_i} & 1 \\ x_{F_j} & y_{F_j} & 1 \end{vmatrix} \cdot \begin{vmatrix} X_{C_i} & Y_{C_i} & 1 \\ x_{F_i} & y_{F_i} & 1 \\ X_{C_j} & Y_{C_j} & 1 \end{vmatrix} > 0, \quad \begin{vmatrix} X_{C_i} & Y_{C_i} & 1 \\ x_{F_j} & y_{F_j} & 1 \\ x_{C_j} & y_{C_j} & 1 \end{vmatrix} \cdot \begin{vmatrix} X_{C_i} & Y_{C_i} & 1 \\ x_{F_j} & y_{Fj} & 1 \\ X_{C_j} & Y_{C_j} & 1 \end{vmatrix} > 0$$

式中：(x_{F_i}, y_{F_i}) 表示点 F_i 对应的坐标 $(i, j=1, 2, \cdots, 12)$。

又因为 3 个目标各受 4 枚导弹攻击，所以打击目标 C_i 还应满足

$$\sum_{i=1}^{12} C_i = 4(1+2+3) = 24, \quad \prod_{i=1}^{12} C_i = 1^4 \times 2^4 \times 3^4 = 36^2$$

综上所述，可以建立优化模型如下：

$$\min \sum_{i=1}^{12} \sum_{j=1}^{n_i-1} \frac{d_{R_{ij}R_{i,j+1}}}{v}$$

$$\text{s.t.} \begin{cases} \sum_{i=1}^{12} D_i = 18, \quad \sum_{i=1}^{12} C_i = 24, \quad \prod_{i=1}^{12} C_i = 36^2 \\ D_i \in \{1, 2\}, \ F_i \in \{3, 4, \cdots, 32\}, \ C_i \in \{1, 2, 3\} \\ F_i \neq F_j(i, j=1, 2, \cdots, 12; i\neq j) \\ w_{R_{ij}R_{i,j+1}} = 1(i=1, 2, \cdots, 12; j=1, 2, \cdots, n_{i-1}) \\ \begin{vmatrix} X_{C_i} & Y_{C_i} & 1 \\ x_{F_i} & y_{F_i} & 1 \\ x_{F_j} & y_{F_j} & 1 \end{vmatrix} \cdot \begin{vmatrix} X_{C_i} & Y_{C_i} & 1 \\ x_{F_i} & y_{F_i} & 1 \\ X_{C_j} & Y_{C_j} & 1 \end{vmatrix} > 0, \quad \begin{vmatrix} X_{C_i} & Y_{C_i} & 1 \\ x_{F_j} & y_{F_j} & 1 \\ x_{C_j} & y_{C_j} & 1 \end{vmatrix} \cdot \begin{vmatrix} X_{C_i} & Y_{C_i} & 1 \\ x_{F_j} & y_{Fj} & 1 \\ X_{C_j} & Y_{C_j} & 1 \end{vmatrix} > 0 \end{cases}$$

这是一个非线性规划模型。

该模型直接利用 Matlab 软件包优化工具箱求解比较困难。下面将求解过程分为 3 个步骤：首先基于蒙特卡罗方法设计模拟过程，看能否找到满足要求的分配方案；然后采用基于发射点位与目标点连接的线段的斜率大小进行聚类的方法为发射点位分配打击目标；最后，利用 Dijkstra 算法计算最短路，再利用遗传算法，用 Matlab 编程进行求解得到较好的合理分配方案。

2. 模型求解

根据 2 个待机地域：D_1、D_2，3 个目标 A、B、C，30 个发射点位（F_1-F_{30}），5 个

转载地域（Z_1-Z_5），38 个道路节点（J_1 ~ J_{38}）的坐标编程求解。

下面从分配方案和机动方案两方面分开考虑。

1）关于分配方案的讨论

根据模型的约束条件，任务分配方案必须满足发射点到目标点连线的大地投影不交叉。如果把发射点和目标点看作平面内不同位置的点，可将其转为平面内两线段不相交问题。

根据对作战区域分布示意图中发射点坐标的分析，可以得出结论：任意给 12 个发射点，总能找到满足要求的分配方案。

基于蒙特卡罗方法，我们设计模拟过程对这一结论进行了论证，模拟步骤如下：

步骤 1：设 $n=0$，将发射点位 F_1 ~ F_{30} 分别用 1 ~ 30 标记。

步骤 2：在 1 ~ 30 中随机选取 12 个数，分别给出 12 个数对应的发射点。

步骤 3：让步骤 2 给出的 12 个发射点位平均与 3 个目标点连接，在所有的连接方案中寻找各线段都不想交的方案，若能找到，则 $n=n+1$；若不能找到，则跳回步骤 2。其中判断方法是采用模型建立过程中所提到的判断平面内两线段是否不相交的公式。

步骤 4：模型测试 10000 次后直接结束，最后计算$\frac{n}{10000}\times100\%$确定成功率。

实现这一模拟过程，得到模拟结果为：针对作战区域的发射点分布，10000 次随机给定的 12 个发射点位我们都能给出满足要求的分配方案，成功率 100%。

为此，我们具体采用基于发射点位与目标点连接的线段的斜率大小进行聚类的方法为发射点位分配打击目标，操作过程如下：

（1）根据斜率计算公式得到 12 个发射点位与目标点 C 连成的 12 条线段的斜率，比较 12 条线段斜率，将斜率最小的 4 个归为一类，即分配了 4 个发射点位打击目标 C。

（2）重复上述方法比较剩余的 8 个发射点位与目标点 B 连成的线段的斜率，分配 4 个发射点位打击目标 B。

最后 4 个发射点位打击目标 A。

2）关于机动方案

有了关于分配方案的结论，可以把模型简化为找发射点的问题，由于从待机点出发不存在相遇的情况，因此也就是确定最短路径的问题。

根据距离矩阵 $\boldsymbol{W}$，利用 Dijkstra 算法求解得到待机地域到各发射点位的路径和路程。再运用遗传算法找出离 2 个待机地域最近的 6 个发射点位，即为最佳方案。

根据上述解决问题的步骤，利用 Matlab 编程进行求解得到问题 1 所要求的合理分配方案，如表 4-24 所列。

表 4-24　合理分配方案

待机地域	发射点	打击目标	弹种	路程/km	暴露时间
D_1	F_3	A	甲	21.40	0：25：41
D_1	F_5	A	甲	34.10	0：40：52
D_1	F_6	A	甲	27.17	0：32：36

续表

待机地域	发射点	打击目标	弹种	路程/km	暴露时间
D_1	F_8	B	乙	28.28	0：33：56
D_1	F_9	A	甲	34.63	0：41：33
D_1	F_{19}	B	乙	33.85	0：40：37
D_2	F_{21}	B	乙	41.77	0：50：08
D_2	F_{25}	C	丙	39.97	0：47：58
D_2	F_{27}	B	乙	36.15	0：43：22
D_2	F_{28}	C	丙	29.98	0：35：59
D_2	F_{29}	C	丙	28.12	0：33：44
D_2	F_{30}	C	丙	20.51	0：24：37
总计				375.93	7：31：03
统一发射时间			0：50：08		

从表4-24中可以看出，总暴露时间最短为7h31min3s，各装置的最大暴露时间为50min8s，也就是统一发射的时间点。

另外，车载发射装置的机动方案如表4-25（起始时间为0时）所列。

表4-25　最优发射点位及机动方案

待机地域	发射点位	机动路径及各节点对应的时间点	打击目标
D_1	F_3	D_1(0：24)→J_3(0：34)→J_2(0：44)→F_3(0：50)	A
	F_5	D_1(0：09)→J_3(0：19)→J_2(0：28)→J_1(0：38)→J_{12}(0：45)→F_5(0：50)	A
	F_6	D_1(0：17)→J_3(0：27)→J_2(0：37)→J_{13}(0：43)→F_6(0：50)	A
	F_8	D_1(0：16)→J_3(0：26)→J_4(0：35)→J_{15}(0：42)→F_8(0：50)	B
	F_9	D_1(0：08)→J_3(0：18)→J_4(0：27)→J_{15}(0：34)→J_{16}(0：43)→F_9(0：50)	A
	F_{19}	D_1(0：09)→J_3(0：19)→J_4(0：28)→J_5(0：37)→J_{20}(0：44)→F_{19}(0：50)	B
D_2	F_{21}	D_2(0：00)→J_{10}(0：09)→J_9(0：18)→J_8(0：26)→J_7(0：32)→J_6(0：41)→J_{28}(0：45)→F_{21}(0：50)	B
	F_{25}	D_2(0：02)→J_{10}(0：11)→J_{38}(0：17)→J_{37}(0：22)→J_{33}(0：30)→J_{34}(0：39)→J_{35}(0：44)→F_{25}(0：50)	C
	F_{27}	D_2(0：07)→J_{10}(0：16)→J_{38}(0：23)→J_{37}(0：27)→J_{33}(0：35)→J_{34}(0：44)→F_{27}(0：50)	B
	F_{28}	D_2(0：14)→J_{10}(0：23)→J_{38}(0：29)→J_{37}(0：34)→J_{36}(0：41)→F_{28}(0：50)	C
	F_{29}	D_2(0：16)→J_{10}(0：25)→J_{38}(0：31)→J_{37}(0：36)→J_{36}(0：4)3→F_{29}(0：50)	C
	F_{30}	D_2(0：25)→J_{10}(0：34)→J_9(0：43)→F_{30}(0：50)	C

表 4-25　对应的路径图如图 4-8 所示。

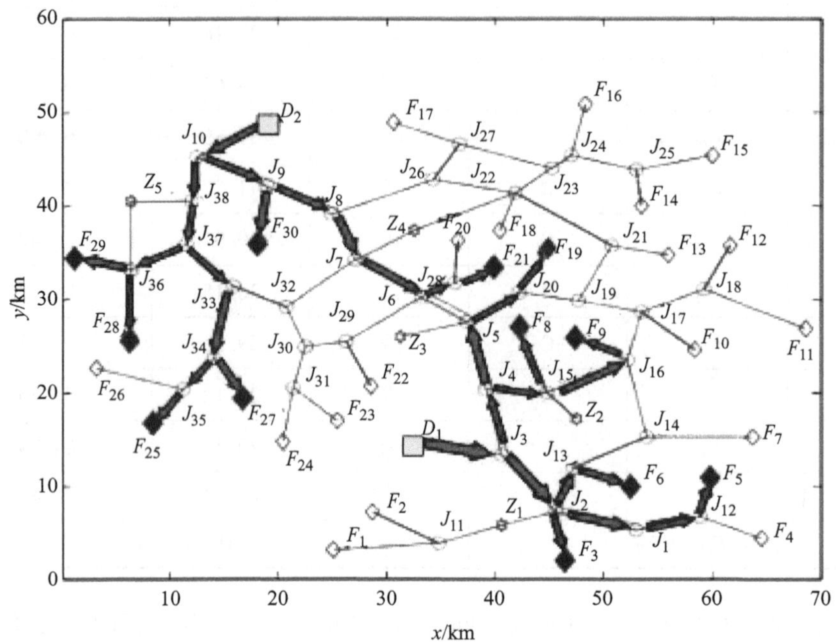

图 4-8　机动方案图

4.6.4　结果分析

通过分析模型从满足要求的分配方案的存在性，到发射点位分配，最后给出利用 Dijkstra 算法计算最短路，再利用遗传算法，用 Matlab 编程进行求解得到的合理分配方案，其中总暴露时间最短为 7h31min3s，各装置的最大暴露时间为 50min8s，也就是统一发射的时间点。给出了车载发射装置的机动方案如表 4-25 所列（起始时间为 0h）。

参考文献

[1] 张贤明：Matlab 语言及应用案例［M］. 南京：东南大学出版社，2010.

[2] 赵海滨：Matlab 应用大全［M］. 北京：清华大学出版社，2012.

[3] 韩明：数学建模案例［M］. 上海：同济大学出版社，2012.

[4] 田园：美国大学生数学建模［M］. 2 版. 北京：高等教育出版社，2013.

4.7　空降作战中伞降高度选择模型

空降作战已经成为现代战争越来越重要的作战方式，无论是第二次世界大战的诺曼底登陆还是近期美国发动的几次战争，空降兵以它特有的快速、准确、突然的方式插入敌后方，配合正面主力部队的进攻，对战争的进程起到不可估量的作用。合理选择伞降高度对运输机和伞兵的安全、伞兵着陆后战斗力的快速形成，以及后续地面作战的展开和空降作战任务的完成发挥着至关重要的作用。在历次空降演习中，伞降高度选择基本上是凭以往经验进行决策，没有合理考虑各方面因素的影响，很少考虑到反空降防空火力队伞降高度的影响，因而还无有效的方法为其提供决策上的支持。空降作战中，伞降高度的选择是空降作战决策中一个重要问题。

4.7.1 问题提出

空降作战中，伞降高度为多少时，才能保证伞兵战损最小?

4.7.2 问题分析与模型假设

1. 问题分析

空降兵在伞降过程中基本没有反击作战能力，着陆后，有生力量的多少，决定着此次伞降突击任务是否能够顺利完成，甚至影响到整个战役的进程和成败。在伞兵伞降过程中如何选取合适的伞降高度以提高伞兵的生成概率是非常重要的。

1）伞降高度选择的基本原则

伞降高度选择的前提原则：伞降高度的选择，必须考虑空降作战的某些原则。

（1）进行空降作战必须夺取制空权或部分夺取空中优势。

（2）进行空降作战要消灭空降地域及其附近的有生力量。

这就是空降作战的原则，也是伞降高度选择的前提。

（1）伞降高度选择的目标原则。伞降过程中，要保证伞降人员在最短的时间内以最大的战斗力伞降在空降地域，可以等同为以最小的人员损伤、最小的伞降散布完成伞降，这是伞降高度必须遵循的目标原则。

（2）伞降高度选择的区间原则。在所有伞降高度元素的影响下，可以确定伞降高度的一个选择区间，伞降高度选择区间从空降最低安全高度到某一个合理的上限高度。通常情况下，最低安全高度是在空降地域气候、地形为理想状态，敌反空降力量极弱的情况下，适合某种机型、伞型进行伞降的高度，这个高度一般为 100 ~ 200m，上限高度一般为 1000m。

2）伞降高度选择对空降作战的影响

伞降高度选择是空降作战决策中一个重要问题。空降作战中，根据情况适当降低伞降高度，可以缩短伞兵的滞空时间，减少伞兵在下降过程中被地面防空火力攻击的概率，同时可以缩小伞降散布面积，提高伞降位置的准确性，但伞降高度过低时，将增大运输机遭受地面防空火力攻击的概率，造成更大的运输机毁伤。增加伞降高度，伞兵滞空的时间过长，易遭受地面防空火力的攻击，在空中被毁伤的概率增大，同时伞降高度过高时，伞兵和装备的伞降散布面积将增大，不便于着陆后的收拢和集结，给快速形成战斗力、完成作战任务带来不利影响。可以看出，在伞降高度选择区间内，考虑各影响因素，伞降高度并不是越低越好，也不是越高越好，更不是固定在某一个高度，但在伞降高度选择区间内必定有一个最优的高度。考虑所有因素对伞降高度选择的影响，建立伞降高度模型是一个复杂的问题。因此在众多的影响因素中，着重研究一个最重要的因素，即敌反空降防空火力对伞降高度的影响，建立了一个伞降高度选择模型。

2. 模型假设

（1）只考虑敌反空降防空火力对伞降高度的影响。

（2）伞降过程中，对于敌防空火力而言，运输机群和伞兵可看作一个目标群。

（3）敌反空降防空兵器主要有便携式导弹发射器、高炮、高机及各类轻重步枪。

（4）我护航机对敌防空火力打击时间较短，不考虑其对敌防空火力的损伤。

（5）假设在运输机和伞兵遭到地面防空火力打击的过程中，运输机和伞兵的数量是不变的。

（6）对运输机和伞兵的毁伤概率 p_{i1}、p_{i2} 与伞降密度、伞降高度无关。

4.7.3 模型建立与求解

1. 模型建立

1）敌对目标群射击的平均毁伤目标数

目标群由执行共同任务的同类或不同类目标组成。伞降过程中，对于敌防空火力而言，运输机群和伞兵可看作一个目标群。对目标群射击的平均毁伤目标数 M 的计算公式为

$$M = E[X] = \sum_{i=1}^{N} W_i$$

式中：X 为目标群中毁伤目标数；N 为目标群所含目标数；W_i 为整个射击过程中第 i 个目标的毁伤概率。

在没有火力转移的条件下 W_i 可以简单求得。若 K 为杀伤兵器数，p_{ij} 为射击条件下第 j 个兵器毁伤第 i 个目标的概率，r_{ij} 为第 j 个兵器射击第 i 个目标的概率，则在随机非均匀分配目标的一般情形下，$W_i = 1 - \prod_{j=1}^{K} (1 - p_{ij} r_{ij})$。若使用同一类兵器射击同一类目标，则 $p_{ij} = p$，对所有的 i 和 j 可假设 $r_{ij} = 1/N$，则各个单位目标的毁伤概率相等，即

$$W = 1 - (1 - p/N)^K$$

2）伞降过程中的战损分析

运输机临空和空投人员过程中，伞兵的战损主要来自两个方面：一是伞兵在伞降过程中遭到地面防空火力射击而造成的毁伤；二是运输机在临空和空投人员过程中遭到地面防空火力的毁伤间接造成伞兵的战损。在这个过程中，运输机一般做匀速直线运动，设运输机的速度为 v，高度为 h，当前批次运输机数量为 n，每架运输机装载伞兵 a 名，共有伞兵数为 $m = na$。按照空降作战的原则，空降作战前，空降地域敌防空火力已遭到我方火力的有效打击，特别是固定式导弹发射架、高炮群等已遭到很大程度的毁伤，丧失一定作战能力或不能有效组织射击。设敌反空降防空兵器主要有便携式导弹发射器、高炮、高机及各类轻重步枪，种类分别为 $i = 1, 2, 3, 4$，兵器数量分别为 k_i；且在整个伞降过程中，由于我护航机对敌防空火力打击时间较短，不考虑其对敌防空火力的损伤，即敌防空兵器数量 k_i 保持不变，其对运输机和伞兵的毁伤概率分别为 p_{i1}、p_{i2}，各类兵器最大有效射程为 l_i。

（1）伞降过程中运输机毁伤分析。按照反空降火力运用中“先打运输机，后打空降兵”的原则，先分析运输机的毁伤情况。由于空降过程中我火力的打击和压制，加上空降的突然性，敌防空无法有效组织射击，敌对我运输机的射击是随机均匀分配的，在运输机临空到空投完毕的过程中，我运输机毁伤数为

$$M_1 = M_{11} + M_{21} + M_{31} + M_{41}$$

式中：M_{i1} 为第 i 类防空火力对运输机的毁伤数量。

①便携式导弹打击运输机。考虑到其有效作用距离一般小于5000m，运输机一般以大于50m/s的速度进行投放并穿过防区，因此运输机从被发现到投放完毕的时间一般小于100s。那么对每一个便携式导弹发射器，在此期间内最多可以发射一次，因此便携式导弹对运输机的毁伤数 M_{11} 可近似表示为

$$M_{11} = m(1 - (1 - p_{11}/m)^{k_1})$$

②高炮打击运输机。不考虑运输机在被打击过程中数量的减少，则高炮打击运输机毁伤数 M_{21} 可表示为

$$\begin{cases} M_{21} = m \cdot (1 - (1 - p_{21}/m)^{k_2}) \cdot j_{21} \\ j_{21} = t_{21} \cdot a_{21} \\ t_{21} = \sqrt{l_2^2 - h^2}/v \end{cases}$$

式中：j_{21} 为高炮在射击时间 t_{21} 内对运输机的总射击次数；a_{21} 为点射情况下高炮实际射速。

由于运输机在临空和空投过程中，飞行速度较慢且做等高等速直线运动，运输机在临空后进入高炮最大射程之内到空投完毕的整个过程中，高炮不存在射击死角，则射击时间近似为 $t_{21}=\sqrt{l_2^2-h^2}/v$。

③高机打击运输机。通常情况下伞降高度 h 都在高机射程之内，且高机一般采取长点射方式进行射击。不考虑运输机在被打击过程中数量的减少，则高机打击运输机毁伤数 M_{31} 可表示为

$$\begin{cases} M_{31} = m \cdot (1 - (1 - p_{31}/m)^{k_3}) \cdot j_{31} \\ j_{31} = t_{31} \cdot a_{31} \\ t_{31} = \sqrt{l_3^2 - h^2}/v \end{cases}$$

式中参数定义同上。

④步枪打击运输机。一般采取长点射射击，考虑到其射程有限，只有在运输机超低空飞行，即 $h<l_4$ 时，才可能对其造成毁伤。不考虑运输机在被打击过程中数量的减少，则步枪打击运输机毁伤数 M_{41} 可表示为

$$\begin{cases} M_{41} = m \cdot (1 - (1 - p_{41}/m)^{k_4}) \cdot j_{41} \\ j_{41} = t_{41} \cdot a_{41} \\ t_{41} = \sqrt{l_4^2 - h^2}/v \end{cases}$$

式中参数定义同上。当 $h>l_4$ 时，$p_{41}=0$；当 $h<l_4$ 时，p_{41} 保持不变。

（2）伞降过程中伞兵毁伤分析。伞降过程中，便携导弹和高炮基本上不再对伞兵有效，伞兵在毁伤主要来自于高机和步枪的射击，故伞兵的毁伤数为

$$M_2 = M_{32} + M_{42}$$

式中：M_{i2} 为第 i 类防空兵器对伞兵的毁伤数量。

①高机打伞兵。一般采取短点射射击，射速为 a_{32}，在运输机被打击部分毁伤后，伞兵数为 m_0。不考虑伞兵在被打击过程中数量的减少，则高机对伞降人员的毁伤数 M_{32} 可表示为

$$\begin{cases} M_{32} = m_0 \cdot (1 - (1 - p_{32}^h / m_0)^{k_3}) \cdot j_{32} \\ j_{32} = t_{32} \cdot a_{32} \\ t_{32} = (h - h_0)/v + t_0 \\ m_0 = m - M_1 \cdot a \end{cases}$$

式中：高机射击时间 t_{32} 等于伞兵空降时间。

大规模空降作战中伞降通常使用同一种伞型，使用同一种开伞方式，一般为强制开伞。伞降过程中垂直方向运动由两个阶段组成：一是伞开正常前的不规则运动，通常时间 $t_0=5\text{s}$，距离为 $h_0=120\text{m}$；二是伞开正常后的匀速运动，通常 $v=5\text{m}/s$，由此可以计算出某高度下的伞降时间。

②步枪打击伞兵。一般采取长点射射击，射速为 a_{42}，不考虑伞兵在被打击过程中数量的减少，则步枪对伞降人员的毁伤数 M_{42} 可表示为

$$\begin{cases} M_{42} = m_0 \cdot (1 - (1 - p_{32}/m_0)^{k_4}) \cdot j_{42} \\ j_{42} = t_{42} \cdot a_{42} \\ t_{42} = \begin{cases} (h - h_0)/v + t_0 (h < l_4) \\ l_4/v (h > l_4) \end{cases} \\ m_0 = m - M_1 \cdot a \end{cases}$$

式中：当伞降高度小于步枪最大射程时，射击时间 t_{42} 等于伞兵伞降时间；当伞降高度大于步枪最大射程时，伞兵下降进入步枪射程时，可认为已为匀速下降，故射击时间 $t_{42}=l_4/v$。

3）伞降高度选择模型

根据伞降高度选择的目标原则，建立伞降高度选择模型为

$$\min M = a \cdot M_1 + M_2$$

$$\text{s. t}\begin{cases} M_1 = M_{11} + M_{21} + M_{31} + M_{41} \\ M_2 = M_{32} + M_{42} \\ h_0 < h < 1000 \end{cases}$$

显然，这是一个运输机飞行速度 V 和伞降高度 h 为变量的决策模型，当运输机飞行速度 V 一定的情况下，则变成以伞降高度 h 为变量的单目标决策模型。

2. 模型求解

例 4-5　设在某处空降作战中，敌有一防空营（200 人左右的兵力）、2 具某型固定防空导弹、2 具某型便携式防空导弹、4 具高炮、4 具高机进行反空降防空。在我方空袭和远程火力打击下，空降地域敌方防空火力毁伤情况：防空营兵力有 10% 毁伤，固定防空导弹已失去作战能力；高炮有 50% 毁伤；高机有 50% 毁伤；便携式防空导弹由于其较强的隐蔽性和机动性，毁伤很小。

我方当前批次某型运输机 9 架，每架装载 120 人，运输机的飞行速度 $v=250\text{km/h}$，约为 $v=70\text{m/s}$。p_{i1}、p_{i2} 的选取可参考文献［3-5］。

由题意可知：$n=9$，$a=120$，$m=na=1080$，$k_1=2$，$k_2=4\times50\%=2$，$k_3=4\times50\%=2$，$k_4=200\times90\%=180$。

（1）便携式防空导弹打击运输机。取 $p_{11}=0.5$，则

$$M_{11}=m(1-(1-p_{11}/m)^{k_1})=1080\times(1-(1-0.\ 5/1080)^2)=0.\ 972$$

（2）高炮打击运输机。点射间隔为 4s，点射持续时间为 1s，则 $a_{21}=0.2$ 次/s，$l_2=3000\text{m}$，此种射击条件下 $p_{21}=0.044$，则

$$M_{21}=m(1-(1-p_{21}/m)^{k_2})\sqrt{l_2^2-h^2}/va_{21}=2.51\times10^{-4}\times\sqrt{3000^2-h^2}$$

（3）高机打击运输机。$a_{31}=10$ 发/s，$l_3=1600\text{m}$，此种射击条件下 $p_{31}=0.0012$，则

$$M_{31}=m(1-(1-p_{31}/m)^{k_3})\sqrt{l_3^2-h^2}/va_{31}=3.43\times10^{-4}\times\sqrt{1600^2-h^2}$$

（4）步枪打击运输机。长点射间隔为 2s，长点射持续时间为 3s，则 $a_{41}=0.2$ 发/s，$l_4=400\text{m}$，此种射击条件下 $p_{41}=0.0034$，则

$$M_{41}=m(1-(1-p_{41}/m)^{k_4})\sqrt{l_4^2-h^2}/va_{41}=1.69\times10^{-3}\times\sqrt{400^2-h^2}$$

（5）高机打击伞兵。$a_{32}=10$ 发/s，$p_{32}=0.0154$，$m_0=m-M_1a=1080-120M_1$，则

$$\begin{aligned}M_{32}&=m_0(1-(1-p_{32}/m_0)^{k_3})((h-h_0)/v+t_0)a_{32}\\&=m_0(1-(1-0.154/m_0)^2)((h-120)/5+5)\times10\end{aligned}$$

（6）步枪打击伞兵。$a_{42}=4$ 发/s，$p_{42}=0.005$，$m_0=m-M_1a=1080-120M_1$，则

$$M_{42}=\begin{cases}m_0(1-(1-0.005/m_0)^{180})((h-120)/5+5)a_{42}(h<400)\\m_0(1-(1-0.005/m_0)^{180})a_{42}l_4/5\qquad(h>400)\end{cases}$$

利用 Matlab 软件编程求解：

```
  clear;clc;
V=70; n=9; a=120; m=n* a;             % 运输机速度 V,运输机数量 n,运输机载人数 a;
k=[2,2,2,180];                        % 各种兵器数量;
p1=[0.5,0.044,0.0012,0.0034];         % 各种武器对运输机的命中率;
p2=[0,0,0.0154,0.005];                % 各种武器对伞兵的命中率;
a1=[0,0.2,10,0.2];                    % 各种武器对运输机的射速;
a2=[0,0,10,4];                        % 各种武器对伞兵的射速;
l=[0,3000,1600,400];                  % 各种武器的射程;
h0=120; t0=5; v=5;                    % 降落伞不规则运动的距离 h0,降落伞正常后的速度 v;
d=10,nn=(1000-h0)/d;
fori=1:nn
 h(i)=h0+d* (i-1);
 M11=m* (1-(1-p1(1)/m)^k(1));
 M21=m* a1(2)* (1-(1-p1(2)/m)^k(2))* sqrt(l(2)^2-h(i)^2)/V;
 M31=m* a1(3)* (1-(1-p1(3)/m)^k(3))* sqrt(l(3)^2-h(i)^2)/V;
 if h(i)<l(4)
 M41=m* a1(4)* (1-(1-p1(4)/m)^k(4))* sqrt(l(4)^2-h(i)^2)/V;
 else
```

```
  M41=0 ;
  end
  M1=M11+M21+M31+M41;
  m0(i)=m-M1* a;
  M32=m0(i)* (1-(1-p2(3)/m0(i))^2)* ((h(i)-h0)/v+t0)* a2(3);
  if h<l(4)
  M42=m0(i)* (1-(1-p2(4)/m0(i))^180)* ((h(i)-h0)/v+t0)* a2(4);
  else
  M42=m0(i)* a2(4)* (1-(1-p2(4)/m0(i))^180)* l(4)/5;
  end
  M2=M32+M42;
  M(i)=a* M1+M2  ;
end
plot(h,M)
xlabel(' 伞降高度h' ),ylabel(' 伞兵总毁伤数M' )
hh=[150,200,300,400,600,800,1000];    % 常用的伞降高度;
cc=size(hh);
fori=1:cc(2)
  M11=m* (1-(1-p1(1)/m)^k(1));
  M21=m* a1(2)* (1-(1-p1(2)/m)^k(2))* sqrt(l(2)^2-hh(i)^2)/V;
  M31=m* a1(3)* (1-(1-p1(3)/m)^k(3))* sqrt(l(3)^2-hh(i)^2)/V;
  ifhh(i)<l(4)
  M41=m* a1(4)* (1-(1-p1(4)/m)^k(4))* sqrt(l(4)^2-hh(i)^2)/V;
   else
      M41=0;
   end
   MM1(i)=M11+M21+M31+M41;
   m0(i)=m-MM1(i)* a;
   M32(i)=m0(i)* (1-(1-p2(3)/m0(i))^k(3))* ((hh(i)-h0)/v+t0)* a2(3);
   ifhh(i)<l(4)
  M42(i)=m0(i)* (1-(1-p2(4)/m0(i))^k(4))* ((hh(i)-h0)/v+t0)* a2(4);
  else
  M42(i)=m0(i)* (1-(1-p2(4)/m0(i))^k(4))* a2(4)* l(4)/v;
   end
   MM2(i)=M32(i)+M42(i);
end
hh,MM1,aMM1=round(a* MM1),MM2=round(MM2), MM=aMM1+MM2
```

计算结果:

(1) 伞降高度与伞兵总毁伤数的关系如图 4-9 所示

(2) 根据经验可知,伞降高度通常在 $h=150\text{m}$,200m,300m,400m,600m,800m,1000m 左右范围内选择,由此可计算出运输机毁伤数、伞兵毁伤数、伞降人员总战损数如表 4-26 所列。

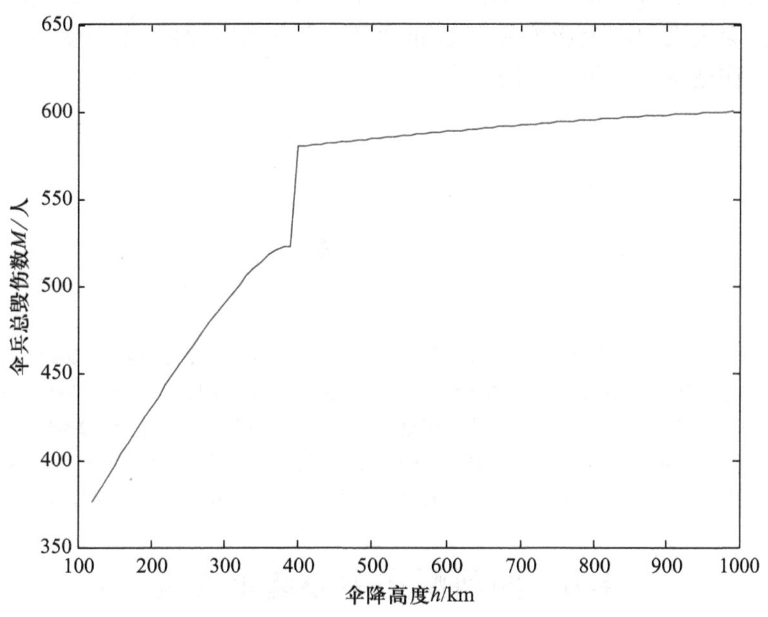

图 4-9　伞降高度与伞兵总毁伤数的关系

表 4-26　运输机毁伤数、伞兵毁伤数、伞降人员总战损数

高度/km 毁伤数	150	200	300	400	600	800	1000
运输机毁伤数 M_1/架	2.9475	2.9022	2.7516	2.2785	2.2473	2.2018	2.1391
伞兵毁伤数 aM_1/人	354	348	330	273	270	264	257
伞兵毁伤数 M_2/人	43	82	160	307	319	331	344
伞兵总战损数 M/人	397	430	490	580	589	595	601

4.7.4　结果分析与拓展应用

1. 结果分析

从伞降高度与伞兵总毁伤数的关系图 4-8 及表 4-26，可以看出在此种敌反空降防空火力条件下，应尽量降低伞降高度，选择在 150～200m 高度实施伞降，可保证伞兵战损最小。

2. 拓展应用

空降作战中，伞降高度的选择是一个复杂问题，还有一些问题值得进一步研究，如我们假设在运输机和伞兵遭到地面防空火力打击的过程中，运输机和伞兵的数量是不变的，而实际上运输机和伞兵的数量是在不断减少的；另外，我们也没有给出高机和步枪队伞兵射击的毁伤概率与伞降密度、伞降高度之间的关系，在实际作战中，伞降高度的不同会很大程度上影响伞降散布面积，从而影响到伞降密度，不同伞降高度条件下伞兵毁伤概率会有很大差距。

参考文献

[1] 黎放，李惊回，董鹏．空间作战中伞降高度选择模型研究［J］．海军工程大学学报，2008，20（6）：65-70.

[2] 张国新，韦国盛．伞降投放过程伞兵毁伤优化模型研究［J］．军事运筹与系统工程，2007，21（3）：28-30.

[3] 倪忠仁，王月平，赵文志，等．地面防空作战模拟［M］．北京：军事科学出版社，2004.

[4] 朱玉珍，严宏民．某高射机枪射频稳定性理论分析与实践研究［J］：兵工学报，2004，25（4）：411-414.

[5] 郭凯，徐诚．基于武器射击效率的机械系统作战效能评估方法［J］：兵工学报，2007，28（2）：148-151.

4.8 油料配送中心选址模型

油料保障在后勤保障中占有重要地位，而油料配送中心选址是油料保障工作的基础，油料配送中心选址的合理性与否对提高部队油料保障能力、节约国家资源有着重要的影响。具体体现在油料配送中心选址影响配送中心的服务水平和工作效率，影响配送中心的建设成本和运行成本。为了提高工作效率和服务水平，减少建设成本和降低运行费用，在设置配送中心之前，要充分考虑配送中心的布局，正确地选择配送中心的地理位置是十分重要。因此，油料配送中心选址方法的研究有着重大的意义。

4.8.1 问题提出

假设油料配送中心地址的候选地址为 A_1，A_2，…，A_n，每个候选地址重要性的权重已知，需要油料保障部队为 B_1，B_2，…，B_m，需要选建 N 个配送中心（$N<n$），限定总的建设成本为 C，总的年运行成本为 P。拟建总的吞吐量为 A，各配送中心到重点保障部队 j 的距离要求配送为不超过 L。那么油料配送中心地址的候选地址 A_1，A_2，…，A_n 中那几个建设油料配送中心最好？

4.8.2 问题分析与模型假设

1. 问题分析

油料配送中心选址所涉及的因素极为复杂，如距离因素、经济因素、交通状况、地理条件等。这些影响因素可以分成定性因素和定量因素。因此，油料配送中心的选址需要一种定性定量相结合的方法。国内外关于选址方法的研究很多，归纳起来主要有几种：重心选址法、最优化规划方法、仿真方法以及综合因素评价法等，这里采用最优化规划方法来解决油料配送中心选址问题。

2. 模型假设

（1）油料配送中心地址的候选地址为已知。

（2）油料配送中心地址的候选地址的重要性权重系数为已知。

（3）油料配送需要油料保障的部队为已知。

（4）每个候选地址的建设成本、总的年运行成本、吞吐量为已知。

（5）各配送中心到重点保障部队的距离要求配送为不超过 L。

（6）油料部门限定总的建设成本已知，总的年运行成本已知，拟建总的吞吐量已知。

4.8.3 模型建立与求解

1. 模型建立

假设油料配送中心地址的候选地址为 A_1，A_2，…，A_n，每个候选地址重要性的权重已知，需要油料保障部队为 B_1，B_2，…，B_m，需要选建 N 个配送中心，限定总的建设成本为 C，总的年运行成本为 P。拟建总的吞吐量为 A，各配送中心到重点保障部队 j 的距离要求配送为不超过 L。对于配送中心的每个候选地址，在规划中只能有两种可能，即选用该地址作为油料配送中心或不选用该地址作为油料配送中心。对第 i 个候选地址是否建立油料配送中心，定义一个0–1 决策变量 X_i：若在第 i 个候选地址建立油料配送中心，则 $X_i=1$，否则 $X_i=0$。

1）约束条件分析

（1）配送中心建设费用约束。油料配送中心总的建设费用不应超过预算费用为

$$\sum_{i=1}^{n} c_i X_i \leqslant C$$

式中：c_i 为在候选地址 i 建立油料配送中心的建设费用。

（2）配送中心运行费用约束。新建的油料配送中心年总运行费用不应超过其预算费用为

$$\sum_{i=1}^{n} p_i X_i \leqslant P$$

式中：p_i 为在候选地址 i 建立油料配送中心的年运行费用。

（3）配送中心吞吐量的约束。所建配送中心总的吞吐量应该大于所有部队对油料的需求量：

$$\sum_{i=1}^{n} a_i X_i \geqslant A$$

式中：a_i 为在候选地址 i 作为油料配送中心的吞吐量。

（4）配送中心到重点部队的距离约束。通常对重点用油部队要求优先保障，因此在建立油料配送中心时，配送中心到重点用油部队的距离必须小于限定值，则

$$d_{ij} X_i \leqslant L$$

式中：d_{ij} 为候选地址 i 到重点部队 j 的距离。

（5）油料配送中心数目约束：

$$\sum_{i=1}^{n} X_i = N$$

2）建立目标函数

由于代表每个候选地址重要性的权重系数已知，油料配送中心的选址，应尽量使所选地点的权重之和最大，这样得出的结果可以保证权重大的候选地点被选中。根据这一条件，可建立目标函数如下：

$$\max z_1 = \sum_{i=1}^{n} w_i X_i$$

式中：w_i 为候选地址 i 作为油料配送中心的权重系数。

综上所述，油料配送中心选址模型为

$$\max z_1 = \sum_{i=1}^{n} w_i X_i$$

$$\text{st.}\begin{cases}\sum_{i=1}^{n} c_i X_i \leqslant C \\ \sum_{i=1}^{n} p_i X_i \leqslant P \\ \sum_{i=1}^{n} a_i X_i \geqslant A \\ d_{ij} X_i \leqslant L(i = 1, 2, \cdots, n) \\ \sum_{i=1}^{n} X_i = N \\ X_i = 0 \text{ 或 } 1(i = 1, 2, \cdots, n)\end{cases}$$

这是一个0-1规划模型，可以利用Lingo软件编程求解，也可以利用Matlab软件包中优化工具箱的0-1规划函数进行求解。

2. 模型求解

算例4-5　某部油料部门根据部队的实际情况，在前期调查中确定了6个油料配送中心的候选地址 A_1，A_2，A_3，A_4，A_5，A_6，候选地址的权重数组为 $w = \{0.3258, 0.0899, 0.0847, 0.2633, 0.1088, 0.1276\}$；拟在候选地址中选出3个地点建设油料配送中心，来服务该地区的8个部队 B_1，B_2，B_3，B_4，B_5，B_6，B_7，B_8，选用各候选地址建设油料配送中心的建立费用为 $\{c_1, c_2, \cdots, c_6\} = \{1800, 700, 1000, 1200, 800, 1100\}$ 万元，各中心的运行费用为 $\{p_1, p_2, \cdots, p_6\} = \{170, 80, 120, 140, 130, 120\}$ 万元/年，每个候选地址建设配送中心的吞吐量 $\{a_1, a_2, \cdots, a_6\} = \{21000, 10000, 14000, 18000, 12000, 14000\}$ t，各个候选地址到重点保障部队 B_8 的距离为 $d_{i8} = \{380, 420, 450, 360, 350, 330\}$，油料部门限定总的建设成本为4000万元，总的年运行成本为450万元，拟建总的吞吐量为50000t，各配送中心到重点保障部队 B_8 的距离要求配送为不超过400km。试通过分析确定最佳油料配送中心的选址方案。

考虑到油料配送中心选址的条件约束，采用0-1整数规划模型，根据题意可得到该油料配送中心选址模型为

$$\max z_1 = \sum_{i=1}^{6} w_i X_i$$

$$
\text{st.}\begin{cases}\sum_{i=1}^{6} c_iX_i \leqslant 4000\\ \sum_{i=1}^{6} p_iX_i \leqslant 450\\ \sum_{i=1}^{6} a_iX_i \geqslant 50000\\ d_{i8}X_i \leqslant 400(i=1,2,\cdots,6)\\ \sum_{i=1}^{6} X_i = 3\\ X_i = 0 \text{ 或 } 1(i=1,2,\cdots,6)\end{cases}
$$

利用 Lingo 软件包编程求解：

```
Title  选址模型;
sets:
houxuan/M1..M6/:w,c,p,a,d8,x;                   ! 定义候选地址集合;
Endsets
DATA:   ! 数据集;
  w=0.3258,0.0899,0.0847,0.2633,0.1088,0.1276;
                                                ! 每个候选地址的权重;
  c= 1800,700,1000,1200,800,1100;               ! 每个候选地址的建立费用;
  p=170,80,120,140,130,120;                     ! 每个候选地址的运行费用;
  a=21000,10000,14000,18000,12000,14000;        ! 每个候选地址的吞吐量;
  d8=380,420,450,360,350,330;                   ! 每个候选地址到 B8 的距离;
enddata
Max=@ sum(houxuan: w* x);                       ! 目标函数;
@ sum(houxuan: c* x)<4000;                      ! 油料部门限定总的建设成本;
@ sum(houxuan: p* x)<450;                       ! 总的年运行成本;
@ sum(houxuan: a* x)>50000;                     ! 总的吞吐量;
@ sum(houxuan: x)=3;                            ! 选出 3 个地点建设油料配送中心;
@ for(houxuan: d8* x<400);                      ! 到重点保障部队 B8 的距离要求不超过
400 千米;
@ for(houxuan: @ bin(x));                       ! x 都是 0-1 整数变量;
end
```

计算结果：求解该 0-1 整数规划模型，得到结果如下：

$X_1=1$，$X_2=0$，$X_3=0$，$X_4=1$，$X_5=1$，$X_6=0$

即在候选地址 A_1、A_4、A_5 建立油料配送中心。

4.8.4　结果分析与拓展应用

1. 结果分析

在有候选地址的情况下，如果采用按照权重系数的大小来选择油料配送中心，会选择 A1、A4、A6 三个备选地址建立油料配送中心。然而这种决策会导致总的建设费用超过限定的建设费用，从而使这种决策变得不可行。而用本文提出 0-1 整数规划方法的选择模型进行决策就避免了以上问题的出现，得到的结果是实际可行的，因为它考虑了约束限制问题，同时使权重大的地址尽可能地被选中。

2. 拓展应用

在现实生活中选址问题很多，前面介绍的4.4节是在没有候选地址的情况下的选址问题，4.8节是在有候选地址的情况下的选址问题。类似的问题都可以存在建立相应的选址模型。

参考文献

[1] 姜启源：数学建模［M］. 4版. 北京：高等教育出版社，2011.

第 5 章　综合评价模型

5.1　军事人才的选拔模型

赢得未来战争的胜利取决于军事人才，军事人才的选拔是军事管理中的一个重要方面，因而做好军事人才的选拔也需要科学决策。

5.1.1　问题提出

针对选拔、任用不同岗位特殊的军事人才来讲，现在多数军事单位都是采用组织考察和考试（笔试+面试）的方法来选拔，任用适合相关岗位并具有发展潜力的军事人才。利用考试进行公平选拔军事人才，不失为一种比较理想的方法。但是，如何科学地利用考试成绩却是一个有待解决的问题。

5.1.2　问题分析与模型假设

1. 问题分析

目前，多数军事决策者或辅助机构一般采用模糊加权决策分析方法，将选拔对象的考试成绩进行加权计算，并将总分高者确定为优胜者。然而，考试成绩中还包含着丰富的内隐信息，需要军事决策者深入挖掘。军事决策者需要根据岗位任职需求或组织未来发展，充分挖掘这些内隐信息，只有这样才能选拔出适应相关岗位所需的优秀军事人才。对此，基于模糊数学的变权决策理论，给出了解决上述问题的一个军事决策模型。变权决策理论对各种因素的考虑比较宽泛，并且随着现实需求的变化可以选择不同的参数，与常权模型相比，它具有较强的灵活性，更适合于现实决策。将变权决策理论用于军事决策，关键在于选用合适的状态变权向量来体现决策者的决策倾向。

2. 模型假设

设 $\boldsymbol{X}=(x_1, x_2, \cdots, x_m)$ 为因素状态向量，$\boldsymbol{W}=(w_1, w_2, \cdots, w_m)$ 为因素常权向量，加权平均决策模型为 $M_m=(x_1, x_2, \cdots, x_m)=\sum_{j=1}^{m} w_j \cdot x_j$。

5.1.3　模型建立与求解

1. 模型建立

下面结合不同岗位的军事人才选拔与任用决策问题进行详细论述，在取得一般性结论后，给出统一的变权决策模型。从军事岗位性质和军事机构发展的要求来考虑，军事人才选拔一般包括两种情形：一是选拔高素质综合型人才；二是选拔高素质专长型人才。

1）选拔综合型人才的变权结构

所谓综合型人才，是指各方面素质都比较优秀、均衡发展的军事人才。综合型人才善于权衡利弊，思考问题比较周全，处理问题比较稳妥。要选拔、招聘综合型人才，反映在考试成绩上，就是希望各科成绩都比较优秀，不能有特别差的科目。运用变权决策理论综合分析选拔对象的考试成绩，则必须用惩罚型状态变权向量修正分数较高科目的考试成绩，也就是分数较高科目的权重要相应降低，剔除不需要的影响。用于修正考试成绩的惩罚型状态变权向量可以表述为

$$\boldsymbol{S}(X)=(S_1(X),\ S_2(X),\ \cdots,\ S_m(X))$$

其中 $S_j(X)=\mathrm{e}^{\alpha x_j}$（$\alpha<0$，$j=1,\ 2,\ \cdots,\ m$）。利用变权公式得到变权：

$$w_j(X)=\frac{w_j\cdot S_j(X)}{\sum\limits_{j=1}^{m}w_k\cdot S_k(X)}(j=1,\ 2,\ \cdots,\ m)$$

2）选拔专型人才的变权结构

所谓专长型人才，是指在某（些）方面素质特别优秀、超长发展的军事人才，也称为特长型人才或专家型人才。专长型人才善于发挥专业优势，思考问题具有深度，处理问题比较专业、权威，适合于在特殊岗位上充分发挥自身专长。因此，各类军事组织都将专长型人才视为解决专业问题或棘手问题的骨干力量，甚至将专长型人才作为组织信息化建设的核心力量加以重用。在军队信息化建设中，任何军事组织都会有某些岗位需要特殊的人才，使得选拔、任用专长型人才成为各级军事决策者最关心的问题之一。运用变权决策理论综合分析选拔对象的考试成绩，必须用激励型状态变量修正相关科目的考试成绩，供决策者准确了解选拔对象的专长程度。用于修正考试成绩的激励型状态变权向量可以表述为

$$\boldsymbol{S}(X)=(S_1(X),\ S_2(X),\ \cdots,\ S_m(X))$$

其中 $S_j(X)=\begin{cases}\mathrm{e}^{a(x_j-b)} & (x\geqslant b)\\ 1 & (x_j<b)\end{cases}$，$j=1,\ 2,\ \cdots,\ m$；$a>0$；$b$ 为组织所需专长的最低水平，它们的值由专家或决策者给出。利用变权公式得到变权：

$$w_j(X)=\frac{w_j\cdot S_j(X)}{\sum\limits_{j=1}^{m}w_k\cdot S_k(X)}(j=1,\ 2,\ \cdots,\ m)。$$

3）基于人才选优的变权决策模型

选拔不同类型的军事人才是一种典型的军事决策问题。各级军事决策者常常采用综合分析法，或者对某些影响最大的因素进行单独分析，有时甚至将二者结合起来确定最优决策。现实中，根据岗位要求，一般采取以下两种选优方法：一种是只制定总标准，而不制定单因素的特别标准，达不到总标准的选拔对象将被淘汰；另一种是既制定总标准，也制定某些因素的特别标准，那些同时达到总标准和单因素标准的选拔对象被认为是基本合格者。最后在基本合格的选拔对象中根据总分的高低确定最终的优胜者。上述方法即为常见的加权求和，由于权重保持不变，故很难体现不同岗位对综合型人才或专长型人才的特殊要求。下面采用变权的方法，建立一个军事人才选拔的决策模型。

首先，需要定义总标准和单一因素特殊标准的阈值函数 $q(X)$ 和 $q_j(X_j)$。在选拔人才上，它们反映了总成绩和单项因素对整个选拔结果的影响，即如果阈值函数为 0，则决策值也为 0。设有 m 个考察因素，各因素的权重构成的权向量为 $\boldsymbol{W}=(w_1, w_2, \cdots, w_m)$。为简便起见，不妨设每个因素总分均为 100 分。先将各因素的考察成绩除以 100，使其成为 [0，1] 之间的数。则各因素的考察成绩构成一个 m 维状态向量 $\boldsymbol{X}=(x_1, x_2, \cdots, x_m) \in [0, 1]^m$ $(x=\sum_{j=1}^{m} x_j)$。采用升半梯形隶属函数形式定义阈值函数：

$$q(x)=\begin{cases}0 & (x \leqslant r_0) \\ \dfrac{x-r_0}{r_1-r_0} & (r_0<x \leqslant r_1) \\ 1 & (x>r_1)\end{cases}$$

$$q_j(x_j)=\begin{cases}0 & (x_j \leqslant r_{j0}) \\ \dfrac{x_j-r_{j0}}{r_{j1}-r_{j0}} & (r_{j0}<x_j \leqslant r_{j1}) \\ 1 & (x_j>r_{j1})\end{cases}$$

式中：r_0 和 r_1 以及 r_{j0} 和 r_{j1} 分别为总成绩和单个因素成绩的阈值下、上限，可根据岗位实际需求和考察因素的性质分别选取不同的数值。

令

$$Q(X)=q(x) \wedge \left(\bigwedge_{j=1}^{m} q_j(x_j)\right)$$

式中：“∧”表示取最小算子。

构造选拔决策函数为

$$M(X)=Q(X) \cdot \sum_{j=1}^{m} w_j(X) x_j$$

式中：$w_j(X)$ 就是前面讨论并给出的变权。如果选拔综合型人才，则由惩罚型状态变权向量构造变权；如果选拔专长型人才，则由激励型状态变权向量构造变权。

2. 模型求解

以某集团军选拔所属某团职岗位领导为例，进入最后选拔阶段的候选对象有 3 人，分别是 A、B 和 C；集团军确定的最后考察因素有 4 个，分别为 f_1、f_2、f_3 和 f_4。设 A、B、C 3 位候选对象各考察因素的成绩如表 5-1 所列。

表 5-1　3 位候选人各项考察因素的成绩　（单位：分）

考察因素 / 对象	f_1	f_2	f_3	f_4	总分
A	85	63	75	62	287
B	75	76	74	65	290
C	65	72	85	79	301

初步设定 4 个考察因素的权重都为 0.25；满分都为 100 分。同时，要求 f_1 不能低

于等于65分，f_2 不能低于60分，而总成绩不能低于240分。表5-1中数据分别除以100（满分）后，可以代入公式进行计算。上述标准，充分体现了集团军对该岗位中 f_1 和 f_2 两项因素的重视，应该进行“激励”；而对 f_3 和 f_4 两项因素应该从均衡的角度来考虑，即进行“惩罚”。所以，这一决策问题应该采用混合型状态变权，即

$$S_1(X)=\mathrm{e}^{\frac{1}{2}x_1},\ S_2(X)=\mathrm{e}^{\frac{1}{4}x_2},\ S_3(X)=\mathrm{e}^{-\frac{1}{4}x_3},\ S_4(X)=\mathrm{e}^{-\frac{1}{4}x_4}$$

则

$$w_j(X)=\frac{S_j(X)}{\sum_{k=1}^{4}S_k(X)}\quad (j=1,2,3,4)$$

因此，构造的综合函数为

$$m_2(X)=\sum_{j=1}^{4}w_j(X)x_j$$

令 $x=\sum_{j=1}^{4}x_j$，分别取 f_1、f_2 和总分的阈值函数为

$$q_1(x_1)=\begin{cases}0 & (x_1\leqslant 65)\\ \dfrac{x_1-65}{10} & (65<x_1\leqslant 75)\\ 1 & (x_1>75)\end{cases}$$

$$q_2(x_2)=\begin{cases}0 & (x_2\leqslant 60)\\ \dfrac{x_2-60}{10} & (60<x_2\leqslant 70)\\ 1 & (x_2>70)\end{cases}$$

$$q(X)=\begin{cases}0 & (x\leqslant 240)\\ \dfrac{x-240}{40} & (240<x\leqslant 280)\\ 1 & (x>280)\end{cases}$$

因为 f_3 和 f_4 没有最低分数线的要求，故设其阈值函数为 $q_3(x_3)=1$，$q_4(x_4)=1$。最后，构造选优决策函数为

$$M(X)=(q_1(x_1)\wedge q_2(x_2)\wedge q(x))M_2(x)$$

5.1.4 结果分析与拓展应用

1. 结果分析

如果按总成绩进行选拔，应该选择C，但它的 f_1 因素不满足最低要求；如果按 f_1 因素选择，应该选择A，但它的总成绩最低；如果按前两项因素成绩之和进行选拔，应该选择B。事实上，集团军重点关注候选对象的 f_1 因素，同时对 f_2 因素也给予了一定程度的关注。

计算程序：

```
clear
clc
z=[85 63 75 62
```

```
  75 76 74 65
  65 72 85 79];
x=z./100;
for i=1:3
      w=[];
      s=[];
      s(1)=exp(0.5* x(i,1));
      s(2)=exp(0.25* x(i,2));
      s(3)=exp(-0.25* x(i,3));
      s(4)=exp(-0.25* x(i,4));
      w=s./sum(s);
      M(i)=w* z(i,:)'  ;
    if z(i,1)<=65
      q1=0;
    else if z(i,1)>75
      q1=1;
    else
        q1=(z(i,1)-65)/10;
    end
    end
    if z(i,2)<=60
      q2=0;
    else if z(i,2)>70
      q2=1;
    else
      q2=(z(i,2)-60)/10;
    end
    end
    q3=1;
    q4=1;
    if sum(z(i,:))<=240
      q=0;
    else if sum(z(i,:))>280
      q=1;
    else
      q=(sum(z(i,:))-240)/40;
    end
    end
    MX(i)=min(min(q1,q2),q)* M(i);
end
MX
```

采用上述变权决策模型进行计算（见程序），结果为

$$M(A) = 21.8238, \ M(B) = 73.1309, \ M(C) = 0$$

即是 $M(B)>M(A)>M(C)$，应该优先选择 B，这表明数据结果与事实相符，结果符合常理。

2. 拓展应用

针对选拔、任用军事人才的决策问题，这里重点分析了如何根据现实需求，准确把握考察信息，确定最优决策；并运用变权原理，构建了一个根据岗位任职需求的选拔军事人才的变权决策模型。实例分析表明，该模型充分利用了考察因素中的隐含信息，能较好地解决选拔综合型人才和专长型人才的军事决策问题。综合利用相关因素的信息或有重点地利用某些因素的信息来确定最优决策，是一类比较典型的军事决策问题。因此，本文构建的变权军事决策模型具有较大的推广空间。

参 考 文 献

[1] 孟继儒，李德清，张学勇．一种基于变权的军事决策模型［J］．海军工程大学学报，2006，18（5）：70-73.

5.2 防御要点选取模型

5.2.1 问题提出

军事行动中，很多时候需要在多个防御要点之间确定优先顺序，传统的方法是指挥员凭借地形图、沙盘或现场勘查，结合战术原则和经验确定。但是，防御要点的选取涉及多方面因素，传统方法容易产生判断偏差，选取合适的评价方法来进行评价选择更为科学合理。

某一次军事行动中要经过勘查，确定 4 个高地为备选对象，用各地的海拔高度作为代号，记为 $X=(x_1, x_2, x_3, x_4)=\{101$ 高地，95 高地，97 高地，117 高地$\}$。请为这 4 个防御要点确定优先顺序。

5.2.2 问题分析

此问题可归结为对 4 个高低进行评价，根据评价得分确定优先顺序。可以利用模糊综合评价方法来完成。

5.2.3 模型建立与求解

1. 分析评价对象，确定评价因素集和评语集

根据作战防御需要，可以考虑 5 类因素作为评价指标。

（1）高地对周围地域的通视性能（通视率）。

（2）火力控制面，用在相应高地实施火力控制的距离和扇面度量。

（3）瞰制其他高地的个数（限制在一定范围内理想气象条件下）。

（4）高地的坡度。

（5）高程差。

不妨记因素集为

$U=\{u_1, u_2, u_3, u_4, u_5\}=\{$通视率，火控面，瞰制高地数，坡度，高程差$\}$

考虑这里只是研究这些高地成为防御要地的可能性，故评语集只有一个评语：能否作为防御要地。

2. 单因素的模糊评价

确定5类指标对应能成为“要地”的隶属度函数。

（1）通视率的隶属度函数，取

$$r_{1i}=\frac{\sum_{k=1}^{n_1} d_k}{\sum_{k=1}^{n_1} d_k+\sum_{k=1}^{n_2} \bar{d}_k}(i=1, 2, 3, 4)$$

式中：n_1，n_2 分别为能和不能观察到目标的总数；d_k 和 $\bar{d}_k$ 分别为展望线上能和不能观看到第k个目标的距离。

（2）火控面的隶属度函数，取

$$r_{2i}=f_2=\begin{cases}1, & d_q>d_{q\max} \\ 1-\mathrm{e}^{\frac{-d_q}{d_{q\max}}} & d_{q\min} \leqslant d_q \leqslant d_{q\min} \\ 0, & d_q<d_{q\min}\end{cases}(i=1, 2, 3, 4)$$

式中：d_q 为火力控制距离；$d_{q\max}$ 和 $d_{q\min}$ 分别为防御要求的最大和最小距离。

（3）瞰制高地数的隶属度函数，取

$$r_{3i}=f_3=\begin{cases}0.1n, & n=0, 1, 2 \\ 0.25, & n=3 \\ 0.5, & n=4 \\ 1, & n>4\end{cases} \quad (i=1, 2, 3, 4)$$

式中：n 为瞰制高地个数。

（4）坡度的隶属度函数，取

$$r_{4i}=f_4=\begin{cases}1, & \alpha>60° \\ 1-\mathrm{e}^{\frac{-\alpha}{90°}} & 10° \leqslant \alpha \leqslant 60° \\ 0, & \alpha<10°\end{cases}(i=1, 2, 3, 4)$$

式中：α 为高地的最大坡度，当坡度 $\alpha>45°$时，各种战斗车辆均不能通过；当坡度 $\alpha>60°$时，人员攀登极为困难。

（5）高程差的隶属度函数，取

$$r_{5i}=f_5=\begin{cases}1, & \Delta h>\Delta h' \\ 1-\mathrm{e}^{\frac{-\Delta h}{\Delta h'}}, & \Delta h \leqslant \Delta h'\end{cases}(i=1, 2, 3, 4)$$

式中：Δh 为高程差；$\Delta h'$为防御所需高程差的阈值。

需要说明的是，这里各个因素的隶属度函数都只给定了一种形式，这并不表示隶属度函数是唯一的，在满足隶属度的一般要求下，还可以尝试其他形式的隶属度函数。

代入具体数据，可以得到单因素评判矩阵：

$$
\boldsymbol{R}=(r_{ji})_{5\times4}=\begin{pmatrix}0.6568 & 0.5158 & 0.5780 & 0.5072\\0.5697 & 0.4484 & 0.4998 & 0.3978\\0.5000 & 0.2000 & 0.2500 & 0.5000\\0.2256 & 0.1564 & 0.1564 & 0.2169\\0.2238 & 0.2082 & 0.2147 & 0.2632\end{pmatrix}
$$

3. 确定各类评价因素的相对权重

综合考虑各要素对于防御上的价值，设定通视率、火控面、瞰制高地数、坡度、高程差 5 类指标的相对权重为 $\boldsymbol{w}=(0.2, 0.2, 0.2, 0.25, 0.15)$。

4. 计算综合评价向量

计算 4 个高地的综合评价向量，如果采用矩阵乘法，可得

$$
\boldsymbol{B}_1=\boldsymbol{wR}=(0.2, 0.2, 0.2, 0.25, 0.15)\begin{pmatrix}0.6568 & 0.5158 & 0.5780 & 0.5072\\0.5697 & 0.4484 & 0.4998 & 0.3978\\0.5000 & 0.2000 & 0.2500 & 0.5000\\0.2256 & 0.1564 & 0.1564 & 0.2169\\0.2238 & 0.2082 & 0.2147 & 0.2632\end{pmatrix}
$$

则

$$
\boldsymbol{B}_1=(0.401 \quad 0.272 \quad 0.305 \quad 0.335)
$$

如果采用最大最小算子，可得

$$
\boldsymbol{B}_2=(0.2256 \quad 0.2000 \quad 0.2000 \quad 0.2169)
$$

可以看到，两类算子的计算结果排序基本一致，但最大最小算子总体上起到了"模糊化"的作用。

5. 分析处理评价结果

对上面的综合评价结果进行归一化处理：

$$
b_j=\frac{b_j}{\sum_{j=1}^{4} b_j}
$$

得到归一化向量

$$
\boldsymbol{B'}_1=(0.3054 \quad 0.2072 \quad 0.2323 \quad 0.2551)
$$

$$
\boldsymbol{B'}_2=(0.2678 \quad 0.2374 \quad 0.2374 \quad 0.2574)
$$

对两类算子的结果进行综合平均，可得

$$
\boldsymbol{B'}=\frac{B'_1+B'_2}{2}=(0.2866 \quad 0.2223 \quad 0.2343 \quad 0.2568)
$$

5.2.4 结果分析

评判结果表明：101 高地成为防御要点的可能性最大，约为 29%，所有高地成为防御要地的优先顺序为 x_1、x_4、x_3、x_2。这一结果可为指挥员做决策提供定量依据。

利用该模型对已发生的 5 次军事行动进行防御要点选取，结果表明该模型能够客观地给出备选对象的综合评价结果，这说明这一模型是可以应用于实际的。

模糊综合评价方法具有相当广泛的通用性。除了可以用于防御要点选取，还可以用与导弹效能分析、战斗力评价等。

参考文献

[1] 魏世孝，等. 多属性决策理论方法及其在 C^3I 系统中的应用 [M]. 北京：国防工业出版社，1998.

[2] 刘增良. 模糊技术与应用选编（3）[M]. 北京：北京航空航天大学出版社，1998.

5.3 雷达系统效能评价模型

5.3.1 问题提出

系统效能是指军事系统在一定条件下，满足一组特定任务要求的可能程度，是对军事系统的综合评价，一般通过对单项效能进行综合计算获得，反映的是“平均”意义上的军事系统的综合能力水平。效能评价是指在给定的条件下，构建效能度量指标，进行定性定量分析与评价的过程，相关结论为军事系统的研发与应用提供决策依据。

某高炮系统的测距雷达由发射机、天线、接收机和显示器等部件组成，结构如图 5-1 所示。

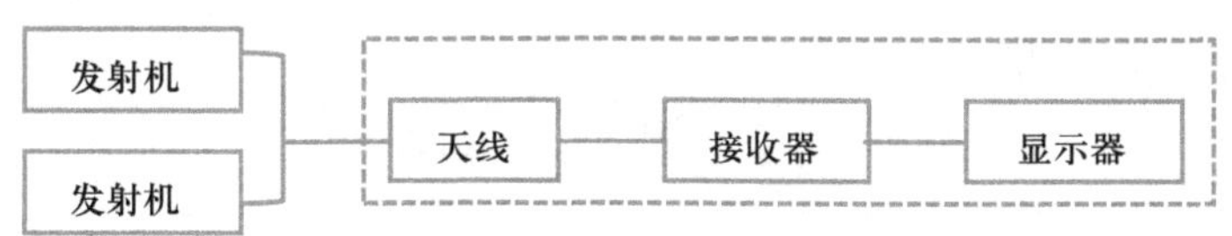

图 5-1 测距雷达的组成结构

经验表明，一部发射机不能保证所测距离达到要求的可靠性，需要使用两部发射机，设每部发射机的平均故障工作时间为 10 h，平均修理时间为 1 h，天线、接收机、显示器和同步机作为一个组合体，无故障工作时间为 50 h，平均修理时间为 0.5 h。请对该雷达系统进行效能评价。

5.3.2 问题分析

系统效能评价的方法有很多，大致思路可以归为四大类：一是主要基于人进行判断和评价，如专家评价法；二是基于解析计算模型进行评判，这些解析模型往往基于独有的思考角度，如 ADC 方法等；三是利用各类系统综合评价模型进行效能评价，如层次分析法、模糊评判法等；四是基于实际数据或仿真数据的统计方法，如实验统计法、作战模拟法等。

这里，根据已给数据，选择 ADC 方法进行雷达系统效能评价。在这之前，需要做如下假设：雷达部件的故障时间服从指数分布。

5.3.3 模型建立和求解

1. ADC 模型

ADC 方法把系统的效能指标表示为系统可用度、任务可信度和系统能力的函数。具体形式是系统效能 $\boldsymbol{E}$ 是有效度向量 $\boldsymbol{A}$，可信赖度矩阵 $\boldsymbol{D}$ 和能力矩阵 $\boldsymbol{C}$ 的乘积，表达式为

$$\boldsymbol{E}=\boldsymbol{ADC}$$

式中，有效度向量 $\boldsymbol{A}$ 为系统在开始执行任务时所处状态的指标，可信赖度矩阵 $\boldsymbol{D}$ 为系统执行任务过程中的一个或几个时间内所处状态的指标，能力矩阵 $\boldsymbol{C}$ 为系统完成规定任务之能力的指标。具体而言，三个指标通常都表示为概率形式，其中 $\boldsymbol{A}$ 表示为系统在开始执行任务时所处状态之概率的行向量，$\boldsymbol{D}$ 表示为在前一个时间段中处于有效状态的条件下，系统在一个时间段上的条件概率矩阵，$\boldsymbol{C}$ 表示为在已知任务和系统状态的前提下，代表系统性能范围的概率矩阵。

2. 计算雷达系统的有效度向量

分析雷达系统执行任务时的可能状态有 3 种：一是所有部件都正常工作；二是其中一部发射机发生故障，另一部发射机与其他部件正常工作；三是系统处于故障状态（两部发射机都处于故障状态，或者雷达的其他部件之一发生故障）。

设每一部发射机的平均无故障工作时间为 t_1，平均修理时间为 t_2，每一部发射机的有效度（发射机正常工作的概率）为 α，则

$$\alpha=\frac{t_1}{t_1+t_2}$$

根据给出的数据计算可得

$$\alpha=\frac{10}{10+1}=0.909$$

类似地，若设天线、接收机、显示器及同步机组合体的有效度为 β，则

$$\beta=\frac{50}{50+0.5}=0.99$$

此时，雷达所有部件均正常工作的概率为

$$a_1=\alpha^2\beta=(0.909)^2\times0.99=0.818$$

一部发动机和其他部件正常工作的概率为

$$a_2=2\alpha(1-\alpha)\beta=2\times0.909\times(1-0.909)\times0.99=0.164$$

雷达发生故障（两部发射机都处于故障状态，或者雷达的其他部件之一发生故障）的概率为

$$a_3=1-a_1-a_2=0.018$$

因此，得到系统有效度向量为

$$\boldsymbol{A}=[a_1,\ a_2,\ a_3]=[0.818,\ 0.164,\ 0.018]$$

3. 分析雷达系统的可信赖度矩阵

假设雷达系统在 15 min 的任务时间内不能修理，其他数据与前面相同。因为每部发射机的平均无故障工作时间为 10 h，所以其故障率 $\lambda_1=0.1$ 次/h，同样，由接收机、天线、显示器和同步机构成的组合体的故障率 $\lambda_2=0.02$ 次/h。

假设雷达部件的故障时间服从指数分布，则每一部发射机在执行任务中的可靠性为

$$R_1 = e^{-\lambda_1 t} = e^{-0.1\times0.25} = 0.975$$

同样，组合体的可靠性为

$$R_1 = e^{-\lambda_2 t} = e^{-0.2\times0.25} = 0.995$$

可信赖度矩阵的元素 d_{11} 是已知雷达的所有部件在开始执行任务时能正常工作，在执行任务过程中能继续工作的概率。在这种情况下，两部发射机和组合体必须能自始至终地工作，则

$$d_{11} = R_1{}^2 R_2 = (0.975)^2 \times 0.995 = 0.946$$

式中：d_{12} 为雷达所有部件在开始执行任务时能正常工作，但其中一部发射机在执行任务期间发生故障的概率，即

$$d_{12} = 2R_1(1 - R_1)R_2 = 2 \times 0.975 \times 0.025 \times 0.995 = 0.048$$

式中：d_{13} 为开始执行任务时所有部件都能正常工作，而在执行任务过程中雷达发生故障的概率，即

$$d_{13} = 1 - d_{11} - d_{12} = 0.006$$

在其余的元素中，d_{22} 是自始至终只有一部发动机正常工作的概率，即

$$d_{22} = R_1 R_2 = 0.975 \times 0.995 = 0.970$$

同样，不难得出

$$d_{21} = d_{31} = d_{32} = 0$$

$$d_{23} = 1 - d_{22} = 1 - 0.970 = 0.030$$

式中：d_{33} 为雷达始终处于故障状态的概率，系统不能检修，则

$$d_{33} = 1$$

因此，在 15 min 的任务执行过程中，可信赖度矩阵为

$$\boldsymbol{D}(15) = \begin{pmatrix} 0.946 & 0.048 & 0.006 \\ 0 & 0.970 & 0.030 \\ 0 & 0 & 1 \end{pmatrix}$$

4. 考虑能力矩阵

测距雷达系统的作用在于执行任务期间发现、捕捉与跟踪目标，并能给出精确的距离数据，因此，选取雷达在最大距离上发现并有效跟踪目标的能力作为目标。

设 P 表示雷达发现目标的概率，根据雷达系统的特性，有

$$\ln(1 - P) = - aP_1(2Z^2 r^4)$$

式中：a 为决定与目标有效反射面的雷达系统常数；P_1 为雷达系统发射机的功率；z 为均方根噪声振幅；r 为目标的距离。

由上述方程可以计算出雷达最大距离上发现目标的概率，雷达系统的效能除了发现目标外，还与雷达跟踪目标的能力有关，而成功跟踪目标概率不仅与雷达本身的性能有关，还与跟踪目标的特性和空间运动属性有关。

假设雷达的发现目标最大距离为 20km，执行任务的时间为 15min，据此，计算雷达在完全正常工作状态、一部发射机正常工作状态以及不能正常工作状态下，发现并有效跟踪目标的能力为

$$
\boldsymbol{C}=\begin{pmatrix} c_1 \\ c_2 \\ c_3 \end{pmatrix}=\begin{pmatrix} 0.97 \\ 0.73 \\ 0.00 \end{pmatrix}
$$

5. 计算雷达系统的效能值

根据上面计算得到的有效度向量 $\boldsymbol{A}$，可信赖度矩阵 $\boldsymbol{D}$ 和能力矩阵 $\boldsymbol{C}$，现在可以计算雷达的系统效能值：

$$
\begin{aligned}
E &= \boldsymbol{A}\cdot\boldsymbol{D}(15)\cdot\boldsymbol{C} \\
&= (0.818 \quad 0.164 \quad 0.018)\begin{pmatrix} 0.946 & 0.048 & 0.006 \\ 0 & 0.970 & 0.030 \\ 0 & 0 & 1 \end{pmatrix}\begin{pmatrix} 0.97 \\ 0.73 \\ 0 \end{pmatrix} = 0.901
\end{aligned}
$$

这样就计算出了雷达系统本次执行任务的综合效能数值，同样地，如果有其他雷达系统的相关数据，就可以计算相应数据，与这一数据进行对比分析，然后给出不同雷达系统效能高低的判断。

5.3.4 结果分析

ADC 模型作为解析法的一种，其公式透明性好，易于理解和计算，可以进行变量间关系的分析，应用起来比较方便，是一种比较优秀的效能评估方法。但是，ADC 模型仅考虑到了物质因素（客观因素），而忽略了人为因素（主观动因）的影响，这一点需要在应用 ADC 方法时注意克服和避免。

参考文献

[1] 李志猛，徐培德，等. 武器系统效能评估理论及应用［M］. 长沙：国防科技大学出版社，2013.

5.4 民用港码头军事利用价值分析模型

5.4.1 问题提出

战时军港要担负海上作战集群集结舰船的后勤、装备保障任务。由于参战舰船数量较平时辖区内现役舰艇数量要多得多，依靠战区现有军港不能满足舰船驻泊需要；另外，战时对武器弹药、装备、维修器材、军需、医药物资等消耗大大增加，大量物资等待陆海转运，只有征用民用港口才能完成舰船驻泊保障和物资保障的任务。

我国沿海城市大多经济实力雄厚，港口资源丰富，码头、泊位多，码头设施现代化程度高，油、水、电供应保障能力强，民用港动员潜力大。由于平时对海军保障基地辖区内的民港所有码头资源进行实地勘查所获得的一些与军事利用价值相关的信息模糊性因素较多，因此有必要进行有效地分类分析，为战时民港码头征用决策提供依据。

5.4.2　问题分析

根据背景介绍，要对民港码头进行分类，可以先对民港码头军事利用价值进行评估，根据评估结果进行分类。据此，首先需要建立能够全面准确地衡量不同码头军事利用价值优劣的民港码头军事利用价值评估指标体系，由于对民用港码头资源进行勘查所获得的数据量大，获得的信息模糊性因素多，选用聚类方法上可以采取模糊聚类。

5.4.3　模型建立和求解

1. 模型的建立

1）民港码头军事利用价值二级评估指标体系

根据民港码头资源勘查的实际情况，通过征求专家意见，提出了二级民港码头军事利用价值评估指标体系，如表5-2所列。其中，航行条件（二级指标）指的是码头所在港口的水域面积、水文、气象、地质、泥沙、潮汐等综合天然条件；通达程度（二级指标）反映港口码头与陆上其他运输通道（铁路、公路等）之间的连接程度；码头用途（二级指标）指的是码头按用途分，有货运码头、客运码头、滚装码头、渔码头、轮渡码头、修船码头等，而其中的货运码头又可以分为件杂货码头、油品码头、煤炭码头、钢材码头、集装箱码头等，由于码头类型众多，由专家评议对不同类型用途的码头军事利用价值进行打分；信息系统设施（二级指标）指的是对码头的生产调度系统等信息服务功能的完备程度进行评价，以适应信息化战争需要；动员、征用培训情况（二级指标）指的是为适应战时被征用的码头职能快速转换的需要，部队协同地方有关部门组织港口人员对有关军事知识的学习、演练情况。

表5-2　民港码头军事利用价值评估指标体系

一级指标	指标权重	二级指标	指标权重	获取方法	指标特性
自然条件	c_1	地理位置	t_{11}	专家打分	主观指标
		周边环境	t_{12}	专家打分	主观指标
		航行条件	t_{13}	专家打分	主观指标
		通达程度	t_{14}	专家打分	主观指标
基础设施	c_2	泊位水深	t_{21}	咨询	客观指标
		泊位数量	t_{22}	咨询	客观指标
		码头用途	t_{23}	专家打分	主观指标
		码头技术状况	t_{24}	专家打分	主观指标
		码头载荷	t_{25}	咨询	客观指标
		油、水、电设施	t_{26}	专家打分	主观指标
		码头面积	t_{27}	咨询	客观指标
		信息系统设施	t_{28}	专家打分	主观指标

续表

一级指标	指标权重	二级指标	指标权重	获取方法	指标特性
物流设施	c_3	码头总通过能力	t_{31}	咨询	客观指标
		码头前沿仓库面积	t_{32}	咨询	客观指标
		堆场面积	t_{33}	咨询	客观指标
		装卸机械种类	t_{34}	专家打分	主观指标
		装卸机械数量	t_{35}	咨询	客观指标
		装卸机械完好程度	t_{36}	咨询	客观指标
		装卸工艺	t_{37}	专家打分	主观指标
人力资源	c_4	管理人员素质	t_{41}	专家打分	主观指标
		技术人员素质	t_{42}	专家打分	主观指标
		工人队伍素质	t_{43}	专家打分	主观指标
		动员、征用培训情况	t_{44}	专家打分	主观指标

2）模糊聚类分析

（1）构建二级评价指标规范化矩阵。客观性指标可以直接咨询码头相关人员或者采用统计的方法得到；主观性指标主要采用专家打分的方法，得分越高该指标越优。

假设有 n 个被评价方案，设第 k 个一级指标下有 l_k 个二级评价指标（$k=1,2,3,4$）。按照定性与定量的原则得到多方案关于多指标的评价矩阵：

$$\boldsymbol{B}_k=(b_{ij})_{l_k\times n}=\begin{pmatrix} b_{11} & b_{12} & \cdots & b_{1n} \\ b_{12} & b_{22} & \cdots & b_{2n} \\ \vdots & \vdots & & \vdots \\ b_{l_k1} & b_{l_k2} & \cdots & b_{l_kn} \end{pmatrix}(k=1,2,3,4)$$

在获取各个一级指标下的二级指标评价矩阵后，需要对矩阵进行规范化处理。由于所讨论的问题为效益型（越大越优型），对矩阵 $\boldsymbol{B}_k$ 做如下规范化处理，得到第 k 个一级指标下的二级评价指标规范化矩阵 $\boldsymbol{A}_k=(a_{ij})_{l_k\times n}$，其中

$$a_{ij}=\frac{b_{ij}-\min\{b_{ij}\}}{\max\{b_{ij}\}-\min\{b_{ij}\}}(i=1,2,\cdots,l_k;j=1,2,\cdots,n) \tag{5-1}$$

（2）指标权重的确定。对于一级指标权重，可以采用专家评定法确定各指标的权重。设有 m 个专家分别对一级衡量指标体系 $\{A_1, A_2, \cdots, A_k\}$ 评定权重 $\{a_{i1}, a_{i2}, \cdots, A_{im}\}$（$i=1,2,\cdots,k$），然后对其分别取均值

$$a_1=\frac{\sum_{j=1}^{m}a_{ij}}{m}(i=1,2,\cdots,k) \tag{5-2}$$

最后进行归一化处理，用 c_1 表示各衡量指标的相应权重，即

$$c_i=\frac{a_i}{\sum_{i=1}^{k}a_i}(i=1,2,\cdots,k) \tag{5-3}$$

战备地位和人力资源一级指标下的二级指标的权重可以采用专家评定法确定。基础设施和物流设施一级指标下的二级指标权重，由于指标中客观数据较多，各个指标之间的可比性弱，使这两个一级指标下的各个二级指标的权重较难得出，因此，运用熵权法结合专家评定法得出码头基础设施和物流设施一级指标下的二级指标权重。

第一步：确定熵权。在得到第 k 个一级指标下的二级评价指标规范化矩阵 $\boldsymbol{A}_k=(a_{ij})_{l_k\times n}$ 的基础上，对第 k 个一级指标下的第 i 个二级评价指标的熵定义为

$$H_{ki}=-q\sum_{j=1}^{n}f_{ij}\ln f_{ij} \tag{5-4}$$

式中，$f_{ij}=\dfrac{a_{ij}}{\sum\limits_{j=1}^{n}}$，$q=\dfrac{1}{\ln n}$，（$k=1$，2，3，4；$i=1$，2，…，$l_k$）。

第 i 个指标的熵权定义为

$$w_{ki}=\frac{1-H_{ki}}{\sum\limits_{i=1}^{l_k}1-H_{ki}} \tag{5-5}$$

这样，就得到了基于熵权的评价指标权向量 $\boldsymbol{W}_k=(w_{k1},w_{k2},\cdots,w_{kl_k})$。通过熵权的大小可以反映不同指标在决策中所起的作用，某个指标的熵值较小，熵权较大时，说明该指标向决策者提供了较多有用的信息。

第二步：确定综合权重。由于熵权法确定的指标权重完全是根据数据之间的关系来确定的，具有一定的合理性，但是不同的区域，对码头基础设施和物流设施各项指标的要求是不一样的，因此权重的大小不仅具有客观性也应该具有主观性。科学的权重确定应当是基于熵权法确定的权重和专家评定法确定的权重的综合。

假设由专家评定法对第 k 个一级指标下的 l_k 个二级指标确定的权重为

$$\wedge_k=(\boldsymbol{\lambda}_{k1},\boldsymbol{\lambda}_{k2},\cdots,\boldsymbol{\lambda}_{kl_k})$$

二级指标的综合权重为

$$t_{ki}=\frac{\boldsymbol{\lambda}_{ki}\times w_{ki}}{\sum\limits_{i=1}^{l_k}\boldsymbol{\lambda}_{ki}\times w_{ki}} \tag{5-6}$$

由此，得到综合权重向量 $\boldsymbol{T}_k=(t_{k1},t_{k2},\cdots,t_{kl_k})$（$k=1$，2，3，4）。

（3）确定一级评价指标矩阵。n 个被评价方案的第 k 个一级评价指标矩阵：

$$\boldsymbol{G}_k=\boldsymbol{T}_k\boldsymbol{A}_k=(t_{k1},t_{k2},\cdots,t_{kl_k})\begin{pmatrix}a_{11}&a_{12}&\cdots&a_{1n}\\a_{21}&a_{22}&\cdots&a_{2n}\\\vdots&\vdots&&\vdots\\a_{l_k1}&a_{l_k2}&\cdots&a_{l_kn}\end{pmatrix}=g_{k1},g_{k2},\cdots,g_{kn} \tag{5-7}$$

则可得到 n 个被评价方案的一级评价指标矩阵：

$$\boldsymbol{G}=(G_1,G_2,G_3,G_4)=\begin{pmatrix}g_{11}&g_{12}&\cdots&g_{1n}\\g_{21}&g_{22}&\cdots&g_{2n}\\g_{31}&g_{32}&\cdots&g_{3n}\\g_{41}&g_{42}&\cdots&g_{4n}\end{pmatrix}$$

（4）建立模糊相似矩阵。根据加权算术平均最小法公式建立模糊相似矩阵 $\boldsymbol{R}=(r_{ij})_{n\times n}$，其中

$$r_{ij}=\frac{\sum_{k=1}^{4}\min(c_k g_{ik},\ c_k g_{jk})}{\frac{1}{2}\sum_{k=1}^{4}c_k(g_{ik}+g_{jk})} \tag{5-8}$$

（5）用编网法对模糊相似矩阵进行聚类处理。对模糊相似矩阵 $\boldsymbol{R}$ 给定置信水平 α（$\alpha\in[0,1]$），求 α 截矩阵 $\boldsymbol{R}_\alpha$，在 $\boldsymbol{R}_\alpha$ 对角线上填入被评价方案序号，在对角线的左下方以 * 代替 1，以空格代替 0，称“ * ”为节点。由每个节点“ * ”向对角线引横线和竖线，凡是通过节点能够连在一起的横线和竖线末端对应的被评价方案便可归于一类。当给定 α 的值从 0 逐步上升到 1 时，得到一系列由粗到细的分类。

2. 模型的求解

通过组织专家对某地区 7 座码头 4 个一级指标下 14 项二级指标进行打分，10 项二级指标进行数据咨询，相应得到 4 组二级评价指标矩阵；按式（5-1）对 4 组二级评价指标矩阵进行标准化；通过专家评定法，按式（5-2）、式（5-3）确定 4 个一级指标权重和战备地位、人力资源 2 个一级指标下各自的二级指标权重；通过专家评定法和熵权法结合，按式（5-4）、式（5-5）、式（5-6）得到基础设施和物流设施 2 个一级指标下各自的二级指标权重；通过式（5-7）得到一级评价指标矩阵为

$$\boldsymbol{G}=\begin{pmatrix}0.887 & 0.443 & 0.163 & 0.675 & 0.295 & 1 & 0.233\\ 0.903 & 0.534 & 0.283 & 0.771 & 0.196 & 0.751 & 0.354\\ 0.920 & 0.185 & 0.261 & 0.882 & 0.166 & 0.871 & 0.419\\ 0.904 & 0.221 & 0.080 & 0.754 & 0.180 & 0.321 & 0.873\end{pmatrix}$$

通过式（5-8）建立模糊相似矩阵为

$$\boldsymbol{R}=\begin{pmatrix}1 & 0.566 & 0.365 & 0.919 & 0.380 & 0.874 & 0.665\\ 0.566 & 1 & 0.665 & 0.634 & 0.745 & 0.642 & 0.624\\ 0.365 & 0.655 & 1 & 0.415 & 0.749 & 0.421 & 0.619\\ 0.919 & 0.634 & 0.415 & 1 & 0.432 & 0.876 & 0.696\\ 0.380 & 0.745 & 0.749 & 0.432 & 1 & 0.439 & 0.590\\ 0.874 & 0.642 & 0.421 & 0.876 & 0.439 & 1 & 0.548\\ 0.665 & 0.624 & 0.619 & 0.696 & 0.590 & 0.548 & 1\end{pmatrix}$$

在此基础上，取不同的置信水平 α，编网法得到不同的分类，结果如表 5-3 所列。

表 5-3　不同置信水平水平下的分类结果

置信水平 α 取值	分类结果
1	{1} ∪ {2} ∪ {3} ∪ {4} ∪ {5} ∪ {6} ∪ {7}
0.9	{1, 4} ∪ {2} ∪ {3} ∪ {5} ∪ {6} ∪ {7}
0.8	{1, 4, 6} ∪ {2} ∪ {3} ∪ {5} ∪ {7}
0.7	{1, 4, 6} ∪ {2, 3, 5} ∪ {7}
0.65	{1, 4, 6, 7} ∪ {2, 3, 5}
0.6	{1, 2, 3, 4, 5, 6, 7}

5.4.4 结果分析

根据实际需要，如果认为将该地区码头分为三类比较合适，则选择置信水平为 $\alpha=0.7$，相应码头分类为 {1，4，6} ∪ {2，3，5} ∪ {7}。该分类具有明显的实际意义：码头 1、4、6 自然条件好，与之配套的铁路、公路等综合交通体系完善，基础设施和物流设施完善，人力资源素质高，服务意识强，在民港码头体系中属于重要码头，军事利用价值高；码头 2、3、5 各方面条件一般，发展不平衡，有的码头存在明显短板，在一定程度上影响军事利用；码头 7 前三项指标条件一般，但人力资源情况较好。

本案例运用模糊聚类方法对战区内数量众多的民用码头进行分类分析，模糊聚类的性质提高了决策者在码头选择时的优选性，同时考虑到了不同码头选择方案间的相似性，使决策也具有了多重性。在运用该方法时，可根据实际情况对指标体系的建立和权重的确定方法做适当的修正。

参考文献

[1] 宋秀磊，李振杰，李斌．民用港码头军事利用价值的模糊聚类分析 [J]．国防交通工程与技术，2009 (5)：29-31.

5.5 导弹对机场攻击效能的仿真模型

用战术导弹（地—地或地—空）攻击敌方机场以达到封锁目的，是一种间接夺取制空权的作战方式，与飞机格斗和用地—空火器防御相比，这种方式更加具有主动性。同时，由于战术导弹的高速度和高精度，这种方式也更具有突然性和有效性。因而，打击机场是战术导弹重要的作战用途之一。

5.5.1 问题提出

试建立导弹攻击机场的评价效能模型，并进行定量分析。

5.5.2 问题分析与模型假设

1. 问题分析

在实际作战决策中，为了最大限度地发挥战术导弹的作战效能，我们需要掌握两类作战信息：一是一定数量的战术导弹将达到怎样的封锁效果；二是为达到一定的封锁效果应发射多少导弹。由于问题的复杂性，难以用解析法解决。因此，可采用 M-C 模拟方法（蒙特卡罗模拟，即随机模拟）。

2. 模型假设

对战术导弹攻击过程依赖两类数据：目标数据与导弹数据。这里的目标是指机场跑道，与其有关的数据有跑道的长和宽、跑道抗力（可再具体化）。导弹数据既指导弹自身的作战性能参数，也指与打击方案有关的数据，包括导弹的系统误差、纵向和横向的概率偏差（或圆概率偏差）、落点分布律、战斗部威力（弹头装药量）、弹头类型、导弹瞄准点、发射弹数、打击时机、爆炸高度等。

5.5.3 模型建立与求解

1. 单弹攻击的计算机模拟

对单弹攻击进行模拟的目的就是将单弹对跑道的命中率及毁伤过程进行计算机实现，从而为多弹攻击的计算机模拟打下基础。

设跑道长为 a，宽为 b，将跑道视为一矩形目标。以跑道中心为坐标原点，建立两种坐标系：目标坐标系和发射坐标系。目标坐标系的 X 轴与跑道平行，发射坐标系的 Y'轴指向射向。同时，目标坐标系的 Y 轴与发射坐标系的 Y'轴之间夹成锐角 α，这样便可将 $X'OY'$坐标系和 XOY 坐标系完全确定下来，如图 5-2 所示。

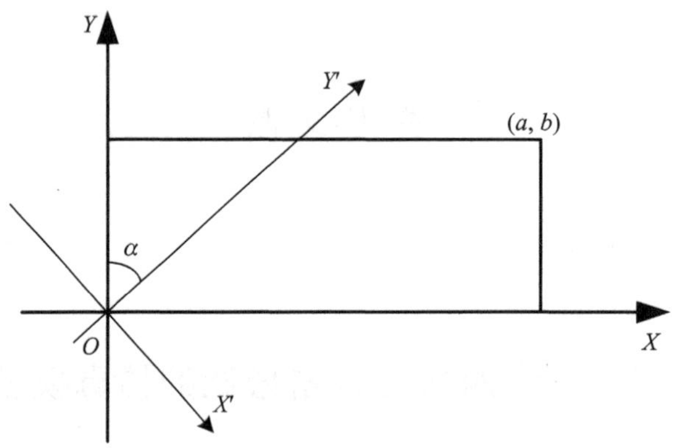

图 5-2　两种坐标系的建立

设跑道的抗力分布均匀，攻击跑道的战术导弹携带子母弹头，子弹头数为 n，各子弹头威力相同。这样，子弹头的毁伤效果可认为相同，表现为破坏半径（弹坑半径）相同，设为 r_n。在发射坐标系内，母弹的落点坐标服从以瞄准点为期望落点的正态分布，则母弹落点坐标（X'，Y'）的概率密度函数为

$$f(x',\ y') = \frac{1}{2\pi\sigma^2}\mathrm{e}^{\frac{(x'-x'_m)^2+(y'-y'_m)^2}{2\sigma^2}}$$

式中：σ 为落点均方差（设 $\sigma_x=\sigma_y=\sigma$）；（x'_m，y'_m）为母弹瞄准点坐标。

为使跑道失去功用，子弹头落点散布应具有一定密度，因此可将子弹头的抛撒方式规定为服从抛撒圆内的均匀分布，并令抛撒半径为 R。至此，可以得到单弹攻击的计算机模拟步骤如下：

（1）生成均值为（x_m，y_m），均方差为 σ 的二维正态分布随机数（x'，y'），以模拟发射坐标系中母弹的落点坐标（x'，y'）。

（2）用坐标旋转公式，将（x'，y'）归化至目标坐标系中，即

$$x = \sqrt{x'^2 + y'^2}\cos\left(\arctan\frac{y'}{x'} - \alpha\right),\ y = \sqrt{x'^2 + y'^2}\sin\left(\arctan\frac{y'}{x'} - \alpha\right)$$

（3）判断母弹是否命中跑道，判据如下：若$0 \leqslant x \leqslant a$且$0 \leqslant y \leqslant b$，则命中跑道，否则未命中。

（4）在命中的前提下，模拟子弹头的散布，即确定子弹头散布点的坐标。已知子弹头落点服从以母弹落点为中心的抛散圆内的均匀分布，即子弹头的落点坐标是半径为R的圆内的二维均匀分布随机变量，可按下列方法模拟得到目标坐标系内子弹头落点坐标（x_i，y_i）（$i=1, 2, \cdots, n$）。

以母弹落点为极点，建立极坐标系。其极轴与XOY坐标系的X轴指向一致，如图5-3所示。首先模拟得到第i发子弹头落点的极坐标（ρ_i，θ_i），方法如下：

产生［0，2π］上的均匀分布随机数，得到θ_i的模拟值，再产生［0，R］上均匀分布随机数以得到ρ_i的模拟值，然后按下列公式计算得到（x_i，y_i）（$i=1, 2, \cdots, n$），即

$$x_i = \rho_i \cos\theta_i + x, \quad y_i = \rho_i \sin\theta_i + y$$

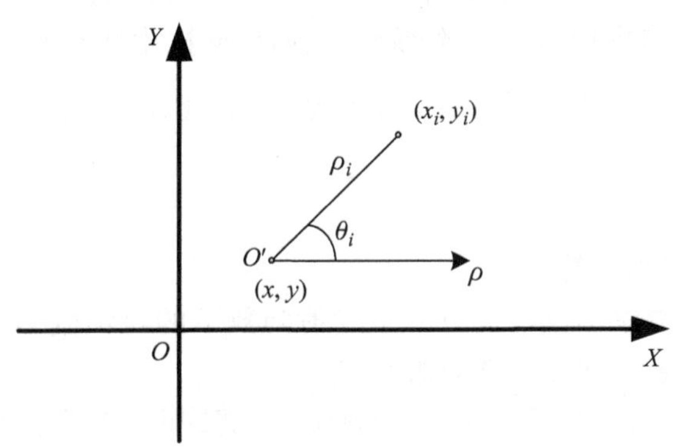

图5-3　子弹头散布点坐标的计算

2. 多弹攻击的计算机模拟

1）多弹攻击的模拟方法

设对机场跑道发射N发战术导弹，每发导弹均为子母弹头，且抛撒半径均为R，第i发导弹的母弹瞄准点坐标为（x_{mi}，y_{mi}）（$i=1, 2, \cdots, N$），子弹头数均为n，且各子弹头破坏半径均为r_n，在单弹攻击模拟的基础上，我们可实现对多弹攻击的计算机模拟，模拟步骤如下：

（1）设置一个发射弹数计数器I，初始时，将其置0。

（2）将I累加1，即$I=I+1$。

（3）通过生成预期落点的单弹命中点，采用单弹模拟的方法对第i发导弹是否命中作出判断。若命中，则同样采用单弹模拟的方法得到第i发导弹各子弹头的散布点坐标（x_{ij}，y_{ij}）（$j=1, 2, \cdots, n$），并进而将各子弹头散布点分为有效弹着点和无效弹着点。判据为：若满足$0 \leqslant x \leqslant a$且$0 \leqslant y \leqslant b$，则为有效弹着点；否则为无效弹着点。若未命中，则不作处理。

（4）$I<N$是否成立，若是，则转步骤（2）。

（5）判断N发导弹是否实现对机场的封锁。方法如下：计算所有有效弹着点的距离，根据距离最小判断的相邻坐标，并重新编号。设共有p个有效弹着点，则重新编

号后的有效弹着点分别为 x_k（$k=1, 2, \cdots, p$）和 y_k（$k=1, 2, \cdots, p$），据此计算相邻子弹头弹坑的最大横向间隔 $X_{\max}$ 和最大纵向间隔 $Y_{\max}$，以 $X_{\max}$ 的计算为例，首先计算相邻弹坑的横向间隔，公式为

$$X_{i1i2}=\begin{cases}|x_{i1}-x_{i2}|-2r_n, & |x_{i1}-x_{i2}|>2r_n\\0, & |x_{i1}-x_{i2}|\leqslant 2r_n\end{cases}\qquad (1\leqslant i_1,\ i_2\leqslant P,\ |i_1-i_2|=1)$$

比较 X_{i1i2} 的大小，即可得到 $X_{\max}$。

设作战飞机起降时最小滑跑距离为 Lh，机轮间距为 Lw，若 $X_{\max}<Lh$ 与 $Y_{\max}<Lw$ 同时成立，则认为对机场封锁成功；否则，则认为未能实现封锁。

2）封锁概率的模拟计算

以上模拟过程是对 N 发导弹一次攻击的模拟，由于 N 发导弹的每一次攻击的结果是随机的，因此衡量对机场毁伤效果的指标是一种概率指标，我们选择对机场的封锁概率作为毁伤效率指标。在多弹攻击模拟的基础上，采用 M-C 方法实现封锁概率的模拟计算。

设对 N 发导弹攻击模拟 ml 次，经统计，在这 ml 次中共有 ml 次封锁成功，则根据大数定律，当 $ml\to\infty$ 时，$\dfrac{nl}{ml}$依概率收敛于封锁概率。因此，当 ml 足够大时，对机场的封锁概率 $P_c\approx\dfrac{nl}{ml}$。

3）发射弹数的模拟计算

采用计算机模拟方法不仅可计算一定发射弹数下的封锁概率，还可以计算为达到一定的封锁概率应发射的弹数。算法如下：

（1）确定应发射弹数的初值。为使跑道瘫痪，应将跑道截断为若干段且每一段的长度均小于飞机的最小滑行距离。因此，至少需将跑道截断为$\dfrac{a}{Lh}+1$段，即跑道上应有$\dfrac{a}{Lh}$条截断线，截断线间等距。显然，弹着点应置于截断线上以造成截断带。由于每条截断带不可偏废，因而对每条截断线发射的弹数应相同，设为 n。初始时，令 $n=1$，则 N 的初值为 $n\cdot\dfrac{a}{Lh}$。

（2）选择每条截断线上瞄准点（期望弹着点），按每条截断线上均匀分布的原则选择瞄准点，即瞄准点处在截断线上。同时，同一截断线上相邻瞄准点的纵向间距为$\dfrac{b}{n+1}$，这样，便可将各弹瞄准点坐标确定下来。

（3）根据模拟方法计算 N 发弹的封锁概率 P_n。

（4）判断是否达到预定的封锁概率 P_e，即判断 $P_n>P_e$ 是否成立。若是，则输出当前的 N 值即发射弹数，计算结束；否则，按每条截断线上增加一枚的原则增加发射弹数，即对 n，N 重新赋值：$n=n+1$，$N=n\cdot\dfrac{a}{Lh}$，并转步骤（2）。

3. 模型求解

下面仅就封锁概率的进行模拟。

设相关参数为：机场长 $a=3000$m，宽 $b=100$m；两坐标倾角 $\alpha=0°$；导弹预期落点服从二维正态分布，其均值向量（$300\times i$，50）（$i=1, 2, \cdots, 9$）（横向为 300m，纵向为 50m，即一共发射 9 枚导弹），协方差矩阵为$\begin{bmatrix}200 & 0\\0 & 20\end{bmatrix}$；每一枚导弹的子弹头数为 5

个，每个子弹头的有效半径 $R=30$m；作战飞机起降时最小滑跑距离为 $Lh=280$m，机轮间距为 $Lw=20$m。通过模拟 1000 次，其计算程序如下：

```
aa=[];                              % 封锁成功与否的 0-1 向量
mm=1000;                            % 模拟总次数
for ss=1:mm                         % 模拟循环
a=3000;                             % 机场跑道长度
b=100;                              % 机场跑道宽度
c=0;                                % 坐标倾角
k=0;                                % 有效炮击初值
dx=300;                             % 目标被炮击的预期长度
dy=50;                              % 目标被炮击的预期宽度
xx=[];
yy=[];
R=30;                               % 每一子弹头的有效半径
n=5;                                % 每一导弹的子弹头数
jj=0;
m=0;
x1=[];
y1=[];
for i=1:(a/dx-1)
    for j=1:(b/dy-1)
        mu1=dx* i;
        mu2=dy* j;
        mu=[mu1,mu2];               % 二维正态分布的均值向量
        sigma=[100,0;0,20];         % 二维正态分布协方差矩阵
        z=mvnrnd(mu,sigma,1);       % 二维正态分布随机数
        x=sqrt(z(1)^2+z(2)^2)* cos(atan(z(2)/z(1))-c);
        y=sqrt(z(1)^2+z(2)^2)* sin(atan(z(2)/z(1))-c);
        if x>0 & x<a & y>0 & y<b    % 有效炮击的判断
              k=k+1;
              xx(k)=x;
              yy(k)=y;
        for ii=1:n
          jj=jj+1;
          zta=unifrnd (0,2* pi);    % [0,2* pi]均匀分布随机数
          r=unifrnd (0,R);          %  [0,R]均匀分布随机数
          xxx(jj)=xx(k)+r* cos(zta);
          yyy(jj)=yy(k)+r* sin(zta);
            if  xxx(jj)>0 &  xxx(jj)<a & yyy(jj)>0 & yyy(jj)<b
                                    % 有效子弹头的判断
            m=m+1;
            x1(m)=xxx(jj);
            y1(m)=yyy(jj);
```

```
            end
         end
      end
    end
end
m;                                   % 有效子弹头数
% plot(x1'  ,y1'  ,'  o'  );         % 有效子弹头散点图
dxx=[];
dyy=[];
for i=1:m-1
d=[];
     for j=i+1:m
      d(j-i)=sqrt((x1(i)-x1(j))^2+(y1(i)-y1(j))^2);
                                     % 任意两点的距离
     end
     for j=i+1:m
      if sqrt((x1(i)-x1(j))^2+(y1(i)-y1(j))^2)==min(d)
                                     % 相邻点的判断
          if abs(x1(i)-x1(j))>2* R
              dxx(i)=abs(x1(i)-x1(j))-2* R;
          else
              dxx(i)=0;
          end;
          if abs(y1(i)-y1(j))>2* R
              dyy(i)=abs(y1(i)-y1(j))-2* R;
          else
              dyy(i)=0;
          end;
      end
     end
end
xmax=max(dxx);
ymax=max(dyy);
Lx=280;                              % 作战飞机起降时最小滑跑距离
Lw=20;                               % 机轮间距
if xmax<Lx & ymax<Lw                 % 成功封锁的判断
    aa(ss)=1;
else
    aa(ss)=0;
end
end
chengg=sum(aa);                      % 成功封锁的频数
p=chengg/mm                          % 成功封锁的概率
```

5.5.4 结果分析与拓展应用

1. 结果分析

在上述假设参数条件下，通过1000次模拟获得的封锁概率基本稳定在0.96～0.98之间，某次成功封锁的子弹头分布如图5-4所示。

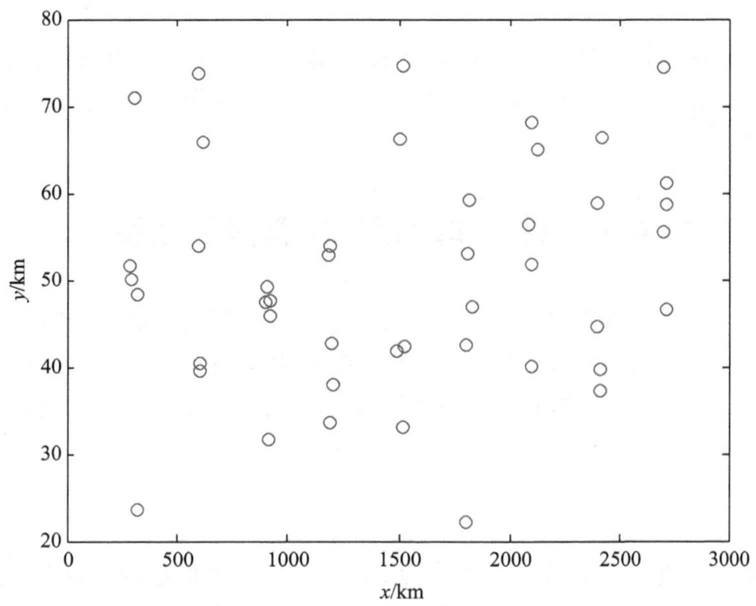

图5-4 某次成功封锁的子弹头分布

通过上述程序，可以改变某些参数，获得与之配套的近似封锁概率；也可以适当调整程序，获得达到预期封锁概率情况下的，需要发射导弹数的模拟程序。

2. 拓展应用

以上所提出的模拟方法均是以单跑道为攻击对象，事实上，本节的方法同样适用于对多跑道的攻击。而这可有两种情形。

(1)若跑道间隔带很小，则可将其忽略，而将多跑道视为一条总宽度为各跑道宽度之和的单跑道。此时，模拟方法与单跑道完全相同。

(2)若跑道间隔带较大不能忽略，可首先采用前文的方法模拟计算出对每条跑道的封锁概率，而整个机场被封锁等价于每条跑道被封锁。据此，可计算出对整个机场的封锁概率。如机场有n条跑道，经模拟计算得出对每条跑道的封锁概率为$P_i(i=1,2,\cdots,n)$，则对整个机场的封锁概率为$P_e=\prod_{i=1}^{n}P_i$。

参考文献

[1]汪民乐，高晓光．战术导弹对机场攻击作战效能的计算机模拟[J]．火力与指挥控制，1998，23(2)：59-62.

第 6 章　决策与对策模型

在军事活动中经常遇到决策与对策问题，本章从数学建模的角度，通过若干案例介绍层次分析法、风险决策与非确定性决策、非合作对策、合作对策等方法，并利用这些方法，解决提出的军事问题。

6.1　联合作战指挥决策风险模型

在现代海上网络条件下，陆地、空中、水面、水下、电磁等多维空间各信息化指挥构成了一体化指挥决策空间。作战指挥决策，是指挥员为达到作战目的，对设计作战的重要问题进行筹划设计和优选决断的思维过程。高技术条件下，影响作战决策的因素很多，决策后果的影响越来越大，这些都要求指挥员必须科学、正确地决策。

6.1.1　提出问题

红方海军联合机动编队接到上级命令，对蓝方海军水面舰艇编队实施联合火力打击。联合火力打击是以信息技术为支撑，两个以上军种力量以远程火力打击为基本手段，对敌战略、战役全纵深或对某一区域的重要目标实施的火力打击行动。红方海军联合机动编队指挥员根据任务要求制定出两套风险大小不等的作战方案，试对方案进行风险分析。

6.1.2　问题分析与模型假设

对方案进行风险分析，首先要找出哪些因素影响风险，抓住主要的风险影响因素，从以下 3 个方面分析：一是蓝方情况风险（简称蓝情风险），包括蓝方电子战、蓝方增援力量和蓝方情报保障；二是红方情况风险（简称红情风险），包括红方数据链通联和红方的指挥协同；三是战场环境风险，包括水文气象、电磁环境和机动隐蔽。这些都是影响海军联合机动编队作战指挥决策风险的因素。假设双方的军事技术水平都一样，双方指挥人员的军事素质都一样。

6.1.3　模型建立与求解

1. 建立风险层次结构图

针对假设的红方海军联合机动编队作战而言，此次红方作战决策面临的风险，主要来源于蓝情风险中的蓝方电子战、增援兵力和情报保障的作战因素风险、红情风险中红方的数据链联通能力、指挥协同能力等方面作战因素风险，以及海战场环境风险中水文气象条件、电磁环境和机动隐蔽性等风险因素。通过定性分析，可以建立如图 6-1 所示的决策风险识别指标体系的层次结构图。

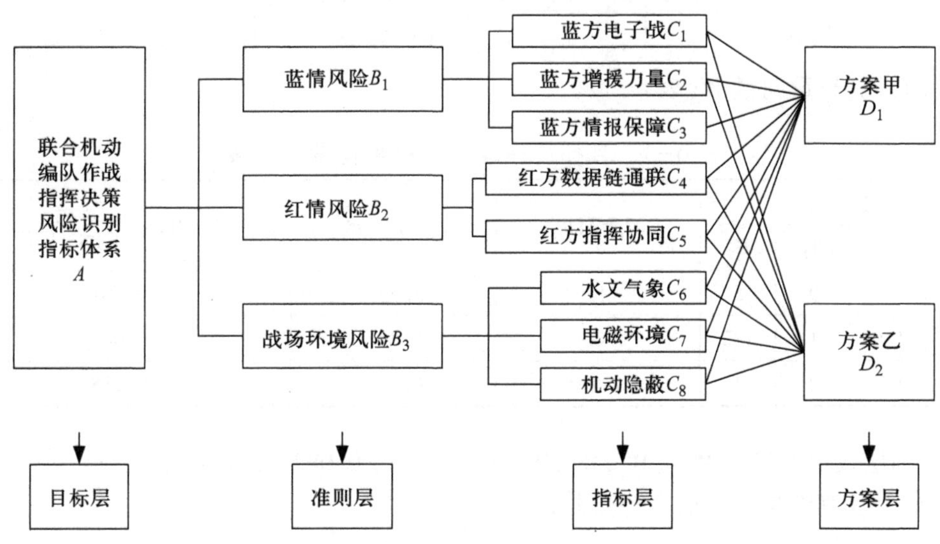

图 6-1　联合机动编队作战指挥决策风险识别指标体系层次结构图

表 6-1 从 8 个指标维度给出两种方案 D_1 和 D_2 的比较。

表 6-1　两种方案 D_1 与 D_2 比较

C	蓝方电子战	蓝方增援力量	蓝方情报保障	红方数据链通联	红方指挥协同	水文气象	电磁环境	机动隐蔽
D_1	风险小	风险一般	风险一般	风险小	风险大	风险一般	风险小	风险小
D_2	风险大	风险一般	风险一般	风险大	风险小	风险一般	风险大	风险大

2. 风险因素排序

1）目标层—准则层的判断矩阵计算

（1）构造判断矩阵。对蓝情风险、红情风险与战场环境风险进行两两比较，通过调研和专家打分，专家认为蓝情风险比红情风险大得多，蓝情风险比战场环境风险大，战场环境风险比红情风险大的原则，得到目标层—准则层的判断矩阵（表 6-2）。

表 6-2　判断矩阵表

A	$\boldsymbol{B_1}$	$\boldsymbol{B_2}$	$\boldsymbol{B_3}$
$\boldsymbol{B_1}$	1	9	5
$\boldsymbol{B_2}$	1/9	1	1/2
$\boldsymbol{B_3}$	1/5	2	1

$$A=\begin{pmatrix}u_{11} & u_{12} & u_{13}\\ u_{21} & u_{22} & u_{23}\\ u_{31} & u_{32} & u_{33}\end{pmatrix}=\begin{pmatrix}1 & 9 & 5\\ 1/9 & 1 & 1/2\\ 1/5 & 2 & 1\end{pmatrix}$$

(2)计算权重向量 $\boldsymbol{W}$(表 6-3)。

表 6-3 目标层—准则层权重向量计算表

判断矩阵				$M_i=\prod_{j=1}^{n}u_{ij}$	$\overline{W}_i=n\sqrt{M_i}$	$W_i=\overline{W}_i/\sum_{j=1}^{n}\overline{W}_i$
A	B_1	B_2	B_3			
B_1	1	9	5	45	3.557	0.761
B_2	1/9	1	1/2	0.056	0.383	0.082
B_3	1/5	2	1	0.400	0.737	0.158

准则层权重向量为 $\boldsymbol{W}=(W_1,W_2,W_3)=(0.761,0.082,0.158)^{\mathrm{T}}$。

(3)计算判断矩阵的最大特征根 $\lambda_{\max}$。

$$AW=\begin{bmatrix}1 & 9 & 5\\ 1/9 & 1 & 1/2\\ 1/5 & 2 & 1\end{bmatrix}(0.761,0.082,0.158)^{\mathrm{T}}=(2.289,0.247,0.474)^{\mathrm{T}}$$

$$\lambda_{\max}=\sum_{i=1}^{3}\frac{(AW)_i}{nW_i}=\frac{2.289}{3\times0.761}+\frac{0.247}{3\times0.082}+\frac{0.474}{3\times0.158}=3.007$$

(4)指标一致性判定(表 6-4)。

$$CI=\frac{\lambda_{\max}-n}{n-1}=\frac{3.007-3}{3-1}=0.0035$$

表 6-4 1-10 阶平均随机一致性指标值 RI

n	1	2	3	4	5	6	7	8	9	10
RI	0	0	0.58	0.90	1.12	1.24	1.32	1.41	1.45	1.49

查表 6-4 得,$RI=0.58$,因而有$\frac{CI}{RI}=\frac{0.0035}{0.58}=0.006<0.1$。

因此,该判断矩阵完全满足一致性检验要求。

得到了影响决策的 3 个因素的权重,蓝情风险 0.761、红情风险 0.082 与战场环境风险 0.158,可以看出蓝情风险对指挥决策起着至关重要的作用。

2)各准则层—指标层的判断矩阵计算

(1)B_1-C 层次判断矩阵计算(表 6-5)。

表 6-5　准则层—指标层(B_1-C)权重向量计算表

判断矩阵				$M_i=\prod_{j=1}^{n}u_{ij}$	$\overline{W}_i=n\sqrt{M_i}$	$W_i=\overline{W}_i/\sum_{j=1}^{n}\overline{W}_i$
B_1	C_1	C_2	C_3			
C_1	1	1/5	1/7	0.0286	0.306	0.072
C_2	5	1	1/3	1.667	1.186	0.279
C_3	7	3	1	21	2.759	0.649

同理可得

$$\lambda_{max}=3.065$$

$$CI=\frac{\lambda_{max}-n}{n-1}=\frac{3.065-3}{3-1}=0.0325$$

$$\frac{CI}{RI}=\frac{0.0325}{0.58}=0.056<0.1$$

因此,B_1-C 判断矩阵完全满足一致性检验要求。

(2)B_2-C 层次判断矩阵计算(表 6-6)。

表 6-6　准则层—指标层(B_2-C)权重向量计算表

判断矩阵			$M_i=\prod_{j=1}^{n}u_{ij}$	$\overline{W}_i=n\sqrt{M_i}$	$W_i=\overline{W}_i/\sum_{j=1}^{n}\overline{W}_i$
B_2	C_4	C_5			
C_4	1	3	3	1.732	0.750
C_2	1/3	1	0.333	0.577	0.250

由于 B_2-C 是一个二阶判断矩阵,自然满足一致性要求,不需要再做检验。

(3)B_3-C 层次判断矩阵计算(表 6-7)。

表 6-7　准则层—指标层(B_3-C)权重向量计算表

判断矩阵				$M_i=\prod_{j=1}^{n}u_{ij}$	$\overline{W}_i=n\sqrt{M_i}$	$W_i=\overline{W}_i/\sum_{j=1}^{n}\overline{W}_i$
B_3	C_6	C_7	C_8			
C_6	1	1/3	1/5	0.067	0.406	0.110
C_7	3	1	1/2	1.500	1.145	0.309
C_8	5	2	1	10	2.154	0.581

同理可得

$$\lambda_{max}=3.004$$

$$CI=\frac{\lambda_{max}-n}{n-1}=\frac{3.004-3}{3-1}=0.002$$

$$\frac{CI}{RI}=\frac{0.002}{0.58}=0.003<0.1$$

因此，B_3-C 判断矩阵完全满足一致性检验要求。

3）各指标层—方案层的判断矩阵计算

（1）C_1-D 层次判断矩阵计算（表 6-8）。

表 6-8　准则层—指标层（C_1-D）权重向量计算表

判断矩阵			$M_i=\prod_{j=1}^{n}u_{ij}$	$\overline{W}_i=n\sqrt{M_i}$	$W_i=\overline{W}_i/\sum_{j=1}^{n}\overline{W}_i$
C_1	D_1	D_2			
D_1	1	1/9	0.111	0.333	0.1
D_2	9	1	9	3	0.9

（2）C_2-D 层次判断矩阵计算（表 6-9）。

表 6-9　准则层—指标层（C_2-D）权重向量计算表

判断矩阵			$M_i=\prod_{j=1}^{n}u_{ij}$	$\overline{W}_i=n\sqrt{M_i}$	$W_i=\overline{W}_i/\sum_{j=1}^{n}\overline{W}_i$
C_2	D_1	D_2			
D_1	1	1	1	1	0.500
D_2	1	1	1	1	0.500

（3）C_3-D 层次判断矩阵计算（表 6-10）。

表 6-10　准则层—指标层（C_3-D）权重向量计算表

判断矩阵			$M_i=\prod_{j=1}^{n}u_{ij}$	$\overline{W}_i=n\sqrt{M_i}$	$W_i=\overline{W}_i/\sum_{j=1}^{n}\overline{W}_i$
C_3	D_1	D_2			
D_1	1	1	1	1	0.500
D_2	1	1	1	1	0.500

（4）C_4-D 层次判断矩阵计算（表 6-11）。

表 6-11　准则层—指标层（C_4-D）权重向量计算表

判断矩阵			$M_i=\prod_{j=1}^{n}u_{ij}$	$\overline{W}_i=n\sqrt{M_i}$	$W_i=\overline{W}_i/\sum_{j=1}^{n}\overline{W}_i$
C_4	D_1	D_2			
D_1	1	1/5	0.2	0.447	0.167
D_2	5	1	5	2.236	0.833

（5）C_5-D 层次判断矩阵计算（表 6-12）。

表 6-12　准则层—指标层(C_5-D)权重向量计算表

判断矩阵			$M_i=\prod_{j=1}^{n}u_{ij}$	$\overline{W}_i=n\sqrt{M_i}$	$W_i=\overline{W}_i/\sum_{j=1}^{n}\overline{W}_i$
C_5	D_1	D_2			
D_1	1	7	7	2.646	0.875
D_2	1/7	1	0.143	0.378	0.125

(6)C_6-D 层次判断矩阵计算(表 6-13)。

表 6-13　准则层—指标层(C_6-D)权重向量计算表

判断矩阵			$M_i=\prod_{j=1}^{n}u_{ij}$	$\overline{W}_i=n\sqrt{M_i}$	$W_i=\overline{W}_i/\sum_{j=1}^{n}\overline{W}_i$
C_3	D_1	D_2			
D_1	1	1	1	1	0.500
D_2	1	1	1	1	0.500

(7)C_7-D 层次判断矩阵计算(表 6-14)。

表 6-14　准则层—指标层(C_7-D)权重向量计算表

判断矩阵			$M_i=\prod_{j=1}^{n}u_{ij}$	$\overline{W}_i=n\sqrt{M_i}$	$W_i=\overline{W}_i/\sum_{j=1}^{n}\overline{W}_i$
C_7	D_1	D_2			
D_1	1	1/3	0.333	0.577	0.250
D_2	3	1	3	1.732	0.750

(8)C_8-D 层次判断矩阵计算(表 6-15)。

表 6-15　准则层—指标层(C_8-D)权重向量计算表

判断矩阵			$M_i=\prod_{j=1}^{n}u_{ij}$	$\overline{W}_i=n\sqrt{M_i}$	$W_i=\overline{W}_i/\sum_{j=1}^{n}\overline{W}_i$
C_8	D_1	D_2			
D_1	1	1/5	0.2	0.447	0.167
D_2	5	1	5	2.236	0.833

由于 $C-D$ 均是二阶判断矩阵,自然都满足一致性要求,不需要再做检验。

4)对指标层 C 排序

根据前面的计算结果,可对 C 层次进行总排序,如表 6-16 所列。

表 6-16 指标层总排序

层次 D ＼ 层次 C	B_1	B_2	B_3	C 层次的总排序（W）
	0.761	0.082	0.158	
C_1	0.072	0	0	0.055
C_2	0.279	0	0	0.212
C_3	0.649	0	0	0.494
C_4	0	0.750	0	0.062
C_5	0	0.250	0	0.021
C_6	0	0	0.110	0.017
C_7	0	0	0.309	0.049
C_8	0	0	0.581	0.092

$$CI = \sum_{j=1}^{3} B_j CI_{Bj-C} = 0.761 \times 0.0325 + 0.082 \times 0 + 0.158 \times 0.002 = 0.025$$

$$RI = \sum_{j=1}^{3} B_j RI_{Bj-C} = 0.761 \times 0.58 + 0.082 \times 0 + 0.158 \times 0.58 = 0.533$$

$$\frac{CI}{RI} = \frac{0.025}{0.533} \approx 0.047 < 0.1$$

显然，满足一致性检验要求。

得到了影响联合作战指挥决策的 8 个风险因素的权重蓝方电子战 0.055、蓝方增援力量 0.212、蓝方情报保障 0.494、红方数据链通联 0.062、红方指挥协同 0.021、水文气象 0.017、电磁环境 0.049、机动隐蔽 0.092，可以看出蓝方情报保障和蓝方增援力量的风险是非常大的。

3. 对方案层 *D* 排序

根据前面的计算结果，可对方案层 D 进行排序，如表 6-17 所列。

表 6-17 方案层排序

C ＼ D	C_1	C_2	C_3	C_4	C_5	C_6	C_7	C_8	方案排序（W）
	0.055	0.212	0.494	0.062	0.021	0.017	0.049	0.092	
D_1	0.1	0.500	0.500	0.167	0.875	0.500	0.250	0.167	0.423
D_2	0.9	0.500	0.500	0.833	0.125	0.500	0.750	0.833	0.579

得到了方案 D_1 与 D_2 的权重分别是 0.423 和 0.579。

6.1.4 结果分析

方案层 D 的排序表明，方案乙 D_2 所对应的权重 W 大于方案甲 D_1 对应的权重 W，选择方案乙 D_1，风险较大，原因是蓝情风险对指挥决策起着非常重要的作用，直接影响着指挥决策。

6.2 军队装备采购博弈模型

装备采购市场具有以下特点：该市场仅有很少的几家供应商存在，每一供应商占据较大的市场份额；由于供应产品的特殊性，其他供应商进入市场非常困难；市场中每一供应商都已经形成一定规模，产品的技术含量和质量都很相似。这些特点表明，由于军队职能的特殊性和装备采购产品的特殊效用，军队装备采购面对的通常是只有少数供应商的垄断市场。然而，在这样一个寡头垄断市场中，军队并不一定是其完全的消费群体，特别是有些装备的消费量还不足以影响各寡头的价格和生产数量。

6.2.1 问题提出

作为军队装备采购部门，应该更关注的是本部门的采购效益。如何使军队装备采购的成本更低，如何选择更优的采购策略，如何实现采购效用的最大化，这些才是军队装备采购部门工作的重点。

6.2.2 问题分析与模型假设

1. 问题分析

由于军队职能的特殊性以及装备的特殊效用，军队装备采购可能处于并不是完全消费群体的寡头竞争下的供应商市场中。在这种市场条件下，应从装备采购部门实现最大化采购效用出发，研究提出在采购数量确定和不确定的情况下，通过对供应商成本的概率分布函数的假设，选择最优采购策略的方法。

2. 模型假设

（1）假设为了获得最大化的利益，各寡头将自己的生产、销售情况作为商业秘密而严格保密，寡头供应商仅知道自己生产成本和对方成本的概率分布函数。

（2）假设供应商 i 的报价 $b_i(c_i)$ 是严格递增可微函数，显然没有任何人愿意使自己的报价低于自己的成本，所以不存在 $b_i<c_i$。

6.2.3 模型建立和求解

1. 采购数量确定

假设该产品在市场上存在寡头垄断，为了突出寡头垄断市场的特征，假设仅有两家供应商能够参与竞争，供应商提供的产品同质，且具有完全的替代性。由于军队装备采购部门只能选择一家供应商供货，因此，参与竞争的两家寡头供应商利益对立。当一方中标时，必定另一方失标，显然这属于零和博弈。为了体现公平，博弈双方必须同时决策，确定自己的投标策略；而且为了能在博弈中占据上风，多得利益，各博弈方不能让对方猜出自己将选择的策略。所以，竞争者对博弈的对方的报价并不清楚，也不清楚对方获胜后的真正利益究竟是多少。上述分析表明，在这样的假设条件下，军队装备采购符合不完全信息下的静态贝叶斯博弈的特征。

令 $b_i(\geqslant 0)$ 为供应商 i 的报价；c_i 为供应商 i 的成本，并且假设供应商 i 的成本只有自己知道，对方仅知道 c_i 的概率分布函数 $F_i(i,j=1,2)$（设 F_i 为连续可微，且其导数为 f_i）。

令供应商 i 生产产品的最低可能成本是 $\underline{c_i}$，最高可能成本是 $\overline{c_i}$，且对所有的 $\underline{c_i} \leqslant c_i \leqslant \overline{c_i}$，有 $0 \leqslant F_i(c_i) \leqslant 1$。

由于采购数量一定，所以供应商 i 的收益可表示为

$$U_i(b_i, b_j, c_i) = \begin{cases} b_i - c_i & (b_i < b_j) \\ 0.5(b_i - c_i) & (b_i = b_j) \\ 0 & (b_i > b_j) \end{cases}$$

这里假设当两者报价一致时，采购方从这两家供应商中各购买 50% 的商品。由于在连续分布情况下，相同报价的概率为 0，因此此假设并不重要。

给定 b_i 和 c_i，则供应商 i 的期望收益为

$$U_i = (b_i - c_i) P(b_i < b_j) + \frac{1}{2}(b_i - c_i) P(b_i = b_j)$$

在连续分布情况下，$P(b_i = b_j) = 0$，而 $P(b_i < b_j)$ 为采购方采用供应商 i 的概率。

由于

$$P(b_i < b_j) = P(b_i(c_i) < b_j(c_j)) = P(c_j > b_j^{-1}(b_i))$$

记 $\Phi(b_i) = b_j^{-1}(b_i)$，即当供应商 i 的报价为 b_i 时，它的成本为 $\Phi(b_i)$。

因此

$$P(b_i < b_j) = \int_{\Phi(b_i)}^{\overline{c}_i} f(x)\,\mathrm{d}x$$

现在竞标者面临的问题是最大化其收益

$$\max U_i = (b_i - c_i) P(b_i < b_j) = (b_i - c_i) \int_{\Phi(b_i)}^{\overline{c}_i} f(x)\,\mathrm{d}x$$

对 b_i 求导，得最大化的条件是

$$\int_{\Phi(b_i)}^{\overline{c}_i} f(x)\,\mathrm{d}x - (b_i - c_i)\Phi(b_i) f(\Phi(b_i)) = 0$$

取 $\Phi(b_i) = c_i$，所以当 b 取最优时，上式也可写成

$$\int_{c_i}^{\overline{c}_i} f(x)\,\mathrm{d}x - (b_i - c_i) c'_i f(c_i) = 0$$

变形得

$$\int_{c_i}^{\overline{c}_i} f(x)\,\mathrm{d}x - b_i c'_i f(c_i) = - c_i c'_i f(c_i)$$

即是

$$[b_i \int_{c_i}^{\overline{c}_i} f(x)\,\mathrm{d}x]' = [\int_{c_i}^{\overline{c}_i} x f(x)\,\mathrm{d}x]'$$

解得

$$b_i \int_{c_i}^{\overline{c}} f(x)\,\mathrm{d}x = \int_{c_i}^{\overline{c}i} x f(x)\,\mathrm{d}x + C(\text{任意常数})$$

当 $c_i = \overline{c}_i$ 时，$C=0$。此时

$$b_i^* = \frac{\int_{\underline{c}_i}^{\overline{c}_i} x f(x)\,\mathrm{d}x}{\int_{\underline{c}_i}^{\overline{c}_i} f(x)\,\mathrm{d}x}$$

假设$f(x)$是区间$[\underline{c}_i,\overline{c}_i]$上的均匀分布函数,则

$$f(x) = \frac{1}{\overline{c}_i - \underline{c}_i}, x \in [\underline{c}_i,\overline{c}_i]$$

所以有

$$b_i^* = \frac{\int_{c_i}^{\overline{c}_i} x f(x)\,\mathrm{d}x}{\int_{c_i}^{\overline{c}_i} f(x)\,\mathrm{d}x} = \frac{\frac{1}{2}(\overline{c}_i^2 - c_i^2)}{\overline{c}_i - c_i} = \frac{1}{2}(\overline{c}_i + c_i) = c_i + \frac{1}{2}(\overline{c}_i - c_i)$$

由此可见,供应商的最优报价可以用供应商的成本与成本的概率分布函数表示。如果知道了供应商成本的概率分布函数,可以得出其最优报价。

当两个供应商进行报价博弈时,作为采购方的军队装备采购部门可以依此估算其报价,确定恰当的采购决策。

模型进一步推广,增加供应商的数量为 k 个,仍假设其成本的概率分布函数为均匀分布,可得到

$$b_i^* = c_i + \frac{1}{k}(\overline{c}_i - c_i)$$

也就是说,当供应商数量增加时,供应商博弈后的最优报价也随之降低。因此,进一步开发供应商数量,有益于提高军队装备的采购效益。

2. 采购数量不确定

军队装备采购数量,通常由部队实际需求、经费预算或市场供应能力决定,在列入装备采购计划后才能进行采购。本模型基于经济目的考虑,在制定某些装备的采购计划前,直接与寡头垄断市场中的供应商进行价格博弈,根据供应商的报价来决定最终的购买数量。

假设寡头垄断市场中的供应商,能够提供同质并具可替代性的产品。同样,由于各供应商的成本不同,因此产品的报价也不相同。在此模型中,供应商仅知道自己的成本,成本的概率分布函数已知。

假设采购方的目标是最大化其剩余。采购 q 单位的产品时,采购方得到的可以用货币衡量的价值表示为 $v(q)$;定义 p 为采购方支付给供应商的单位价格。此时采购方为实现其最大化剩余,目标函数可以表示为

$$w = \max E[v(q) - pq]$$

假设供应商 i 的利润为

$$\pi_i = p_i q_i - c_i q_i$$

所以有

$$\frac{\mathrm{d}\pi_i}{\mathrm{d}c_i} = -q_i$$

式中:p_i 表示为采购方支付给供应商 i 的单位价格;q_i 表示为采购方从供应商 i 处采购产

品的数量。

令 $\Theta=E(v(q)-pq)$，所以 $w=\max E[v(q)-pq]=\max\Theta$。

$$\Theta = E(v(q) - pq) = E[v(q) - \sum p_i q_i] = E[v(q) - \sum c_i q_i - \sum \pi_i]$$

$$= E[v(q) - \sum c_i q_i] - E[\sum \pi_i] = E[v(q) - \sum c_i q_i] - \sum [\int_{\underline{c_i}}^{\overline{c}_i} \pi_i f_i(c_i)\mathrm{d}c_i]$$

$$= E[v(q) - \sum c_i q_i] - \sum [\pi_i Fi(c_i)\Big|_{\underline{c_i}}^{\overline{c^i}} + \int_{\underline{c_i}}^{\overline{c}_i} q_i F_i(c_i)\mathrm{d}c_i]$$

因为 $\pi_i F_i(c_i)\Big|_{\underline{c_i}}^{\overline{c^i}} = \pi_i(\overline{c_i})F_i(\overline{c_i}) - \pi_i(\underline{c_i})F_i(\underline{c_i})$

显然 $F_i(\underline{c_i})=0$，而当 $c_i=\overline{c_i}$ 时，供应商的利润应该为 0 ，所以有

$$\Theta = E[v(q) - \sum c_i q_i] - \sum [\int_{\underline{c_i}}^{\overline{c}_i} q_i F_i(c_i)\mathrm{d}c_i]$$

$$= E[v(q) - \sum c_i q_i] - \sum [\int_{\underline{c_i}}^{\overline{c}_i} q_i \frac{F_i(c_i)}{f_i(c_i)} f_i(c_i)\mathrm{d}c_i]$$

$$= E[v(q)] - \sum [\int_{\underline{c_i}}^{\overline{c}_i} (c_i + \frac{F_i(c_i)}{f_i(c_i)}) q_i f_i(c_i)\mathrm{d}c_i]$$

令 $J_i(c_i)=c_i+\dfrac{F_i(c_i)}{f_i(c_i)}$，则

$$\Theta = E[v(q) - \sum J_i(c_i) q_i]$$

当采购方最大化其剩余时，显然 $J_i(c_i)$ 应取最小值。即采购方会选择最小的 $J_i(c_i)$ 进行采购活动。通过解上式得一阶条件为

$$v'(q) - \sum J_i(c_i) = 0$$

由于本模型假设采购方仅会选择一家供应商进行采购，因此有

$$v'(q) = \min J_i(c_i)$$

由此可知，此时采购方的最优采购数量为

$$q^* = v'^{-1}(\min J_i(c_i))$$

这里的 $J_i(c_i)=c_i+\dfrac{F_i(c_i)}{f_i(c)_i}$，说明 $J_i(c_i)$ 为生产成本 c_i 与 $\dfrac{F_i(c_i)}{f_i(c_i)}$ 之和。根据 McAfee 和 McMillan 模型，$\dfrac{F_i(c_i)}{f_i(c_i)}$ 可以表述为引导竞争者报告其真实私人信息，采购方必须支付给其的租金。所以 $J_i(c_i)$ 为采购方实际支付产品的单位价格。

6.2.4 结果分析

本文对采购数量确定和不确定两种情况，分析了寡头竞争下军队装备采购的决策策略。由于军队装备使用的特殊性，产品供应商不可避免地会出现寡头竞争现象。通过供应商之间的博弈，装备采购部门可以选择更符合军方利益的采购策略。本文的模型中均

假设已知供应商成本的概率分布函数,对于不同的概率分布函数普遍适用。在实际操作中,可以通过供应商的历史数据,运用数理统计方法进行函数估计,找出更贴合实际的概率分布函数,进行采购策略决策。

参考文献

[1] 艾里克·拉斯缪森. 博弈与信息[M]. 2版. 北京:北京大学出版社,2003.
[2] 周蓉. 我国政府采购招标的博弈论模型研究[J]. 上海管理科学,2003(5):17-21.
[3] 张维迎. 博弈论与信息经济学[M]. 上海:上海人民出版社,1996.
[4] 江伟,黄文杰. 博弈论在工程招投标中的应用分析[J]. 工业技术经济,2004(1):58-60.
[5] MCAFEE P,MCMI LLAN J. Auctions andbidding[J]. Journal of Economics Literature,1987(7):699-738.

6.3 无人机集群作战指挥决策模型

无人机(Unmanned Aerial Vehicle,UAV)作战是空中作战的发展趋势之一。美国国防部将无人机技术作为一项可以改变“战场规则”的颠覆性技术加以大力发展,并列入美军“第三次抵消战略”发展规划。无人机集群作战是未来无人机作战的主要样式,它将生物群体运动理论应用于无人机集群的系统控制,对地、对海实施电子干扰或发起攻击,为有人机提供目标识别或瞄准辅助,甚至直接攻击目标。现有的陆基、海基防空手段均无法有效遏制无人机集群攻击。无人机的作战高度通常位于地面高炮或舰载火炮有效射程范围以外;使用防空导弹拦截,成本较高;信号干扰阻断、无线电劫持控制等反无人机电子战技术必须事先侦察到无人机控制信号,否则无法实施。专家分析未来战争中最能有效应对无人机集群攻击的将是另外一群无人机。

6.3.1 问题提出

当前,有关无人机集群作战方面的研究,主要集中在无人机编队飞行、航迹规划和分布式协同控制等几个方面,针对无人机集群作战的指挥决策方面的研究主要集中在无人机攻击策略研究,归纳起来有以下特点:①飞行控制技术研究多,而战术指挥研究少;②个体近距格斗研究多,而集群对抗研究少;③集群仿真实验多,而数形结合的指挥决策研究少;④单方策略优化研究多,而双方策略对抗博弈研究少。

无人机集群作战是对阵双方的冲突型决策行为,利用博弈理论可以较好地进行作战指挥决策分析,并能将传统方法中最优研究从仅考虑“单边”发展为“双边”兼顾,使得决策更贴近现实。

6.3.2 问题分析与模型假设

1. 问题分析

无人机集群作战是由多架具备部分自主能力的无人机,在高速机间链路和外部信息平台的情报支援下遂行共同战斗任务的过程。红蓝双方对抗中,若蓝方无人机在预警机的指挥下编队对红方地面导弹阵地准备发起攻击。红方利用情报预警侦察系统获悉这一消息,决心采用无人机集群对其进行拦截。指挥控制中心根据空情态势为己方无人机集群选择最优的对抗策略,无人机在指挥控制中心的辅助下,自主协同完成作战任务。此过程涉及3个方面的问题:

(1)双方战场信息掌握。准确及时的空情态势分析是无人机集群作战指挥决策的前提。对抗双方首先侦察收集对方集群的经纬度、高度、移动速度、数量规模、编队结构以及无人机的机型、火力配备等参数,进行敌我力量对比分析。随着雷达、卫星等侦察技术的不断发展,无人机集群获取空情信息的手段越来越丰富。一方面,集群内部利用ad-hoc网络技术形成无人机自组织网络,将侦察无人机搜集并处理过的敌情信息进行全网共享;另一方面集群还可以在指通机、预警机等空中大型信息情报节点以及天基雷达卫星的辅助指挥下完成对集群目标的侦察、判断、跟踪、锁定攻击直至效果评估一系列战术动作。由于对抗双方的信息技术发展水平不平衡以及作战决心不同等主观因素,导致红蓝双方的战场态势掌握不对等,掌握信息少的一方行动处处落后于信息多的一方,战场对抗态势完全演化为信息掌握多的一方的"独角戏"。为了深入研究红蓝双方无人机集群对抗策略选择问题,本文假设交战双方战场态势感知能力对等,作战决心都很坚定,双方都为争得先机不遗余力地收集情报,在信息域上没有先后、多少等差异,几乎同时采取各自对抗策略。

(2)双方对抗策略选择。无人机集群交战前对抗双方策略选择多样化。无人机集群作战是在侦察型无人机信息共享与天基、陆基、海基的远程信息支援下,采取"干扰+攻击"战术,主要由电子干扰型和攻击型无人机编队完成的联合作战行动。电子干扰型无人机用于对敌通信系统和攻击系统实施干扰,使其指挥、导弹系统失灵,降低对方攻击的命中率,最大限度地保存己方战斗实力;攻击型无人机既可以攻击对方的攻击型无人机,直接打击对方的反击力量,也可以选择攻击对方的干扰型无人机,以便消除对方雷达干扰型无人机对己方攻击导弹的干扰威胁。在红蓝双方具备相同的战场态势感知能力的条件下,双方均知道彼此的无人机数量以及机型,但并不知道对方攻击型无人机对己方哪些无人机(电子干扰型或攻击型无人机)实施攻击。如何决定对抗策略,即如何进行目标火力分配是战术决策的关键。因此,红蓝双方的每架攻击型无人机有两个可选攻击策略:一是攻击对方攻击型无人机;二是攻击对方电子干扰型无人机。无人机集群对抗战术决策主要根据对方无人机数量及自己的攻击能力,决定目标攻击的火力分配。

(3)双方决策收益估计。对抗双方不同的策略选择对应着不同的战场收益。针对对抗双方选择的策略进行对应的收益值评估,然后双方根据收益值的大小比较判定所选策略的优劣,最终作出最优决策。攻击型无人机打击不同的目标有不同的命中率和命中收益。对方的电子干扰型和攻击型无人机构成攻防兼备的作战整体:电子干扰型无人机搭载大量昂贵的电子战装备,具有较强的反导干扰能力;攻击型无人机空中机动性强,配备小型、大威力的精确制导武器。因此针对两类不同的攻击目标,不同的火力分配会产生不同的战场收益。博弈论通常采用收入和支出的差值来表示收益函数,商战中此种方法无可厚非,而在军事战争中却不能简单地套用歼敌和自损的数量差值来衡量收益,"歼敌一千,自损八百"显然不同于"零伤亡,而歼敌二百"。战争中对阵双方在尽可能加剧对方战损程度的同时,总是想尽办法减少己方的伤亡,如果利用歼敌与自损的比值,即己方每损失一个单位的力量给敌人造成的损伤数量，更能客观地体现战争的“效费比”。

基于上述分析，无人机集群对抗中的红蓝两方就是战场博弈中的两个局中人，无人机集群对抗可以看成两个局中人同时采取策略进行博弈。

2. 模型假设

(1)对抗双方的无人机能够完全根据指挥执行战术决策，将双方的无人机集群理解为完全理性的局中人，即局中人始终选取收益值较大的策略。

(2)战场态势与对方的完全理性均为共同知识，即双方彼此了解对方实力及可能选取的所有策略集合(但不知道对方究竟选择哪个策略)，且彼此知道对方是完全理性的。

(3)对抗双方的无人机性能及其所携带的导弹不存在“代差”，技术指标与作战能力相当，仅存在数量与使用策略上的区别。

6.3.3 模型建立与求解

1. 模型建立

无人机集群协抗博弈可以表示为

$$G\langle U_{\text{avs}},\{S,S'\},\{\mu_r,\mu_b\}$$

其中，U_{avs} 表示局中人集合，即 $U_{\text{avs}}=\{$红方，蓝方$\}$；$\{S,S'\}$ 表示所有局中人纯策略的组合，其中 S 表示红方策略集合，$S=\{s_0,s_1,\cdots,s_N\}$，$s_0,s_1,\cdots,s_N$ 为红方所有的 $N+1$ 个策略，S'表示蓝方策略集合，$S'=\{s_0,s_1,\cdots,s_n\}$，$s_0,s_1,\cdots,s_n$ 为蓝方所有的 $n+1$ 个策略；$\{\mu_r,\mu_b\}$ 为所有局中人的收益函数集合，μ_r 为红方的收益函数 $\mu_r(s_i,s_j)$，μ_b 为蓝方的收益函数 $\mu_b(s_i,s'_j)$，它们的自变量为对抗双方的策略组合，每一个收益函数是由红蓝双方策略组合到实数集合的一个映射，即 $\mu_r:S\times S'\to R$，$\mu_B:S\times S'\to R$，“×”是指局中人策略集合的笛卡儿积。

1)策略集合

对于集合 U_{avs} 的局中人 i($i=1$ 为红方，$i=2$ 为蓝方)，假设其拥有无人机的总数为

$$N_i = T_i + D_i$$

其中攻击型无人机有 T_i 架，干扰型无人机有 D_i 架；$T_i=A_{i1}+A_{i2}$。A_{i1} 为攻击对方攻击型无人机的己方无人机数量；A_{i2} 为攻击对方干扰型无人机的己方无人机数量。局中人 i($i=1,2$) 的第 j 个策略为

$\{$以 A_{ij1} 架无人机攻击对方攻击型无人机，以 A_{ij2} 架无人机攻击对方干扰型无人机$\}$

因此局中人 i 的策略总数为 T_i+1 个，两个局中人的策略组合共计$(T_1+1)\times(T_2+1)$个。

2)收益函数

设双方的攻击型无人机在发射导弹时可能遭到对方导弹攻击造成毁伤，概率均记为 P_0，每个攻击型无人机被击落的损失为 a；双方干扰型无人机实施雷达干扰时，也可能被击落，概率记为 P_1，每个干扰型无人机被击落的损失为 b。若编队中有无人机实施雷达干扰时，无人机毁伤概率有所降低，衰减函数为 $K^{-\frac{N_{\text{def}}}{N_{\text{alt}}}}$，其中 $K>1$ 为干扰衰减常数，N_{def} 为防守者数量，N_{alt} 为编组中无人机数量，则双方的收益函数计算如下。

记红方的歼敌为

$$u_r^2 = u_{r1}^2 + u_{r2}^2$$

式中：u_{r1}^2 为击落对方攻击型无人机给对方造成的损失；u_{r2}^2 为击落对方干扰型无人机给对方造成的损失。

$$u_{r1}^2 = T_2(1-(1-P_0 \cdot K^{-\frac{D_2}{N_2}})^{A_{11}}) \cdot a, u_{r2}^2 = D_2(1-(1-P_1 \cdot K^{-\frac{D_2}{N_2}})^{A_{12}}) \cdot b$$

记蓝方的歼敌为

$$u_b^2 = u_{b1}^2 + u_{b2}^2$$

式中：u_{b1}^2 为击落对方攻击型无人机给对方造成的损失；u_{b2}^2 为击落对方干扰型无人机给对方造成的损失。

$$u_{b1}^2 = T_1(1-(1-P_0 \cdot K^{-\frac{D_1}{N_1}})^{A_{21}}) \cdot a, u_{b2}^2 = D_1(1-(1-P_1 \cdot K^{-\frac{D_1}{N_1}})^{A_{22}}) \cdot b$$

显然，红方的歼敌即是蓝方的自损，蓝方的歼敌即是红方的自损。记红方的自损为 u_r^1，则 $u_r^1=u_b^2$；记蓝方的自损为 u_b^1，则 $u_b^1=u_r^2$。

红方的收益函数 μ_r 表示红方的"效费比"，即通过"歼敌"与"自损"的比值表示红方每付出一个单元的损失给蓝方造成的损失情况，因此红方的收益定义为

$$\mu_r = \frac{u_r^2}{u_r^1}$$

同理可得，蓝方收益函数为

$$\mu_b = \frac{u_b^2}{u_b^1}$$

因此，红蓝双方的收益矩阵表示为

		蓝方		
		s'_0	s'_1	…
红方	s_0	(μ_{r00}, μ_{b00})	(μ_{r01}, μ_{b01})	…
	s_1	(μ_{r10}, μ_{b10})	(μ_{r11}, μ_{b11})	…
	…	…	…	…

注：μ_{r00} 和 μ_{b00} 分别表示博弈策略组合为 (s_0, s'_0) 时红方和蓝方的收益。

3）模型的纳什均衡

博弈的纳什均衡（Nash Equilibrium）求解一直以来都是博弈论的研究热点问题。1951 年，纳什首次提出纳什均衡，并运用不动点原理证明了 n 个局中人的非合作博弈纳什均衡解的存在性，但他并没有针对纳什均衡的求解方法做进一步研究。围绕纳什均衡求解出现了诸如上策均衡法、劣策剔除法、单纯型剖析法、牛顿算法等算法，但由于纳什均衡求解通常是一个 N—P 问题，普通的最优化算法通常难以得到解。近些年，随着各种各样智能算法的提出和改进，人们发现使用粒子群优化（Particle Swarm Optimization，PSO）算法等智能算法往往能得出理想解，体现出较强的优越性。下面利用改进的 PSO 算法求解无人机集群协同对抗博弈的纳什均衡。

无人机集群协同对抗博弈一般不存在纯策略均衡解，博弈的纳什均衡分析通常采用混合策略均衡。博弈中红方的策略集合 $S=\{s_0, s_1, \cdots, s_N\}$，蓝方的策略集合 $S'=\{s'_0, s'_1, \cdots, s'_N\}$，设定义在 S 上的混合策略为 $x=\{(x_0, x_1, \cdots, x_N) \mid x_j \geqslant 0, \sum_{j=0}^{N} x_j = 1\}$，即红方以

概率 $x_0,x_1,\cdots,x_N$ 选择策略 $s_0,s_1,\cdots,s_N$。同理,定义在 S' 上的混合策略为 $x'=\{(x'_0,x'_1,\cdots,x'_n)\mid x_j\geqslant 0,\sum_{j=0}^{n}x'_j=1\}$,则博弈的一个混合策略组合可以记为 $X=(x,x')$。此时红方的期望收益为 $\mu_r=(x\boldsymbol{A}_{N\times n})x'^{\mathrm{T}}$,$\boldsymbol{A}_{N\times n}$ 为红方的纯策略收益矩阵;蓝方的期望收益为 $\mu_b=x\boldsymbol{B}_{N\times n}x^{\mathrm{T}}$,$\boldsymbol{B}_{N\times n}$ 为蓝方的纯策略收益矩阵。

下面首先给出定义及定理,最后得到本文博弈纳什均衡的充要条件。

定义 (混合策略纳什均衡定义)设一个有 n 个局中人参与的非合作博弈,局中人 i $(1\leqslant i\leqslant n)$ 的纯策略记为 $s^i=\{s_1^i,s_2^i,\cdots,s_{m_i}^i\}$,$i$ 的混合策略定义为 $x_i=\{(x_{i1},x_{i2},\cdots,x_{im_1})\mid x_{ij}\geqslant 0,\sum_{j=1}^{m_i}x_{ij}=1\}$,即局中人以 x_{ij} 的概率选取纯策略 $s_j^i(1\leqslant j\leqslant m_i)$。混合策略组合 $X^*=\{x_1^*,x_2^*,\cdots,x_n^*\}$ 是 n 个局中人非合作博弈的纳什均衡,如果 X^* 满足 $\mu_i(X^*)\geqslant\mu_i(x_i,X_{-i}^*)(i=1,2,\cdots,n)$,其中 μ_i 表示 i 的收益函数,$X_{-i}^*=\{x_1^*,\cdots,x_{i-1}^*,x_{i+1}^*,\cdots,x_n^*\}$,即单个局中人改变策略,其收益不会增加。

定理 (混合策略纳什均衡的充要条件)混合策略 $\boldsymbol{X}^*=\{x_1^*,x_2^*,\cdots,x_n^*\}$ 是 n 个人非合作博弈的纳什均衡的充分必要条件是:对于任意局中人 $i(1\leqslant i\leqslant n)$ 的每一个纯策略 s_j^i $(1\leqslant j\leqslant m_i)$,$\mu_i(X^*)\geqslant\mu_i(s_j^i,X_{-i}^*)(1\leqslant j\leqslant m_i)$。

推论 (无人机集群博弈纳什均衡的充要条件)$\boldsymbol{X}^*=\{\boldsymbol{x}^*,\boldsymbol{x}'^*\}$ 是本文无人机集群作战指挥决策博弈的纳什均衡的充分必要条件是:

$$\begin{cases}\boldsymbol{x}^*\boldsymbol{A}_{N\times n}x'^{*\mathrm{T}}\geqslant\boldsymbol{A}_{i\cdot}\,\boldsymbol{x}'^{*\mathrm{T}}(1\leqslant i\leqslant N)\\ \boldsymbol{x}^*\boldsymbol{B}_{N\times n}\boldsymbol{x}'^{*\mathrm{T}}\geqslant\boldsymbol{x}^*\boldsymbol{B}_{\cdot j}\ \ (1\leqslant j\leqslant n)\end{cases}$$

式中:$\boldsymbol{A}_{i\cdot}$ 为红方收益矩阵 $\boldsymbol{A}$ 的第 i 个行向量;$\boldsymbol{B}_{\cdot j}$ 为蓝方收益矩阵 $\boldsymbol{B}$ 的第 j 个列向量。

2. 模型求解

PSO 算法最早于 1995 年由 Eberhart 和 Kennedy 率先提出,它源于鸟群搜索觅食的基本思想。在 n 维空间中,每个粒子的位置和速度可以看作 n 维向量,粒子 i 的位置 $X_i=\{x_1,x_2,\cdots,x_n\}$,速度 $V_i=\{v_1,v_2,\cdots,v_n\}$。根据目标函数定义一个适应值函数,每个粒子都有一个适应值,并且知道自己目前的位置 X_i 和自己所经历过的最好的位置,记为 p_{best}(对应最好适应值),此外每个粒子还知道到目前为止整个粒子群找到的最好位置,记为 g_{best}(对应 p_{best} 中最好适应值)。算法首先初始化一群粒子的位置 X_0,通过不断改变 V_i,在迭代中比较($p_{\text{best}},g_{\text{best}}$)来更新自己位置 X_i。每次迭代依据下列公式进行。

$$V_i^{k+1}=V_i^k+c_1r_1(p_{\text{best}}^k(i)-X_i^k)+c_2r_2(g_{\text{best}}^k-X_i^k)$$
$$X_i^{k+1}=X_i^k+V_i^{k+1}$$

式中:c_1 和 c_2 为学习因子,用来调节个体位置最好粒子和全局位置最好粒子移动方向的最大步长,是将粒子搜索区域推向 p_{best} 和 g_{best} 的加速选项。c_1 代表粒子的自身认知能力,若 $c_1=0$,模型仅保留社会属性,粒子的收敛速度或许会加快,但因为缺乏自身局部的搜索,对于较为复杂的问题,容易陷入局部最优的陷阱;c_2 代表粒子的社会认知能力,若 $c_2=0$,模型仅保留自身认知能力,缺失社会认知能力。粒子之间缺乏交互信息的机制,搜索必然是盲目的、随机的,算法的收敛速度会很慢,很难得到满意的最优解。通常取 $c_1=c_2=2$,r_1 和 r_2 为(0,1)之间服从均匀分布的随机数。

1)算法改进

为增强算法的收敛性,通常采用惯性因子调节的方式,将迭代公式中 V_i^k 乘动态惯性因子 ω,具体公式如下:

$$V_i^{k+1} = \omega V_i^k + c_1 r_1 (p_{\text{best}}^k(i) - X_i^k) + c_2 r_2 (g_{\text{best}}^k - X_i^k)$$

$$X_i^{k+1} = X_i^k + V_i^{k+1}$$

$$\omega = \omega_{\max} - k \frac{\omega_{\max} - \omega_{\min}}{k_{\max}}$$

式中:ω 为惯性权重;$\omega_{\max}$ 为最大惯性权重;$\omega_{\min}$ 为最小惯性权重;$k_{\max}$ 为最大迭代次数,k 为当前迭代次数;ω 为 k 的动态线性递减函数。

(1)惯性因子的调整。惯性因子的主要作用是使粒子保持运动惯性,使迭代具有搜索空间的扩展能力。在迭代初期,扩展能力要求较强,可以采用较大的惯性因子,随着迭代的继续,对扩展能力的要求逐步降低,可以采用较小的惯性因子,因而惯性因子应为当前迭代次数 k 的减函数,经比较发现线性函数好于凸函数,但差于凹函数,因此对 ω 进行如下微调:

$$\omega = \omega_{\max} - \sqrt{\frac{k}{k_{\max}}}(\omega_{\max} - \omega_{\min})$$

(2)学习因子的调整。c_1 体现粒子自身认知能力,c_2 代表粒子的社会认知能力,根据鸟群觅食特点分析知 c_1 取值可以先大后小,c_2 取值先小后大,开始阶段每个小鸟需要更多的主动意识,应设置较大的 c_1,整个群体社会属性要求较小,可以采用较小 c_2,觅食过程中逐步减小 c_1,逐渐增大 c_2。

$$c_1 = 2 - \frac{k}{k_{\max}}, c_2 = 2 + \frac{k}{k_{\max}}, c_1 + c_2 = 4$$

算法中适应度函数定义如下:

$$f(X) = \max\{\max_{1 \leqslant i \leqslant N}\{A_{i\cdot} x'^{\mathrm{T}} - xA_{N\times n}x'^{\mathrm{T}}\}, 0\} + \max\{\max_{1 \leqslant i \leqslant n}\{xB_{\cdot j} - xB_{N\times n}x'^{\mathrm{T}}\}, 0\}$$

根据上文推论可得,混合策略 $X^* = \{x^*, x'^*\}$ 是红蓝双方博弈的纳什均衡的充分必要条件是:$\exists X^* = \{x^*, x'^*\}$,使得 $f(X^*) = 0$;而对于 $\forall X \neq X^*$,$f(X) > 0$。

2)算法步骤

(1)初始化算法的参数值。包括最大惯性权重 $\omega_{\max}$、最小惯性权重 $\omega_{\min}$、最大迭代次数 $k_{\max}$、粒子规模 N 以及 $f(X)$ 的收敛精度 ε。

(2)随机生成局中人的初始化混合策略组合 X_0 及速度 V_0。

(3)计算粒子的适应度,将当前的每个粒子的适应值与其经过的最好位置 p_{best} 作比较,如果较好,则替换 p_{best},并将 p_{best} 对应的位置信息保存。

(4)将 p_{best} 与全体粒子的适应度最小值 g_{best} 比较,如果较好,则替换 g_{best},保存当前 g_{best} 对应位置。

(5)计算惯性权重 ω。

(6)调整粒子的速度 V_i 和位置 X_i。

(7)检验精度 ε 和最大迭代次数 $k_{\max}$ 是否满足,不满足则转步骤③,满足便退出执行。

6.3.4 结果分析与拓展应用

1. 结果分析

设红方侦察到蓝方发射了5架无人机准备发动集群攻击,其中3架攻击型无人机、2架干扰型无人机。目前,红方可投入战斗的无人机总数为5架,其中2架攻击型无人机、3架干扰型无人机。为方便说明问题,假设红蓝双方无人机性能基本相同,几乎没有差别。

对于本问题,红方共有3种策略:$S=\{s_0,s_1,s_2\}$,其中$s_0=\{0,2\}$,$s_1=\{1,1\}$,$s_2=\{2,0\}$。蓝方共有4种策略:$S=\{s'_0,s'_1,s'_2,s'_3\}$,其中$s'_0=\{0,3\}$,$s'_1,=\{1,2\}$,$s'_2,=\{2,1\}$,$s'_3=\{3,0\}$。双方策略组合共有12个。

令攻击型无人机被击毁概率$P_0=0.6$,干扰型无人机被击毁的概率为$P_1=0.5$,干扰衰减常数$k=e$,攻击型无人机价值$a=1$,干扰型无人机价值$b=15$,则双方的收益值见程序1,程序1中策略交叉处的元素,前者表示红方收益,后者表示蓝方收益。

程序1(子程序):

```
function y = fun(x)
p0=0.6;
p1=0.5;
k=exp(1);
a=1;b=1.5;
T1=2;D1=3;
T2=3;D2=2;
N1=T1+D1;
N2=T2+D2;
A11=[0,1,2];A12=[2,1,0];
A21=[0,1,2,3];A22=[3,2,1,0];
for i=1:3
ur1(i)=T2* (1-(1-p0* k^(-D2/N2))^A11(i))* a;
ur2(i)=D2* (1-(1-p1* k^(-D2/N2))^A12(i))* b;
ur(i)=ur1(i)^2+ur2(i)^2;
    for j=1:4
        ub1(j)=T1* (1-(1-p0* k^(-D1/N1))^A21(j))* a;
        ub2(j)=D1* (1-(1-p1* k^(-D1/N1))^A22(j))* b;
        ub(j)=ub1(j)^2+ub2(j)^2;
        uur(i,j)=ur(i)./ub(j);
end
end
A=uur;                              % 红方收益矩阵
B=1./uur;                           % 蓝方收益矩阵
y=max(max(max(A(1,:)* [x(4);x(5);x(6);x(7)]-[x(1),x(2),x(3)]* A* [x(4);x(5);x(6);x(7)],A(2,:)* [x(4);x(5);x(6);x(7)]-[x(1),x(2),x(3)]* A* [x(4);x(5);x(6);x(7)]),A(3,:)* [x(4);x(5);x(6);x(7)]-[x(1),x(2),x(3)]* A* [x(4);x(5);x(6);x(7)]),0)+max(max(max(max([x(1),x(2),x(3)]* B(:,1)-[x(1),x(2),x(3)]* B* [x(4);x(5);x(6);x(7)],[x(1),x(2),x(3)]* B(:,2)-[x(1),x(2),x(3)]* B* [x(4);x(5);x(6);x
```

```
(7)]),[x(1),x(2),x(3)]* B(:,3)-[x(1),x(2),x(3)]* B* [x(4);x(5);x(6);x(7)]),[x(1),x(2),x(3)]* B(:,4)-[x(1),x(2),x(3)]* B* [x(4);x(5);x(6);x(7)]),0);
                                              % 适应度函数
```

程序 2(主程序):

```
clc;clear all;close all;
tic;                                          % 程序运行计时
E0=0.1;                                       % 允许误差
MaxNum=1000;                                  % 粒子最大迭代次数
narvs=7;                                      % 目标函数的自变量个数
particlesize=10;                              % 粒子群规模
w1=0.4;                                       % 惯性因子
w2=0.9;
vmax=0.001;                                   % 粒子的最大飞行速度
x=rand(particlesize,narvs);                   % 粒子所在的位置
for i=1:particlesize
    s1=x(i,1)+x(i,2)+x(i,3);
    s2=x(i,4)+x(i,5)+x(i,6)+x(i,7);
    for j=1:3
        x(i,j)=x(i,j)/s1;
    end
    for j=4:7
        x(i,j)=x(i,j)/s2;
    end
end
v=rand(particlesize,narvs);                   % 粒子的飞行速度
for i=1:particlesize
    f(i)=fun(x(i,:));
end
personalbest_x=x;
personalbest_faval=f;
[globalbest_faval i]=min(personalbest_faval);
globalbest_x=personalbest_x(i,:);
k=1;
while k<=MaxNum
    for i=1:particlesize
         f(i)=fun(x(i,:));
          if f(i)<personalbest_faval(i)       % 判断当前位置是否是历史上最佳位置
            personalbest_faval(i)=f(i);
            personalbest_x(i,:)=x(i,:);
        end
    end
    [globalbest_faval i]=min(personalbest_faval);
    globalbest_x=personalbest_x(i,:);
```

```
        w=w2-sqrt(k/MaxNum)* (w2-w1);
        c1=2-k/MaxNum;                          % 每个粒子的个体学习因子,也称为加速常数
        c2=2+k/MaxNum;                          % 每个粒子的社会学习因子,也称为加速常数
        for i=1:particlesize                    % 更新粒子群里每个个体的最新位置
            v(i,:)=w* v(i,:)+c1* rand* (personalbest_x(i,:)-x(i,:))+c2* rand*
(globalbest_x-x(i,:));
            for j=1:narvs                   % 判断粒子的飞行速度是否超过了最大飞行速度
                if v(i,j)>vmax;
                    v(i,j)=vmax;
                elseif v(i,j)<0;
                    v(i,j)=vmax;
                end
            end
            x(i,:)=x(i,:)+v(i,:);
        end
        for i=1:particlesize
            s1=x(i,1)+x(i,2)+x(i,3);
            s2=x(i,4)+x(i,5)+x(i,6)+x(i,7);
            for j=1:3
              x(i,j)=x(i,j)/s1;
            end
            for j=4:7
              x(i,j)=x(i,j)/s2;
            end
        end
        if abs(globalbest_faval)<E0
          k
          break
        end
        k=k+1;
    end
    Value1=globalbest_faval
    Value2=globalbest_x
```

表6-18中没有一个收益向量的两个分量都是当对方采取固定策略时己方变化策略所能获得的最大收益值，因此本问题没有纯策略纳什均衡解。

表6-18　红蓝双方收益矩阵

	S'_0	S'_1	S'_2	S'_3
S_0	0.3623，2.7599	0.5653，1.7751	1.0244，0.9762	1.4367，0.6960
S_1	0.3190，3.1350	0.4959，2.0164	0.9018，1.1089	1.2648，0.7906
S_2	0.4806，2.0808	0.7472，1.3383	13587，0.7360	1.9057 0.5248

红方的纯策略收益矩阵是

$$\boldsymbol{A}=\begin{bmatrix}0.3623 & 0.5634 & 1.0244 & 1.4367\\ 0.3190 & 0.4959 & 0.9018 & 1.2648\\ 0.4806 & 0.7472 & 1.3587 & 1.9057\end{bmatrix}$$

蓝方的纯策略收益矩阵是

$$\boldsymbol{B}=\begin{bmatrix}2.7599 & 1.7751 & 0.9762 & 0.6960\\ 3.1350 & 2.0164 & 1.1089 & 0.7906\\ 2.0808 & 1.3383 & 0.7360 & 0.5248\end{bmatrix}$$

以 $x=\{x_0, x_1, x_2\}$ 表示红方混合策略，以 $x'=\{x'_0, x'_1, x'_2, x'_3\}$ 示蓝方混合策略，则得适应度函数为

$$f(X)=\max\{\max_{1\leqslant i\leqslant 3}\{A_{i\cdot}x'^{\mathrm{T}}-xA_{3\times 4}x'^{\mathrm{T}}\}, 0\}+\max\{\max_{1\leqslant i\leqslant 4}\{xB_{\cdot j}-xB_{3\times 4}x'^{\mathrm{T}}\}, 0\}$$

使用本文改进的 PSO 算法求解，其中粒子规模 $Num=10$，最大迭代次数 $k_{\max}=1000$，最大惯性权重 $\omega_{\max}=0.9$，最小惯性权重 $\omega_{\min}=0.4$，精度 $\varepsilon=10^{-1}$，计算结果见表 6-19（见主程序 2）。表 6-3 中数据的意义是：如果红蓝双方多次重复对阵，则 $\{x_0, x_1, x_2\}$ 和 $\{x'_0, x'_1, x'_2, x'_3\}$ 分别表示红、蓝方选取策略 $\{S_0, S_1, S_2\}$ 与 $\{S'_0, S'_1, S'_2, S'_3\}$ 的频率。如果红、蓝双方一次对阵，则 $\{x_0, x_1, x_2\}$ 和 $\{x'_0, x'_1, x'_2, x'_3\}$ 分别表示红、蓝方选取策略 $\{S_0, S_1, S_2\}$ 与 $\{S'_0, S'_1, S'_2, S'_3\}$ 的偏好程度。

表 6-19　红蓝双方无人机集群对抗博弈计算结果

序号	红方混合策略	蓝方混合策略	适应度函数
1	(0.4138, 0.1382, 0.4480)	(0.3511, 0.4079, 0.1457, 0.0952)	0.9062
2	(0.4828, 0.1031, 0.4141)	(0.4906, 0.1842, 0.1344, 0.1907)	0.8844
3	(0.3509, 0.0207, 0.6284)	(0.4221, 0.2401, 0.1145, 0.2233)	0.8546
4	(0.4701, 0.1577, 0.3722)	(0.5071, 0.3035, 0.1186, 0.0709)	0.7399
5	(0.0849, 0.1102, 0.8049)	(0.4206, 0.2739, 0.0872, 0.2183)	0.7701

若红方采用 $\{x_0, x_1, x_2\}=\{0.4138, 0.1382, 0.4480\}$，蓝方选择 $\{x'_0, x'_1, x'_2, x'_3\}=\{0.3511, 0.4079, 0.1457, 0.0952\}$，此时红方的期望收益 $\mu_r=xA_{N\times n}x^{\mathrm{T}}=0.7264$。观察表 6-18 发现，仅从红方单边利益出发，选择策略 S_2，因为此时红方收益为 1.9057，但此时蓝方不会选择 S'_3，而会选择 S'_0（因为当红方选择策略 S_2 时，蓝方选择 S'_0 的收益为最大值 2.0808），使得红方的最终收益只有 0.4806，差于红方混合策略时的 0.7264。同理，蓝方混合策略的意义可以得到类似的结论。

2. 拓展应用

无人机集群作战指挥决策问题涉及飞行控制、信息支援、战术决策等领域内容，具有复杂度高、综合性强的特征。本文基于博弈论在对抗双方战场信息对等的条件下构建了无人机集群对抗毁伤模型，分析了对抗双方的攻击目标分配策略，给出了模型纳什均衡求解的步骤。

参考文献

[1] 王宏，李建华. 无人机集群作战指挥决策博弈分析［J］. 军事运筹与系统工程，2017，(31) 2：11-16.

[2] 王晓光，章卫国，陈伟. 无人机编队超视距空战决策及作战仿真［J］. 控制与决策，2015，30 (2)：328-336.

[3] 周欢，赵辉，韩统. 基于规则的无人机集群飞行与规避协同控制［J］. 系统工程与电子技术，2016，38 (6)：1374-1380.

[4] 陈侠，刘敏，胡永新. 基于不确定信息的无人机攻防博弈策略研究［J］. 兵工学报，2012，33 (12)：1510-1515.

[5] 贾文生，向淑文，杨剑锋，等. 基于免疫粒子群算法的非合作博弈 Nash 均衡问题求解［J］. 计算机应用研究，2012，29 (1)：28-31.

6.4 诺曼底登陆对策模型

1944 年 8 月，美军第一军和英军占领法国诺曼底不久，立即从海防前线穿过海峡，向 Avranches 进军。美军第一军和英军的行动直接威胁到德军第九军。美军第三军也开到了 Avranches 的南部，双方军队所处的地理位置如图 6-2 所示。

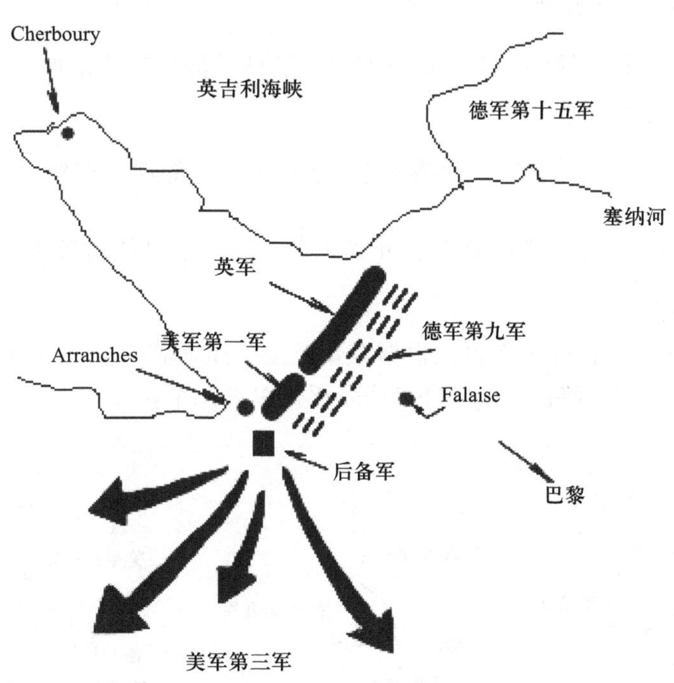

图 6-2　诺曼底登陆地理位置示意图

6.4.1 问题提出

美军方面的指挥官是 Bradley 将军，德军指挥官是 Von Kluge 将军。Von Kluge 将军面临的问题是或者向西进攻，加强他的西部防线，切断美军援助；或者撤退到东部，占据塞纳河流域的有利地形，并能得到德军第十五军的援助。

Bradley 将军的问题是如何调动他的后备军，后备军驻扎在海峡南部。Bradley 将军有 3 种可供选择的策略：他可以命令后备军原地待命；当海峡形势危急时支援第一军；出击东部敌人，以减轻第一军的压力。

双方应如何决策，使自己能有较大的机会赢得战争的胜利呢？

6.4.2 问题分析与模型假设

下面用建立矩阵对策模型的方法求得双方的最优策略。模型假设：

（1）Bradley 将军和 Von Kluge 将军分别为对策问题的局中人 A 和 B。

（2）局中人 A 的策略集合为 $S_A=\{\alpha_1,\alpha_2,\alpha_3\}$，其中 α_1 为后备军增援保卫海峡；α_2 为后备军东征，切断德军后路；α_3 为后备军待命。

（3）局中人 B 的策略集合为 $S_B=\{\beta_1,\beta_2\}$，其中 β_1 为德国向西进攻海峡，切断美军援助；β_2 为德军撤退到东部，占领塞纳河流域有利地形。

6.4.3 模型建立与求解

S_A、S_B 构成 6 种纯局势，综合双方实力，各种局势估计结果如下。若 B 采取策略 β_1，即德军采取攻势，则有

（1）(α_1,β_1)，估计美军击败德军并占领海峡的可能性（即概率）为$\frac{1}{3}$。

（2）(α_2,β_1)，估计美军取胜的可能为$\frac{1}{6}$。德军很可能打破美军第一军的防线，并切断美军的退路。

（3）(α_3,β_1)，估计美军可以根据需要增援。如不需增援，后备军可东进绕行到德军后方。这样，美军将占领海峡并彻底歼灭德军第九军。

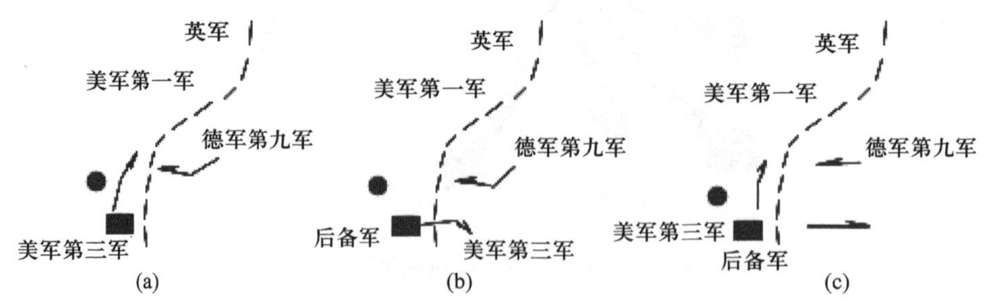

图 6-3　诺曼底登陆局势分析示意图

情况（1）、（2）、（3）分别如图6-3中（a）、（b）、（c）所示。若B采取策略β_2，即德军第九军东撤，占据塞纳河流域有利地形，则有

（1）（α_1，β_2），美方扩大了战线，德军虽占据了有利地形，美军仍有击败德军的可能性。

（2）（α_2，β_2），美后备军东进给德军东撤造成压力并挫伤德军，使美军击败德军的可能性增大到$\frac{5}{6}$。

（3）（α_3，β_2），美后备军待命。在发现德军撤退后，奉命向东扰乱敌方撤退，为以后歼灭德第九军创造条件，估计是美军击败德军的可能性$\frac{2}{3}$。

情况（1）、（2）、（3）分别如图6-4中（a）、（b）、（c）所示。

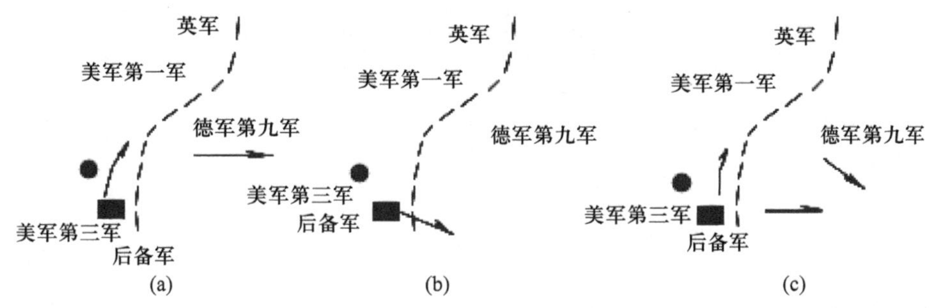

图6-4　诺曼底登陆局势分析示意图

上述分析估计是由 Bradley 将军作出的，据此构造出A方赢得矩阵

$$
\begin{array}{cc} & \begin{matrix} \beta & \beta_1 & \beta_2 \end{matrix} \\
A \begin{matrix} \alpha_1 \\ \alpha_2 \\ \alpha_3 \end{matrix} & \begin{bmatrix} \frac{1}{3} & \frac{1}{2} \\ \frac{1}{6} & \frac{5}{6} \\ 1 & \frac{2}{3} \end{bmatrix}
\end{array}
$$

这是一个3×2对策矩阵。可以求得$\mu=\frac{1}{6}$，$\eta=\frac{5}{6}$，$\mu+\eta\neq 0$，不存在稳定解，需要考虑其他解法。

现在回过来讨论美、德军队对策问题。在 Bradley 构造的矩阵中容易发现$a_{1j}<a_{3j}$，$j=1$，2，故α_3优于α_1。根据附录中定理4，可划去该矩阵的第一行，得到2×2赢得矩阵

$$
\begin{matrix} & \beta_1 & \beta_2 \\ \alpha_1 & \frac{1}{6} & \frac{5}{6} \end{matrix}
$$

$$\alpha_2 \quad 1 \quad \frac{2}{3}$$

这仍然是一个无鞍点的对策矩阵。设 Bradley 以概率 p_1 取策略 α_2，而以概率 p_2 取略 α_3，则应有

$$\begin{cases} \frac{1}{6}P_1 + P_2 = \frac{5}{6}P_1 + \frac{2}{3}P_2 \\ P_1 + P_2 = 1 \end{cases}$$

解得 $\begin{cases} P_1 = \frac{1}{3} \\ P_2 = \frac{2}{3} \end{cases}$

类似地，设 Von Kluge 以概率 q_1 取策略 β_1 而以概率 q_2 取策略 β_2，则应有

$$\begin{cases} \frac{1}{6}q_1 + \frac{5}{6}q_2 = q_1 + \frac{2}{3}q_2 \\ q_1 + q_2 = 1 \end{cases}$$

解得 $\begin{cases} q_1 = \frac{1}{6} \\ q_2 = \frac{5}{6} \end{cases}$

6.4.4 结果分析

由于两军作战并非可以反复进行的对策问题，看来最大的可能是美军采取策略 α_3 而德军采取策略 β_2，即美方后备军待命而德军第九军东撤。事实上，当时双方指挥官正是这样决策的，如果真能实行，双方胜负还难以料定。但正当德军第九军刚开始东撤时，突然接到了希特勒的命令要他们向西进攻，从而失去了他们有可能取得的最佳结局，走上必然灭亡的道路。Von Kluge 将军指挥的德军向西进攻，开始时德军占领了海峡，但随之即被美军包围遭到了全军覆灭，Von Kluge 本人在失败后自杀。

6.5 一类远程火力打击模型

军事诱骗和战场侦察是敌我双方对远程火力打击效果施加影响的重要手段，敌方可以通过军事诱骗提供虚假的目标信息，降低我方远程火力打击的效果，而我方则可以通过战场侦察获取打击目标的真实信息来提高远程火力的打击效果。

6.5.1 问题提出

复杂的军事诱骗战术通常使以影像解译分析技术为核心的高技术战场侦察方法难以满足实际需要，从而使敌后侦察成为反军事诱骗的重要手段，即运用敌后侦察为远程火力打击提供更加准确的目标信息正在成为一种重要的远程火力打击战法，并在近几次重大战争中被广泛应用。但是复杂的军事诱骗情况下，通过定量分析的方法确定部署敌后侦察兵力的主要任务是远程火力打击战法中必须但尚未解决的核心问题，从

而在客观上限制了对这一战法的深入研究和科学运用。

6.5.2 问题分析与模型假设

1. 问题分析

根据信息作战原理，军事诱骗实际上是通过降低远程火力打击系统的信息优势、知识优势、决策优势和战斗力优势来削弱其作战能力的。因此，研究军事诱骗对建立在这 4 个优势基础上的信息与火力联合打击能力的影响是设计和开发远程火力打击战法的关键。

2. 模型假设

为简便起见，假设远程火力打击系统的信息部分主要由提供目标信息的战场目标侦察系统组成，并且用将真正的目标识别为真目标的概率 P_c（简称为正确识别目标概率）以及将假目标识别为真目标概率 P_e（简称为错误识别目标概率）来描述战场目标侦察系统提供的目标信息的精确程度；火力部分主要由在发现目标后发射的远程导弹组成，并且用发射的导弹击毁目标的概率 P_k 来描述火力部分打击目标的能力。

受到 P_c、P_e、P_k 影响的远程火力打击系统的信息与火力联合打击能力或击中目标数量就可以用来对相关的远程火力打击过程进行定量分析。基于概率的统计学分析结果，再运用二人非零和（TPNZS）非合作博弈分析方法，即可获得远程火力打击战法。

6.5.3 模型建立与求解

1. 统计分析模型

军事诱骗对远程火力打击系统性能的影响可以用该诱骗对 3 种不同概率的影响来分析，即可以在 P_c、P_e、P_k 为坐标轴的三维笛卡儿空间中，建立统计分析模型，通过对不同概率影响程度的比较，来分析军事诱骗对远程火力打击系统性能的影响。假设远程火力打击系统的信息与火力联合打击能力击中目标的数量 HTN 可以用下述函数表示：

$$\mathrm{HTN}=f(P_c,\ P_e,\ P_k)$$

则通常可以在 P_c、P_e、P_k 中某一个量给定的情况下，运用仿真分析的方法，研究其他两个量的变化对 HTN 的最大影响，从而分析远程火力打击系统的性能。首先考虑在 P_c 取最大值和最小值时，其他两个量的变化对 HTN 产生的最大影响。当 P_c 取最大值时，P_e 和 P_k 对 HTN 的最大影响或最大一阶变化率为

$$\Delta\mathrm{HTN}_{pc=\max/\max}=\frac{\mathrm{HTN}_{pc=\max/\max}-\mathrm{HTN}_{pc=\max/\min}}{\mathrm{HTN}_{pc=\max/\min}}$$

式中：$\Delta\mathrm{HTN}_{pc=\max/\max}$ 为相对 HTN 最低量的最大增量的百分数，$\mathrm{HTN}_{pc=\max/\max}=\max\limits_{\forall P_e,P_k}\{f_{pc=\max(P_e,P_k)}$，$\mathrm{HTN}_{pc=\max/\max}=\max\limits_{\forall P_e,P_k}\{f_{pc=\max(P_e,P_k)}\}$。

用类似的方法可定义：$\mathrm{HTN}_{pe=\max/\max}$、$\mathrm{HTN}_{pe=\max/\min}$、$\mathrm{HTN}_{pk=\max/\max}$ 和 $\mathrm{HTN}_{pk=\max/\min}$。分别有

$$\Delta\mathrm{HTN}_{pe=\max/\max}=\frac{\mathrm{HTN}_{pe=\max/\max}-\mathrm{HTN}_{pe=\max/\min}}{\mathrm{HTN}_{pe=\max/\min}}$$

$$\Delta\mathrm{HTN}_{pk=\max/\max}=\frac{\mathrm{HTN}_{pk=\max/\max}-\mathrm{HTN}_{pk=\max/\min}}{\mathrm{HTN}_{pk=\max/\min}}$$

当 P_c 取最小值时，P_e 和 P_k 对 HTN 的最小影响或最小一阶变化率为

$$\Delta \mathrm{HTN}_{pc=\min/\max} = \frac{\mathrm{HTN}_{pc=\min/\max} - \mathrm{HTN}_{pc=\min/\min}}{\mathrm{HTN}_{pc=\min/\min}}$$

式中：$\mathrm{HTN}_{pc=\min/\max}$ 为相对 HTN 最低量的最大增量的百分数，$\mathrm{HTN}_{pc=\min/\max} = \max\limits_{\forall P_e,P_k}\{f_{pc=\min(P_e,P_k)}\}$，$\mathrm{HTN}_{pc=\min/\min} = \min\limits_{\forall P_e,P_k}\{f_{pc=\min(P_e,P_k)}\}$。

用类似的方法可定义：$\mathrm{HTN}_{pe=\min/\max}$、$\mathrm{HTN}_{pe=\min/\min}$、$\mathrm{HTN}_{pk=\min/\max}$ 和 $\mathrm{HTN}_{pk=\min/\min}$。分别有

$$\Delta \mathrm{HTN}_{pe=\min/\max} = \frac{\mathrm{HTN}_{pe=\min/\max} - \mathrm{HTN}_{pe=\min/\min}}{\mathrm{HTN}_{pe=\min/\min}}$$

$$\Delta \mathrm{HTN}_{pk=\min/\max} = \frac{\mathrm{HTN}_{pk=\min/\max} - \mathrm{HTN}_{pk=\min/\min}}{\mathrm{HTN}_{pk=\min/\min}}$$

在最大一阶变化率和最小一阶变化率的基础上，还可定义 P_c 的平均一阶变化率为

$$\overline{\Delta \mathrm{HTN}_{pc/\max}} = \frac{\Delta \mathrm{HTN}_{pc=\max/\max} + \Delta \mathrm{HTN}_{pc=\min/\max}}{2}$$

用类似的方法可定义：$\overline{\Delta \mathrm{HTN}_{pe/\max}}$、$\overline{\Delta \mathrm{HTN}_{pk/\max}}$。

为简便起见，假设 P_c、P_e、P_k 对远程火力打击系统联合打击能力 HTN 的影响符合线性叠加原理，且最大、最小和平均影响分别为 $X_{pc/\max}$、$X_{pe/\max}$、$X_{pk/\max}$、$X_{pc/\min}$、$X_{pe/\min}$、$X_{pk/\min}$、$X_{pc/\mathrm{ave}}$、$X_{pe/\mathrm{ave}}$、$X_{pk/\mathrm{ave}}$。

最大影响是指在对联合打击能力 HTN 最不利的条件下（$P_c=\min$，$P_e=\max$，$P_k=\min$），研究军事诱骗对联合打击能力 HTN 的影响。

最小影响是指在对联合打击能力 HTN 最有利的条件下（$P_c=\max$，$P_e=\min$，$P_k=\max$），研究军事诱骗对联合打击能力 HTN 的影响。

这些影响也可用图来表示，例如，最大影响 $X_{pc/\max}$、$X_{pe/\max}$、$X_{pk/\max}$ 可以分别用它们箭头所指向的图 6-5 中 P_c、P_e、P_k 圆的阴影面积和来表示，因此 3 个阴影区分别表示 $\Delta \mathrm{HTN}_{pe=\max/\max}$ 和 $\Delta \mathrm{HTN}_{pk=\min/\max}$、$\Delta \mathrm{HTN}_{pc=\min/\max}$ 和 $\Delta \mathrm{HTN}_{pk=\min/\max}$ 以及 $\Delta \mathrm{HTN}_{pc=\min/\max}$ 和 $\Delta \mathrm{HTN}_{pe=\max/\max}$ 共同作用的结果。

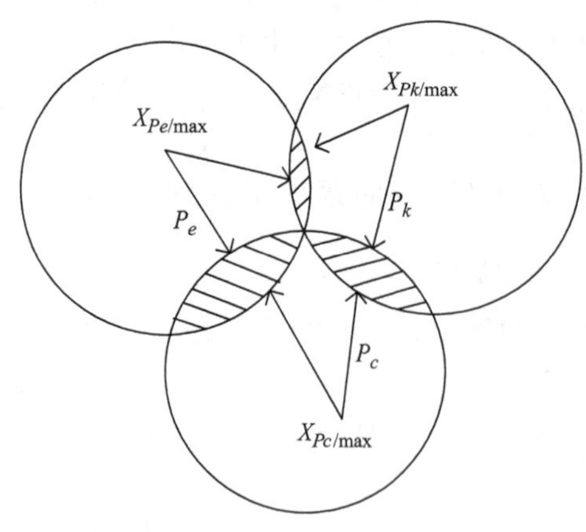

图 6-5　最大影响分析

根据线性叠加原理和图 6-5，则有

$$\begin{cases} X_{pc/\max} = \Delta\text{HTN}_{pe=\max/\max} + \Delta\text{HTN}_{pk=\min/\max} \\ X_{pe/\max} = \Delta\text{HTN}_{pc=\min/\max} + \Delta\text{HTN}_{pk=\min/\max} \\ X_{pk/\max} = \Delta\text{HTN}_{pc=\min/\max} + \Delta\text{HTN}_{pe=\max/\max} \end{cases}$$

用类似的方法可得最小和平均影响分别为

$$\begin{cases} X_{pc/\min} = \Delta\text{HTN}_{pe=\min/\max} + \Delta\text{HTN}_{pk=\max/\max} \\ X_{pe/\min} = \Delta\text{HTN}_{pc=\max/\max} + \Delta\text{HTN}_{pk=\max/\max} \\ X_{pk/\min} = \Delta\text{HTN}_{pc=\max/\max} + \Delta\text{HTN}_{pe=\min/\max} \end{cases}$$

$$\begin{cases} X_{pc/\text{ave}} = \overline{\Delta\text{HTN}_{pe/\max}} + \overline{\Delta\text{HTN}_{pk/\max}} \\ X_{pe/\text{ave}} = \overline{\Delta\text{HTN}_{pc/\max}} + \overline{\Delta\text{HTN}_{pk/\max}} \\ X_{pk/\text{ave}} = \overline{\Delta\text{HTN}_{pc/\max}} + \overline{\Delta\text{HTN}_{pe/\max}} \end{cases}$$

为了便于讨论 P_c、P_e、P_k 对 HTN 的影响并规范化比较，可求得 P_c、P_e、P_k 对 HTN 的最大总影响为

$$X_{p/\max} = X_{pc/\max} + X_{pe/\max} + X_{pk/\max} = 2(\Delta\text{HTN}_{pc=\max/\max} + \Delta\text{HTN}_{pe=\max/\max} + \Delta\text{HTN}_{pk=\max/\max})$$

用类似的方法可得最小和平均总影响为

$$X_{p/\min} = X_{pc/\min} + X_{pe/\min} + X_{pk/\max} = 2(\Delta\text{HTN}_{pc=\min/\max} + \Delta\text{HTN}_{pe=\min/\max} + \Delta\text{HTN}_{pk=\min/\max})$$

$$X_{p/\text{ave}} = X_{pc/\text{ave}} + X_{pe/\text{ave}} + X_{pk/\text{ave}} = 2(\Delta\text{HTN}_{pc/\max} + \Delta\text{HTN}_{pe/\max} + \Delta\text{HTN}_{pk/\max})$$

经规范化后，P_c、P_e、P_k 对 HTN 的最大影响为

$$\begin{cases} X_{pc/\max} = X_{pc/\max}/X_{p/\max} \\ X_{pe/\max} = X_{pe/\max}/X_{p/\max} \\ X_{pk/\max} = X_{pk/\max}/X_{p/\max} \end{cases}$$

用类似的方法可得规范化最小和平均影响分别为

$$\begin{cases} X_{pc/\min} = X_{pc/\min}/X_{p/\min} \\ X_{pe/\min} = X_{pe/\min}/X_{p/\min} \\ X_{pk/\min} = X_{pk/\min}/X_{p/\min} \end{cases}$$

$$\begin{cases} X_{pc/\text{ave}} = X_{pc/\text{ave}}/X_{p/\text{ave}} \\ X_{pe/\text{ave}} = X_{pe/\text{ave}}/X_{p/\text{ave}} \\ X_{pk/\text{ave}} = X_{pk/\text{ave}}/X_{p/\text{ave}} \end{cases}$$

因此，在考虑最大、最小和平均影响时，与军事诱骗通过改变 P_c、P_e、P_k 对远程火力打击系统联合打击能力 HTN 所施加的影响相关的结论如下：

（1）用百分数表示的在军事诱骗下信息因素对远程火力打击系统联合打击能力的最大、最小和平均影响分别为

$$X_{in/\max} = (X_{pc/\max} + X_{pe/\max})/X_{p/\max}$$

$$X_{in/\min} = (X_{pc/\min} + X_{pe/\min})/X_{p/\min}$$

$$X_{in/\text{ave}} = (X_{pc/\text{ave}} + X_{pe/\text{ave}})/X_{p/\text{ave}}$$

（2）用百分数表示的在军事诱骗下火力因素对远程火力打击系统联合打击能力的

最大、最小和平均影响分别为

$$X_{\text{fire/max}} = X_{pk/\text{max}} / X_{p/\text{max}}$$
$$X_{\text{fire/min}} = X_{pk/\text{min}} / X_{p/\text{min}}$$
$$X_{\text{fire/ave}} = X_{pk/\text{ave}} / X_{p/\text{ave}}$$

（3）用百分数表示的在军事诱骗下 P_c、P_e、P_k 对远程火力打击系统联合打击能力的最大、最小和平均影响分别为

$$X_{pc/\text{max}},\ X_{pe/\text{max}},\ X_{pk/\text{max}};\ X_{pc/\text{min}},\ X_{pe/\text{min}},\ X_{pk/\text{min}};\ X_{pc/\text{ave}},\ X_{pe/\text{ave}},\ X_{pk/\text{ave}}$$

2. 博弈分析模型

由冯·诺依曼在 1944 年创立的博弈论可以作为决策和行为分析的基础，用于决策支持工具的开发，解决战法设计中的定量分析问题。军事诱骗与远程火力打击系统及敌后侦察的博弈或对抗可以作为典型的二人非零和非合作博弈问题来研究，博弈的双方都必须制定进行对抗的战法或策略，作为进攻方的军事诱骗总是试图在对远程火力打击系统的诱骗中获得最大的收获，而作为防御方的远程火力打击系统总是试图降低诱骗的影响，使攻击时的损失为最小。在博弈分析中，远程火力打击系统和军事诱骗均称为参与人（Players），描述他们的收获或损失的数值称为支付（Payoffs）；在非合作博弈过程中，参与人均根据信息进行决策。

假设用于战法设计的军事诱骗与远程火力打击系统之间的非合作博弈可以用下述矩阵来描述：

$$\begin{array}{c} \\ \pi_1 \\ \pi_2 \\ \pi_3 \end{array}\begin{array}{c} \begin{array}{ccc} \quad\Delta_1 \quad & \quad\Delta_2\quad & \quad\Delta_3\quad \end{array} \\ \begin{bmatrix} (P_{a11},\ P_{d11}) & (P_{a12},\ P_{d12}) & (P_{a13},\ P_{d13}) \\ (P_{a21},\ P_{d21}) & (P_{a22},\ P_{d22}) & (P_{a23},\ P_{d23}) \\ (P_{a31},\ P_{d31}) & (P_{a32},\ P_{d32}) & (P_{a33},\ P_{d33}) \end{bmatrix} \end{array}$$

其中，军事诱骗采用的进攻策略为 π_1、π_2、π_3，其对应的支付分别为

$$P_a(\pi_1) = \{P_a(\pi_1,\ \Delta_1),\ P_a(\pi_1,\ \Delta_2),\ P_a(\pi_1,\ \Delta_3)\} = \{P_{a11},\ P_{a12},\ P_{a13}\}$$
$$P_a(\pi_2) = \{P_{a21},\ P_{a22},\ P_{a23}\}$$
$$P_a(\pi_3) = \{P_{a31},\ P_{a32},\ P_{a33}\}$$

这里假设所有支付均为大于 0 的正数，表示军事诱骗在攻击中期望得到的是收获。远程火力打击系统所采用的防御策略为 Δ_1、Δ_2、Δ_3，其对应的支付分别为

$$P_d(\Delta_1) = \{P_d(\pi_1,\ \Delta_1),\ P_d(\pi_1,\ \Delta_2),\ P_d(\pi_1,\ \Delta_3)\} = \{P_{d11},\ P_{d21},\ P_{d31}\}$$
$$P_d(\Delta_2) = \{P_{d12},\ P_{d22},\ P_{d32}\}$$
$$P_d(\Delta_3) = \{P_{d13},\ P_{d23},\ P_{d33}\}$$

这里假设所有支付均为小于 0 的负数，表示远程火力打击系统在防御中期望减少的是损失。整个战法设计的关键是求解上述非合作博弈矩阵或模型的纳什均衡，确定每个参与人应该采用什么样的策略才能使自己的效用（Utility）为最大，即上述的收获为最大或损失为最小。因此，这种均衡策略对于每个参与人来说实际上就是对抗对手的最好策略。

下面采取消除劣势策略的方法来计算上述矩阵的纳什均衡。

首先，定义军事诱骗的进攻策略 π_i（$i=1,\ 2,\ 3$）对应的支付和为

$$PS_a(\pi_i) = \sum_{j=1}^{3} P_a(\pi_i, \Delta_j) = \sum_{j=1}^{3} P_{aij}(i = 1, 2, 3)$$

其劣势策略 π_{dom} 为 $\pi_{\text{dom}} = \{\pi_i \mid PS_a(\pi_i) = \min(i=1, 2, 3)\}$。

其次，定义远程火力打击系统的防御策略 Δ_j（j=1，2，3）对应的支付和为

$$PS_d(\Delta_j) = \sum_{j=1}^{3} P_d(\pi_i, \Delta_j) = \sum_{j=1}^{3} P_{aij}(i = 1, 2, 3)$$

其劣势策略 Δ_{dom} 为 $\Delta_{\text{dom}} = \{\Delta_j \mid PS_d(\Delta_j) = \max(j=1, 2, 3)\}$。

因为劣势行和劣势列分别为军事诱骗和远程火力打击系统不可能使用的策略，所以可以消除劣势行和劣势列，将上述3×3 博弈矩阵变换成2×2 博弈矩阵。冯·诺依曼已经证明，具有有限多策略的二人非零和非合作博弈具有最优混合策略。因此，假设3×3 博弈矩阵的劣势行和劣势列分别为第2 行和第1 列，则用2×2 矩阵计算出纳什均衡时，军事诱骗的最优混合策略 $\pi^* = (\pi_1^*, 0, 1-\pi_1^*)$)，远程火力打击系统的最优混合策略 $\Delta^* = (0, \Delta_2^*, 1-\Delta_2^*)$，其中 π_1^* 和 Δ_2^* 分别为

$$\pi_1^* = \frac{P_{d33} - P_{d32}}{P_{d12} - P_{d13} - P_{d32} + P_{d33}}$$

$$\Delta_2^* = \frac{P_{a33} - P_{a13}}{P_{a12} - P_{a13} - P_{a32} + P_{a33}}$$

因此，军事诱骗采用进攻战法 $\pi^* = (\pi_1^*, 0, 1-\pi_1^*)$ 时，远程火力打击系统的损失最大，而远程火力打击系统采用防御战法 Δ^* $(0, \Delta_2^*, 1-\Delta_2^*)$ 来部署敌后侦察兵力的主要任务时，军事诱骗的收获最小。

3. 模型求解

假设敌方试图通过军事诱骗对我方的远程火力打击系统的战场目标侦察系统实施攻击，而我方的远程火力打击系统决定通过部署敌后侦察兵力来对付敌方的军事诱骗进攻，因此必须研究军事诱骗攻击对远程火力打击系统的影响，实施对敌后侦察兵力的指挥控制，使远程火力尽可能准确地击中目标。为了运用上述模型进行分析，首先必须在信息与火力分析平台上分别完成相关的仿真试验，获得相关数据。试验考虑的导弹数目为1300 枚，攻击的目标有1000 个，根据文献仿真试验数据，可得

$$\Delta\text{HTN}_{pc=\max/\max} = 0.24,\ \Delta\text{HTN}_{pe=\max/\max} = 0.36,\ \Delta\text{HTN}_{pk=\max/\max} = 0.18,$$

$$\Delta\text{HTN}_{pc=\min/\max} = 0.39,\ \Delta\text{HTN}_{pe=\min/\max} = 0.10,\ \Delta\text{HTN}_{pk=\min/\max} = 0.37,$$

$$\overline{\Delta\text{HTN}}_{pc/\max} = 0.315,\ \overline{\Delta\text{HTN}}_{pe/\max} = 0.23,\ \overline{\Delta\text{HTN}}_{pk/\max} = 0.275$$

将上述结果代入评估模型，军事诱骗通过 P_c、P_e 和 P_k 对远程火力打击系统性能影响的结论如下：

（1）P_c、P_e、P_k 对远程火力打击系统联合打击能力的规范化最大、最小和平均影响如图6-6 所示。从图6-6 可以看出，军事诱骗通过影响上述3 种不同的概率来影响联合打击能力。首先，在最大影响情况下，远程火力打击系统受到军事诱骗的强烈影响，即在对联合打击能力最不利的情况下，P_c、P_e、P_k 分别为32.6%、33.9%和33.5%。该数据说明：如果远程火力打击系统反军事诱骗能力越弱，则通过提高正确识别目标概率和降低错误识别目标的概率来提高其联合打击能力的效果就越明显。其次，在最小影响情况下，即在对联合打击能力最有利的情况下，P_c、P_e、P_k 对联合打

击能力影响分别为26.9%、40.4%和32.7%，即如果远程火力打击系统反军事诱骗能力越强，则通过降低错误识别目标概率来提高其联合打击能力的效果就越明显。

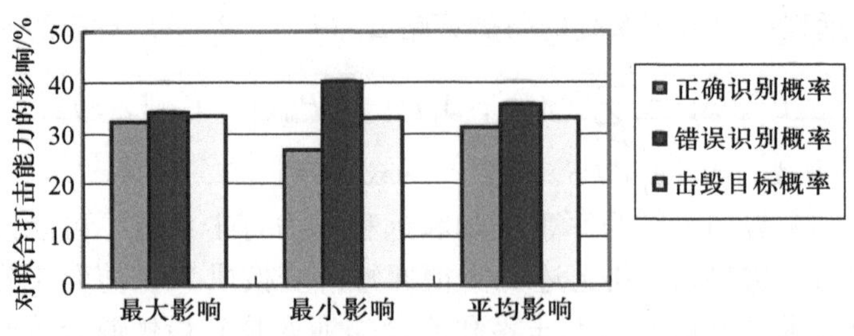

图6-6 军事诱骗通过3种不同概率对联合打击能力的影响

（2）假设与P_c、P_e和P_k相对应的军事诱骗进攻战法为（π_1，π_2，π_3），远程火力打击系统反军事诱骗进攻的防御战法为（Δ_1，Δ_2，Δ_3），根据对远程火力打击系统信息与火力联合打击能力的分析结果、军事诱骗攻击能力以及相关的战术要求，可得下述博弈矩阵：

$$\begin{array}{c} \\ \pi_1 \\ \pi_2 \\ \pi_3 \end{array}\begin{array}{ccc} \Delta_1 & \Delta_2 & \Delta_3 \\ \end{array}$$

$$\begin{array}{c} \pi_1 \\ \pi_2 \\ \pi_3 \end{array}\begin{bmatrix} (16.5,\ -17.5) & (18,\ -10) & (29,\ -29) \\ (13.5,\ 19) & (22,\ -28) & (13,\ -25) \\ (24,\ -9) & (23,\ -13.5) & (12,\ -9) \end{bmatrix}$$

其中，与策略π_1、π_2、π_3对应的支付分别为

$$P_a(\pi_1)=\{16.5,\ 18,\ 29\},\ P_a(\pi_2)=\{13.5,\ 22,\ 13\},\ P_a(\pi_3)=\{24,\ 23,\ 12\}$$

与策略Δ_1、Δ_2、Δ_3对应的支付分别为

$$P_d(\Delta_1)=\{-17.5,\ -19,\ 9\},$$
$$P_d(\Delta_2)=\{-10,\ -28,\ -13.5\},$$
$$P_d(\Delta_3)=\{-29,\ -25,\ -9\}$$

因为PS_a（π_1）= 63.5，PS_a（π_2）= 48.5，PS_a（π_3）= 59，其中48.5为最小的收获，所以军事诱骗的劣势策略π_{dom}为π_2。又因为PS_d（Δ_1）= 45.5，PS_d（Δ_2）= −51.5，PS_d（Δ_3）= −63，其中−45.5为最大损失，所以对应的策略Δ_1为远程火力打击系统的劣势策略Δ_{dom}。由于劣势行和劣势列分别为军事诱骗和远程火力打击系统不可能使用的策略，因此通过消除劣势行和劣势列可以将上述3×3博弈矩阵变换成下述2×2矩阵：

$$\begin{array}{cc} \Delta_2 & \Delta_3 \end{array}$$

$$\begin{array}{c} \pi_1 \\ \pi_3 \end{array}\begin{bmatrix} (18,\ -10) & (29,\ -29) \\ (23,\ -13.5) & (12,\ -9) \end{bmatrix}$$

因此，用上述矩阵计算出纳什均衡时，军事诱骗的最优混合策略和远程火力打击系统的最优混合策略分别为

$$\pi_1^* = \frac{-9+13.5}{-10+29+13.5-9} = 0.1915$$

$$\Delta_2^* = \frac{12 - 29}{18 - 29 - 23 + 12} = 0.7727$$

军事诱骗最优攻击战法为

$$\pi^* = (\pi_1^*, 0, 1 - \pi_1^*) = (0.1915, 0, 0, 8085)$$

即军事诱骗攻击的重点是攻击远程火力打击系统发射导弹的电子制导系统，降低导弹命中目标的概率，此部分占整个军事诱骗攻击资源的80.85%；其次是使远程火力打击系统正确识别目标概率下降，此部分占整个攻击资源的19.15%。远程火力打击系统最优反军事诱骗攻击的防御战法为

$$\Delta * = (0, \Delta_2^*, 1 - \Delta_2^*) = (0.0000, 0.7727, 0.2273)$$

即远程火力打击系统防御军事诱骗攻击的重点是通过部署敌后侦察兵力，防止军事诱骗使远程火力打击系统的错误识别目标概率上升，此部分占整个防御资源的77.27%；其次是提高发射导弹的电子制导系统抗军事诱骗攻击能力，此部分占整个防御资源的22.73%。在信息与火力分析平台上，对敌后侦察与远程火力联合作战能力的初步试验表明：敌后侦察兵力的运用可提高命中目标的数量达44.72%，幅度与远程火力的命中精度相关，当火力精度不高于0.6时，增幅更为明显。

6.5.4 结果分析与拓展应用

1. 结果分析

上述分析表明：如果我方的远程火力采用精度足够高的弹道导弹，那么敌方就很难对我方导弹的制导系统进行有效干扰，只要我方部署足够的敌后侦察兵力摸清虚假目标的位置，降低错误识别目标概率，同时改进弹道导弹精度，并配有先进的卫星通信和测绘装备，随时报告侦察情报和远程火力的打击效果，在理论上，我方的战法就一定取胜。如果利用互联网和网络中心战原理，提供更多与目标有关的信息，那么将会使远程火力的打击效果更好。

2. 拓展应用

运用信息作战原理、仿真、统计学和博弈论分析方法，为远程打击开发远程火力战法的研究结果表明，针对不同的作战对象构造适当的模型进行定量分析，确定不同因素对远程火力打击战法性能的影响程度，来寻找影响该战法性能的关键因素以及降低军事诱骗对远程火力打击系统性能影响的方法，是科学地进行远程火力打击战法设计和开发的可行途径。进一步的研究工作重点应放在试验数据的获取和对数据的统计分析上，找出更多易于应用的一般规律，来指导远程火力打击战法的研究。

参考文献

[1] 朱泽生，孙玲．基于敌后侦察与诱骗博弈的远程火力打击战法［J］．指挥控制与仿真，2008，30（3）：1-8.

[2] 朱泽生，孙玲．复杂电磁环境对舰载导弹防空系统影响分析［J］．指挥控制与仿真，2007，29（5）：18-20.

附录　对策论的基础知识

1. 对策的基本要素

（1）**局中人**。参加决策的各方被称为决策问题的局中人，一个决策总是可以包含两名局中人（如棋类比赛、人与大自然做斗争等），也可以包含多于两名的局中人（如大多数商业中的竞争、政治派别间的斗争）。局中人必须要运用可供其选择并影响最终结局的策略。

（2）**策略集合**。局中人能采取的可行方案称为策略，每一局中人可采取的全部策略称为此局中人的策略集合。对策问题中，对应于每一局中人存在着一个策略集合，而每一策略集合中至少要有两个策略，否则该局中人可从此对策问题中删去，因为对他来讲，不存在选择策略的余地。应当注意的是，所谓策略是指在整个竞争过程中对付他方的完整方法，并非指竞争过程中某步所采取的具体局部办法。例如，下棋中的某步只能看成一个完整策略的组成部分，而不能看成一个完整的策略。当然，有时可将它看成一个多阶段对策中的子对策。策略集合可以是有限集也可以是无限集。策略集为有限集时称为有限对策，否则称为无限对策。

记局中人 i 的策略集合为 s_i。当对策问题各方都从各自的策略集合中选定了一个策略后，各方采取的策略全体可用一矢量 $\boldsymbol{S}$ 表示，称为一个纯局势（简称局势）。

（3）**赢得函数**（或称支付函数）。对策的结果用向量表示，称为赢得函数。赢得函数 F 为定义在局势集合 S 上的矢值函数，对于每一纯局势 S，$F(S)$ 指出了每一局中人在此对策结果下应赢得（或支付）的值。

综上所述，一个对策模型由局中人、策略集合和赢得函数 3 部分组成。记局中人集合为 $I=\{1, 2, \cdots, k\}$，对每一 $i \in I$，有一策略集合 s_i，当 I 中每一局中人 i 选定策略后得一个局势 S；将 S 代入赢得函数 F，即得一向量 $F(S) = (F_1(S), F_2(S), \cdots, F_k(S))$，其中 $F_i(S)$ 为在局势 S 下局中人 i 的赢得（或支付）。

2. 零和对策

存在一类特殊的对策问题。在这类对策中，当纯局势确定后，A 之所得恰为 B 之所失，或者 A 之所失恰为 B 之所得，即双方所得之总和为零。在零和对策中，因 $F_1(S) = -F_2(S)$，只需指出其中一人的赢得值即可，故赢得函数可用赢得矩阵表示。例如，若 A 有 m 种策略，B 有 n 种策略，赢得矩阵：

$$\boldsymbol{R}_{m\times n} = \begin{bmatrix} a_{11} & a_{12} & \cdots & a_{1n} \\ a_{21} & a_{22} & \cdots & a_{2n} \\ \vdots & \vdots & & \vdots \\ a_{m1} & a_{m2} & \cdots & a_{mn} \end{bmatrix}$$

表示若 A 选取策略 i 而 B 选取策略 j，则 A 之所得为 a_{ij}（当 $a_{ij} < 0$ 时为支付）。故两人对策 G 又可称为矩阵对策，并可简记成 $G = \{S_A, S_B, R\}$。

定义1 对于两人对策 $G=\{S_A, S_B, R\}$，若有

$$\max_i \min_j a_{ij} = \min_j \max_i a_{ij} = V_G$$

则称 G 具有稳定解，并称 V_G 为对策 G 的值。若纯局势（α_{i^*}，β_{j^*}）使得

$$\min_j a_{i^*j} = \max_i a_{ij^*} = V_G$$

则称（α_{i^*}，β_{j^*}）为对策 G 的鞍点或稳定解，赢得矩阵中与（α_{i^*}，β_{j^*}）相对应的元素 $\alpha_{i^*j^*}$，称为赢得矩阵的鞍点，α_{i^*} 与 β_{j^*} 分别称为局中人 A 与 B 的最优策略。

对赢得矩阵，容易发现不存在具有上述性质的鞍点。给定一个对策 G，如何判断它是否具有鞍点呢？为了回答这一问题，先引入下面的极大极小原理。

定理1 设 $G=\{S_A, S_B, R\}$，记 $\mu=\max\limits_i \min\limits_j a_{ij}$，$-v=\min\limits_j \max\limits_i a_{ij}$，则必有 $\mu+v\leqslant 0$。

定理2 零和对策 G 具有稳定解的充要条件为 $\mu+v=0$。

具有稳定解的零和对策问题是一类特别简单的对策问题，它所对应的赢得矩阵存在鞍点，任一局中人都不可能通过自己单方面的努力来改进结果。然而，在实际遇到的零和对策中更典型的是 $\mu+v\leqslant 0$ 的情况。由于赢得矩阵中不存在鞍点，至少存在一名局中人，在他单方面改变策略的情况下，有可能改善自己的收益。这类决策如果只进行一次，局中人除了碰运气以外别无办法。但如果这类决策要反复进行多次，则局中人固定采用一种策略显然是不明智的，因为一旦对手看出你会采用什么策略，他将会选用对自己最为有利的策略。这时，局中人均应根据某种概率来选用各种策略，即采用混合策略的办法，使自己的期望收益尽可能大。

定义2 若存在 m 维概率向量和 n 维概率向量，使得对一切 m 维概率向量 $\boldsymbol{X}$ 和 n 维概率向量 $\boldsymbol{Y}$ 有

$$\overline{\boldsymbol{X}}\boldsymbol{R}\overline{\boldsymbol{Y}} = \max_{\boldsymbol{Y}} \overline{\boldsymbol{X}}\boldsymbol{R}\boldsymbol{Y} = \min_{\boldsymbol{X}} \boldsymbol{X}\boldsymbol{R}\overline{\boldsymbol{Y}}$$

则称（$\overline{\boldsymbol{X}}$，$\overline{\boldsymbol{Y}}$）为混合策略对策问题的鞍点。

定理3 （Von Neumann）任意混合策略对策问题必存在鞍点，即必存在概率向量 $\boldsymbol{X}$ 和 $\boldsymbol{Y}$，使得

$$\overline{\boldsymbol{X}}\boldsymbol{R}\overline{\boldsymbol{Y}} = \max_{\boldsymbol{Y}} \min_{\boldsymbol{X}} \boldsymbol{X}\boldsymbol{P}\boldsymbol{Y} = \min_{\boldsymbol{X}} \max_{\boldsymbol{Y}} \boldsymbol{X}\boldsymbol{R}\boldsymbol{Y}$$

例1 A、B 为作战双方，A 方拟派两架轰炸机Ⅰ和Ⅱ去轰炸 B 方的指挥部，轰炸机Ⅰ在前面飞行，Ⅱ随后。两架轰炸机中只有一架带有炸弹，而另一架仅为护航。轰炸机飞至 B 方上空，受到 B 方战斗机的阻击。若战斗机阻击后面的轰炸机Ⅱ，它仅受Ⅱ的射击，被击中的概率为 0.3（Ⅰ来不及返回击它）。若战斗机阻击Ⅰ，它将同时受到两架轰炸机的射击，被击中的概率为 0.7。一旦战斗机未被击落，它将以 0.6 的概率击毁其选中的轰炸机。请为 A、B 双方各选择一个最优策略，即对于 A 方应选择哪一架轰炸机装载炸弹？对于 B 方战斗机应阻击哪一架轰炸机？

解：双方可选择的策略集分别为

$$S_A = \{\alpha_1, \alpha_2\}$$

α_1：轰炸机Ⅰ装炸弹，Ⅱ护航

α_2：轰炸机Ⅱ装炸弹，Ⅰ护航

$$S_B = \{\beta_1, \beta_2\}$$

β_1：阻击轰炸机Ⅰ

β_2：阻击轰炸机Ⅱ

赢得矩阵 $\boldsymbol{R}=(a_{ij})_{2\times2}$，$a_{ij}$ 为 A 方采取策略 α_i 而 B 方采取策略 β_j 时，轰炸机轰炸 B 方指挥部的概率，由题意可计算出：

$a_{11}=0.7+0.3\times(1-0.6)=0.82, a_{12}=1, a_{21}=1, a_{11}=0.3+0.7\times(1-0.6)=0.58$

所以 $\boldsymbol{R}=\begin{bmatrix}0.82 & 1\\ 1 & 0.58\end{bmatrix}$。易求 $\mu=\max\limits_{i}\min\limits_{j} a_{ij}=0.82$，$\eta=\min\limits_{j}\max\limits_{i} a_{ij}=-1$。

由于 $\mu+v\neq0$，矩阵 $\boldsymbol{R}$ 不存在鞍点，应当求最佳混合策略。

现设 A 以概率 x_2 取策略 α_1、概率 x_2 取策略 α_2；B 以概率 y_1 取策略 β_1、概率 y_2 取策略 β_2。

先从 B 方来考虑问题。B 采用 β_1 时，A 方轰炸机攻击指挥部的概率的期望值为 $E(\beta_1)=0.82x_1+x_2$，而 B 采用 β_2 时，A 方轰炸机攻击指挥部的概率的期望值为 $E(\beta_2)=x_1+0.58x_2$。若 $E(\beta_1)\neq E(\beta_2)$，不妨设 $E(\beta_1)<E(\beta_2)$，则 B 方必采用 β_1 以减少指挥部被轰炸的概率。故对 A 方选取的最佳概率 x_2 和 x_2，必满足：

$$\begin{cases}0.82x_1+x_2=x_1+0.58x_2\\ x_1+x_2=1\end{cases}$$

即

$$\begin{cases}a_{11}x_1+a_{21}x_2=a_{12}x_1+a_{22}x_2\\ x_1+x_2=1\end{cases}$$

由此解得 $x_2=0.7$，$x_2=0.3$。

同样，可从 A 方考虑问题，得

$$\begin{cases}0.82y_1+y_2=y_1+0.58x_2\\ y_1+y_2=1\end{cases}$$

即

$$\begin{cases}a_{11}y_1+a_{21}y_2=a_{12}y_1+a_{22}y_2\\ y_1+y_2=1\end{cases}$$

并解得 $y_1=0.7$，$y_2=0.3$。B 方指挥部轰炸的概率的期望值 VG=0.874。

定义 4 对于赢得矩阵 $\boldsymbol{R}$，如果对所有 j，$a_{ij}\geqslant a_{kj}$ 均成立，且至少存在一个 j_0 使得 $a_{ij}\geqslant a_{kj_0}$，则称 i 行优于 k 行（策略 a_i 优于 a_k）。同样，如对一切 i 有 $a_{ij}\leqslant a_{il}$，且至少有一个 i_0 使得 $a_{i_0j}\leqslant a_{ij}$，则称 j 列优于 l 列（局中人 B 的策略 β_j 优于 β_l）。

易见，若一个对策矩阵的第 i 行优于第 k 行，则无论局中人 B 选择哪种策略，局中人 A 采取策略 α_i 的获利总优于（至少不次于）采取策略 β_k 的获利。

定理 4 对于矩阵对策 $\boldsymbol{G}=\{S_A, S_B, R\}$，若矩阵 $\boldsymbol{R}$ 的某行优于第 i_1，i_2，…，i_k 行，则局中人 A 在选取最优策略时，必取 $P_{i_1}=\cdots=P_{i_k}=0$。

令 $S_A=S_A\setminus\{\alpha_{i_1},\cdots,\alpha_{i_k}\}$，$\boldsymbol{R}'$ 为从 R 中划去第 i_1 行，…，i_k 行后剩下的矩阵，则的最优策略即原对策 G 的最优策略，对于 $\boldsymbol{R}$ 中列的最优关系也有类似的结果。

利用这一定理，有时对策问题可先进行化简，降低矩阵的阶数。

例 2　防坦克地雷场的布设

实战中，攻方为了增强攻击力，大量使用攻击力强、防御坚固的坦克；守方为了抵御对方攻击，需要大量杀伤敌方的有生力量，有效对策之一是布设防坦克地雷场。

评价防坦克地雷场的重要指标是战斗效力，而布雷密度是基本因素之一。只要有足够多的地雷，用较高密度的地雷场对付敌方进攻总是行之有效的。但在实际战斗中，地雷不太可能是足够多的。假设：

（1）防坦克地雷数量有限。

（2）通过侦察、分析，已知敌方可能采用β_1，β_2，…，β_n种进攻策略之一。

（3）通过敌情分析，确定了防御正面的宽度，并根据我方地雷数量，设计了α_1，α_2，…，α_m这m种布雷方案。

采取哪一方案或什么样的混合策略能有效击毁敌方的坦克？

1）分析

本例在过去一般是凭指挥员的作战经验定性决策的，现用矩阵对策方法进行定量择优。

由于每两辆坦克之间一般要保持50m的间距，因而进攻正面拉得很宽，如一个梯队20辆坦克，进攻正面约为1km宽。因为只有有限个防御正面，用有限个进攻策略来描述敌方的进攻状态是非常接近实际情况的。对守方来讲，布雷密度通常可分成0.5，1，1.5，2等有限个等级。按常规做法，在防御正面上一般采用同一种技术密度。为了提高杀伤率，现将一个防御正面划分成几段，各段允许采用不同密度。

2）对策决策

要用矩阵对策决策，关键问题是如何列出守方的赢得矩阵。由效率评定试验可得出在各种布雷密度下的杀伤率表，如表6-20所列。

表6-20　各种布雷密度下的杀伤率

布雷密度	0.5	1	1.5	2
杀伤率	0.64	0.87	0.95	0.98

根据表6-20，在确定方案后即可根据各段不同密度针对攻方的进攻策略计算出坦克的杀伤率。为便于理解，作为实例分析下面两种情况。

情况1　设守方只有1500个防坦克地雷，欲布设在攻方必经的2km攻击正面上。攻方一个坦克梯队的20辆坦克展开成1km宽的阵面，但既可能从左侧进攻（策略β_1）也可能从右侧进攻（策略β_2）。守方设计了α_1、α_2、$\alpha_3$3种布雷方案，如图6-7所示，试求守方的赢得矩阵和最优策略。

情况1求解：容易求得守方的赢得矩阵

$$\boldsymbol{A}=\begin{bmatrix}0.87 & 0.87\times\dfrac{1}{2}\\ 0.95 & 0.95\times\dfrac{1}{2}\\ 0.98\times\dfrac{1}{2} & 0.98\times\dfrac{1}{4}\end{bmatrix}=\begin{bmatrix}0.87 & 0.435\\ 0.95 & 0.475\\ 0.49 & 0.245\end{bmatrix}$$

这是一个有鞍点的矩阵，鞍点为a_{22}。守方只要按α_2方案布雷，则不管攻方从哪一

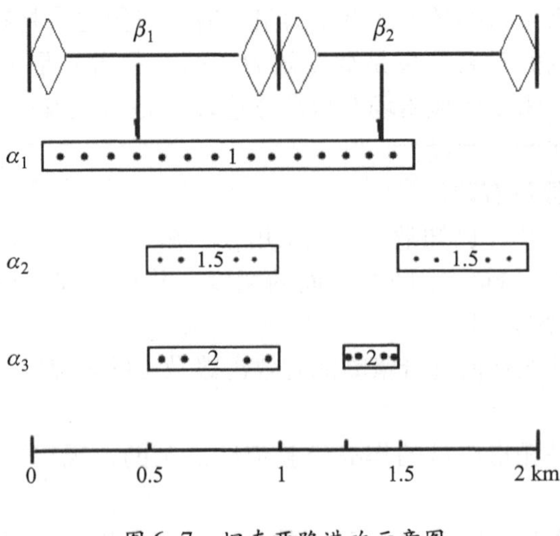

图 6-7　坦克两路进攻示意图

侧进攻，总可毁伤对方 47.5% 的坦克。

情况 2　攻方一梯队 20 辆坦克可从左侧（β_1）、中路（β_2）或右翼（β_3）进攻，展开成 1km 布阵。守方只有 2000 个防坦克地雷，初步提出 3 种布雷方案，如图 6-8 所示，试求守方采用何种布雷方案较好。

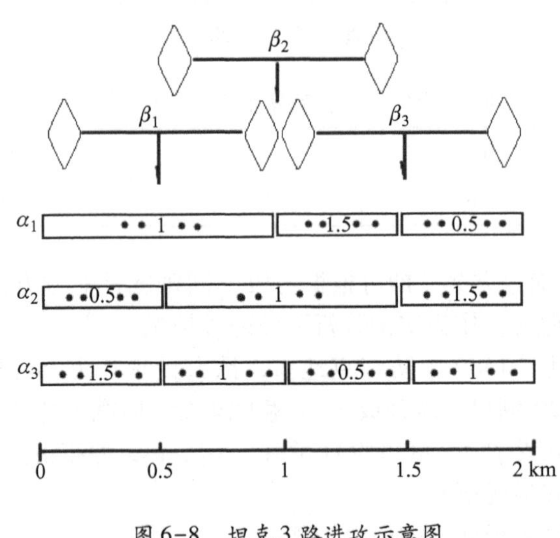

图 6-8　坦克 3 路进攻示意图

对情况 2，可求得守方的赢得矩阵为

$$\boldsymbol{A} = \begin{bmatrix} 0.87 & 0.91 & 0.795 \\ 0.755 & 0.87 & 0.91 \\ 0.01 & 0.755 & 0.755 \end{bmatrix}$$

此时，矩阵 $\boldsymbol{A}$ 中不存在鞍点，对策无稳定解，应采用混合策略。可以求得，此时守方如按照0.166 ：0.456 ：0.378 的比例采取策略 α_1、α_2、α_3 布雷，平均可毁伤对方83.5%的坦克。

小结：由本例可以看出，在决策问题中，策略的设计至关重要，它直接影响到赢得矩阵。策略的设计并没有包含在决策问题的求解中，事实上，仅当策略设计完成后，即策略集合给定后，决策问题才被给定，从而才能被求解，因而，在用对策论方法研究实际课题时，应当特别注意策略的设计。这一部分工作既具有一定的创造性又在很大程度上影响到结果，对它研究也是十分有趣的。

第 7 章　军事建模竞赛案例

本章的案例选自于近几年获得全军院校军事建模竞赛一等奖的优秀论文，从这 4 篇优秀论文可以分析军事问题，如何分析问题和解决问题，学习竞赛论文写作格式。

7.1　多传感器的管理和控制模型

本文针对如何优化管理传感器，使得信息的传递更加有效这一问题，建立了多目标 0-1 规划模型，并对模型进行求解，得到了合理的管理方案。

问题（1）要求在每个时间节点，每台控制器只能与一台传感器通信，并且传感器接收指令信息的时间受到一定的约束。首先以各个控制器控制传感器数量的极差最小，各个控制器控制各类传感器数量的方差之和最小，以及各个控制器发送信息指令的时间间隔的方差之和最小为条件，建立了多目标 0-1 规划模型一；然后将多目标模型转化为单目标模型，利用 Lingo 软件求解，得到了最优的管理方案。

对于问题（2），在问题（1）的基础上，要求考虑每台控制器也受到一定的时间限制；此外在每个时间节点，每台控制器只能与一台传感器通信，而每台传感器最多可以与两台控制器通信，01 号和 02 号控制器，03 号和 04 号控制器必须分别控制不同的传感器。首先在模型一的基础之上，修改对应的约束条件，建立了模型二；然后对模型进行求解，得到了最优的管理方案。

问题（3）是问题（2）的推广，要求在缩短时间范围的基础之上，重新优化管理方案。以各个控制器控制传感器数量的极差最小，各个控制器控制各类传感器数量的方差之和最小，各个控制器发送信息指令的时间间隔的方差之和最小，以及在规定的时间范围内能接收完整信息指令的传感器数量尽可能多为条件，建立了多目标 0-1 规划模型三。

在实际的控制当中，很有可能出现某些控制器发生故障的情况，这就需要我们建立应急方案。在问题（4）中，由于某台控制器在某一时间节点发生故障，它接下来发送任务需要剩余的控制器完成。首先我们重新优化管理方案，以剩余的传感器控制传感器数量的极差最小，控制各类传感器数量的方差之和最小，发送信息指令的时间间隔的方差之和最小为条件，建立了多目标 0-1 规划模型四；然后对模型进行求解，得到了最优的管理方案；最后，我们用得到的最优化模型来检验在第 180 个时间节点上，第 5 台控制器发生故障后其余控制器的工作状态是否满足要求。

最后，我们就模型存在的不足之处提出了改进方案，并对优缺点进行了分析，使模型结果得以被采用。本文论证严密，所给出的结果具有启发性和借鉴意义。

7.1.1　问题重述

随着科学技术的发展，多源信息广泛的运用于实际众多领域，尤其在军事领域，更是成为支撑信息化战争的重要技术。所以，如何科学有效地对传感器进行管理和控制成为当今社会的一个热点。

某信息融合技术控制中心现有 12 台控制器负责对 8 类传感器的管理与控制。各传感器在遂行工作过程中，不定时地接收控制器发出的指令信息。规定在 400 个时间节点内，每个传感器需要接收完成 6 台不同控制器的指令信息后才能获得完整的控制指令，同时在实际工程中需考虑各控制器工作的相对均衡性，包括：

（1）各台控制器所控制的传感器数量相对均衡。

（2）各台控制器对每一类传感器的控制数量相对均衡。

（3）各台控制器向不同传感器发出控制指令的间隔时间相对均衡。

结合实际需求，解决以下问题：

问题（1）：若控制器在每个时间节点上可向任何一个传感器发出指令，每一时间节点每台控制器只能与一个传感器通信，而每个传感器也只能与一台控制器通信。请为控制中心制定一个合理的管理与控制方案，即每台控制器需要控制的传感器方案，并按规定的格式给出具体方案的结果。

问题（2）：根据某些技术指标的限制，每台控制器都有被限制与传感器通信的时间，并且要求 01 号与 02 号控制器分别控制不同的传感器，03 号与 04 号控制器分别控制不同的传感器。此时，在每一时间节点每台控制器只能与一个传感器通信，而一个传感器至多可与两台控制器通信。请为控制中心制定一个合理的管理与控制方案。

问题（3）：如果以 40 个连续时间节点为一个时间单元，请你们从 10 个时间单元中选择出 4 个连续的时间单元，并在问题（2）的要求条件下，制定一个合理的管理与控制方案，使能够接收完整指令信息的传感器数尽量多，同时均衡性指标尽可能高。

问题（4）：在实际中，若某台控制器在某时间节点发生故障，这就需要将该控制器发生故障时间节点之后的控制任务安排给其他控制器来完成。请研究设计一个控制任务再规划的模型和算法，使得控制中心能够完成整个控制任务，并有较好的均衡性。不妨针对问题（2）中的控制方案，以 05 号控制器在 180 节点出现故障为例模拟检验模型和算法的可行性与有效性。

7.1.2 基本假设

（1）在整个讨论时间段内，即 1 ~ 400 时间节点内，每个传感器只需要接收控制中心所发出的 6 条控制指令。

（2）在控制指令的发送过程中，不考虑控制指令的失真以及通信故障。

（3）各控制器和传感器在工作时互不影响，且都能正常工作。

（4）当控制器和传感器建立连接时，控制器只需向对应传感器发送一条控制指令。

7.1.3 符号说明

i	第 i 个时间点（$i=1, 2, \cdots, 400$）
j	第 j 台控制器（$j=1, 2, \cdots, 12$）
k	第 k 号传感器（$k=1, 2, \cdots, 77$）
Z_{mn}	问题 m 的第 n 个目标函数（$m=1, 2, 3, 4$；$n=1, 2, 3, 4$）

M_b　问题 b 中每台控制器控制传感器的数量（$b=1$，2，3，4）

$\boldsymbol{K}_b$　问题 b 中每台控制器控制各类传感器的数量矩阵

W　能接收完整控制指令的传感器数量

X_{ijk}　第 j 台控制器在第 i 个时间点对第 k 号传感器发送指令

y_{ik}　第 k 号传感器在第 i 个时间节点能发出控制指令

V_{ij}　第 j 台控制器在第 i 个时间节点能够发出控制指令

N_{ij}　第 j 台控制器在第 i 个时间节点能够发出控制指令

$\boldsymbol{O}_{ij}$　元素全为 1 的 $i \times j$ 矩阵

L_a　由 4 个连续时间单元组成的区间（$a=1$，2，…，7）

$\boldsymbol{b}_{ij}$　发生故障后，12 台控制器发送指令的时间节点矩阵

p_j　第 j 台控制器发送的指令次数

t_{jr}　第 j 台控制器发送的指令的总的时间间隔

Δt_{jr}　第 j 台控制器发送的指令的平均时间间隔

Q_{ijk}　发生故障后，第 j 台控制器在第 i 个时间点对第 k 号传感器发送指令

7.1.4　模型的建立与求解

1. 模型一的建立与求解

1）模型一的准备

因为控制器在任意时间节点上对传感器的控制只有两种情况，即连通与不连通。同样，传感器是否能够接收控制器的指令的情况也只有两种情况，即能接收或不能接收指令，所以我们将 y_{ik} 和决策变量 X_{ijk} 设置为 0-1 规划类型，即有

$$X_{ijk}=\begin{cases}1 & \text{第 } j \text{ 台控制器在第 } i \text{ 个时间点对第 } k \text{ 号传感器发送指令}\\ 0 & \text{否则}\end{cases}$$

每台控制器在和每台传感器建立连接要满足 3 个相对均衡性条件，而极差和方差均能体现标志值偏离平衡的程度，所以我们通过以下方案来建立目标函数。

条件一通过计算各台控制器所控制的传感器数量的极值之和的最小值来实现；条件二通过计算各台控制器所控制的传感器种类的方差之和的最小值来实现；条件三通过建立时间矩阵，计算各个时间间隔的方差之和的最小值来实现。

2）模型一的目标函数

由于有 3 个相对均衡条件对问题进行约束，因此我们分别建立 3 个目标函数，对应为 Z_{11}、Z_{12}、Z_{13}。

（1）控制器所控制传感器数量的均衡性，即目标函数 Z_{11} 的建立。

因为已知极差是指总体各单位的标志值中，最大标志值与最小标志值之差，是标志值变动的最大范围，所以可以用极差的大小来表征控制器控制传感器数量的均衡性。

步骤 1：求每台控制器控制的传感器数量

在 400 个时间节点内，任意一台控制器所控制的传感器数量 M_1，是能够建立起通信的传感器个数之和。传感器能否建立起通信则是由 $X_{ijk}\cdot y_{ik}$ 控制，当值取 1 时则能建立通信，否则不能。

所以 M_1 表达式为

$$M_1 = \sum_{i=1}^{400} \sum_{k=1}^{77} X_{ijk} \cdot y_{ik} \quad (j = 1, 2, \cdots, 12)$$

步骤 2：求控制器控制的传感器数量的极差之和的最小值

为了了解所有控制器控制传感器数量的偏差程度，需要求出所有控制器控制传感器数量的最小极差，因此可以得到目标函数：

$$Z_{11} = \sum_{j=1}^{12} \min(\max(M_1) - \min(M_1))$$

Z_{11} 值的大小反映了控制器所控制的传感器在数量上的偏差程度，Z_{11} 的值越小说明控制的传感器数量越能满足均衡性条件。

（2）每台控制器控制各类传感器数量的均衡性，即目标函数 Z_{12} 的建立。

在对传感器的实际控制当中，因为不同种类的传感器有各自特异的功能，所以需要不同种类的传感器数量要相对均衡，才能更好地与控制器建立通信，完成信息的传递工作。

所以我们希望制定出能将各类传感器均匀分配到每台控制器上的管理方案，即是需要解决的问题（2）。

又因为已知方差刻画了随机变量的取值对于其数学期望的离散程度，所以可以用方差的大小来表征每台控制器控制各类传感器数量的偏差程度，而要求方差就需要先求解出各类传感器的数量，所以有以下步骤建立目标函数 Z_{12}：

步骤①：求解每台控制器控制的各类传感器数量

我们把 77 个传感器依次编上序号 1 ~ 77 号。按照附件 1（2013 年军事建模竞赛 B）各类传感器类型的标准，我们可得表 7-1。

表 7-1　传感器的分类情况

传感器类别	编号	传感器类别	编号
A1 ~ A13	1 ~ 13	E1 ~ E12	38 ~ 49
B1 ~ B7	14 ~ 20	F1 ~ F8	50 ~ 57
C1 ~ C8	21 ~ 28	G1 ~ G14	58 ~ 71
D1 ~ D9	29 ~ 37	H1 ~ H6	72 ~ 77

分别设 $k_0 = 1$，$k_1 = 13$，$k_2 = 20$，$k_3 = 28$，$k_4 = 37$，$k_5 = 49$，$k_6 = 57$，$k_7 = 71$，$k_8 = 77$

按照分类标准，可以求出在400 个时间节点内，任意一台控制器所控制的各类传感器数量。为了方便求出方差，将每类传感器数量作为元素建立一个含有 8 个元素的行矩阵：

$$\boldsymbol{K}_1 = \left(\sum_{i=1}^{400} \sum_{k=kl}^{kl+1} X_{ijk} \cdot y_{ik} \right) \quad (l = 0, 1, 2, \cdots, 7)$$

步骤 2：求解控制器控制各类传感器数量的方差之和的最小值

所以为了使每台控制器控制的传感器各种类的数量能够达到相对的均衡性，则需要使每台控制器控制传感器数量的矩阵 $\boldsymbol{M}_{12}$ 的方差之和尽可能小，所以目标函数 Z_{12} 的表达式为

$$Z_{12} = \min(\sum_{j=1}^{12} \mathrm{Var}(\boldsymbol{K}_1)$$

由方差的定义可知，Z_{12} 的值越小说明控制器所控制的传感器种类在数量上的偏差越小。

3）每台控制器发送指令的时间间隔的均衡性，即目标函数 Z_{13} 的建立

同样，用方差来表征控制器发出指令的时间间隔的相对均衡性。为了求出方差，首先需要得出 12 台控制器发送指令的时间节点矩阵，再对单一的控制器进行分析，求出单一控制器的发送指令的次数和平均时间间隔，进而求解每台控制器发送指令时间间隔的方差，最后再把 12 台控制器的方差累加起来。

步骤 1：求 12 台控制器发送指令的时间节点矩阵 $\boldsymbol{b}_{ij}$

因为 i 表示的是时间节点，所以 $X_{ijk} \cdot i$ 可以表示所有控制器发送指令的时间节点分布情况，即有

$$\boldsymbol{b}_{ij} = \sum_{k=1}^{77} X_{ijk} \cdot i \quad (i = 1,\ 2,\ \cdots,\ 400;\ j = 1,\ 2,\ \cdots,\ 12)$$

步骤 2：求单个控制器发送指令次数和平均时间间隔

我们定义列矩阵函数 $f(x)$，其作用是将列矩阵 $\boldsymbol{b}_{jm}$ 中不为零的相邻两数作差，并将差值组成新的列矩阵 $\boldsymbol{B}_{jr}$，例如：

$$\underset{\boldsymbol{b}_{jm}}{(100406)'} \xrightarrow{f} \underset{\boldsymbol{B}_{jr}}{(3,\ 2)'}$$

式中：m、r 为列矩阵第 m、r 行元素，j 代表第 j 台控制器。

对于任意一台控制器来说，其发送的指令次数 p_j 应是在整个时间段内，77 台传感器收到的指令数量之和，即有

$$p_j = \sum_{i=1}^{400} \sum_{k=1}^{77} X_{ijk}$$

对于任意一台控制器来说，其发送指令的总的时间间隔 t_{jr} 应是矩阵 $\boldsymbol{B}_{jr}$ 中的元素求和，即有

$$t_{jr} = \sum_{r=1}^{p_j-1} \boldsymbol{B}_{jr}$$

所以任意一台控制器发送指令的平均时间间隔 Δt_{jr} 满足

$$\Delta t_{jr} = \frac{t_{jr}}{(p_j - 1)}$$

步骤 3：求控制器发送指令的时间间隔的方差之和的最小值

因为我们用方差来刻画控制器发送指令时间间隔的相对均衡性，方差越小，时间间隔越能满足均衡性条件，所以目标函数 Z_{13} 满足

$$Z_{13} = \min\left(\sum_{j=1}^{12} \sum_{r=1}^{p_j-1} \left(\frac{(B_{jr} - \Delta t_{jr})^2}{(p_j - 1)}\right)\right)$$

3）模型一约束条件

（1）每台传感器只接收来自不同控制器的 6 条控制指令。

对于任意一台传感器来说，在 1 ~ 400 个时间节点内，它能够接收到的控制指令应该是来自 12 台控制器发送的控制指令之和，又因为每台传感器只需要接收来至不同控

制器的 6 条控制指令，所以有

$$\sum_{i=1}^{400}\sum_{j=1}^{12} X_{ijk}\cdot y_{ik}=6\quad (k=1,2,\cdots,77)$$

（2）每个传感器在一个时间节点内只与一台控制器连接。

因为一个时间节点内，任意一台传感器所接收到的控制指令应该是来自 12 台控制器，由控制指令在传递过程中不会丢失并且在一个时间节点内，一台控制器和一台传感器一一对应的条件可知，12 台控制器的控制指令之和最多为 1，所以有

$$\sum_{j=1}^{12} X_{ijk}\leqslant 1\quad (k=1,2,\cdots,77;\ i=1,2,\cdots,400)$$

（3）每台控制器在一个时间节点内只与一台传感器连接。

因为任意一个时间节点内的任意一台控制器所能发出的控制指令应该是 77 台传感器收到的指令之和，由控制指令在传递过程中不会丢失并且一个时间节点内，一台控制器和一台传感器是一一对应的条件可知，所有传感器收到的指令之和最多为 1，所以有

$$\sum_{k=1}^{77} X_{ijk}\leqslant 1\quad (j=1,2,\cdots,12;\ i=1,2,\cdots,400)$$

（4）控制器发送的指令需要满足传感器的工作状态。

每台传感器是否能够收到来自控制器的指令是由变量 y_{ik} 来控制的，因为我们所求优化设计方案 X_{ijk} 必须在传感器能接收指令的条件下，即 $y_{ik}=1$ 的情况下才能相互建立通信。所以对于我们建立的控制方案 X_{ijk}，其值不大于变量 y_{ik} 的值。所以有

$$X_{ijk}\leqslant y_{ik}\quad (j=1,2,\cdots,12)$$

4）模型一的建立

综上所述，可以建立每台控制器的控制传感器数量保持相对均衡性、每台控制器的控制传感器种类数量保持相对均衡性、各台控制器向不同传感器发出控制指令的间隔时间保持相对均衡性的三目标优化模型：

$$\begin{cases} Z_{11}=\min(\max(M_1)-\min(M_1)) \\ Z_{12}=\min\left(\sum_{j=1}^{12}\mathrm{Var}(K_1)\right) \\ Z_{13}=\min\left(\sum_{j=1}^{12}\sum_{r=1}^{p_j-1}\left(\dfrac{(B_{jr}-\Delta t_{jr})^2}{(p_j-1)}\right)\right) \end{cases}$$

$$\text{s. t.}\begin{cases} \sum_{i=1}^{400}\sum_{j=1}^{12} X_{ijk}\cdot y_{ik}=6 \\ \sum_{j=1}^{12} X_{ijk}\leqslant 1 \\ \sum_{k=1}^{77} X_{ijk}\leqslant 1 \\ X_{ijk}\leqslant y_{ik} \end{cases}$$

其中，$i=1,2,\cdots,400$；$j=1,2,\cdots,12$；$k=1,2,\cdots,77$。

5）模型一的求解

使用 Lingo 软件求解上述模型，得到问题一的安排方案，模型一的求解程序见附录 7.1.1。

对求出的解来验证控制器是否满足各项均衡性，例如取控制器 2、3、4 号，如图 7-1、图 7-2 所示。

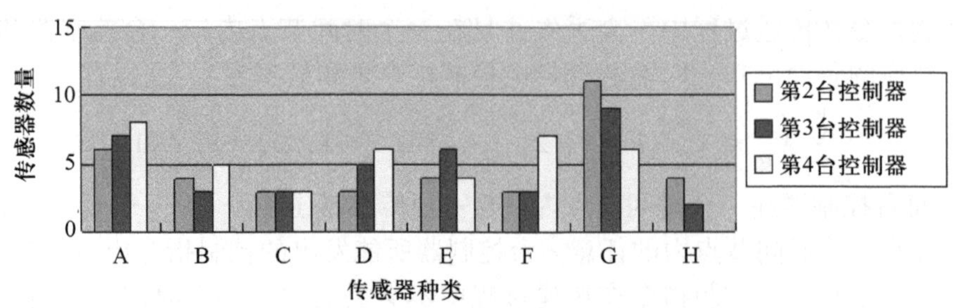

图 7-1　控制器控制传感器数量和种类均衡性

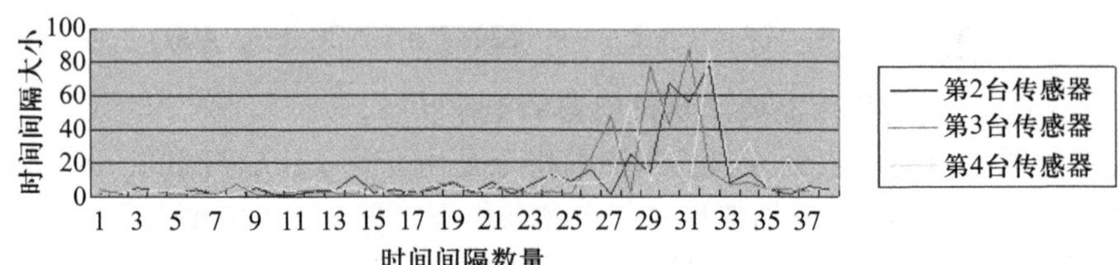

图 7-2　控制器发送指令时间间隔均衡性

由图可知，各台控制器能较好地满足各项均衡性条件。

2. 模型二的建立与求解

1）模型二的准备

由控制器工作状态可知，在每个时间节点上发送控制指令只有两种情况，即能否发出指令，所以在问题（1）的基础上引入表征控制器工作状态的 0-1 变量 $\boldsymbol{V}_{ij}$。

而 $\boldsymbol{V}_{ij}$ 的 0-1 规划刚好与 X_{ijk} 以及 y_{ik} 的 0-1 规划情况相反，不利于与之前的表达式建立联系，所以我们对 $\boldsymbol{V}_{ij}$ 矩阵减去一个元素全为 1 的矩阵 $\boldsymbol{O}_{ij}$，再取绝对值。令

$$N_{ij} = |\boldsymbol{V}_{ij} - \boldsymbol{O}_{ij}|$$

则有

$$N_{ij} = \begin{cases} 1 & \text{第 } i \text{ 个时间节点第 } j \text{ 台控制器能发出控制指令} \\ 0 & \text{否则} \end{cases}$$

由于 01 号和 02 号控制器自始至终分别控制不同的传感器，则从表征它们工作状态的矩阵 $\boldsymbol{X}_{ijk}$ 上看，在同一位置不能同时为 1。由矩阵性质可得，两者的 X_{ijk} 应满足点乘为 0。

又因为每台控制器只能与一个传感器通信，每台传感器能同时接收两个控制器的指令信息，这就要求固定到某个特定控制器（传感器），使与之相连接的总的传感器（控制器）数量满足要求，再采用与问题（1）同理的方法来求解最优方案。

2）模型二的建立

同样也以每个均衡性为条件建立 3 个目标函数 Z_{21}、Z_{22}、Z_{23}。

(1) 控制器所控制传感器数量的均衡性，即目标函数 Z_{21} 的建立。

步骤 1：求每台控制器控制传感器的数量

因为增加了对控制器工作状态的约束后，能否建立起通信是由 $N_{ij} \cdot X_{ijk} \cdot y_{ik}$ 控制，当值取 1 时则能建立通信，否则不能。所以每台控制器控制传感器的数量 M_2 的表达式为

$$M_2 = \sum_{i=1}^{400} \sum_{k=1}^{77} X_{ijk} \cdot y_{ik} \cdot N_{ij} \quad (j = 1, 2, \cdots, 12)$$

步骤 2：求控制器控制各类传感器数量的极差之和的最小值

因为控制器控制各类传感器数量的极差越小，说明控制器控制传感器的种类越平均，则有

$$Z_{21} = \sum_{j=1}^{12} \min(\max(M_2) - \min(M_2))$$

(2) 每台控制器控制传感器种类数量的均衡性，即目标函数 Z_{22} 的建立。

步骤 1：求每台控制器控制各类传感器数量

在添加了对控制器工作状态的约束后，我们能得到以任意一台控制器所控制各类传感器数量为元素的矩阵

$$\boldsymbol{K}_2 = \left(\sum_{i=1}^{400} \sum_{k=kl}^{kl+1} N_{ij} \cdot X_{ijk} \cdot y_{ik} \right) \quad (l = 0, 1, 2, \cdots, 7)$$

步骤 2：求控制器控制各类传感器数量方差之和的最小值

$\boldsymbol{K}_2$ 矩阵的方差较小时，能更好地满足控制传感器各种类数量的均衡性。同理，目标函数 Z_{22} 的表达式为

$$Z_{22} = \min\left(\sum_{j=1}^{12} \mathrm{Var}(\boldsymbol{K}_2) \right)$$

(3) 每台控制器发送指令平均时间间隔的均衡性，即目标函数 Z_{23} 的建立。

同理问题 (1)，用方差来表征控制器发出指令的时间间隔的相对均衡性。

步骤 1：求 12 台控制器发送指令的时间节点矩阵 $\boldsymbol{b}_{ij}$

增加对控制器工作状态的约束后，有

$$\boldsymbol{b}_{ij} = \sum_{k=1}^{77} N_{ij} \cdot X_{ijk} \cdot i \quad (i = 1, 2, \cdots, 400; j = 1, 2, \cdots, 12)$$

步骤 2：求单个控制器发送指令次数和平均时间间隔

对于任意一台控制器来说，其发送的指令次数 p_j 满足

$$p_j = \sum_{i=1}^{400} \sum_{k=1}^{77} N_{ij} \cdot X_{ijk}$$

我们用函数 $f(x)$ 对矩阵 $\boldsymbol{b}_{jm}$ 进行处理，得到新的列矩阵 $\boldsymbol{B}_{jr}$。

对于任意一台控制器来说，其发送指令的总的时间间隔 t_{jr} 满足

$$t_{jr} = \sum_{r=1}^{p_j - 1} \boldsymbol{B}_{jr}$$

步骤 3：求控制器发送指令的时间间隔的方差之和的最小值

因为用方差来刻画全部控制器发送指令时间间隔的相对均衡性，方差越小说明越

能满足均衡性要求，所以目标函数 Z_{23} 满足：

$$Z_{23} = \min\left(\sum_{j=1}^{12} \sum_{r=1}^{p_j-1} \left(\frac{(B_{jr} - \Delta t_{jr})^2}{(p_j - 1)} \right) \right)$$

3）模型二的约束条件

由于模型二是模型一的推广情况，因此模型二的约束条件是在模型一的基础上所进行修改的，而与模型一不同的约束条件为：

（1）任意一台传感器至多能和两台控制器建立连接。

因为每个时间节点内一台传感器至多和两台控制器建立通信，所以在任意一个时间点内，任意一台传感器接收到的来自 12 台控制器的控制指令之和最多为 2，所以有

$$\sum_{j=1}^{12} X_{ijk} \leqslant 2 \quad (k = 1,\ 2,\ \cdots,\ 77;\ i = 1,\ 2,\ \cdots,\ 400)$$

（2）控制器和传感器建立通信。

因为控制器和传感器能否建立通信，是由控制器的工作状态 N_{ij} 和传感器的工作状态 y_{ik} 共同来决定的，所以我们设计的优化方案 X_{ijk} 必须在控制器能发送指令并且传感器能接收指令的条件下才能实施，即 $N_{ij} \cdot y_{ik} = 1$ 的情况下，才能相互建立连接，即有

$$X_{ijk} \leqslant N_{ij} \cdot y_{ik} (j = 1,\ 2,\ \cdots,\ 12)$$

（3）特定的控制器控制情况不能交叉。

因为题目要求 01 号与 02 号控制器分别控制不同的传感器，03 号与 04 号控制器分别控制不同的传感器，而任意一台控制器对传感器的控制情况为矩阵 $\boldsymbol{X}_{ijk}$，要使得这两组控制器不能控制相同的传感器，则有它们对传感器的控制情况矩阵 $\boldsymbol{X}_{ijk}$ 中的元素对应项相乘为 0。

所以有

$$X_{i1k} \cdot X_{i2k} = 0$$
$$X_{i3k} \cdot X_{i4k} = 0$$
$$(i = 1,\ 2,\ \cdots,\ 400;\ k = 1,\ 2,\ \cdots,\ 77)$$

4）模型二的建立

综上所述，我们可以得到与问题（1）类型相似的三目标规划模型：

$$\begin{cases} Z_{21} = \min(\max(M_2) - \min(M_2)) \\ Z_{22} = \min\left(\sum_{j=1}^{12} \mathrm{Var}(K_2) \right) \\ Z_{23} = \min\left(\sum_{j=1}^{12} \sum_{r=1}^{p_j-1} \left(\frac{(B_{jr} - \Delta t_{jr})^2}{(p_j - 1)} \right) \right) \end{cases}$$

$$\text{s. t.} \begin{cases} \sum_{j=1}^{12} X_{ijk} \leqslant 2 \\ \sum_{k=1}^{77} X_{ijk} \leqslant 1 \\ X_{i1k} \cdot X_{i2k} = 0 \\ X_{i3k} \cdot X_{i4k} = 0 \end{cases}$$

其中，$i=1$，2，…，400；$j=1$，2，…，12；$k=1$，2，…，77。

5）模型二的求解

使用 Lingo 软件求解上述模型，得到问题（2）的安排方案，模型二的求解程序见附录 7.1.2。

对求出的解来验证控制器是否满足各项均衡性，例如取控制器 1、3、5 号，如图 7-3、图 7-4 所示：

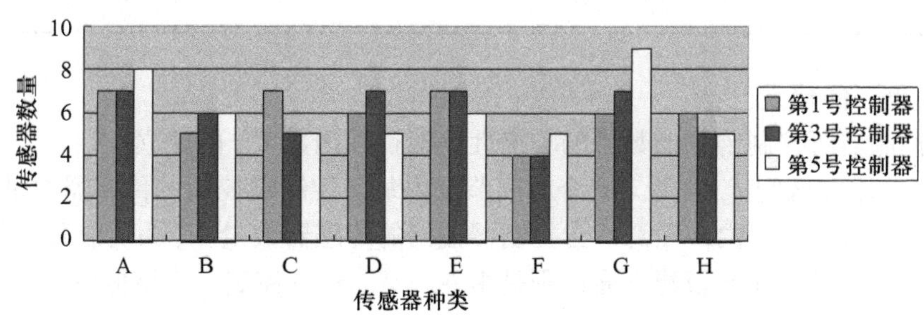

图 7-3　控制器控制传感器数量和种类的均衡性

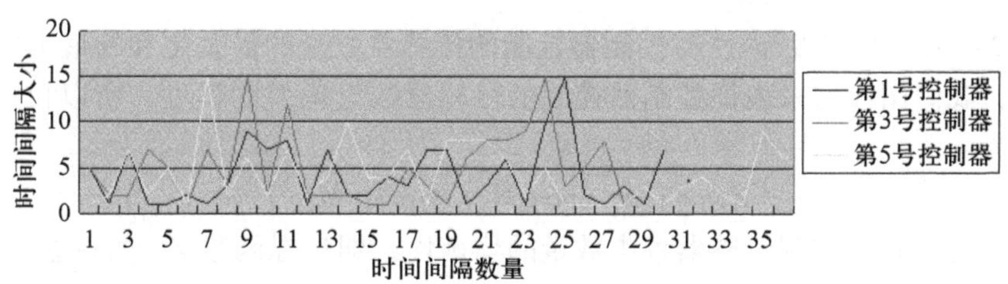

图 7-4　控制器发送指令时间间隔均衡性

由图可知，各台控制器能较好地满足各项均衡性条件。

3. 模型三的建立与求解

1）模型三的准备

在实际工作中，可能会要求在特定的时间段内完成信息的传递任务，这就要求能接收完整信息指令的传感器数量越多越好。为此，我们需要制定一个方案来确定特定时间段内各台控制器的工作任务，使接收完整信息的传感器数量越多越好，即是问题（3）所求。

要从 10 个时间单元中选取连续 4 个作为一个区间，由起始单元的不同可得到 7 种区间，如表 7-2 所列。

对单独的一个区间来说，因为要使能够接收完整指令信息的传感器数尽量多，所以我们采用取整函数来对满足要求的传感器进行表示，建立目标函数 Z_{34}。

同时，要求控制器的各项均衡性指标尽可能高，我们依靠 3 个均衡性条件建立 3 个目标函数，再运用同样的方法求出剩余 6 个区间的结果后进行比较。

表 7-2　区间 L_a 的分类情况

区间数	节点范围	区间数	节点范围
区间 1（$L_1=1$）	1 ~ 160	区间 5（$L_5=161$）	161 ~ 320
区间 2（$L_2=41$）	41 ~ 200	区间 6（$L_6=201$）	201 ~ 360
区间 3（$L_3=81$）	81 ~ 240	区间 7（$L_7=241$）	241 ~ 400
区间 4（$L_4=121$）	121 ~ 280		

2）模型三的建立

（1）控制器所控制传感器数量的均衡性，即目标函数 Z_{31} 的建立。

步骤 1：求在区间 L_a 内的 160 个时间节点内每台控制器控制的传感器数量

在 160 个时间节点内，任意一台控制器控制的传感器数量 M_3 为所有传感器当中能够建立通信的数量，而能否建立通信则是由 $N_{ij}\cdot X_{ijk}\cdot y_{ik}$ 控制，当该值取 1 时则能建立通信，否则不能。

所以 M_3 的表达式为

$$M_3=\sum_{i=L_a}^{L_a+159}\sum_{k=1}^{77}X_{ijk}\cdot y_{ik}\cdot N_{ij}\quad(j=1,2,\cdots,12)$$

步骤 2：求在区间 L_a 内所有控制器控制的传感器数量的极差之和的最小值

同理，我们用极差来表征控制器控制的传感器数量偏差的程度，所以目标函数 Z_{31} 的表达式为

$$Z_{31}=\min(\max(M_3)-\min(M_3))$$

（2）每台控制器控制传感器种类数量的均衡性，即目标函数 Z_{32} 的建立。

步骤 1：求在区间 L_a 内每台控制器控制的不同种类的传感器数量

在特定的时间段区间 L_a 内，同样我们能得到以任意一台控制器所控制各类传感器数量为元素的矩阵：

$$\boldsymbol{K}_3=\left(\sum_{i=L_a}^{L_a+159}\sum_{k=k_l}^{k_{l+1}}N_{ij}\cdot X_{ijk}\cdot y_{ik}\right)\quad(l=0,1,2,\cdots,7)$$

步骤 2：求在区间 L_a 内所有控制器控制的不同种类的传感器数量的方差之和的最小值

同理问题（2），用方差来表征不同种类的传感器在数量上的偏差程度。

所以目标函数 Z_{32} 的表达式应为

$$Z_{32}=\min\left(\sum_{j=1}^{12}\mathrm{Var}(\boldsymbol{K}_3)\right)$$

（3）每台控制器发送指令平均时间间隔的均衡性，即目标函数 Z_{33} 的建立。

同理问题（1），用方差来表征控制器发出指令的时间间隔的相对均衡性。

步骤 1：求在区间 L_a 内由 12 台控制器发送指令的时间节点矩阵 $\boldsymbol{b}_{ij}$

特定时间段内，时间节点矩阵 $\boldsymbol{b}_{ij}$ 应满足：

$$\boldsymbol{b}_{ij}=\sum_{k=1}^{77}N_{ij}\cdot X_{ijk}\cdot i\quad(i=L_a,L_a+1,\cdots,L_a+159;\ j=1,2,\cdots,12)$$

步骤2：求在区间 L_a 内单个控制器发送指令次数和平均时间间隔

特定时间段内，任意一台控制器发送的指令次数 p_j，满足：

$$p_j = \sum_{i=L_a}^{L_a+159} \sum_{k=1}^{77} N_{ij} \cdot X_{ijk}$$

我们用函数 f（x）对矩阵 $\boldsymbol{b}_{jm}$ 进行处理，得到新的列矩阵 $\boldsymbol{B}_{jr}$。

特定时间段内，任意一台控制器发送指令的总的时间间隔 t_{jr} 满足：

$$t_{jr} = \sum_{r=1}^{p_j-1} \boldsymbol{B}_{jr}$$

步骤3：在区间 L_a 内求控制器发送指令的时间间隔的方差之和的最小值

因为我们用方差来刻画全部控制器发送指令时间间隔的相对均衡性，所以目标函数 Z_{13} 满足：

$$Z_{33} = \min\left(\sum_{j=1}^{12} \sum_{r=1}^{p_j-1} \left(\frac{(B_{jr} - \Delta t_{jr})^2}{(p_j - 1)} \right) \right)$$

（4）要使能接收完整控制信息的传感器数量尽可能多，即目标函数 Z_{34} 的建立。

对于任意一台传感器，在区间 L_a 上所获得的控制指令总数来自 12 台控制器，所以能够接收完整指令信息的传感器应满足条件：

$$\left[\sum_{i=L_a}^{L_a+159} \sum_{j=1}^{12} X_{ijk} \div 6 \right] = 1$$

所以总共的满足条件的传感器数量 W 的表达式为

$$W = \sum_{k=1}^{77} \left[\sum_{i=L_a}^{L_a+159} \sum_{j=1}^{12} X_{ijk} \div 6 \right]$$

因为题目要求能够接收完整信息指令的传感器越多越好，所以有

$$Z_{34} = \max(W)$$

3）模型三的约束条件

因为模型三是模型二的推广情况，所以模型三的约束条件是在模型二的基础上所进行修改的。因为模型二是在整个时间段内都能满足约束条件，那么模型三中的约束条件只是问题（2）中约束条件的特例，所以这里就不再赘述。

4）模型三的建立

综上所述，同样我们能建立一个由 3 个均衡性条件的目标函数以及接收完整指令的传感器数量尽量多的目标函数组成的 4 目标规划模型：

$$\begin{cases} Z_{31} = \min(\max(M_3) - \min(M_3)) \\ Z_{32} = \min\left(\sum_{j=1}^{12} \mathrm{Var}(K3) \right) \\ Z_{33} = \min\left(\sum_{j=1}^{12} \sum_{r=1}^{p_j-1} \left(\frac{(B_{jr} - \Delta t_{jr})^2}{(p_j - 1)} \right) \right) \\ Z_{34} = \max(W) \end{cases}$$

$$
\text{s.t.}\begin{cases}
\sum_{i=1}^{400}\sum_{j=1}^{12} X_{ijk}\cdot y_{ik}=6\\
\sum_{j=1}^{12} X_{ijk}\leqslant 1\\
\sum_{k=1}^{77} X_{ijk}\leqslant 1\\
X_{ijk}\leqslant y_{ik}
\end{cases}
$$

其中，$i=1$，2，…，400；$j=1$，2，…，12；$k=1$，2，…，77。

5）模型三的求解

使用 Lingo 软件求解上述模型，得到问题（3）的安排方案，模型三的求解程序见附录 7.1.3。

对求出的解来验证控制器是否满足各项均衡性，例如取控制器 7、10、11 号，如图 7-5、图 7-6 所示：

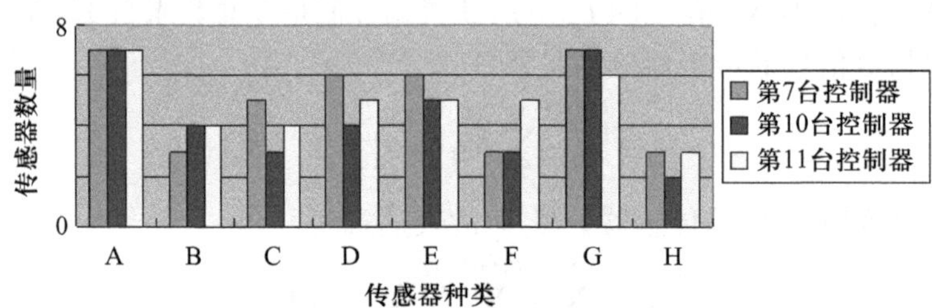

图 7-5 控制器控制传感器数量和种类均衡性

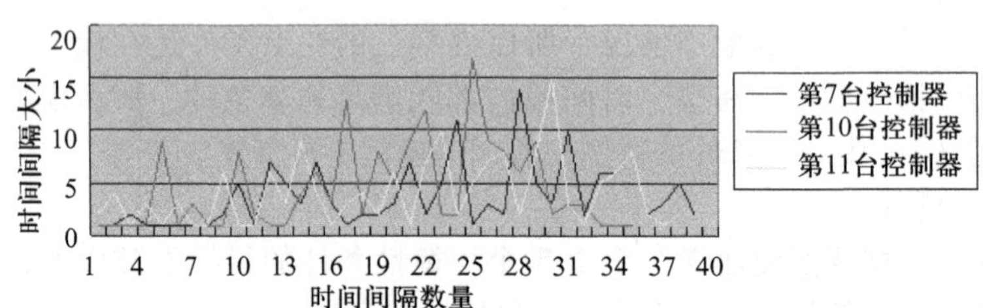

图 7-6 控制器发送指令时间间隔的均衡性

由图可知，各台控制器能较好地满足各项均衡性条件。

4. 模型四的建立与求解

1）模型四的准备

因为在实际控制过程中，可能出现控制器在某个时间节点发生故障的状况。这就需要我们及时地更改控制方案，将剩下的发送任务重新分配给其余没有出现故障的控制器。同时，也要保证剩余每台控制器满足各项均衡性指标，这样才能保证任务按计划完成，即是对问题（4）求解。

我们假设在第 i_0 个时间节点上，第 j_0 台控制器发生故障，不能继续工作。即从第 i_0+1 个时间点开始第 j_0 台控制器的发送任务都不能继续完成，由于发生故障的假设是在问题（2）的基础上，我们已经求解出了问题（2）的最优控制方案，所以此时在发生故障前的控制方案 X_{ijk} 应该是已知值，且肯定满足各项均衡性条件。

在 j_0 台控制器发生故障后，剩余的控制器要完成所有的发送任务，我们设立新的表征剩余控制器工作状态的决策变量 Q_{ijk} 来表征控制器工作情况，而有

$$Q_{ijk}=\begin{cases}1 & \text{第 } j \text{ 台控制器在第 } i \text{ 个时间点对第 } k \text{ 号传感器发送指令}\\ 0 & \text{否则}\end{cases}$$

对于任意一台传感器来说，在 400 个时间节点内，它所能收到的指令之和应该是由两部分组成，第一部分是从开始到第 i_0 个时间节点由 12 台控制器共同发送的指令之和，第二部分是从第 i_0 个时间节点到最后，由 11 台控制器发送的指令之和。

2）模型四的建立

（1）控制器控制传感器数量的相对均衡性，即目标函数 Z_{41} 的建立。

同理问题（1），我们可以用极差的大小来表征控制器控制传感器数量的均衡性。

步骤 1：求每台控制器控制传感器的数量。

当第 j_0 台控制器在第 i_0 个时间节点发生故障后，剩余的控制器在整个时间段内，每台控制器控制的传感器数量 M_4 应满足：

$$M_4=\sum_{i=i_0+1}^{400}\sum_{k=1}^{77}Q_{ijk}\cdot y_{ik}\cdot N_{ij}+\sum_{i=1}^{i_0}\sum_{k=1}^{77}X_{ijk}\cdot y_{ik}\cdot N_{ij}\quad(j=1,2,\cdots,j_0-1,j_0+1,\cdots,12)$$

步骤 2：求控制器控制传感器数量的极差之和的最小值

目标函数 Z_{41} 应满足 Z_{21} 的形式，即有

$$Z_{41}=\sum_{j=1}^{12}\min(\max(M_4)-\min(M_4))$$

（2）每台控制器控制各类传感器数量的相对均衡性，即目标函数 Z_{42} 的建立。

同理问题（1），我们仍采用方差的大小来表征控制器所控制的各类传感器数量的均衡性。

步骤 1：求每台控制器控制各类传感器数量

在第 j_0 台控制器发生故障之后，除了第 j_0 台控制器外，可求得以任意一台控制器在整个时间段内所控制的各类传感器数量为元素的矩阵：

$$\boldsymbol{K}_4=\left(\sum_{i=1}^{i_0}\sum_{k=kl}^{kl+1}N_{ij}\cdot Q_{ijk}\cdot y_{ik}+\sum_{i=i_0+1}^{400}\sum_{k=kl}^{kl+1}N_{ij}\cdot X_{ijk}\cdot y_{ik}\right)\quad(l=0,\ 1,\ 2,\ \cdots,\ 7)$$

步骤 2：求所有控制器控制各类传感器数量的方差之和的最小值

同理问题（2），用方差来表征不同种类的传感器在数量上的偏差程度，那么方差越小说明越能满足均衡性条件。

所以目标函数 Z_{42} 的表达式应为

$$Z_{42}=\min\left(\sum_{j=1}^{j_0-1}\mathrm{Var}(K_4)+\sum_{j=j_0+1}^{12}\mathrm{Var}(K_4)\right)$$

（3）控制器发送指令的时间间隔的均衡性，即目标函数 Z_{43} 的建立。

同理问题（1），用方差来表征控制器发出指令的时间间隔的相对均衡性。

步骤 1：求发生故障前，12 台控制器发送指令的时间节点矩阵 $\boldsymbol{c}_{ij}$，满足：

$$\boldsymbol{c}_{ij} = \sum_{k=1}^{77} N_{ij} \cdot X_{ijk} \cdot i \quad (i = 1, 2, \cdots, 400; j = 1, 2, \cdots, 12)$$

步骤 2：求发生故障后，11 台控制器发送指令的时间节点矩阵 $\boldsymbol{b}_{ij}$，满足：

$$\boldsymbol{b}_{ij} = \sum_{k=1}^{77} N_{ij} \cdot Q_{ijk} \cdot i \quad (i = 1, 2, \cdots, 400; j = 1, 2, \cdots, j_0 - 1, j_0 + 1, \cdots, 12)$$

步骤 3：求由于发生故障，单个控制器发送指令次数和平均时间间隔

对于任意一台非故障控制器来说，其发送的指令次数 p_j，满足：

$$p_j = \sum_{i=1}^{i_0-1} \sum_{k=1}^{77} N_{ij} \cdot X_{ijk} + \sum_{i=i_0}^{400} \sum_{k=1}^{77} N_{ij} \cdot Q_{ijk} \quad (j = 1, 2, \cdots, j_0 - 1, j_0 + 1, \cdots, 12)$$

用 $f(x)$ 对 b_{ij}、c_{ij} 进行处理得到 B_{jr}、C_{jr}。

对于任意一台非故障控制器来说，其发送指令的总的时间间隔 t_{jr}，满足：

$$t_{jr} = \sum_{r=1}^{p_j-1} (B_{jr} + C_{jr}) \quad (j = 1, 2, \cdots, j_0 - 1, j_0 + 1, \cdots, 12)$$

步骤 4：求控制器发送指令的时间间隔的方差之和的最小值

因为我们用均方差来刻画全部控制器发送指令时间间隔的相对均衡性，所以目标函数 Z_{43} 满足：

$$Z_{43} = \min\left(\sum_{j=1}^{j_0-1} \sum_{r=1}^{p_j-1}\left(\frac{(B_{jr} - \Delta t_{jr})^2}{(p_j - 1)}\right) + \sum_{j=j_0+1}^{12} \sum_{r=1}^{p_j-1}\left(\frac{(B_{jr} - \Delta t_{jr})^2}{(p_j - 1)}\right) + \sum_{j=1}^{j_0-1} \sum_{r=1}^{p_j-1}\left(\frac{(C_{jr} - \Delta t_{jr})^2}{(p_j - 1)}\right) + \sum_{j=j_0+1}^{12} \sum_{r=1}^{p_j-1}\left(\frac{(C_{jr} - \Delta t_{jr})^2}{(p_j - 1)}\right)\right)$$

3）模型四的约束条件

因为模型四是模型二的推广情况，所以模型四的约束条件是在模型二的基础上所进行修改的。而与模型二不同的约束条件如下。

（1）任意一台传感器至多能和两台控制器建立连接。

因为每个时间节点内一台传感器至多能和两台控制器建立通信的条件，所以发生故障后，在任意一个时间节点，任意一台传感器接收到的来自 11 台控制器的控制指令之和最多为 2，所以有

$$\sum_{j=1}^{j_0-1} Q_{ijk} + \sum_{j=j_0+1}^{12} Q_{ijk} \leqslant 2 \quad (k = 1, 2, \cdots, 77; i = i_0, i_0 + 1, \cdots, 400)$$

（2）任意一台控制器只能和一台传感器建立连接。

因为每个时间节点内一台控制器至多能和一台传感器建立通信的条件，所以在第 j_0 台控制器发生故障后，在任意一个时间节点上，除了第 j_0 台控制器，任意一台控制器向 77 台传感器发送的指令之和不大于 1，即有

$$\sum_{k=1}^{77} Q_{ijk} \leqslant 1 \quad (j = 1, 2, \cdots, j_0 - 1, j_0 + 1, \cdots, 12; i = i_0, \cdots, 400)$$

（3）特定的控制器控制情况不能交叉。

在整个过程中，题目要求 01 号与 02 号控制器分别控制不同的传感器，03 号与 04

号控制器分别控制不同的传感器，所以要求在考虑发生故障前 4 台控制器的控制情况下，再对发生故障后的控制情况进行考虑。综合考虑后，即有

$$\sum_{i=1}^{i_0-1}(X_{i1k}+X_{i2k})+\sum_{i=i_0}^{400}(Q_{i1k}+Q_{i2k})\leqslant 1$$

$$\sum_{i=1}^{i_0-1}(X_{i3k}+X_{i4k})+\sum_{i=i_0}^{400}(Q_{i3k}+Q_{i4k})\leqslant 1$$

其中，$j=1, 2, \cdots, 77$。

（4）每台传感器整个时间段收到的控制指令应分为两个部分。

每台传感器接收到的信息指令，是由发生故障前的 12 台控制器和发生故障后的 11 台控制器发送的指令之和。而要收到完整的控制指令，则需要每台传感器收到的指令之后为 6，即有

$$\sum_{i=1}^{i_0}\sum_{j=1}^{12}X_{ijk}\cdot y_{ik}+\sum_{i=i_0}^{400}\sum_{j=1}^{j_0}Q_{ijk}\cdot y_{ik}+\sum_{i=1}^{i_0}\sum_{j=j_0+1}^{12}Q_{ijk}\cdot y_{ik}=6$$

4）模型四的建立

综上所述，我们可以得到与问题（2）类型相似的 3 目标规划模型：

$$\begin{cases}Z_{41}=\min(\max(M_4)-\min(M_4))\\ Z_{42}=\min\left(\sum_{j=1}^{j_0-1}\mathrm{Var}(K_4)+\sum_{j=j_0+1}^{12}\mathrm{Var}(K_4)\right)\\ Z_{43}=\min\left(\sum_{j=1}^{j_0-1}\sum_{r=1}^{p_j-1}\left(\dfrac{(B_{jr}-\Delta t_{jr})^2}{(p_j-1)}\right)+\sum_{j=j_0+1}^{12}\sum_{r=1}^{p_j-1}\left(\dfrac{(B_{jr}-\Delta t_{jr})^2}{(p_j-1)}\right)+\sum_{j=1}^{12}\sum_{r=1}^{p_j-1}\left(\dfrac{(C_{jr}-\Delta t_{jr})^2}{(p_j-1)}\right)\right)\end{cases}$$

$$\text{s. t.}\begin{cases}\sum_{j=1}^{j_0-1}Q_{ijk}+\sum_{j=j_0+1}^{12}Q_{ijk}\leqslant 2\\ \sum_{k=1}^{77}Q_{ijk}\leqslant 1\\ \sum_{i=1}^{i_0-1}(X_{i1k}+X_{i2k})+\sum_{i=i_0}^{400}(Q_{i1k}+Q_{i2k})\leqslant 1\\ \sum_{i=1}^{i_0-1}(X_{i3k}+X_{i4k})+\sum_{i=i_0}^{400}(Q_{i3k}+Q_{i4k})\leqslant 1\\ \sum_{i=1}^{i_0}\sum_{j=1}^{12}X_{ijk}\cdot y_{ik}+\sum_{i=i_0}^{400}\sum_{j=1}^{j_0}Q_{ijk}\cdot y_{ik}+\sum_{i=1}^{i_0}\sum_{j=j_0+1}^{12}Q_{ijk}\cdot y_{ik}=6\end{cases}$$

5）模型四的求解

使用 Lingo 软件求解上述模型，得到问题（4）的安排方案，模型四的求解程序见附录 7.1.4。

对求出的解来验证控制器是否满足各项均衡性，例如取控制器 6、7、8 号，如图 7-7、图 7-8 所示：

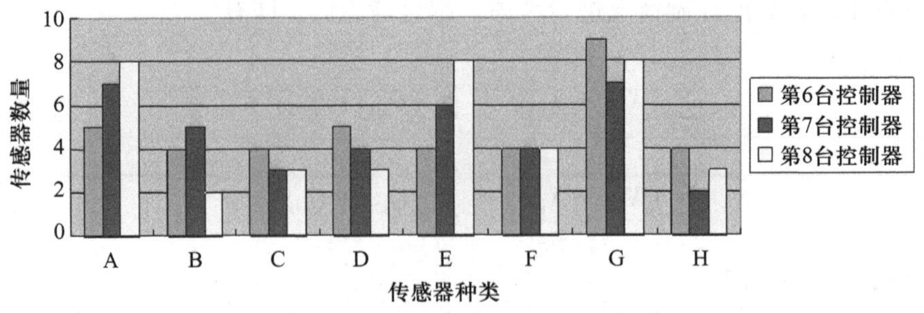

图 7-7　控制器控制传感器数量和种类的均衡性

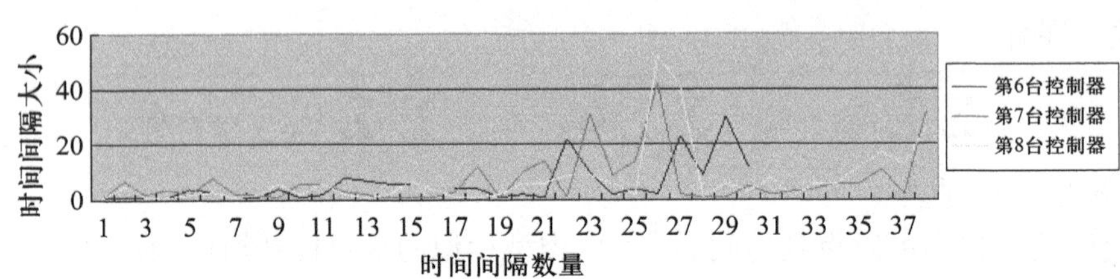

图 7-8　控制器发送指令时间间隔的均衡性

由图可知，各台控制器能较好地满足各项均衡性条件。

7.1.5　模型评价

1. 模型的优点

（1）建立模型的原理简单易懂，可移植性强，对于类似控制与被控制问题只要在程序中输入数据，并用相同的规则判断，便可容易地得出结果。

（2）充分利用 Matlab、Lingo 等软件进行编程求解，所得误差较小，数据准确合理。

（3）该模型实用性强，对现实有较强的指导意义。

（4）建立的相对均衡性的模型在理论上有一定的基础，把抽象的事物具体化、数字化，使我们讨论的求解过程更加简便。

2. 模型的缺点

题目中大量使用了大规模的规划，没有考虑对模型进行精简，这使得求解的运算量较大。

7.1.6　模型的改进和推广

因为本文建立的是多目标规划模型，求解出来的控制方案不一定能很好地满足实际需要，所以，在求解中我们利用层次分析法，对各目标函数进行加权处理，使其转变成为一个单目标规划模型。通过修改各目标函数的权重大小，我们能得到侧重突出某一实际要求的控制方案。如果考虑到个目标函数的相关性，还可以使用主成分分析法来求解最优控制方案，后者更具有现实意义。

在考虑控制器发送指令的时间间隔均衡性时，我们采用的是求各段时间间隔的方差来表征其偏离程度，此方法虽然简明易懂，但计算过程比较繁杂。对此，我们还想到另一种表征其时间间隔均衡性的办法，即先根据控制器发送指令的次数和时间节点区间，按照严格均分的思想，求出控制器发送指令的理想时间节点，再求出控制器实际发送指令的时间节点与对应理想时间节点的差值，再用这些差值的平方和来表征实际与理想的偏离程度。

虽然我们已经进入信息时代，但某些领域仍然存在信息交流不畅的情况，比如说在医院的就诊时间预约的问题上，医生和患者不能建立有效的匹配关系，导致医疗资源的浪费而且患者不能得到及时的救治，本文的模型就能很好地解决这样的问题。将医生比作控制器，患者比作传感器，每个医生的工作时间有限制，病人根据自身情况，前往医院就诊的时间也有所不同，这就要求合理安排就诊时间，保证就诊时间不会冲突。在考虑均衡性条件上，每个医生所能听诊的患者人数要保持相对均衡，同时为使医生避免过度劳累，保证医疗水平，应合理安排医生的听诊时间，保持其相对均衡性。综合以上约束条件，我们就可以将控制器的方案模型推广到医疗系统，使之对医生与患者的就诊时间作出优化方案，解决医患不及时有效的问题。

参考文献

[1] 宋巨龙，王香柯，冯晓慧．最优化方法［M］．西安：西安电子科技大学出版社，2012.

[2] 韩中庚．数学建模竞赛——获奖论文精选与点评［M］．北京：科学出版社，2007.

[3] 百度百科，极差，http：//baike. baidu. com/view/53634. htm.

[4] 百度百科，方差，http：//baike. baidu. com/view/172036. htm.

[5] 彭放，罗文强，肖海军，等．数学建模方法［M］．北京：科学出版社，2007.

[6] 姜启源，谢金星，叶俊．数学模型［M］．北京：高等教育出版社，2011.

附　　录

7.1.1　模型一的程序

```
Title 传感器;
Sets:
  sd/1..400/: ;
  kzq/1..12/: l;
  cgqlx/1..8/:qd,zd ;
  ! qd/1,2/: ab ;
  cgq/1..77/:;
```

```
  links(sd,kzq,cgq): x;
  ijlinks(sd,kzq):;
  jslink(sd,cgq):y,k1,k2,k3,k4,k5,k6,k7,k8,k9,k10,k11,k12;
mb2(cgq,cgqlx):cc;

Endsets
data:
qd=1,14,21,29,38,50, 58,72;
zd=13,20,28,37, 49, 57,71, 77 ;
  y=@ OLE('传感器工作状态表','传感器受控数据');
  @ OLE('传感器工作状态表','控制器1')=k1;
  @ OLE('传感器工作状态表','控制器2')=k2;
  @ OLE('传感器工作状态表','控制器3')=k3;
  @ OLE('传感器工作状态表','控制器4')=k4;
  @ OLE('传感器工作状态表','控制器5')=k5;
  @ OLE('传感器工作状态表','控制器6')=k6;
  @ OLE('传感器工作状态表','控制器7')=k7;
  @ OLE('传感器工作状态表','控制器8')=k8;
  @ OLE('传感器工作状态表','控制器9')=k9;
  @ OLE('传感器工作状态表','控制器10')=k10;
  @ OLE('传感器工作状态表','控制器11')=k11;
  @ OLE('传感器工作状态表','控制器12')=k12;

enddata

! 目标1;
min=@ max(kzq:l)-@ min(kzq:l);

@ for(kzq(j): l(j)=@ sum(jslink(i,k): x(i,j,k)));

! @ for(sd(i): @ for(cgq(k): @ sum(kzq(j): x(i,j,k)* y(i,k))<=1));
! @ for(sd(i): @ for(kzq(j): @ sum(cgq(k): x(i,j,k)* y(i,k))<=1));

! 其他约束;
@ for(sd(i): @ for(cgq(k): @ sum(kzq(j): x(i,j,k))<=y(i,k)));
@ for(sd(i): @ for(kzq(j): @ sum(cgq(k): x(i,j,k))<=1));
@ for(kzq(j): @ for(cgq(k): @ sum(sd(i): x(i,j,k))<=1));

! 目标2;
@ for(kzq(j): @ for(cgqlx(t): cc(j,t)=@ sum(sd(i):@ sum(cgq(k) |k#GE#qd(t)#
and #k#LE#zd(t): x(i,j,k)))));
@ for(kzq(j): @ max(cgqlx(t):cc(j,t))-@ min(cgqlx(t):cc(j,t))<=4);
```

```
@ for(cgq(k):  @ sum(sd(i): @ sum(kzq(j): x(i,j,k)* y(i,k)))=6);

@ for(sd(i):  @ for(cgq(k): k1(i,k)=x(i,1,k)));
@ for(sd(i):  @ for(cgq(k): k2(i,k)=x(i,2,k)));
@ for(sd(i):  @ for(cgq(k): k3(i,k)=x(i,3,k)));
@ for(sd(i):  @ for(cgq(k): k4(i,k)=x(i,4,k)));
@ for(sd(i):  @ for(cgq(k): k5(i,k)=x(i,5,k)));
@ for(sd(i):  @ for(cgq(k): k6(i,k)=x(i,6,k)));
@ for(sd(i):  @ for(cgq(k): k7(i,k)=x(i,7,k)));
@ for(sd(i):  @ for(cgq(k): k8(i,k)=x(i,8,k)));
@ for(sd(i):  @ for(cgq(k): k9(i,k)=x(i,9,k)));
@ for(sd(i):  @ for(cgq(k): k10(i,k)=x(i,10,k)));
@ for(sd(i):  @ for(cgq(k): k11(i,k)=x(i,11,k)));
@ for(sd(i):  @ for(cgq(k): k12(i,k)=x(i,12,k)));

@ for(links: @ bin(x));

End
```

7.1.2 模型二的程序

```
Title  传感器;
Sets:
  sd/1..400/: ;
  kzq/1..12/: l;
  cgqlx/1..8/:qd,zd ;
  ! qd/1,2/: ab ;
  cgq/1..77/:;
  links(sd,kzq,cgq): x;
  ijlinks(sd,kzq):z;
  jslink(sd,cgq):y,k1,k2,k3,k4,k5,k6,k7,k8,k9,k10,k11,k12;
mb2(cgq,cgqlx):cc;

Endsets
data:
qd=1,14,21,29,38,50, 58,72;
zd=13,20,28,37, 49, 57,71, 77 ;
  y=@ OLE('传感器工作状态表','传感器受控数据');
  z=@ OLE('控制器工作状态表','控制器受控数据');
  @ OLE('传感器工作状态表','控制器1')=k1;
  @ OLE('传感器工作状态表','控制器2')=k2;
  @ OLE('传感器工作状态表','控制器3')=k3;
  @ OLE('传感器工作状态表','控制器4')=k4;
  @ OLE('传感器工作状态表','控制器5')=k5;
```

```
    @ OLE('传感器工作状态表','控制器6')=k6;
    @ OLE('传感器工作状态表','控制器7')=k7;
    @ OLE('传感器工作状态表','控制器8')=k8;
    @ OLE('传感器工作状态表','控制器9')=k9;
    @ OLE('传感器工作状态表','控制器10')=k10;
    @ OLE('传感器工作状态表','控制器11')=k11;
    @ OLE('传感器工作状态表','控制器12')=k12;

  enddata

  ! 目标1;
  min=@ max(kzq:l)-@ min(kzq:l);

  @ for(kzq(j): l(j)=@ sum(jslink(i,k): x(i,j,k)));

  ! @ for(sd(i): @ for(cgq(k): @ sum(kzq(j): x(i,j,k)* y(i,k))<=1));
  ! @ for(sd(i): @ for(kzq(j): @ sum(cgq(k): x(i,j,k)* y(i,k))<=1));

  ! 其他约束;
  @ for(sd(i): @ for(cgq(k):@ sum(kzq(j): x(i,j,k))<=2* y(i,k)));
  @ for(sd(i): @ for(kzq(j): @ sum(cgq(k): x(i,j,k))<=1-z(i,j)));
  @ for(kzq(j): @ for(cgq(k): @ sum(sd(i): x(i,j,k))<=1));! 整个过程控制器对控制
的每台传感器只发出一个指令;
  @ for(cgq(k):  @ sum(sd(i): @ sum(kzq(j): x(i,j,k)* y(i,k)* (1-z(i,j))))=
6);
  @ for(cgq(k):@ sum(sd(i):x(i,1,k)* y(i,k)* (1-z(i,1)))+@ sum(sd(i):x(i,2,
k)* y(i,k)* (1-z(i,2)))<=1);
  @ for(cgq(k):@ sum(sd(i):x(i,3,k)* y(i,k)* (1-z(i,3)))+@ sum(sd(i):x(i,4,
k)* y(i,k)* (1-z(i,4)))<=1);! 1、2 和 3、4 不能控制同一个传感器;
  ! 目标2;
  @ for(kzq(j): @ for(cgqlx(t): cc(j,t)=@ sum(sd(i):@ sum(cgq(k) |k#GE#qd(t)#
and #k#LE#zd(t): x(i,j,k)))));
  @ for(kzq(j): @ max(cgqlx(t):cc(j,t))-@ min(cgqlx(t):cc(j,t))<=4);

  @ for(sd(i):  @ for(cgq(k): k1(i,k)=x(i,1,k)));
  @ for(sd(i):  @ for(cgq(k): k2(i,k)=x(i,2,k)));
  @ for(sd(i):  @ for(cgq(k): k3(i,k)=x(i,3,k)));
  @ for(sd(i):  @ for(cgq(k): k4(i,k)=x(i,4,k)));
  @ for(sd(i):  @ for(cgq(k): k5(i,k)=x(i,5,k)));
  @ for(sd(i):  @ for(cgq(k): k6(i,k)=x(i,6,k)));
  @ for(sd(i):  @ for(cgq(k): k7(i,k)=x(i,7,k)));
  @ for(sd(i):  @ for(cgq(k): k8(i,k)=x(i,8,k)));
  @ for(sd(i):  @ for(cgq(k): k9(i,k)=x(i,9,k)));
```

```
    @ for(sd(i):  @ for(cgq(k): k10(i,k)=x(i,10,k)));
    @ for(sd(i):  @ for(cgq(k): k11(i,k)=x(i,11,k)));
    @ for(sd(i):  @ for(cgq(k): k12(i,k)=x(i,12,k)));

    @ for(links: @ bin(x));

end
```

7.1.3 模型三的程序

```
Title  传感器
Sets:
  sd/1..400/: ;
  kzq/1..12/: l;
  cgqlx/1..8/:qd,zd ;
  ! qd/1,2/: ab ;
  cgq/1..77/:jl;
fz/1..7/:zdz;
links(sd,kzq,cgq): x,q;
! h1links(fza,kzq,cgq),q1;
! h2links(fzb,kzq,cgq),q2;
! h3links(fzc,kzq,cgq),q3;
! h4links(fzd,kzq,cgq),q4;
! h5links(fze,kzq,cgq),q5;
! h6links(fzf,kzq,cgq),q6;
! h7links(fzg,kzq,cgq),q7;
  ijlinks(sd,kzq):z;
  jslink(sd,cgq):y,k1,k2,k3,k4,k5,k6,k7,k8,k9,k10,k11,k12;
  mb2(cgq,cgqlx):cc;
Endsets
data:
qd=1,14,21,29,38,50, 58,72;
zd=13,20,28,37, 49, 57,71, 77 ;

  y=@ OLE('传感器工作状态表','传感器受控数据');
  z=@ OLE('控制器工作状态表','控制器受控数据');
  @ OLE('传感器工作状态表','控制器 1')=k1;
  @ OLE('传感器工作状态表','控制器 2')=k2;
  @ OLE('传感器工作状态表','控制器 3')=k3;
  @ OLE('传感器工作状态表','控制器 4')=k4;
  @ OLE('传感器工作状态表','控制器 5')=k5;
```

```
  @ OLE('传感器工作状态表','控制器 6')=k6;
  @ OLE('传感器工作状态表','控制器 7')=k7;
  @ OLE('传感器工作状态表','控制器 8')=k8;
  @ OLE('传感器工作状态表','控制器 9')=k9;
  @ OLE('传感器工作状态表','控制器 10')=k10;
  @ OLE('传感器工作状态表','控制器 11')=k11;
  @ OLE('传感器工作状态表','控制器 12')=k12;

enddata
  max=@ max(fz:zdz(4));
 ! zdz(1)=@ sum(cgq(k):@ if(@ sum(sd(i) |i#LE#160:@ sum(kzq(j): x(i,j,k)* y(i,k)* (1-z(i,j))))#EQ#6,1,0));
 ! zdz(2)=@ sum(cgq(k):@ if(@ sum(sd(i) |i#GE#41#and#i#LE#200:@ sum(kzq(j): x(i,j,k)* y(i,k)* (1-z(i,j))))#EQ#6,1,0));
 ! zdz(3)=@ sum(cgq(k):@ if(@ sum(sd(i) |i#GE#81#and#i#LE#240:@ sum(kzq(j): x(i,j,k)* y(i,k)* (1-z(i,j))))#EQ#6,1,0));
 zdz(4)=@ sum(cgq(k):@ if(@ sum(sd(i) |i#GE#121#and#i#LE#280:@ sum(kzq(j): x(i,j,k)* y(i,k)* (1-z(i,j))))#EQ#6,1,0));
 ! zdz(5)=@ sum(cgq(k):@ if(@ sum(sd(i) |i#GE#161#and#i#LE#320:@ sum(kzq(j): x(i,j,k)* y(i,k)* (1-z(i,j))))#EQ#6,1,0));
 ! zdz(6)=@ sum(cgq(k):@ if(@ sum(sd(i) |i#GE#201#and#i#LE#360:@ sum(kzq(j): x(i,j,k)* y(i,k)* (1-z(i,j))))#EQ#6,1,0));
 ! zdz(7)=@ sum(cgq(k):@ if(@ sum(sd(i) |i#GE#241#and#i#LE#400:@ sum(kzq(j): x(i,j,k)* y(i,k)* (1-z(i,j))))#EQ#6,1,0));
 ! 目标 1;
 @ for(cgq(k):@ max(kzq:l)-@ min(kzq:l)<=4);
 @ for(kzq(j): l(j)=@ sum(jslink(i,k): x(i,j,k)));

 ! @ for(sd(i): @ for(cgq(k): @ sum(kzq(j): x(i,j,k)* y(i,k))<=1));
 ! @ for(sd(i): @ for(kzq(j): @ sum(cgq(k): x(i,j,k)* y(i,k))<=1));

 ! 其他约束;
 @ for(sd(i): @ for(cgq(k):@ sum(kzq(j): x(i,j,k))<=2* y(i,k)));
 @ for(sd(i): @ for(kzq(j): @ sum(cgq(k): x(i,j,k))<=1-z(i,j)));
 @ for(kzq(j): @ for(cgq(k): @ sum(sd(i): x(i,j,k))<=1));
 @ for(cgq(k):  @ sum(sd(i): @ sum(kzq(j): x(i,j,k)* y(i,k)* (1-z(i,j))))=6);
```

```
@ for(cgq(k):@ sum(sd(i):x(i,1,k)! * y(i,k)* (1-z(i,1));)+@ sum
(sd(i):x(i,2,k)! * y(i,k)* (1-z(i,2));)<=1);
@ for(cgq(k):@ sum(sd(i):x(i,3,k)! * y(i,k)* (1-z(i,3));)+@ sum
(sd(i):x(i,4,k)! * y(i,k)* (1-z(i,4));)<=1);
! 目标2;
@ for(kzq(j): @ for(cgqlx(t): cc(j,t)=@ sum(sd(i):@ sum(cgq(k) |
k#GE#qd(t)#and #k#LE#zd(t): x(i,j,k)))));
@ for(kzq(j): @ max(cgqlx(t):cc(j,t))-@ min(cgqlx(t):cc(j,t))<
=4);

@ for(sd(i):  @ for(cgq(k): k1(i,k)=x(i,1,k)));
@ for(sd(i):  @ for(cgq(k): k2(i,k)=x(i,2,k)));
@ for(sd(i):  @ for(cgq(k): k3(i,k)=x(i,3,k)));
@ for(sd(i):  @ for(cgq(k): k4(i,k)=x(i,4,k)));
@ for(sd(i):  @ for(cgq(k): k5(i,k)=x(i,5,k)));
@ for(sd(i):  @ for(cgq(k): k6(i,k)=x(i,6,k)));
@ for(sd(i):  @ for(cgq(k): k7(i,k)=x(i,7,k)));
@ for(sd(i):  @ for(cgq(k): k8(i,k)=x(i,8,k)));
@ for(sd(i):  @ for(cgq(k): k9(i,k)=x(i,9,k)));
@ for(sd(i):  @ for(cgq(k): k10(i,k)=x(i,10,k)));
@ for(sd(i):  @ for(cgq(k): k11(i,k)=x(i,11,k)));
@ for(sd(i):  @ for(cgq(k): k12(i,k)=x(i,12,k)));

@ for(links: @ bin(x));

End
```

7.1.4 模型四的程序

```
Title  传感器
Sets:
sd/1..400/:;
  sd1/1..180/: ;
sd2/1..220/:;
  kzq/1..12/: l;
  cgqlx/1..8/:qd,zd ;
  ! qd/1,2/: ab ;
  cgq/1..77/:;
  links(sd1,kzq,cgq): x;
mlinks(sd2,kzq,cgq):m;
  ij1links(sd1,kzq):z1;
```

```
  ij2links(sd2,kzq):z2;
jslink(sd,cgq):y;
js1link(sd1,cgq):y1,k1,k2,k3,k4,k5,k6,k7,k8,k9,k10,k11,k12;
js2link(sd2,cgq):y2,m1,m2,m3,m4,m5,m6,m7,m8,m9,m10,m11,m12;
mb2(cgq,cgqlx):cc;

Endsets
data:
qd=1,14,21,29,38,50, 58,72;
zd=13,20,28,37, 49, 57,71, 77 ;
  y=@ OLE('传感器工作状态表','传感器受控数据');
  y1=@ OLE('传感器工作状态表','传感器受控数据1');
  y2=@ OLE('传感器工作状态表','传感器受控数据2');
  z1=@ OLE('控制器工作状态表','控制器受控数据1');
  z2=@ OLE('控制器工作状态表','控制器受控数据2');
  k1=@ OLE('传感器工作状态表','控制器1');
  k2=@ OLE('传感器工作状态表','控制器2');
  k3=@ OLE('传感器工作状态表','控制器3');
  k4=@ OLE('传感器工作状态表','控制器4');
  k5=@ OLE('传感器工作状态表','控制器5');
  k6=@ OLE('传感器工作状态表','控制器6');
  k7=@ OLE('传感器工作状态表','控制器7');
  k8=@ OLE('传感器工作状态表','控制器8');
  k9=@ OLE('传感器工作状态表','控制器9');
  k10=@ OLE('传感器工作状态表','控制器10');
  k11=@ OLE('传感器工作状态表','控制器11');
  k12=@ OLE('传感器工作状态表','控制器12');

  @ OLE('改进后传感器工作状态','控制器1')=m1;
  @ OLE('改进后传感器工作状态','控制器2')=m2;
  @ OLE('改进后传感器工作状态','控制器3')=m3;
  @ OLE('改进后传感器工作状态','控制器4')=m4;
  @ OLE('改进后传感器工作状态','控制器5')=m5;
  @ OLE('改进后传感器工作状态','控制器6')=m6;
  @ OLE('改进后传感器工作状态','控制器7')=m7;
  @ OLE('改进后传感器工作状态','控制器8')=m8;
  @ OLE('改进后传感器工作状态','控制器9')=m9;
  @ OLE('改进后传感器工作状态','控制器10')=m10;
  @ OLE('改进后传感器工作状态','控制器11')=m11;
  @ OLE('改进后传感器工作状态','控制器12')=m12;
```

```
enddata
@ for(sd1(i):@ for(cgq(k): x(i,1,k)=k1(i,k)));
@ for(sd1(i):  @ for(cgq(k): x(i,2,k)=k2(i,k)));
@ for(sd1(i):  @ for(cgq(k): x(i,3,k)=k3(i,k)));
@ for(sd1(i):  @ for(cgq(k): x(i,4,k)=k4(i,k)));
@ for(sd1(i):  @ for(cgq(k): x(i,5,k)=k5(i,k)));
@ for(sd1(i):  @ for(cgq(k): x(i,6,k)=k6(i,k)));
@ for(sd1(i):  @ for(cgq(k): x(i,7,k)=k7(i,k)));
@ for(sd1(i):  @ for(cgq(k): x(i,8,k)=k8(i,k)));
@ for(sd1(i):  @ for(cgq(k): x(i,9,k)=k9(i,k)));
@ for(sd1(i):  @ for(cgq(k): x(i,10,k)=k10(i,k)));
@ for(sd1(i):  @ for(cgq(k): x(i,11,k)=k11(i,k)));
@ for(sd1(i):  @ for(cgq(k): x(i,12,k)=k12(i,k)));
! 目标1;
min=@ max(kzq:l)-@ min(kzq:l);

@ for(kzq(j): l(j)=@ sum(js1link(i,k): x(i,j,k))+@ sum(js2link(h,k):m(h,j,k)));


! @ for(sd(i): @ for(cgq(k): @ sum(kzq(j): x(i,j,k)* y(i,k))<=1));
! @ for(sd(i): @ for(kzq(j): @ sum(cgq(k): x(i,j,k)* y(i,k))<=1));

! 其他约束;
@ for(sd2(h): @ for(cgq(k):@ sum(kzq(j): m(h,j,k))<=2* y2(h,k)));
@ for(sd2(h): @ for(kzq(j): @ sum(cgq(k): m(h,j,k))<=1-z2(h,j)));
@ for(kzq(j): @ for(cgq(k): @ sum(sd1(i): x(i,j,k))+@ sum(sd2(h):m(h,j,k))<=1));! 整个过程控制器对控制的每台传感器只发出一个指令;
@ for(cgq(k):  @ sum(sd1(i): @ sum(kzq(j): x(i,j,k)* y1(i,k)* (1-z1(i,j))))+@ sum(sd2(h): @ sum(kzq(j): m(h,j,k)* y2(h,k)* (1-z2(h,j))))=6);
@ for(cgq(k):@ sum(sd1(i):x(i,1,k))+@ sum(sd1(i):x(i,2,k))+@ sum(sd2(h):m(h,1,k))+@ sum(sd2(h):m(h,2,k))<=1);
@ for(cgq(k):@ sum(sd1(i):x(i,3,k))+@ sum(sd1(i):x(i,4,k))+@ sum(sd2(h):m(h,3,k))+@ sum(sd2(h):m(h,4,k))<=1);! 1、2 和 3、4 不能控制同一个传感器;
! 目标2;
@ for(kzq(j): @ for(cgqlx(t): cc(j,t)=@ sum(sd1(i):@ sum(cgq(k) |k#GE#qd(t)#and #k#LE#zd(t): x(i,j,k)))+@ sum(sd2(h):@ sum(cgq(k) |k#GE#qd(t)#and #k#LE#zd(t): m(h,j,k)))));
@ for(kzq(j): @ max(cgqlx(t):cc(j,t))-@ min(cgqlx(t):cc(j,t))<=5);

@ for(sd2(h):  @ for(cgq(k): m1(h,k)=m(h,1,k)));
@ for(sd2(h):  @ for(cgq(k): m2(h,k)=m(h,2,k)));
@ for(sd2(h):  @ for(cgq(k): m3(h,k)=m(h,3,k)));
```

```
    @ for(sd2(h):  @ for(cgq(k): m4(h,k)=m(h,4,k)));
    @ for(sd2(h):  @ for(cgq(k): m5(h,k)=m(h,5,k)));
    @ for(sd2(h):  @ for(cgq(k): m6(h,k)=m(h,6,k)));
    @ for(sd2(h):  @ for(cgq(k): m7(h,k)=m(h,7,k)));
    @ for(sd2(h):  @ for(cgq(k): m8(h,k)=m(h,8,k)));
    @ for(sd2(h):  @ for(cgq(k): m9(h,k)=m(h,9,k)));
    @ for(sd2(h):  @ for(cgq(k): m10(h,k)=m(h,10,k)));
    @ for(sd2(h):  @ for(cgq(k): m11(h,k)=m(h,11,k)));
    @ for(sd2(h):  @ for(cgq(k): m12(h,k)=m(h,12,k)));

    @ for(mlinks: @ bin(m));

end
```

7.2 山地战场的目标探测与情势巡查问题

现代战争基本就是信息技术的战争。对山地战场的目标探测与情势巡查任务，高技术的无人机完全有能力实现。本节首先提出 3 个问题。根据山地高程实现区域划分，建立多目标优化的双层动态模型。然后通过推移算法、蚁群算法等实现动态规划模型下单个无人机任务区域的动态调整，最后给出了无人机的任务清单、数量等，从而解决了相关问题。

对问题 1，首先，根据问题所述，建立了 6 个无人机时间最小、覆盖率最大的双目标动态规划模型；其次，根据地形情况、约束条件和无人机探测带宽，剔除海拔 1950m 以上的数据，将地形分成海拔 1646m 以下和海拔 1646 ~ 1950m 两种区域；然后依据单次无人机最大探测面积和两类区域面积关系进行初步分块，同时，利用推移算法、蚁群算法分别求解出两类区域各自无人机的起飞降落时间和飞行路线；最后通过动态规划模型实现目标：6. 154h 可以实现山地 99. 47% 的探测覆盖。

对问题 2，首先，建立了 3 目标的动态规划模型，并基于约束法和分层序列法的思想将其转化为单目标规划问题；其次，类似问题 1 对山地进行了初步分块，根据就近原则安排无人机的出发基地；然后，为满足连续 24h 且完成两次探测间隔时间不超过 2h 的限制条件，通过假设无人机的单次飞行时间，估算出每个区域的无人机数量；最后，根据不同的探测带宽，利用推移算法、蚁群算法分别求解出各自区域所有无人机的起飞降落时间和飞行路线，利用动态规划模型实现区域的动态调整。最终结果是战场区域最小无人机数为 24 架，探测覆盖率同样为 99. 47% 。

对问题 3，首先，根据问题，建立了无人机数最少的单目标动态规划模型；其次，通过数据处理分析发现，海拔 1800m 以上区域的面积相对较小，整个战场区域内的最大和最小通信带宽相差不大，对问题进行了简化，以最小通信带宽作为其覆盖带宽；然后，依据整个区域面积、无人机间最大通信距离、最小通信带宽等，估算最少无人机数为 35 架；最后，利用推移算法求解出所有无人机的飞行路线，同时根据就近原则安排其出发基地。

这里所建立的多目标动态规划模型能较好地解决无人机在山地战场目标探测、情势巡查及通信保障中的问题，而且在重要目标攻击、反恐作战和非军事行动等方面有推广应用价值。

7.2.1 问题提出

在信息技术飞速发展的大环境下，信息技术在战场上的应用越来越广泛，尤其是高性能的无人机已经具备了实战应用条件。例如，在战场目标探测、战场情势巡查、重要目标攻击、战场通信保障，以及反恐作战和非军事行动等。

某无人机大队接收到了对某山地战场的目标探测和情势巡查任务，附录 7.2.1 给出了该山地战场区域的高程数据。该山地战场区域范围为 43.7km×58.2km，平均海拔高度 1450m。该无人机大队分别在 A（30，0）和 B（43，30）（单位：km）点处建立了两个基地，各装备某型号的无人机 25 架，该型号的无人机平均飞行速度为 100km/h，最大续航时间为 8h，其飞行转弯半径不小于 100m，最大爬升（俯冲）角度为±15°，飞行中与其他地物之间的安全距离不小于 50m。如果携带专业探测装置执行探测巡查任务，其精度要求无人机的飞行高度不超过海拔 2000m，执行完一次任务后要返回原基地，之后再次起飞作业需要 1h 的维护保养时间。探测装置的最大有效探测距离为 500m，最大侧视角（即视线与向下垂直线的夹角）为 45°。

通过建模分析，解决下面的相关问题：

问题 1：指挥部派遣 6 架无人机携带专业探测装置，执行该山地战场区域内目标的探测任务。试给出 6 架无人机的飞行探测方案（起飞和降落时间，飞行路线），要求用最短的时间完成对整个区域的探测任务，并使其探测覆盖率尽可能高。

问题 2：为了实时掌握战场情势，需要派遣无人机携带专业探测装置，执行对该战场区域连续的全面探测巡查任务。要求连续 24h，在保证探测巡查面积尽可能大的条件下，完成两次探测巡查的间隔时间不大于 2h。试给出最少需要的无人机数量，以及各自的飞行探测巡查方案。

问题 3：在作战任务结束后，需要清扫战场，拟使用无人机携带通信装置为地面移动通信设备组成临时基站网络。当一架无人机在海拔 3000m 高空飞行时，可保障距离为 5000m 的区域内移动设备的通信。无人机之间的最大通信距离为 8000m。试问最少需要多少架无人机，才能使所组成的通信网络保证该山地海拔 1800m 以下区域内通信信号的全覆盖，并给出每架无人机的飞行路线（无人机不能在空中悬停）。

7.2.2 模型假设与符号说明

（1）假设无人机从基地攀升到预定路线、从预订路线返还基地过程中均是沿直线飞行，无安全隐患。

（2）不考虑无人机在基地起飞、降落的排队时间。

（3）将无人机起飞、降落时加减速过程的速度假设为平均值。

（4）忽略无人机转弯过程的路程和时间。

（5）假设所有数据均真实可靠。

符号说明：

$T_m^{(n)}$	第 n 部分第 m 架无人机完成探测所需的飞行时间
$L_m^{(n)}$	第 n 部分第 m 架无人机完成探测所需的飞行路程
$S_m^{(n)}$	第 n 部分第 m 架无人机的探测面积
$t_m^{(n)}$	第 n 部分第 m 架无人机单次飞行的时间
$l_m^{(n)}$	第 n 部分第 m 架无人机单次飞行的路程
$\rho_m{}^{(n)}$	第 n 部分第 m 架无人机飞行转弯时的曲率半径
$\theta_m{}^{(n)}$	第 n 部分第 m 架无人机的飞行转角
$\varphi_m{}^{(n)}$	第 n 部分第 m 架无人机的爬升（俯冲）角
$H_m{}^{(n)}$	第 n 部分第 m 架无人机的飞行高度
$d_m{}^{(n)}$	第 n 部分第 m 架无人机与地物之间的距离
$h^{(n)}$	第 n 部分的平均海拔
$D_m^{(n)}$	第 n 部分第 m 架无人机的探测带宽
$\alpha_m{}^{(n)}$	第 n 部分第 m 架无人机的侧视角
$k_J^{(p,q)}$	任意时刻任意地区上空的无人机数量
$J_m^{(p,q)}$	第 m 架无人机任意地区的时刻
$Q_{i,j}^{(p,q)}$	相邻无人机经过任意相同地区的时间区间
$r_{i,j}$	相邻无人机之间的通信距离

7.2.3 模型建立与求解

1. 问题 1 模型的建立与求解

1）问题 1 的分析

（1）目标分析。

问题 1 是给定 6 架无人机的前提条件下去完成对该山地区域内的探测任务，目标是用最短的时间完成对整个区域的探测任务并使探测覆盖率尽可能的高。

（2）山地战场区域地形分析。

该山地区域的地形复杂，上方海拔较低，中间、下方海拔较高，且在中间区域有部分山地海拔超过 2000m，相邻地形基本无较大突变。

处理山地区域的地形数据：

①剔除海拔在 1950m 以上的数据。因为在执行探测巡查任务的时候其精度要求无人机的飞行高度不超过 2000m，且飞行中与其他地物之间的安全距离不小于 50m，因超过 1950m 为无法探测的地区。

②根据无人机飞行时能否达到探测装置的最大带宽对地形数据进行分类。探测装置的最大有效探测距离为 500m，最大侧视角为 45°。

$$D/2 = 500 \times \sin\alpha \tag{7-1}$$

式中：D 为探测带宽。

画出探测带宽与测角的关系示意图（图 7-9）：

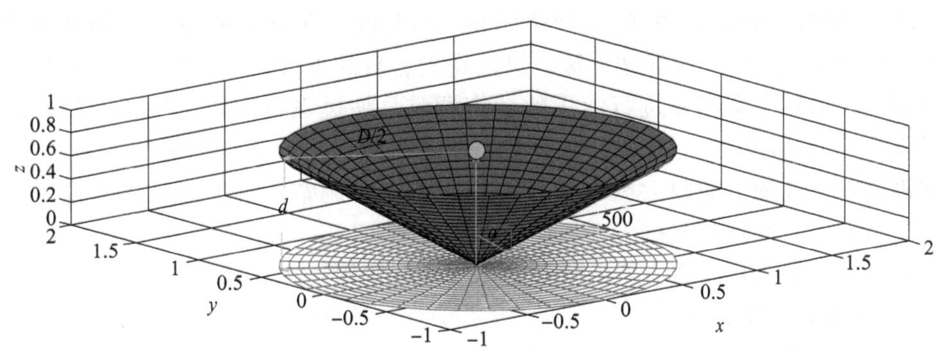

图 7-9　探测带宽与测试角的关系示意图

由图 7-9 可以直观地看出，侧视角越大无人机的探测带宽越大。当取侧视角为 45°，无人机与地物的海拔差为 $250\sqrt{2}$ m 时，其探测带宽最大。另外，无人机的飞行高度受探测装置精度的限制不能超过 2000m。因此我们将地形海拔数据分为两类：一类是无人机在此海拔上方飞行时可以满足探测带宽最大，即地形海拔加上最大带宽对应的高程（$250\sqrt{2}$ m）小于 2000m，计算可得这类海拔最高为 1646m；另一类是无人机在此海拔高度上方飞行时无法满足探测带宽最大，即地形海拔加上最大带宽对应的高程（$250\sqrt{2}$ m）超过 2000m，计算可得这类海拔最低为 1646m，最高为 1950m。

$$\begin{cases} D = 500\sqrt{2} & (h \leqslant 1646\text{m}) \\ D \leqslant 500\sqrt{2} & (1646 \leqslant h \leqslant 1950\text{m}) \end{cases} \tag{7-2}$$

（3）对无人机的飞行方案进行安排，双层建模，动态调整。

①确定海拔在 1646m 以下地区的分块和无人机派遣数量。根据已经处理的地形数据，可以得到海拔在 1646m 以下地形的水平投影总面积。根据区域高程地形图分析知，此类地形大部分在该区域的上方。在此类地形上空飞行时，无人机携带的探测装置都能达到最大的探测带宽。同时根据题设条件，我们可以计算出一架无人机一次飞行最大的探测面积（以 8h 最长续航飞行），以及该地形水平投影的总面积与一架无人机一次飞行最大的探测面积的比值，从而得到海拔在 1646m 以下的地区分块和无人机派遣数量，且每架无人机对应飞行一个部分。

②确定海拔在 1646m 以上地区的分块和无人机派遣数量和各自任务区域。由于海拔在 1646～1950m 之间这类地形无法使得探测装置达到最大的探测带宽，而探测带宽又与探测的面积、完成探测所需要的时间直接相关，因此需要进行细致分类。根据无人机总架数与 1646m 以下地区派遣无人机的数量之差，可以得到在 1646～1950m 之间这类地区派遣无人机的数量。处理数据后得到海拔在 1646m 以上地形的水平投影总面积。这类地区的分块数与派遣无人机的数量相等，且每架无人机对应飞行一个面积近似相等的部分，每个部分海拔基本相近无突变，同时对每架无人机对应的任务区域的

地物海拔进行求平均值处理，以方便计算无人机的探测带宽。

③确定6架无人机对应的基地。在明确了6架无人机各自的飞行区域之后，根据飞行区域与基地的距离，就近安排无人机的发出地点，并且在完成任务之后返回原基地。

④求解两类区域内无人机的飞行路线和飞行时间。在1646m以下的用推移算法进行计算，1646m以上用蚁群算法计算，进而得到各自的飞行路线和最大飞行时间。

⑤对两类区域6个部分进行面积的动态调整，缩短飞行用时。为了用最短的时间完成对整个作战区域的探测任务，就要让这两类区域无人机飞行的最长时间基本相同。这时就需要对之前划分的两大类6部分进行面积动态调整，得到满足用时最短条件的各部分飞行路线，并据此安排无人机的起飞和降落时间。

⑥根据无人机飞行探测方案，计算该方案的探测覆盖率。

2）问题1模型的建立

（1）目标函数。

目标1：整个区域的探测最短的时间：

$$\min T = T_{\max}^{(n)} = \frac{L_{\max}^{(n)}}{v} \tag{7-3}$$

式（7-3）指完成对整个区域的探测任务的时间最短，即使山地区域 n 个部分的无人机完成本部分探测所需时间的最大值最小，可用山地区域 n 个部分的无人机完成本部分探测所需飞行路程的最大值与无人机平均飞行速度之比最小来表示。

目标2：探测覆盖率：

$$\max P = \frac{\sum_{i=1}^{n} S^{(i)}}{S} \times 100\% \tag{7-4}$$

式（7-4）指使整个山地区域的探测覆盖率最大，即使山地区域 n 个部分的无人机的探测面积之和占整个山地区域总面积的比例最大。

（2）约束条件。

为达到这两个目标，设置约束条件如下：

s. t.

$$a + b = 6(a \leqslant 6,\ a \in \mathbf{N};\ b \leqslant 6,\ b \in \mathbf{N}) \tag{7-5}$$

$$t^{(n)} = \frac{l^{(n)}}{v} \leqslant 8 \tag{7-6}$$

$$\rho^{(n)} = \frac{\mathrm{d}l^{(n)}}{\mathrm{d}\theta^{(n)}} \geqslant 100 \tag{7-7}$$

$$|\varphi^{(n)}| = \left|\arcsin \frac{H^{(n)} - h(A/B)}{l^{(n)}}\right| \leqslant 15 \tag{7-8}$$

$$d^{(n)} = H^{(n)} - h^{(n)} \in [50,\ 500] \tag{7-9}$$

$$H^{(n)} \leqslant 2000 \tag{7-10}$$

$$\alpha^{(n)} \leqslant 45^{\circ} \tag{7-11}$$

式（7-5）表示从A、B两个基地出发的无人机数量之和为6架，其中，各自从A、B基地出发的无人机数为自然数且不超过6。

式（7-6）表示第 n 个部分的无人机单次飞行的时间不超过 8h，即第 n 个部分的无人机单次飞行的路程与平均飞行速度之比小于等于 8h。

式（7-7）指第 n 个部分的无人机飞行转弯时的曲率半径大于等于 100m，其中，曲率半径可由第 n 个部分的无人机单次飞行路程微元与对应角度微元的比值表示。

式（7-8）指第 n 个部分的无人机爬升（俯冲）角的绝对值最大为 15°，其中，第 n 个部分无人机的飞行高度减去其出发基地海拔，得到的差值再与其爬升（俯冲）飞行时的路程求商，商的反正弦值即可表示无人机的爬升（俯冲）角。

式（7-9）中，第 n 个部分无人机与地物之间的距离可用无人机的飞行高度与该部分的平均海拔差表示，且此距离既不低于无人机的安全距离 50m，也不超过探测装置的最大有效探测距离 500m。

式（7-10）指第 n 个部分无人机的飞行高度不超过海拔 2000m。

式（7-11）表示第 n 个部分无人机探测装置的最大侧视角（即视线与向下垂直线的夹角）为 45°。

3）问题 1 模型的求解

（1）问题 1 模型求解流程图（图 7-10）。

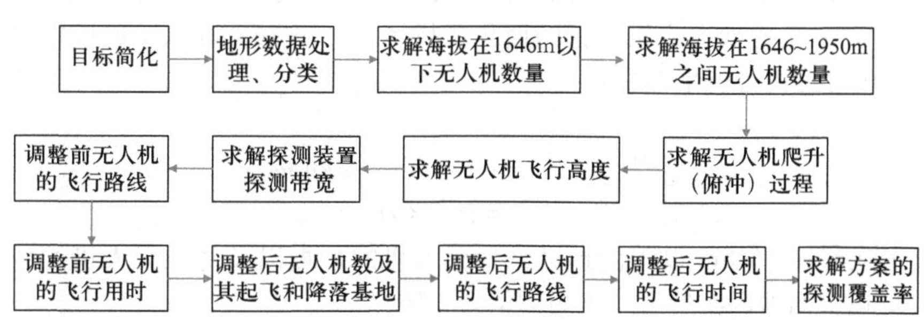

图 7-10 问题 1 模型求解流程图

（2）目标简化。

根据问题 1 的两个目标，选定目标 1 为主要目标，对目标 2 设定一个期望值，在要求结果不比此期望值坏的条件下，求主要目标的最优值。即我们先安排 6 架无人机的飞行探测方案（起飞和降落时间），再求解出尽可能大的探测覆盖率。设探测覆盖率的期望值为 95%。

（3）地形数据处理、分类。

根据山地战场区域的海拔数据，画出该山地战场区域的 3D 图（图 7-11）：

无人机的飞行高度不超过海拔 1950m，因此不考虑这些区域的探测情况，剔除海拔在 1950m 以上的区域。根据是否能达到探测器的最大探测带宽以及无人机的飞行要求，将整个山地区域分为海拔在 1646m 以下和 1646～1950m 之间的两大类。画出山地战场区域的等高线图（图 7-12）。

$$\begin{cases} D = 500\sqrt{2} & (h \leqslant 1646\text{m}) \\ D \leqslant 500\sqrt{2} & (1646 \leqslant h \leqslant 1950\text{m}) \end{cases} \tag{7-12}$$

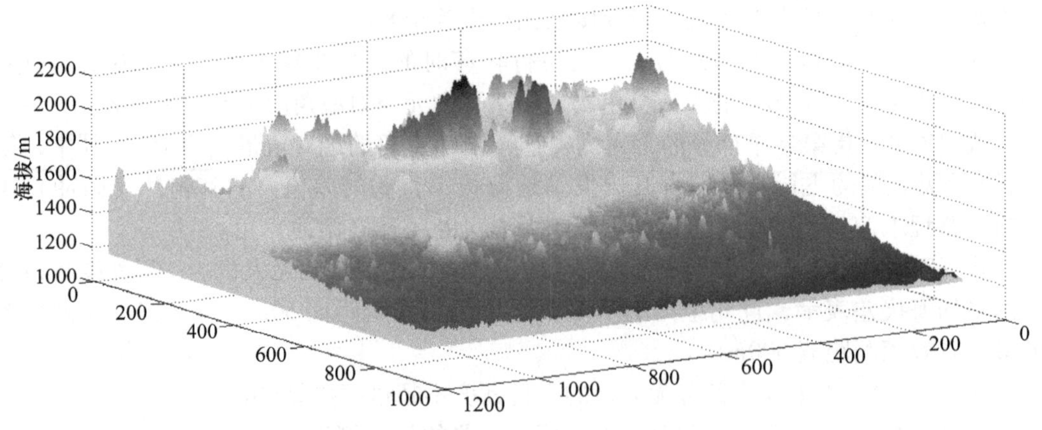

图 7-11　山地战场区域 3D 图

（4）求解海拔在 1646m 以下无人机数量。

计算出海拔在 1646m 以下的总面积，以及单架无人机单次飞行最大的面积（以 8h 最长续航飞行）。令每架无人机飞行的面积尽量平均，对 1646m 以下的区域进行分块，且每架无人机对应飞行一个部分：

$$l^{(n)} \leqslant 100\text{km/h} \times 8\text{h} = 800\text{km} \tag{7-13}$$

$$S^{(n)} = l^{(n)} \times D \tag{7-14}$$

求解出在海拔 1646m 以下的地区派遣无人机的数量以及每架无人机的任务区域，海拔 1646m 以下的地区派遣无人机的数量为 4 架。

（5）求解海拔在 1646～1950m 之间无人机数量。

由无人机总架数 6 架与 1646m 以下地区派遣无人机的数量之差，可以得到在 1646～1950m 之间这类地区派遣无人机的数量。根据这类地区派遣的无人机数量，将此类地区按面积进行均分，保证每架无人机对应飞行一个部分，从而完成对 1646m 以上区域的分块。

无人机数量：6-4=2（架）。

明确了 6 架无人机各自的飞行任务之后，根据就近原则，安排每架无人机起飞和降落基地。

（6）求解无人机爬升（俯冲）过程。

查询数据可以得知 A 基地的海拔高度为 1285m，B 基地的海拔高度为 1191m。无人机从基地攀升到预定路线、从预订路线返还基地过程中沿直线飞行，故为了实现时间尽可能短这一目标，应该取其最大爬升（俯冲）角度±15°。

$$l^{(n)} = \frac{H^{(n)} - h(A/B)}{\sin\varphi^{(n)}} \tag{7-15}$$

画出上升路线与爬升角示意图（图 7-12）。

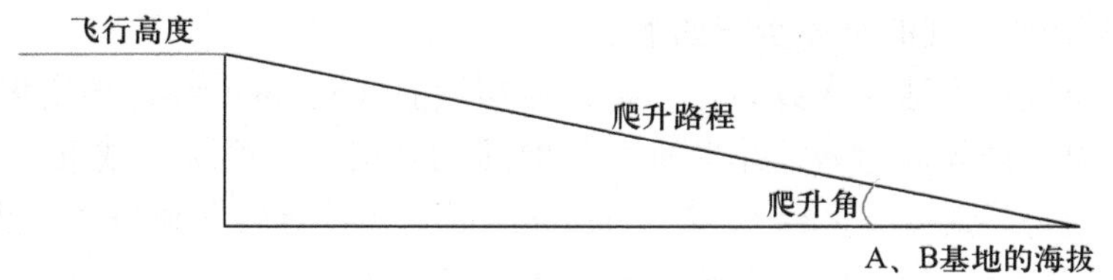

图 7-12　上升路线与爬升角示意图

（7）求解无人机飞行高度。

无人机飞行中与其他地物之间的安全距离不小于 50m，对于海拔在 1646m 以下的区域，飞行中与其他地物之间的距离为能达到探测最大带宽的高度，应相距 $250\sqrt{2}$ m；对于海拔在 1646m 以上 1950m 以下的区域，飞行高度均为海拔 2000m，故无人机在全部区域内均能满足安全距离的要求。

$$\begin{cases} H^{(n)} = h^{(n)} + 250\sqrt{2} & (h^{(n)} \leqslant 1646\text{m}) \\ H^{(n)} = 2000 & (1646 \leqslant h^{(n)} \leqslant 1950\text{m}) \end{cases} \tag{7-16}$$

（8）求解探测带宽。

探测装置的最大有效探测距离为 500m，最大侧视角（即视线与向下垂直线的夹角）为 45°。对于海拔在 1646m 以下的区域，取最大探测角 45°，无人机探测带宽最大为 $500\sqrt{2}$ m，与地物距离 $250\sqrt{2}$ m；对于海拔在 1646m 以上 1950m 以下的区域，不能达到探测装置的最大带宽。对每架无人机任务区域所处的地物海拔取平均值，无人机与地物距离为（$2000-h^{(n)}$），根据三角关系求出无人机此时的探测带宽。

$$\begin{cases} D = 500\sqrt{2} & (h^{(n)} \leqslant 1646\text{m}) \\ 2000 - h^{(n)} = D/2 & (1646 \leqslant h^{(n)} \leqslant 1950\text{m}) \end{cases} \tag{7-17}$$

画出测量带宽与无人机、地物距离关系示意图（图 7-13）。

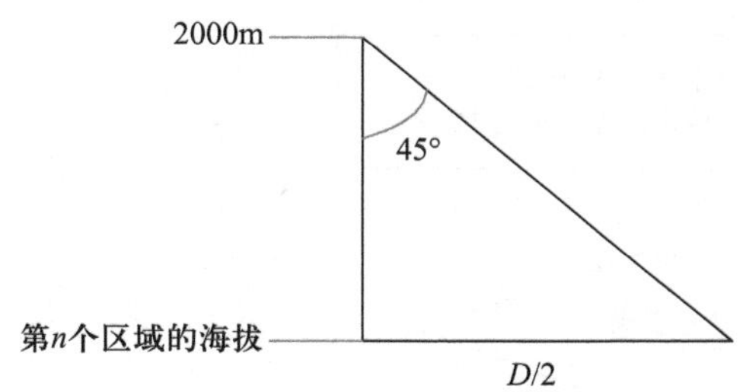

图 7-13　测量带宽与无人机、地物距离关系示意图

（9）调整前无人机的飞行路线。

在海拔 1646m 以下的区域，运用推移算法来解决无人机的飞行路线的问题。无人机以固定的探测有效带宽在探测区域内平行飞行推进探测。

在海拔 1646～1950m 之间这类区域，是典型的旅行商问题，用蚁群算法来解决无人机的飞行路线以及飞行时间的问题。

蚁群算法 TSP 实现的具体步骤如下：

步骤 1：设置最大迭代次数 iter_ max，令初始值 iter_ max = 0，初始化各参数。

步骤 2：设蚁群规模为 m，并将 m 只蚂蚁随机放在 n 个顶点（城市）上。

步骤 3：对每只蚂蚁 k（k=1，2，…，m）根据式计算转移概率 P，选择转移至下一个顶点（城市）j，将顶点（城市）j 置于禁忌表 $tabu_k$ 中。

步骤 4：判断禁忌表 $tabu_k$ 是否满。若为否，回到步骤 3；否则，继续步骤 4。

步骤 5：进行信息素的全局更新。

步骤 6：重复执行步骤 2 ~ 步骤 5，直到迭代次数 iter_ max 到达指定的最大迭代次数或找到的解满足一定的精度为止。

步骤 7：输出结果。

蚁群算法程序框图如图 7-14 所示。

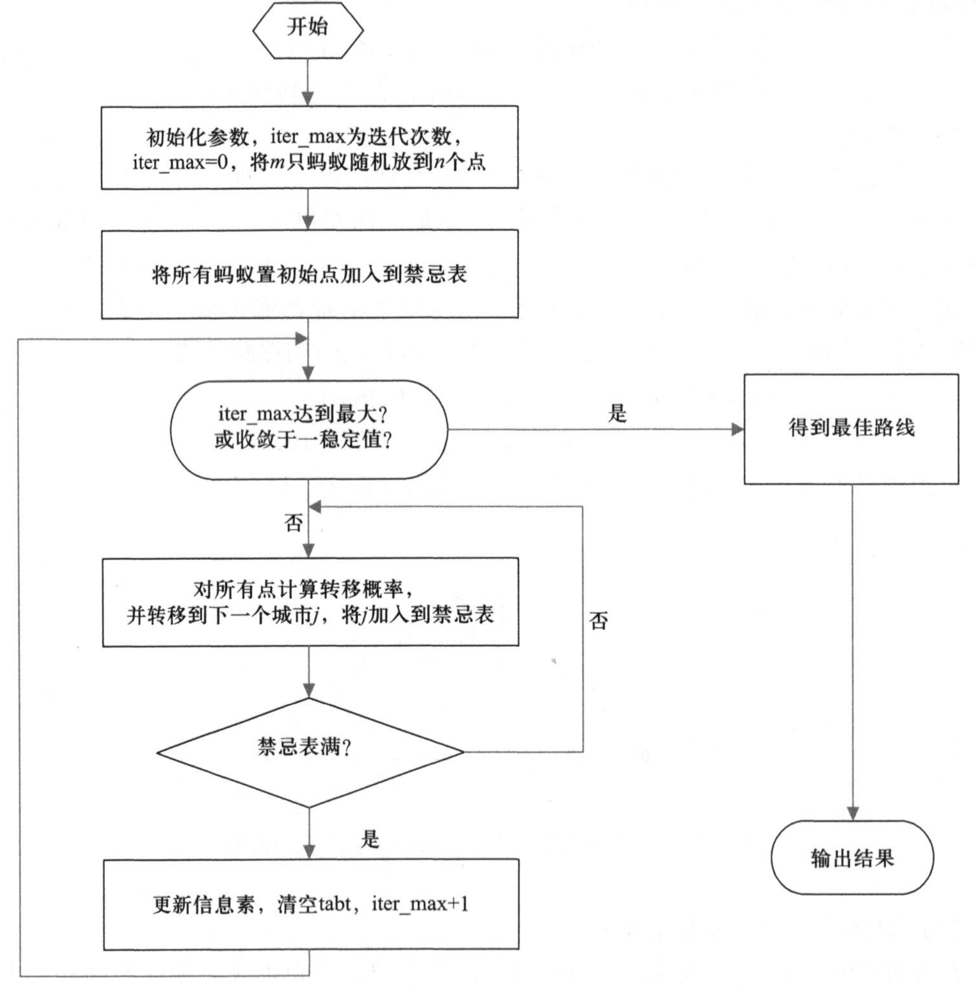

图 7-14　蚁群算法程序框图

列出在该区域执行任务的两架无人机的飞行路线（图7-15、图7-16）。

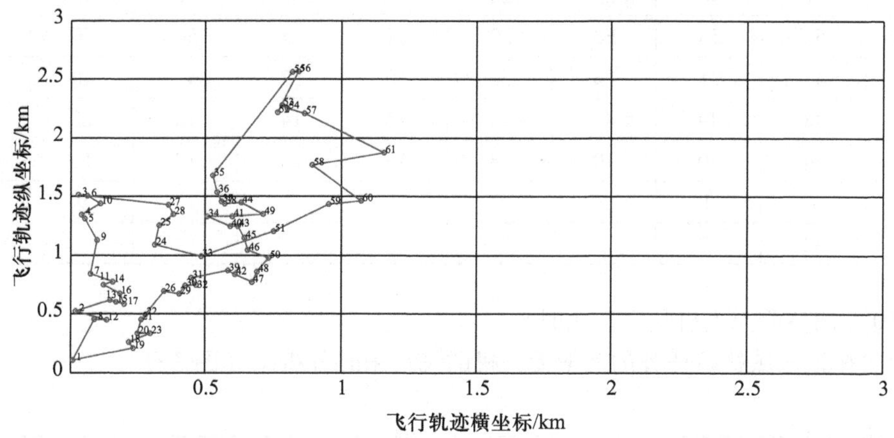

图7-15　调整前第一架无人机飞行路线

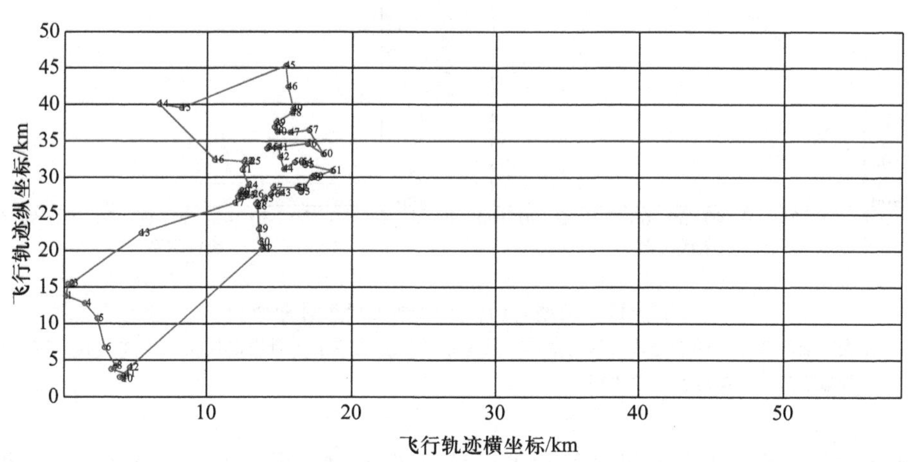

图7-16　调整前第二架无人机飞行路线图

列举两架无人机的飞行路线对应的坐标点如表7-3、表7-4，点顺序从左到右，逐行递增（注：点坐标参见附录7.2.8）。

表7-3　调整前第一架无人机飞行坐标点顺序

56	55	53	52	54	57	61	58	60	59
49	51	45	46	50	48	47	42	39	31
32	30	29	26	16	13	15	17	22	21
20	23	18	19	1	8	12	2	11	14
7	9	5	4	10	6	3	27	28	25
24	33	40	43	41	34	38	37	44	36
35	56								

表 7-4　调整前第二架无人机飞行坐标点顺序

32	31	30	29	28	27	33	36	43	37
51	52	53	58	59	61	55	54	50	44
42	41	35	34	56	60	57	47	40	38
39	48	49	46	45	15	14	16	22	25
21	24	20	19	18	23	26	17	13	3
2	1	4	5	6	8	7	11	9	10
12	32								

（10）调整前无人机的飞行用时。

列出在该区域执行任务的两架无人机的飞行用时分析图（图 7-17）。

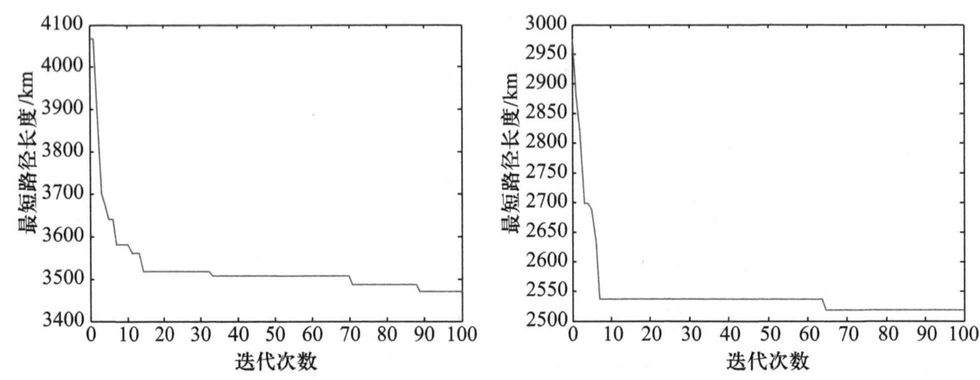

图 7-17　调整前两架无人机飞行用时分析图

注：在旅行商问题中，随着迭代次数的增加，最短路径长度会减小，但当迭代次数增加达到一定次数时，这种减小趋势会减缓至近乎停滞。

得出这两类区域中无人机最长的飞行时间 $T_1=7.6925\text{h}$，$T_2=3.658\text{h}$。可以得出两类区域无人机最长的飞行时间相差较大，此方案完成对整个区域的探测任务耗时较长的结论。

（11）调整后无人机数量及无人机起飞和降落基地。

为了在最短的时间内完成对整个区域的探测任务，应使这两类区域的最长飞行时间尽量接近。这时我们需要对两类区域 6 个部分的面积进行调整，使两类区域无人机飞行最长时间基本相同。

调整后海拔 1646m 以下的地区派遣无人机的数量为 5 架（F1、F2、F3、F4、F5），在 1646～1950m 之间这类地区派遣无人机的数量为 1 架（F6）。

根据就近原则，安排每架无人机起飞和降落基地（表 7-5）。

表 7-5　调整后无人机起飞降落基地分配表

A 基地无人机	B 基地无人机
F1、F2、F3、F4、F6	F5

调整后的每架无人机的任务区域划分如图 7-18 所示。

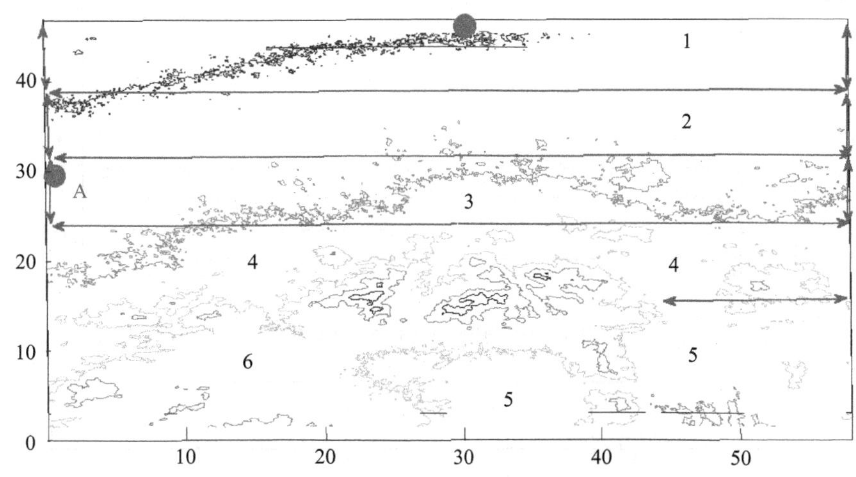

图 7-18 调整后每架无人机的任务区域划分图

注：1、2、3 为 F1、F2、F3 的飞行任务区域，三架无人机均是沿直线飞行，路径为蛇形路线；4、5、6 为 F4、F5、F6 的飞行任务区域、三架无人机是运用旅行商问题做点覆盖的飞行。

（12）调整后无人机的飞行路线。

F1、F2、F3 三架无人机均是沿直线飞行，路径为蛇形路线；这里我们给出三架无人机的各自飞行路线的转折点坐标（表 7-6），并作出 F1 的飞行路径图，如图 7-19（F2、F3 飞行路径与 F1 形状相同）。

表 7-6 F1、F2、F3 飞行路线转折点坐标

无人机	路径转折点坐标（顺序排列）
F1	(867, 1) (867, 1165) (853, 1165) (853, 1) (839, 1) (839, 1165) (825, 1165) (825, 1) (811, 1) (811, 1165) (797, 1165) (797, 1) (783, 1) (783, 1165) (769, 1165) (769, 1) (755, 1) (755, 1165) (741, 1165) (741, 1)
F2	(723, 1) (723, 1165) (709, 1165) (709, 1) (695, 1) (695, 1165) (681, 1165) (681, 1) (666, 1) (666, 1165) (652, 1165) (652, 1) (638, 1) (638, 1165) (623, 1165) (623, 1) (610, 1) (610, 1165) (596, 1165) (596, 1)
F3	(579, 1) (579, 1165) (565, 1165) (565, 1) (551, 1) (551, 1165) (537, 1165) (537, 1) (522, 1) (522, 1165) (508, 1165) (508, 1) (494, 1) (494, 1165) (480, 1165) (480, 1) (466, 1) (466, 1165) (452, 1165) (452, 1)

F4、F5、F6 三架无人机是运用旅行商问题做点覆盖的飞行，采用蚁群算法求解（程序见附录 7.2.2）。列出 F4、F5、F6 三架无人机的飞行路线图（图 7-20 ~ 图 7-22）。

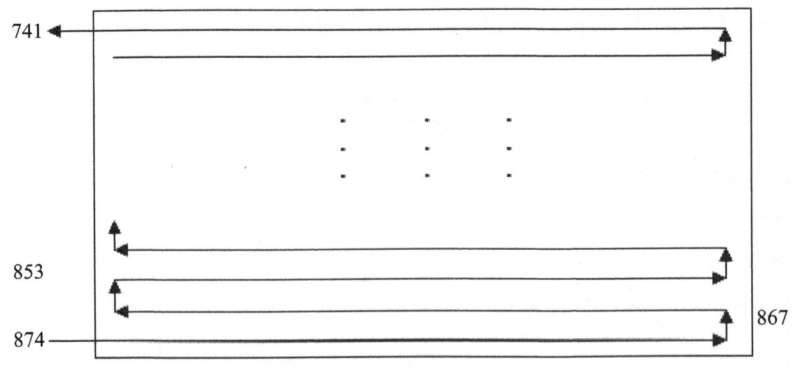

图 7-19　调整后 F1 飞行路径图

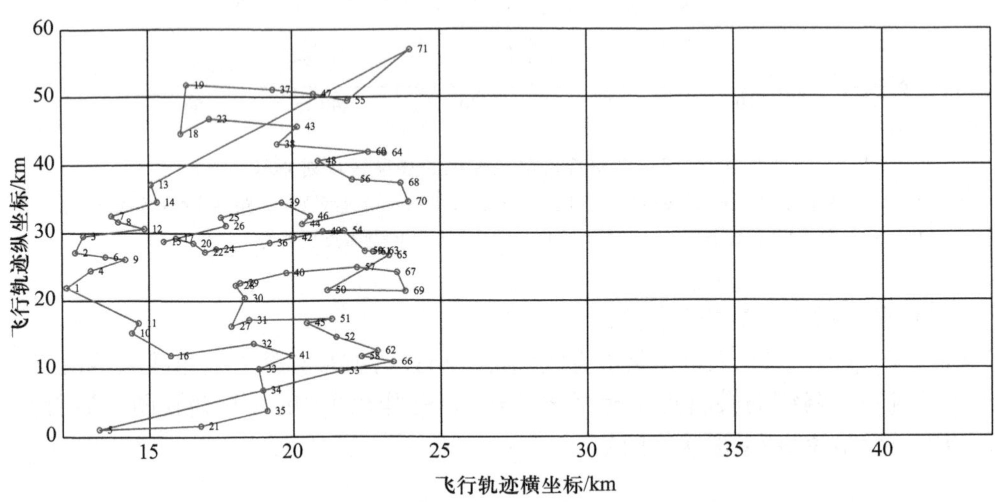

图 7-20　调整后旅行商问题 F4 飞行路线

图 7-21　调整后旅行商问题 F5 飞行路线

F4 飞行坐标点顺序为表 7-7（每一行从左到右，逐行递增），点的坐标参见附录 7.2.9。

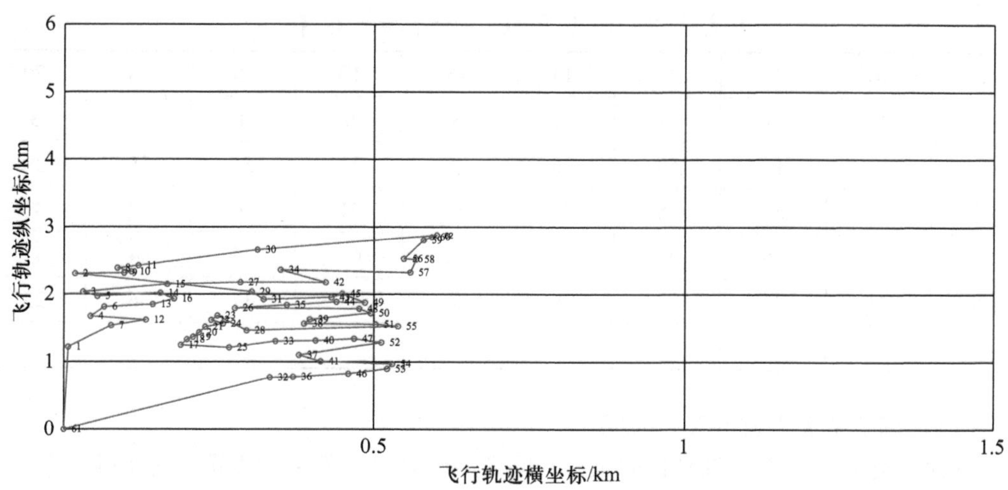

图 7-22 调整后旅行商问题 F6 飞行路线

表 7-7 调整后 F4 飞行坐标点顺序

10	7	14	26	29	23	19	20	15	1
34	39	38	37	36	50	62	68	35	61
70	69	67	49	40	51	63	60	48	41
30	22	16	8	11	13	18	21	24	31
42	46	45	44	43	32	27	9	6	2
3	5	4	12	17	33	52	65	66	64
58	57	53	56	59	55	54	47	28	25

F5 飞行坐标点顺序为表 7-8（每一行从左到右，逐行递增），点的坐标参见附录 7.2.9。

表 7-8 调整后 F5 飞行坐标点顺序

36	39	44	48	52	41	37	32	38	53
45	54	75	55	46	56	76	77	78	79
80	81	66	63	61	62	64	65	60	59
58	47	57	40	28	17	12	3	2	27
26	29	30	25	31	24	18	74	67	73
51	35	33	43	72	50	42	71	70	69
68	49	34	21	14	8	7	5	15	22
9	20	11	4	6	1	10	13	16	23
19	36								

F6 飞行坐标点顺序为表 7-9（每一行从左到右，逐行递增），点的坐标参见附录 7.2.9。

表 7-9　调整后 F6 飞行坐标点顺序

1	10	7	9	14	15	16	19	18	20
22	24	21	17	11	8	6	4	2	3
5	12	13	55	25	26	32	54	38	39
42	46	59	48	47	49	51	50	58	43
57	33	56	34	53	52	61	45	44	41
40	35	31	27	30	28	29	37	36	23
60	1								

(13) 调整后无人机的飞行时间。

得到两类区域中无人机最长的飞行时间 $T_1=6.154\text{h}$，$T_2=4.286\text{h}$。据此得出完成对整个区域的探测任务最短的时间为 6. 154h，我们约定第一架无人机起飞为 0 时刻，为达到用最短的时间完成对整个区域的探测任务，进行了上述处理，使 6 架无人机同时起飞，在每类区域执行探测任务的无人机飞行时间相等。

据此我们可以得到 6 架无人机的起飞、降落时间（表 7-10）。

表 7-10　调整后 6 架无人机起飞、降落时间

无人机	起飞时间	降落时间	无人机	起飞时间	降落时间
F1	0	6. 154h	F4	0	6. 154h
F2	0	6. 154h	F5	0	6. 154h
F3	0	6. 154h	F6	0	4. 286h

(14) 求解方案的探测覆盖率。

由 $P=\dfrac{\sum_{i=1}^{n} S^{(i)}}{S}\times 100\%$，求出 6 架无人机的探测覆盖率 $P=99.47\%$。

2. 问题 2 模型的建立与求解

1) 问题 2 的分析

(1) 目标分析。

问题 2 要求用最少的无人机连续 24h 执行对战场区域的全面探测巡查任务，要求在保证巡查面积尽可能大的情况下（覆盖率尽可能大），完成两个探测巡查的间隔时间不大于 2h，任务超过 24h 的时间尽可能得少。

(2) 处理山地区域的地形数据。

①剔除海拔在 1950m 以上的数据。

②据无人机飞行时能否达到探测装置的最大带宽，将地形海拔数据分为两类。

$$\begin{cases} D = 500\sqrt{2} & (h \leqslant 1646\text{m}) \\ D \leqslant 500\sqrt{2} & (1646 \leqslant h \leqslant 1950\text{m}) \end{cases} \tag{7-18}$$

(3) 对无人机的飞行方案进行安排，双层建模，动态调整。

①对山地战场区域进行分块。要满足无人机数量最少这个目标，要求充分利用无

人机的飞行能力，拟定对第一架投入山地战场区域的无人机采用 7+1+7+1+8 这种方式飞行（7 是无人机飞行时间为 7h，1 是无人机维修保养时间为 1h，8 是完成 2 次飞行之后可以继续飞行 8h，24h 内一共进行了三次飞行），以提高无人机的利用率。

确定海拔在 1646m 以下的地区分块。根据问题 1 可知，海拔在 1646m 以下探测装置能达到最大带宽 $500\sqrt{2}$ m，据此计算出一架无人机 7h 飞行最大的探测面积。比较 1646m 以下总面积与一架无人机 7h 飞行最大的探测面积的比值，从而得到海拔在 1646m 以下的地区分块。

确定海拔在 1646m 以上的地区分块。根据问题 1 可知，探测装置的探测带宽与地物海拔相关，对这一地区的海拔进平均处理，求解在 1646m 以上的地区的平均海拔，计算这一区域的平均带宽，得出这一地区无人机 7h 飞行最大的探测面积。比较 1646m 以上总面积与一架无人机 7h 飞行最大的探测面积的比值，从而得到海拔在 1646m 以上的地区分块。

②对已分块区域分配飞行基地。根据飞行地区与基地的距离，就近安排无人机的发出地点，并且在完成任务之后返回原基地。

③安排分块区域内满足约束条件的无人机数量。我们假设第一架无人机进入飞行区域的时刻为 0 时刻，在 24h 时刻刚好离开飞行区域，以满足连续 24h 都有无人机在执行任务。同时拟定采用 7+1+7+1+8 飞行方式，已提高无人机的利用率。

完成两次探测巡查的间隔时间不大于 2h，将时间问题转化为路程问题，就是要求两架无人机的距离不超过 2h×100km/h。而所需无人机数量就为这一区域的总路程与两架无人机距离的比值。

④调整无人机的一次飞行时间，减少无人机的数量。为了使最少的无人机来连续 24h 执行对战场区域的全面探测巡查任务，这时就需要对之前 7+1+7+1+8 的飞行方式进行调整验证，求解出最少的无人机数量。对一次飞行时间在 7 ~ 8h 之间调整，计算出不同时间对应的无人机数量，找出最优解。

⑤每架无人机的飞行路线。海拔在 1646m 以下的飞行区域用推移算法进行计算，1646m 以上的飞行区域用蚁群算法计算。

⑥安排每架无人机的飞行起飞降落时间。假设第一架无人机进入飞行区域的时刻为 0 时刻，在 24h 时刻刚好离开飞行区域，以上又求解出了第一架无人机的飞行方案，根据两架无人机的时间间隔，即可得出每架无人机的起飞降落时间。

⑦根据无人机飞行探测方案，计算该方案的探测覆盖率。

2）问题 2 模型的建立

（1）目标函数。

目标 1：保证完成战场区域全面探测查巡任务所需最少的无人机数量：

$$\min m = \sum_{i=1}^{n} m_i = a + b \tag{7-19}$$

式（7-19）指完成战场区域全面探测查巡任务所需的无人机数量最少，其中，整个区域所需的无人机总数可由 n 个部分的无人机数之和表示，也可由 A、B 两个基地发出的无人机数量之和表示。

目标 2：完成对整个区域探测任务的最短时间：

$$\min T = \sum_{i=1}^{m} T_{i_{\max}}^{(n)} = \frac{\sum_{i=1}^{m} L_{i_{\max}}^{(n)}}{v} \tag{7-20}$$

式（7-20）指完成对整个区域的探测任务的时间最短，即使山地区域各个部分中的所有无人机完成本部分探测所需总时间的最大值最小，可用山地区域各个部分中的所有无人机完成本部分探测所需飞行总路程的最大值与无人机平均飞行速度之比最小来表示。

目标 3：探测巡查面积（探测覆盖率）：

$$\max P = \frac{\sum_{i=1}^{m}\sum_{j=1}^{n} S_i^{(j)}}{S} \times 100\% \tag{7-21}$$

式（7-21）指使整个山地区域的探测覆盖率最大，即使山地区域所有部分全部无人机的探测面积之和占整个山地区域总面积的比例最大。

（2）约束条件。

为达到这 3 个目标，设置约束条件如下：

s. t.

$$a \leqslant 25,\ a \in \mathbf{N};\ b \leqslant 25,\ b \in \mathbf{N} \tag{7-22}$$

$$t_m^{(n)} = \frac{l_m^{(n)}}{v} \leqslant 8 \tag{7-23}$$

$$\rho_m^{(n)} = \frac{\mathrm{d}l_m^{(n)}}{\mathrm{d}\theta_m^{(n)}} \geqslant 100 \tag{7-24}$$

$$|\varphi_m^{(n)}| = \left|\arcsin\frac{H_m^{(n)} - h(A/B)}{l_m^{(n)}}\right| \leqslant 15 \tag{7-25}$$

$$d_m^{(n)} = H_m^{(n)} - h^{(n)} \in [50,\ 500] \tag{7-26}$$

$$H_m^{(n)} \leqslant 2000 \tag{7-27}$$

$$\alpha_m^{(n)} \leqslant 45° \tag{7-28}$$

$$T = \sum_{i=1}^{m} T_{i\ \max}^{(n)} = \frac{\sum_{i=1}^{m} L_{i\ \max}^{(n)}}{v} \geqslant 24 \tag{7-29}$$

$$\sum_{p=1}^{1165}\sum_{q=1}^{874} k_J^{(p,\ q)} \neq 0(J \in [0:00,\ 24:00]) \tag{7-30}$$

$$Q_{i,\ j}^{(p,\ q)} = [J_i^{(p,\ q)},\ J_j^{(p,\ q)}] \leqslant 2 \tag{7-31}$$

式（7-22）表示各自从 A、B 基地出发的无人机数为自然数且不超过 25 架。

式（7-23）表示第 n 个部分的第 m 架无人机单次飞行的时间不超过 8h，即第 n 个部分的第 m 架无人机单次飞行的路程与平均飞行速度之比小于等于 8h。

式（7-24）指第 n 个部分的第 m 架无人机飞行转弯时的曲率半径大于等于 100m，其中，曲率半径可由第 n 个部分的第 m 架无人机单次飞行路程微元与对应角度微元的比值表示。

式（7-25）指第 n 个部分的第 m 架无人机爬升（俯冲）角的绝对值最大为 15°，其中，第 n 个部分第 m 架无人机的飞行高度减去其出发基地海拔，得到的差值再与其爬升（俯冲）飞行时的路程求商，商的反正弦值即可表示其爬升（俯冲）角。

式（7-26）中，第 n 个部分第 m 架无人机与地物之间的距离可用无人机的飞行高度与该部分的平均海拔差表示，且此距离既不低于无人机的安全距离 50m，也不超过探测装置的最大有效探测距离 500m。

式（7-27）指第 n 个部分第 m 架无人机的飞行高度不超过海拔 2000m。

式（7-28）表示第 n 个部分第 m 架无人机探测装置的最大侧视角（即视线与向下垂直线的夹角）为 45°。

式（7-29）指区域各个部分中的所有无人机完成本部分探测所需总时间的最大值超过 24h，即满足探测达到 24h 的要求。

式（7-30）表示 24h 内任意时刻所有地点上空的无人机数量之和都不为 0，即满足 24h 连续探测的要求。

式（7-31）表示经过任意相同地点的前一架无人机与后一架无人机之间的时间区间不大于 2h，即整个区域内的任意地点在一架无人机经过后最多 2h 便有下一架无人机经过。

3）问题 2 的模型的求解

（1）问题 2 模型求解流程图（图 7-23）。

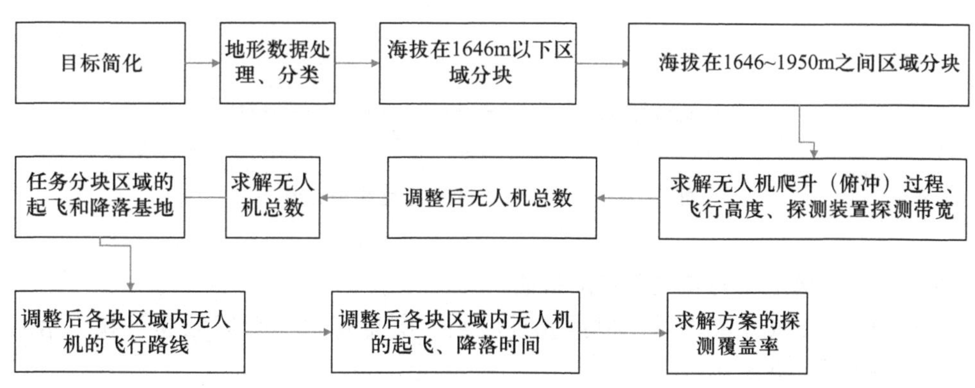

图 7-23　问题 2 模型求解流程图

（2）目标简化。

问题 2 有 3 个目标，把 3 个目标按其重要程度排序，先求解出目标 1 的最优解，再在达到此目标的条件下求目标 2 的最优解，对于目标 3 设定一个期望值，在要求结果不比此期望值坏的情况下求主要目标的最优值。

（3）地形数据处理、分类。

将整个山地区域分为海拔在 1646m 以下和 1646 ~ 1950m 之间的两大类。

$$\begin{cases} D = 500\sqrt{2} & (h \leqslant 1646\text{m}) \\ D \leqslant 500\sqrt{2} & (1646 \leqslant h \leqslant 1950\text{m}) \end{cases} \tag{7-32}$$

（4）海拔在1646m以下区域分块。

采用7+1+7+1+8飞行方式的一架无人机一次飞行探测的最大面积对海拔在1646m以下的区域（$2.1758\times10^9\text{m}^2$）进行分块，分块数为1646m以下区域的总面积与无人机一次探测面积的比值。

$$l^{(n)} \leqslant 100\text{km/h} \times 7\text{h} = 700\text{km} \tag{7-33}$$

$$S^{(n)} = l^{(n)} \times D \tag{7-34}$$

计算出一次飞行总面积最大为$4.949\times10^8\text{m}^2$，可取最小分块数为5块。

（5）海拔在1646～1950m之间区域分块。

计算海拔在1646～1950m之间区域（$3.5414\times10^8\text{m}^2$）的平均海拔为1727m，无人机的探测带宽为546m。分块数应为1646～1950m之间区域的总面积与在此区域无人机一次探测面积的比值。由$2000-h^{(n)}=D/2$，计算得一次飞行总面积为$3.822\times10^8\text{m}^2$，总共分为1块。海拔与探测带宽的关系如图7-24所示。

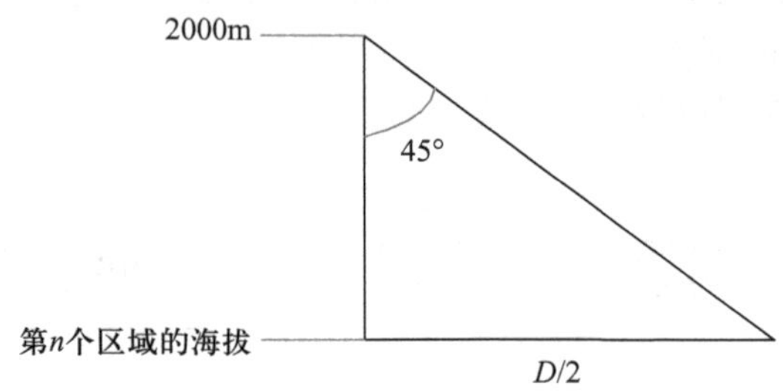

图7-24　海拔与探测带宽的关系示意图

（6）任务分块区域的起飞和降落基地。

明确了两类区域分块之后，根据就近原则，安排每块飞行区域起飞和降落基地，如表7-11和图7-25所示。

表7-11　调整后飞行任务区域对应起飞降落基地表

A基地对应的飞行任务区域	B基地对应的飞行任务区域
2、3、4、5、6	1

（7）求解无人机总数。

假设第一架无人机进入飞行区域的时刻为0时刻，在24h时刻刚好离开飞行区域，以满足连续24h都有无人机在执行任务。同时拟定采用7+1+7+1+8飞行方式，以提高无人机的利用率。

完成两次探测巡查的间隔时间不大于2h，两架无人机的距离不超过2h×100km/h。无人机数量就为这一区域的总路程与两架无人机距离的比值：

$$\frac{700\text{km}}{200\text{km}} = 3.5\text{（取无人机数量为4架）}$$

无人机总数量=分块数×每块无人机的数量，求解出无人机总数为24架（满足一个基站无人机数量不能超过25架）。

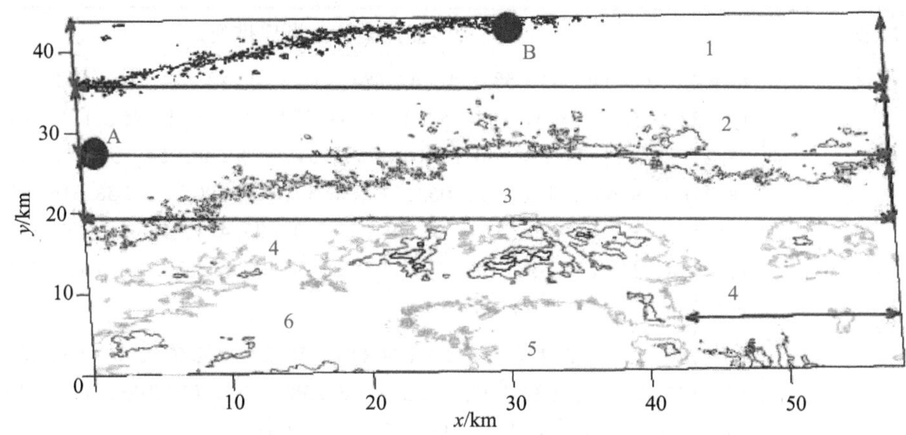

图 7-25　调整后无人机任务区域划分图

注：1、2、3 飞行任务区域，这 3 个区域的无人机均是沿直线飞行，路径为蛇形路线；4、5、6 飞行任务区域，这 3 个区域的是运用旅行商问题做点覆盖的飞行。

（8）调整后无人机总数。

对之前 7+1+7+1+8 的飞行方式进行调整验证，对一次飞行时间在 7～8h 之间调整验算，求解出每块无人机的数量及最少的无人机总数量。

经计算机模拟，得到当为 7.8h 时，每一块无人机数目为 3.99，共分为 6 块，投入无人机总数为 24 架，故调整区间为（7，7.8）和（7.8，8）。因无人机总数不变，故就选 7h 为分块时间，第一架无人机的飞行方式为 7+1+7+1+8。

（9）求解无人机爬升（俯冲）过程、飞行高度、探测装置探测带宽。

同问题 1 的结论，无人机从基地攀升到预定路线、从预订路线返还基地过程中沿直线飞行，取其最大爬升（俯冲）角度±15°：

$$l^{(n)} = \frac{H^{(n)} - h(A/B)}{\sin\varphi^{(n)}} \tag{7-35}$$

无人机在全部区域内均能满足安全距离的要求，飞行高度如下：

$$\begin{cases} H^{(n)} = h^{(n)} + 250\sqrt{2} & (h^{(n)} \leqslant 1646\text{m}) \\ H^{(n)} = 2000 & (1646 \leqslant h^{(n)} \leqslant 1950\text{m}) \end{cases} \tag{7-36}$$

无人机此时的探测带宽：

$$\begin{cases} D = 500\sqrt{2} & (h^{(n)} \leqslant 1646\text{m}) \\ 2000 - h^{(n)} = D/2 & (1646 \leqslant h^{(n)} \leqslant 1950\text{m}) \end{cases} \tag{7-37}$$

（10）调整后各块区域内无人机的飞行路线。

在海拔 1646m 以下的区域，运用推移算法来解决无人机的飞行路线问题。

在海拔 1646～1950m 之间这类区域，是典型的旅行商问题，用蚁群算法来安排无人机的飞行路线。调整后的每架无人机的飞行路线如下：

1、2、3 飞行任务区域，这 3 个区域的无人机均是沿直线飞行，路径为蛇形路线；这里我们给出各个区域无人机的各自飞行路线的转折点坐标（表 7-12）。

表 7-12　区域 1、2、3 无人机飞行路线转折点坐标

区域	路径转折点坐标（顺序排列）
1	(43.43，1)(43.43，58.2)(42.884，58.2)(42.884，1)(42.338，1)(42.338，58.2)(41.792，58.2)(41.792，1)(41.246，1)(41.246，58.2)(40.7，58.2)(40.7，1)(40.154，1)(40.154，58.2)(39.608，58.2)(39.608，1)(39.062，1)(39.062，58.2)(38.516，58.2)(38.516，1)(37.79，1)(37.79，58.2)(37.424，58.2)(37.424，1)(36.878，1)(36.878，58.2)(36.322，58.2)(36.322，1)(35.786，1)(35.786，58.2)
2	(35.227，1)(35.227，58.2)(34.681，58.2)(34.681，1)(34.135，1)(34.135，58.2)(33.589，58.2)(33.589，1)(33.043，1)(33.043，58.2)(32.497，58.2)(32.4971)　(31.951，1)(31.951，58.2)(31.405，58.2)(31.405，1)(30.859，1)(30.859，58.2)(30.313，58.2)(30.313，1)(29.767，1)(29.767，58.2)(29.221，58.2)(29.221，1)(28.675，1)(28.675，58.2)(28.129，58.2)(28.129，1)(27.583，1)(27.583，58.2)
3	(27.027，1)(27.027，58.2)(26.481，58.2)(26.481，1)(25.935，1)(25.935，58.2)(25.389.786，1)(25.389，58.2)(24.843，58.2)(24.843，1)(24.297，1)(24.297，58.2)(23.751，58.2)(23.751，1)(23.205，1)(23.205，58.2)(22.659，58.2)(22.659，1)(22.113，1)(22.113，58.2)(21.567，58.2)(21.567，1)(21.021，1)(21.021，58.2)(20.475，58.2)(20.475，1)(19.929，1)(19。929，58.2)(19.383，58.2)(19.383，1)

4、5、6 飞行任务区域，这 3 个区域的是运用旅行商问题做点覆盖的飞行，采用蚁群算法求解。列出 4、5、6 飞行任务区域无人机的飞行路线图（图 7-26 ~ 图 7-28）。

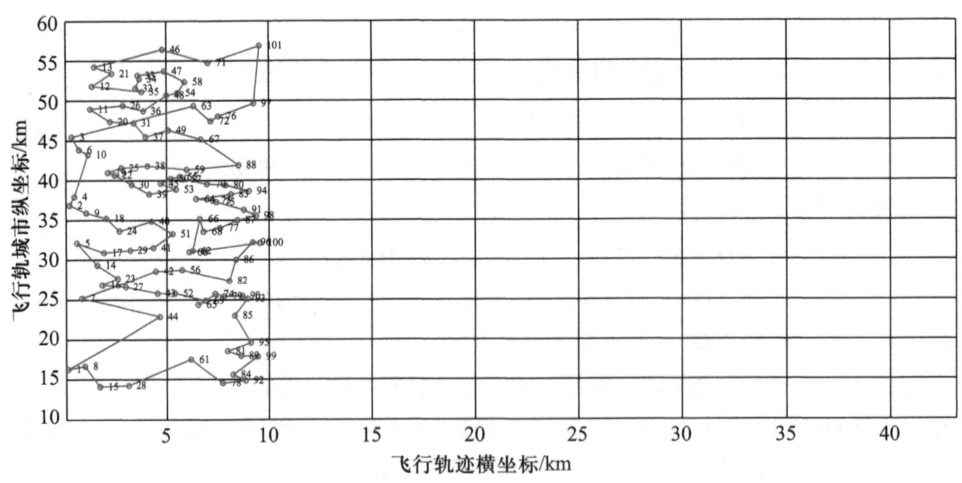

图 7-26　飞行任务区域 4 内无人机的飞行路线图

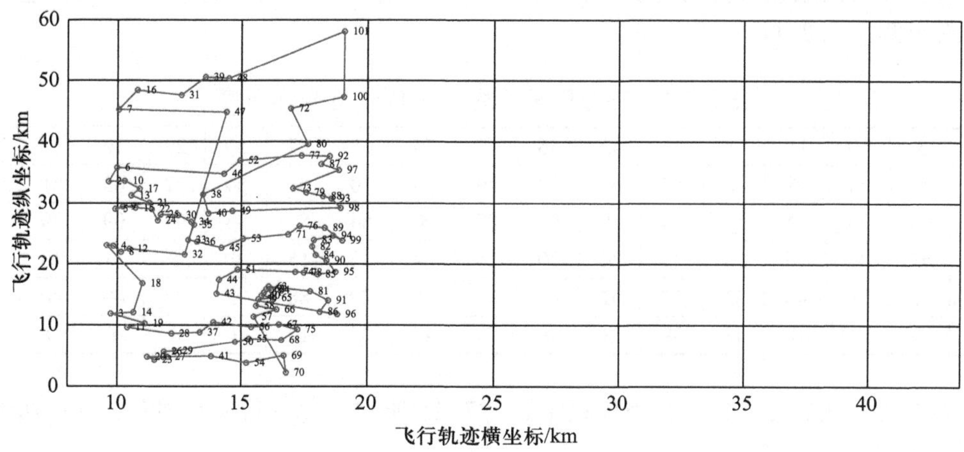

图 7-27　飞行任务区域 5 内无人机的飞行路线图

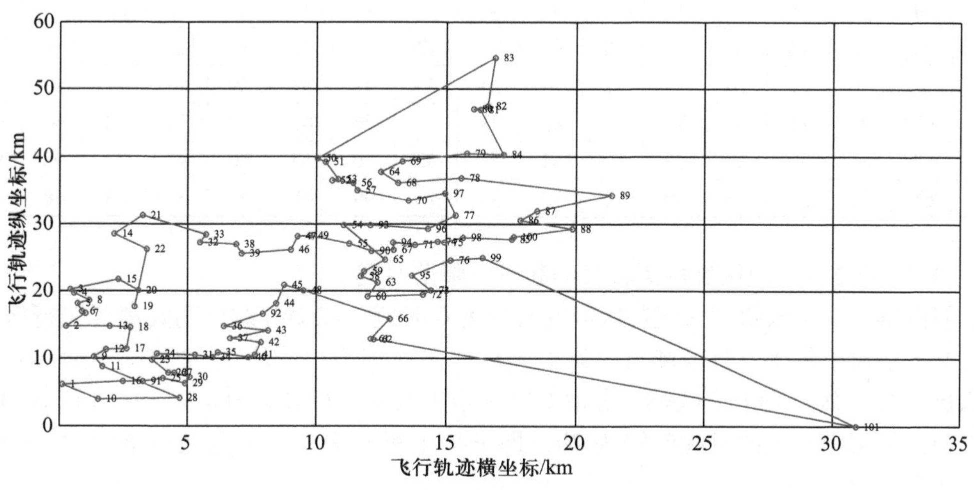

图 7-28　飞行任务区域 6 内无人机的飞行路线图

在 4 飞行区域无人机飞行坐标顺序如表 7-13 所列（每一行从左到右，逐行递增），坐标参见附录 7.2.10。

表 7-13　飞行区域 4 内无人机飞行坐标顺序

68	77	87	98	91	75	73	64	83	94	80	70	57	55	50	45	53
39	30	22	19	25	38	59	88	67	49	37	31	20	11	26	36	48
54	58	47	33	34	32	35	12	21	13	46	71	101	97	76	72	63
3	6	10	4	2	9	18	24	40	51	41	29	17	5	14	23	16
27	43	52	69	65	74	79	90	93	85	95	81	89	99	84	92	78
61	28	15	8	1	44	7	42	56	82	86	96	100	60	62	66	68

在5飞行区域无人机飞行坐标顺序如表7-14所列（每一行从左到右，逐行递增），坐标参见附录7.2.11。

表7-14　飞行区域5内无人机飞行坐标顺序

14	3	19	11	28	37	42	56	67	75	68	55	50	29	26	27	23
20	41	54	69	70	57	66	58	59	65	60	61	64	62	63	81	91
86	96	43	44	51	74	78	85	95	90	84	82	83	94	99	89	76
71	53	45	36	33	35	34	30	25	24	22	15	9	5	21	13	17
10	2	6	46	52	77	92	87	97	73	79	88	93	98	49	40	38
80	72	100	101	48	39	31	16	7	47	32	12	8	4	1	18	14

在6飞行区域无人机飞行坐标顺序如表7-15所列（每一行从左到右，逐行递增），坐标参见附录7.2.12。

表7-15　飞行区域6内无人机飞行坐标顺序

45	44	92	36	43	37	42	41	40	35	34	31	24	23	26	27	30
29	25	91	16	1	10	28	11	9	12	17	18	13	2	7	6	5
8	4	3	15	20	19	22	14	21	33	32	38	39	46	47	49	55
90	67	94	71	74	75	98	85	100	88	86	87	89	78	68	64	69
79	84	81	80	82	83	50	51	53	52	56	57	70	97	77	96	93
54	65	59	58	63	60	72	73	95	76	99	101	62	61	66	48	45

（11）调整后各块区域内无人机的起飞、降落时间。

假设第一架无人机进入飞行区域的时刻为0时刻，在24h时刻刚好离开飞行区域，以上又求解出了每个飞行区域第一架无人机的飞行方案；分块1、2、3、4、5第一架无人机飞行方案为7+1+7+1+8；分块6第一架无人机飞行方案为6.1+1+6.1+1+6.1。

根据两架无人机的时间间隔为2h，即可得出每架无人机的起飞降落时间（表7-16、表7-17）。

表7-16　分块1、2、3、4、5无人机起飞降落时间

分块1、2、3、4、5无人机	起飞时间/h	降落时间/h
F1	0	24
F2	2	26
F3	4	28
F4	6	30

表7-17　分块1、2、3、4、5无人机起飞降落时间

分块6无人机	起飞时间/h	降落时间/h
F1	0	20.3
F2	2	22.3
F3	4	24.3
F4	6	26.3

（12）求解方案的探测覆盖率。

由 $P=\frac{\sum_{i=1}^{n} S^{(i)}}{S}\times 100\%$，求出无人机的探测覆盖率 $P=99.47\%$。

3. 问题 3 模型的建立与求解

1）问题 3 模型的分析

（1）目标分析。

问题 3 要求用最少的无人机组成通信网络，保证该山地海拔 1800m 以下区域内通信信号的全覆盖。

（2）处理山地区域的地形数据。

①战场区域的 2.62%，故忽略不计。

②根据无人机飞行时能否达到通信设备的通信带宽的地形数据进行分类。画出通信带宽与地区海拔关系示意图（图 7-29）。

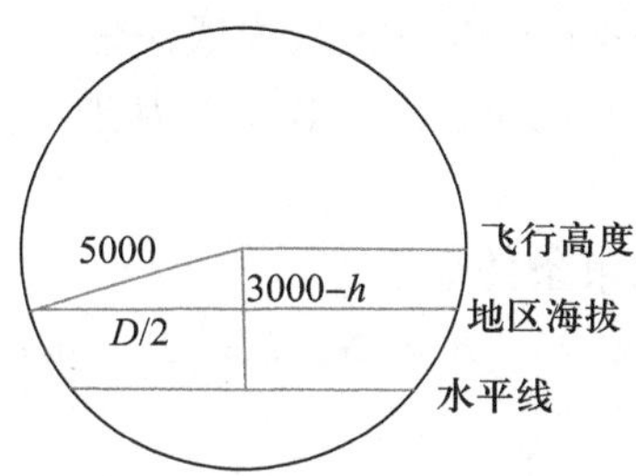

图 7-29　通信带宽与地区海拔关系示意图

海拔最高为 1800m，计算得到此时通信带宽为 9.707km；海拔最低为 1142m，计算得到此时通信带宽为 9.284km。海拔最高、最低时对应的通信带宽的差距远小于 5000m 的通信最大保障距离，故整个山地战场区域不以海拔进行区分。

（3）确定无人机飞行时通信设备的通信带宽。

为了组成的通信网络保证该山地海拔 1800m 以下区域通信全覆盖，取通信带宽为海拔最低为 1142m 时对应的通信带宽为 9.284km。

因为满足海拔最高处的通信覆盖并不能确保在海拔低处的通行覆盖，但只要满足了海拔最低处的通信覆盖就能确保高处的通信覆盖。

（4）确定该山地战场区域需派遣无人机的数量。

拟定两架无人机之间的间距为 8000m，满足山地海拔 1800m 以下区域内通信信号的全覆盖需要的无人机数量为

$$m=\frac{S}{r\times D} \tag{7-38}$$

（5）对山地区域进行分块。

分块数为山地战场区域的总面积与无人机上通信装置一次飞行覆盖面积的比值。

$$n=\frac{S}{8\text{h}\times 100\text{km/h}\times D} \tag{7-39}$$

分块数为 0.34，故该山地战场区域分块为 1 块。

（6）总体无人机的飞行路线。

飞行区域用推移算法进行计算，设定山地区域上距离 A、B 两基地边界顶点（43.7，0）为飞行轨迹的出发点，得出总体的飞行路线。

（7）确定无人机对应的基地。

根据出发点距离 A、B 两基地的距离安排无人机起飞、降落的基地。现将距离出发点近的基地安排 25 架无人机，再将剩余的无人机安排到另一个基地。

（8）确定每架无人机的飞行路线。

2）问题 3 模型的建立

（1）目标函数。

目标：在所组成的通信网络保证该山地海拔 1800m 以下区域内通信信号的全覆盖的情况下，使所需的无人机数量最少：

$$\min m = a + b \tag{7-40}$$

式（7-40）指完成山地海拔 1800m 以下区域内通信信号全覆盖的任务所需的无人机数量最少，其中，所需的无人机总数可由 A、B 两个基地发出的无人机数量之和表示。

（2）约束条件。

为达到这个目标，设置约束条件如下：

$$\text{s.t. } a \leqslant 25,\ a \in \mathbf{N};\ b \leqslant 25,\ b \in \mathbf{N} \tag{7-41}$$

$$t_m = \frac{l_m}{v} \leqslant 8 \tag{7-42}$$

$$\rho_m = \frac{\mathrm{d}l_m}{\mathrm{d}\theta_m} \geqslant 100 \tag{7-43}$$

$$|\varphi_m| = \left|\arcsin\frac{3000 - h(A/B)}{l_m}\right| \leqslant 15 \tag{7-44}$$

$$d_m = 3000 - h \in [50,\ 5000] \tag{7-45}$$

$$r_{i,j} = \sqrt{(x_i - x_j)^2 + (y_i - y_j)^2} \leqslant 8000 \tag{7-46}$$

$$\begin{cases} Q_{i,j}^{(p,q)} = [J_i^{(p,q)},\ J_j^{(p,q)}] = 0 \\ (p = p(h < 1800),\ q = q(h < 1800)) \end{cases} \tag{7-47}$$

$$\begin{cases} Q_{m,m}^{(p,q)} = [J_m^{(p,q)},\ J_m^{(p,q)}] = 0 \\ (p = p(h < 1800),\ q = q(h < 1800)) \end{cases} \tag{7-48}$$

式（7-41）表示各自从 A、B 基地出发的无人机数为自然数且不超过 25 架。

式（7-42）表示第 m 架无人机单次飞行的时间不超过 8h，即第 m 架无人机单次飞行的路程与平均飞行速度之比小于等于 8h。

式（7-43）指第 m 架无人机飞行转弯时的曲率半径大于等于 100m，其中，曲率半径可由第 m 架无人机单次飞行路程微元与对应角度微元的比值表示。

式（7-44）指第 m 架无人机爬升（俯冲）角的绝对值最大为 15°，其中，第 m 架无人机的飞行高度减去其出发基地海拔，得到的差值再与其爬升（俯冲）飞行时的路程求商，商的反正弦值即可表示其爬升（俯冲）角。

式（7-45）中，第 m 架无人机与地物之间的距离可用无人机的飞行高度与该部分的平均海拔差表示，且此距离既不低于无人机的安全距离 50m，也不超过通信装置的最大保障距离 5000m。

式（7-46）表示任意两架无人机的通信距离不超过 8000m。

式（7-47）表示经过海拔 1800m 以下区域内任意相同地点的前一架无人机与后一架无人机之间的时间区间为 0，即区域内的任意地点在一架无人机经过后立即有下一架无人机紧接着经过，使所组成的通信网络保证该山地海拔 1800m 以下区域内通信信号的全覆盖。

式（7-48）表示同一架无人机在海拔 1800m 以下区域内任意相同地点的时间区间为 0，即无人机在区域内的任意地点上空均不能悬停。

3）问题 3 模型的求解

（1）问题 3 模型求解流程图（图 7-30）。

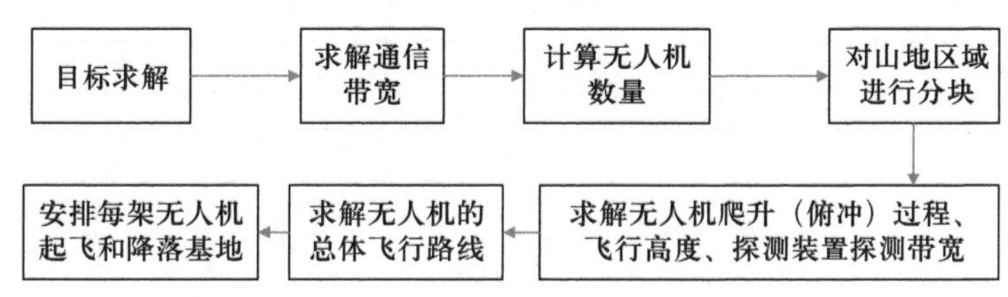

图 7-30　问题 3 模型求解流程图

（2）目标求解。

问题 3 有一个目标；用最少的无人机组成的通信网络，保证该山地海拔 1800m 以下区域内通信信号的全覆盖。

（3）求解通信带宽。

为了使组成的通信网络保证该山地海拔 1800m 以下区域内通信信号的全覆盖，取通信带宽为海拔最低为 1142m 时对应的通信带宽为 9.284km，两架无人机的间距取最大为 8km。

（4）计算无人机数量。

$$\text{无人机数量} = \frac{\text{山地战场区域面积}}{\text{两架飞机间距} \times \text{通信设备通信带宽}} = \frac{S}{D \times r} \tag{7-49}$$

计算得总无人机数为 34.24，因此无人机总架数为 35 架。

（5）对山地区域进行分块。

$$\begin{aligned}\text{分块数} &= \frac{\text{山地战场区域面积}}{\text{无人机飞行时间} \times \text{无人机飞行速度} \times \text{通信设备通信带宽}} \\ &= \frac{S}{8\text{h} \times 100\text{km/h} \times D}\end{aligned} \tag{7-50}$$

分块数为 0.34，故该山地战场区域分块为 1 块。

（6）求解无人机爬升（俯冲）过程、飞行高度、探测装置探测带宽。

同问题 1 的结论，无人机从基地攀升到预定路线、从预订路线高度 3000m 返还基地过程中沿直线飞行，取其最大爬升（俯冲）角度±15°。

$$
l^{(n)} = \frac{H^{(n)} - h(A/B)}{\sin\varphi^{(n)}} \tag{7-51}
$$

无人机飞行高度为3000m，在全部区域内均能满足安全距离的要求。

（7）求解无人机的总体飞行路线。

运用推移算法来解决无人机的总体飞行路线的问题。假设山地区域上距离 A、B 两基地边界顶点（43.7，0）为飞行轨迹的出发点。该山地战场区域，无人机均是沿直线飞行，路径为蛇形路线（图 7-31）。

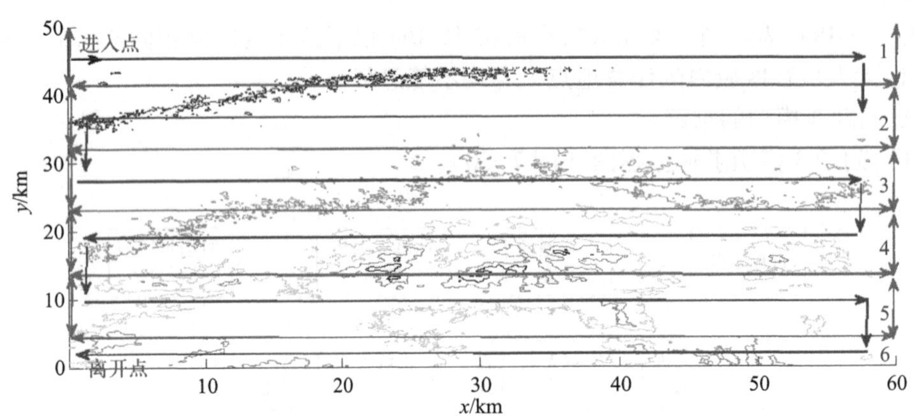

图 7-31 无人机的总体飞行路线图

（8）安排每架无人机起飞和降落基地。

根据出发点距离 A、B 两基地的距离安排无人机起飞、降落的基地。现将距离出发点近的基地安排 25 架无人机，再将剩余的无人机安排到另一个基地。A 基地距离出发点较近，安排 25 架无人机；B 基地安排 10 架无人机（表 7-18）。

表 7-18 基地安排无人机数目

A 基地起飞降落的无人机数目	B 基地起飞降落的无人机数目
25 架	10 架

（9）无人机的飞行路线。

因为只有一块，所以每架无人机的飞行路线均为一致，这里我们给出无人机飞行路线的转折点坐标（表 7-19）。

表 7-19 无人机飞行路线转折坐标

区域	路径转折点坐标（顺序排列）
整个山地战场区域	（43.7，0）（43.7，58.2）（39.058，58.2）（39.058，0）（29.774，0）（29.774，58.2）（20.49，58.2）（20.49，0）（11.206，0）（11.206，58.2）（1.922，58.2）（1.922，0）

7.2.4 结果分析与拓展

1. 模型的优点

（1）有效简便。采用 Matlab2012a 专业软件对模型进行求解，使运算更为简便快捷，效率更高。

（2）算法适用范围广。本文所使用的算法局部搜索能力强，且适用于各类复杂优化问题的求解。

（3）模型简单易懂，方法灵活，具有较强的推广性。

2. 模型的缺点

由于本模型在计算海拔 1646m 以上的区域时在一个任务区域内取这类区域海拔的平均值，并以这个平均值作为计算无人机探测带宽的依据，有一定的误差，并且求解后得到的一些结论仍有待大数据检验。若能获取更多翔实数据，效果将更佳。另外，问题 3 中为了达到无人机数最小的目标，对覆盖率进行了降低，没有达到真正意义上的全覆盖。

3. 模型的推广

本文设计的无人机对山地战场的目标探测与巡查，巧妙运用分类处理的方法对地形数据进行筛选和分析，使用了推移算法求解面覆盖情况和蚁群算法解决旅行商问题的点覆盖情况相结合的启发式搜索算法求解模型，可广泛用于路径规划、系统设计等实际问题大，有较强的推广性。模型可以能提高无人机工作效率，提升无人机的实战效能，可为战场目标探测、战场情势巡查、重要目标攻击、战场通信保障，以及反恐作战和非军事行动提供参考。

参 考 文 献

[1] 姜启源，谢金星，叶俊．数学模型［M］．4 版．北京：高等教育出版社，2011.

[2] 辛培源．基于三维环境复杂约束条件的无人机航迹规划方法研究［D］．首都师范大学，2014.

[3] 李素娟．无人机航路规划及评价方法研究［D］．南京航空航天大学，2012.

[4] 陈杰．《Matlab》宝典．北京：电子工业出版社，2011.

[5] 司守奎，孙兆亮．数学建模算法与应用［M］．2 版．北京：国防工业出版社，2015.

[6] 赫孝良，戴永红，周义仓．数学建模竞赛赛题简析与论文点评：西安交大近年参赛论文选编［M］．西安：西安交通大学出版社，2002.

[7] 邓会亨．无人机飞行姿态航迹虚拟现实仿真系统［D］．南昌航空大学，2013.

[8] 刘钦辉，邱长华，王能建．考虑空间约束的舰载机作业调度模型研究［J］．哈尔滨工程大学学报，2012，33（11）：1435-1439.

[9] 张韵华．符号计算系统 Mathematica 教程［M］．北京：科学出版社，2001.

[10] 周义仓，赫孝良．数学建模实验［M］．西安：西安交通大学出版社，2007.

[11] 缪永飞．军用飞行器航迹规划与显示技术研究［D］．国防科学技术大学，2006.

[12] 吴维元，潘江怀．飞行器航路规划算法分析［J］．指挥控制与仿真，2009，31（3）：17-20.

附　录

附录 7.2.1

```
function haibatu
  load ('alldata.mat')
  x=1: 1: 1165;
  y=1: 1: 874;
  [x1, y1] =meshgrid (x, y);
  z=alldata;
  subplot (1, 1, 1)
  meshz (x1, y1, z)
  xlabel ('x'), ylabel ('y'), zlabel ('z')

  x=1: 1: 1165;
  y=1: 1: 874;
  [x1, y1] =meshgrid (x, y);
  z=alldata;
  subplot (1, 1, 1)
  z1=interp2 (x, y, z, x, y', 'nearest');
  [X, Y] =meshgrid (x, y);
  surfc (X, Y, z1)
  xlabel ('x'), ylabel ('y'), zlabel ('z')

  x=1: 1: 1165;
  y=1: 1: 874;
  [x1, y1] =meshgrid (x, y);
  z=alldata;
  subplot (1, 1, 1)
  z1=interp2 (x, y, z, x, y', 'cubic');
  [X, Y] =meshgrid (x, y);
  surfc (X, Y, z1)
  xlabel ('x'), ylabel ('y'), zlabel ('z')

  x=1: 1: 1165;
  y=1: 1: 874;
  [x1, y1] =meshgrid (x, y);
  z=alldata;
  subplot (1, 1, 1)
  z1=interp2 (x, y, z, x, y', 'cubic');
  [X, Y] =meshgrid (x, y);
```

```
contourf ( X, Y, z1 )
xlabel ('x' ) , ylabel ('y' ) , zlabel ('z' )
```

附录 7.2.2

```
clc
x_ label=jhfkd4 ( :, 1 ) ; % 第 1 列为横坐标
y_ label=jhfkd4 ( :, 2 ) ; % 第 2 列为纵坐标
C= [x_ label y_ label];        % 坐标矩阵
n=size ( C, 1 ) ;   % n 表示城市个数
D=zeros ( n, n ) ; % D 表示完全图的赋权邻接矩阵, 即距离矩阵 D 初始化
for i=1: n
    for j=1: n
        if i ~ =j
    D ( i, j )  = ( ( C ( i, 1 )  -C ( j, 1 ) )  ^2+ ( C ( i, 2 )  -C ( j, 2 ) )  ^2 )  ^
0.5; % 计算两城市之间的距离
        else
            D ( i, j )  =0;    % i=j, 则距离为 0;
        end
        D ( j, i )  =D ( i, j ) ;    % 距离矩阵为对称矩阵
    end
end
  % % ===================蚁群算法==============
  % % ===========第一步变量初始化===========
iter_ max=100;    % 最大迭代次数
m=62;            % 蚂蚁个数, 此为关键点个数
Alpha=1;          % 表征信息素重要程度的参数
Beta=5;           % 表征启发式因子重要程度的参数
Rho=0.8;          % 信息素蒸发系数
Q=10;            % 信息素增加强度系数
Eta=1./D;            % Eta 为能见度因数, 这里设为距离的倒数
Tau=ones ( n, n ) ;      % Tau 为信息素矩阵, 初始化全为 1
Tabu=zeros ( m, n ) ;    % 存储并记录路径的生成
nC=1;             % 迭代计数器
R_ best=zeros ( iter_ max, n ) ;     % 各代最短路线, 行为最大迭代次数, 列为关键点
个数
L_ best=inf. * ones ( iter_ max, 1 ) ;% % 各代最短路线的长度, inf 为无穷大
L_ ave=zeros ( iter_ max, 1 ) ;       % 各代平均路线长度

  % % ==============第二步将 m 只蚂蚁放到关键点上==============
while nC<=iter_ max     % 停止条件之一: 达到最大迭代次数
    Randpos= [];
    for i=1: ( ceil ( m/n ) )         % ceil 表示向无穷方向取整
        Randpos= [Randpos, randperm ( n ) ]; % randperm ( n ) : 表示随机产生一个
```

```
整数排列
        end
    Tabu (:, 1) = (Randpos (1, 1: m)) '; % 每只蚂蚁 (m只) 都对应有一个位置, Tabu
(:, 1) 为每只蚂蚁走过的第一个关键点

    %% ===============第三步 m只蚂蚁按概率函数选择下一关键点, 完成各自的周游==
=============
        for j=2: n       % 城市从第二个开始
            for  i=1: m
                visited=Tabu (i, 1: (j-1));        % 已访问的关键点
                J=zeros (1, (n-j+1));             % 待访问的关键点
                P=J;                             % 待访问关键点的选择概率分布 (初始化)
                Jc=1;                            % 循环下标

                for k=1: n     % 利用循环求解待访问关键点, 如果第 k 个城市不属于已访问关
键点, 则其为待访问关键点
                    if  length (find (visited==k)) ==0
                        J (Jc) =k;
                        Jc=Jc+1;    % 下表加 1, 便于下一步存储待访问的关键点
                    end
                end

                 for k=1: length (J)     % 下面计算待访问关键点的概率分布, length
(J) 表示待访问关键点个数
                      P (k) = (Tau (visited (end), J (k)) ^Alpha) * (Eta
(visited (end), J (k)) ^Beta); % 概率计算公式中的分子
                end
                    P=P/ (sum (P));       % 概率分布: 长度为待访问关键点个数
                    Pcum=cumsum (P);    % 求累积概率和: cumsum ([1 2 3]) =1 3 6,
目的在于使得 Pcum 的值总有大于 rand 的数
                    Select=find (Pcum>=rand);   % 按概率选取下一个关键点: 当累积
概率和大于给定的随机数, 则选择求和被加上的最后一个关键点作为即将访问的关键点
                if  isempty (Select)       % 若选择关键点为空集, 则随机将任一关键点加
入禁忌表中
                    Tabu (i, j) =round (1+ (n-1) * rand);
                else
                    next_ visit=J (Select (1));    % next_ visit 表示即将访问的
关键点
                    Tabu (i, j) =next_ visit;        % 将访问过的关键点加入禁忌表中
                end
            end
        end
```

```
    if nC>=2; Tabu(1,:) =R_ best(nC-1,:); end  % 若迭代次数大于等于 2，则将上一次迭代的最佳路线存入到 Tabu 的第一行中

  %% ===============第四步记录本次迭代最佳路线===============
  L=zeros(m,1);
   for i=1: m;
      R=Tabu(i,:);
    for j=1:(n-1)
      L(i) =L(i) +D(R(j),R(j+1));   % 求路径距离
    end
      L(i) =L(i) +D(R(1),R(n));      % 加上最后一个关键点与第一个关键点之间的距离
   end
   L_ best(nC) =min(L);               % 最优路径为距离最短的路径
   pos=find(L==L_ best(nC));          % 找出最优路径对应的位置：即为哪只蚂蚁
   R_ best(nC,:) =Tabu(pos(1),:);    % 确定最优路径对应的城市顺序
   L_ ave(nC) =mean(L);               % 求第 k 次迭代的平均距离
   nC=nC+1;

  %% ===============第五步更新信息素，此处蚁周系统===============
  Delta_ Tau=zeros(n,n);   % Delta_ Tau(i,j) 表示所有蚂蚁留在第 i 个城市到第 j 个关键点路径上的信息素增量
    for i=1: m
      for j=1:(n-1)       % 建立了完整路径后再释放信息素
        Delta_ Tau(Tabu(i,j),Tabu(i,j+1)) =Delta_ Tau(Tabu(i,j),Tabu(i,j+1)) +Q/L(i);
      end
        Delta_ Tau(Tabu(i,n),Tabu(i,1)) =Delta_ Tau(Tabu(i,n),Tabu(i,1)) +Q/L(i);
    end
  Tau=(1-Rho).* Tau+Delta_ Tau;    % 信息素更新公式

  %% ===============第六步禁忌表清零===============
  Tabu=zeros(m,n);
  end

  %% ===============第七步输出结果===============
  Pos=find(L_ best==min(L_ best));       % 找到 L_ best 中最小值所在的位置
  Shortest_ Route=R_ best(Pos(1),:)     % 提取最短路径
  Shortest_ Length=L_ best(Pos(1))      % 提取最短路径长度

  %% ===============作图===============
  figure(1)    % 作迭代收敛曲线图
```

```
x=linspace (0, iter_ max, iter_ max) ;
y=L_ best (:, 1) ;
plot (x, y, '-', 'LineWidth', 2) ;
xlabel ('迭代次数') ; ylabel ('最短路径长度') ;

figure (2)    % 作最短路径图
Shortest_ Route= [Shortest_ Route Shortest_ Route (1) ];
plot ( [C (Shortest_ Route, 1) ], [C (Shortest_ Route, 2) ], 'o-') ;
grid on
for i = 1: size (C, 1)
   text (C (i, 1) , C (i, 2) , ['  ' num2str (i) ]) ;
end
xlabel ('飞行轨迹横坐标') ; ylabel ('飞行轨迹纵坐标') ;
```

附录 7.2.3

```
  alljhd1= [];
for i=1: 9033
   for j=1: 2
      if (i<4516 | | i==4516)
      alljhd1 (i, j) =jhfkd1 (i, j) ;
      else if (i>4516&&i<9033)
            alljhd1 (i, j) =jhfkd2 (i-4516, j) ;
         end
      end
   end
end
alljhd1 (9033, 1) =jhfkd3 (1, 1) ;
alljhd1 (9033, 2) =jhfkd3 (1, 2) ;
jhfkd4= [];
for j=1: 2
   i=1;
   p=1;
while (i<139418)
     jhfkd4 (p, j) = (fkd12 (i+1, j) +fkd12 (i+2362, j) ) /2;
      p=p+1;
      i=i+2363;
      end
end
jhfkd4 (61, 1) = (fkd12 (139419, 1) +fkd12 (141779, 1) ) /2;
  jhfkd4 (61, 2) = (fkd12 (139419, 2) +fkd12 (141779, 2) ) /2;
```

附录 7.2.4

```
  [xdata, textdata] =xlsread ('问题 A-附件 1: 区域高程数据.xlsx') ;% 加载坐标数据
```

```
s1= [];
s2= [];
s3= [];
q1=1;
p1=1;
p2=1;
for i=1: 874
    for j=1: 1165
        if (2000-alldata (i, j) >250* sqrt (2) | |2000-alldata (i, j) ==
250* sqrt (2) )
            s1 (q1, 1) =alldata (i, j) ;
            q1=q1+1;
        else if ( (2000-alldata (i, j) <250* sqrt (2) ) && (alldata (i, j)
<1950) )
                s2 (p1, 1) =alldata (i, j) ;
                p1=p1+1;
            else if (alldata (i, j) >1950 | |alldata (i, j) ==1950)
                s3 (p2, 1) =alldata (i, j) ;
                p2=p2+1;
                end
            end
        end
    end
end
```

附录 7.2.5

```
s=zeros (874, 1164) ;
for i=1: 874
    for j=2: 1165
        s (i, j-1) =abs (alldata (i, j) -alldata (i, j-1) ) ;
    end
end
s1=zeros (874, 1164) ;
for i=1: 1164
    for j=2: 874
        s1 (j-1, i) =abs (alldata (j, i) -alldata (j-1, i) ) ;
    end
end
```

附录 7.2.6

```
a=43700;
b=58200;
alls=a* b;
```

```
fqs1= ( length ( s1 )  / ( 874* 1165 ) )  * alls;
fqs2= ( length ( s2 )  / ( 874* 1165 ) )  * alls;
fqs3= ( length ( s3 )  / ( 874* 1165 ) )  * alls;
yanzs=fqs1+fqs2+fqs3;
fuganrata=1-fqs3/alls;
eyerys=fqs1/5
t=eyerys/ (100000* 500* sqrt ( 2 ) )
eyerys=fqs1/4
t=eyerys/ (100000* 500* sqrt ( 2 ) )
```

附录 7. 2. 7

```
shu1 =874* 1165;
x=1: 1: shu1;
y=1: 1: shu1;
k=1;
z= [];
for i=1: 874
    for j=1: 1165
        z (1, k )  =alldata ( i, j ) ;
        k=k+1;
    end
end
scatter3 ( x, y, z, 80, '.', 'r.' )
sdata1= [];
p=1;
for i=1: 191
    for j=1: 1165
          if ( 2000-alldata ( i, j )  >250* sqrt ( 2 )   | | 2000-alldata ( i, j )
==250* sqrt ( 2 ) )
              sdata1 ( p, 1 )  =i;
              sdata1 ( p, 2 )  =j;
              p=p+1;
          end
    end
end

sdata2= [];
p=1;
for i=191: 382
    for j=1: 1165
          if ( 2000-alldata ( i, j )  >250* sqrt ( 2 )   | | 2000-alldata ( i, j )
==250* sqrt ( 2 ) )
              sdata2 ( p, 1 )  =i;
```

```
            sdata2 ( p, 2 )  =j;
            p=p+1;
        end
    end
end
```

附录 7.2.8

调整前第一架

点号	横坐标	纵坐标	点号	横坐标	纵坐标	点号	横坐标	纵坐标
1	3. 5	42. 5	21	106	181. 5	41	241	531. 5
2	8	209	22	112. 5	198. 5	42	245	334. 5
3	12	605. 5	23	119. 5	133. 5	43	249	498. 5
4	16. 5	538. 5	24	126	437	44	253. 5	579. 5
5	21	524. 5	25	133	501. 5	45	258. 5	459
6	25. 5	602	26	140	278. 5	46	263. 5	417. 5
7	30. 5	338	27	146. 5	572	47	269. 5	309. 5
8	35. 5	181. 5	28	154	540. 5	48	277	344. 5
9	40	452	29	162. 5	270	49	285. 5	540
10	44. 5	575. 5	30	171. 5	298	50	294	392
11	49. 5	299	31	180	323. 5	51	301	482. 5
12	54. 5	179. 5	32	187. 5	299. 5	52	307	886. 5
13	59	247	33	195	397	53	313. 5	912. 5
14	63. 5	311	34	203. 5	532. 5	54	321	901
15	68. 5	242	35	211. 5	670. 5	55	329	1025
16	74	272	36	218. 5	614. 5	56	337. 5	1025. 5
17	80. 5	234. 5	37	224. 5	583	57	346. 5	884
18	87. 5	104. 5	38	229. 5	575. 5	58	358	707
19	94	83. 5	39	234	347. 5	59	381. 5	573
20	100	133. 5	40	237. 5	498. 5	60	429. 5	584. 5
						61	463. 5	750. 5

调整前第二架

点号	横坐标	纵坐标	点号	横坐标	纵坐标	点号	横坐标	纵坐标
1	2.5	276.5	21	249	622.5	41	299	682.5
2	6	308.5	22	251.5	643.5	42	301	657
3	11.5	311	23	254.5	550.5	43	303.5	557.5
4	29	256	24	257.5	578.5	44	306	623.5
5	47	216.5	25	261.5	644	45	308.5	906.5
6	57.5	135.5	26	265.5	554	46	312	848.5
7	67	75.5	27	268	528	47	315	723
8	73	85	28	270	521	48	317	777
9	79	54	29	272	458	49	319	787.5
10	84	49.5	30	274	423.5	50	321.5	642.5
11	88	63.5	31	276	404	51	324	573
12	92.5	80	32	278	405.5	52	326.5	570.5
13	108	448	33	280	541	53	329.5	560
14	133	801	34	282.5	680	54	332.5	642.5
15	165	790	35	285.5	683.5	55	335.5	635.5
16	211	648	36	288.5	553.5	56	338	692
17	239	531	37	291	573	57	340.5	730.5
18	242.5	548	38	293	737	58	344	601
19	245	553	39	295	750	59	348	602.5
20	247	561.5	40	297	725	60	360.5	664
						61	373	619.5

附录 7.2.9

F4 调整前第一架

点号	横坐标	纵坐标	点号	横坐标	纵坐标	点号	横坐标	纵坐标
1	5	556	21	155	941	41	283	808
2	12	1092.5	22	162	812	42	289	971.5
3	20	1106	23	169	677	43	295	1030
4	28	1139.5	24	175	947.5	44	301	1031.5
5	36	1110	25	182	835.5	45	307	1027
6	44	1002	26	189	728	46	313	998.5

续表

点号	横坐标	纵坐标	点号	横坐标	纵坐标	点号	横坐标	纵坐标
7	52	759. 5	27	195	1013	47	319	922. 5
8	59	847. 5	28	202	874	48	325	770
9	66	987	29	209	673. 5	49	331	574
10	74	739	30	215	834	50	337	314. 5
11	81	880. 5	31	221	952	51	342	641
12	88	1083. 5	32	227	1023. 5	52	347	1061
13	96	929. 5	33	233	1075	53	353	958. 5
14	104	755	34	240	558. 5	54	359	923
15	112	593. 5	35	247	204	55	365	924. 5
16	119	839. 5	36	253	431	56	371	955. 5
17	126	1091	37	259	488	57	377	1005. 5
18	134	945	38	265	495	58	383	1023
19	142	671. 5	39	271	529	59	389	955
20	149	642. 5	40	277	632	60	395	763. 5
61	401	513	64	417	1106. 5	67	436	610
62	407	297	65	423	1065	68	443	188
63	412	676. 5	66	429	1096	69	449	587. 5
						70	456	544

F5

点号	横坐标	纵坐标	点号	横坐标	纵坐标	点号	横坐标	纵坐标
1	231. 5	628	21	304. 5	225	41	360. 5	670
2	235	1105	22	307. 5	355	42	363	259. 5
3	239. 5	1052	23	310. 5	627. 5	43	365	432
4	244. 5	562. 5	24	313. 5	865	44	367	624. 5
5	249	278	25	316. 5	915	45	369	797. 5
6	253	548. 5	26	319. 5	1000. 5	46	371	937
7	257	263. 5	27	322. 5	1075. 5	47	373	1066. 5
8	261	130. 5	28	325. 5	1033	48	375. 5	618
9	264. 5	519	29	328. 5	959. 5	49	378	177
10	268	613	30	331. 5	920	50	380	322. 5

续表

点号	横坐标	纵坐标	点号	横坐标	纵坐标	点号	横坐标	纵坐标
11	271. 5	578. 5	31	334. 5	872	51	382	491
12	274. 5	1022	32	337. 5	696. 5	52	384	648
13	278	624	33	340. 5	429. 5	53	386	753
14	281. 5	188	34	343. 5	200. 5	54	388	830. 5
15	284. 5	300. 5	35	346	493	55	390	900. 5
16	287. 5	629	36	348. 5	602. 5	56	392	973
17	290. 5	1031. 5	37	351	690. 5	57	394	1036. 5
18	294	711. 5	38	353. 5	710	58	396	1078. 5
19	297. 5	607	39	356	618	59	398	1105. 5
20	301	542. 5	40	358	1024. 5	60	400	1129. 5
61	402	1152. 5	67	414. 5	600. 5	73	427	523. 5
62	404	1160	68	417	73	74	429	685
63	406	1151	69	419	135. 5	75	431	844
64	408	1141	70	421	191. 5	76	433	951. 5
65	410	1136	71	423	260	77	435	1012
66	412	1148	72	425	375	78	437	1059
79	439	1102	80	441	1132	81	442	1152. 5

F6

点号	横坐标	纵坐标	点号	横坐标	纵坐标	点号	横坐标	纵坐标
1	3. 5	205	21	122. 5	276	41	263	519
2	8. 5	387	22	130. 5	233. 5	42	269. 5	575
3	13. 5	388. 5	23	138. 5	175	43	278	657. 5
4	18. 5	356	24	146	244	44	288	534
5	23. 5	397. 5	25	154	502	45	297	546. 5
6	29	303. 5	26	163	586	46	304. 5	583
7	34. 5	201	27	173	419	47	311. 5	634
8	39. 5	309. 5	28	182. 5	325. 5	48	319. 5	606
9	45	230. 5	29	191	238. 5	49	328. 5	648. 5
10	50. 5	172. 5	30	200	351	50	338	702
11	55. 5	311. 5	31	209. 5	474	51	348	663

续表

点号	横坐标	纵坐标	点号	横坐标	纵坐标	点号	横坐标	纵坐标
12	60. 5	396	32	217. 5	540	52	364	559
13	66	470. 5	33	224	654. 5	53	400	642. 5
14	72	244. 5	34	229. 5	738	54	236	542
15	79	222	35	234. 5	481. 5	55	93	513. 5
16	86. 5	204. 5	36	239	185	56	197. 5	683. 5
17	93. 5	285	37	243	208. 5	57	267. 5	620
18	100. 5	237	38	247	532	58	290	674. 5
19	107. 5	235	39	252	557	59	313	590
20	115	233	40	257. 5	506	60	0	0
						61	350	547. 5

附录 7. 2. 10（单位为 km，标准为 43. 7×58. 2）

点号	横坐标	纵坐标	点号	横坐标	纵坐标	点号	横坐标	纵坐标
1	0. 125	6. 175	21	3. 225	31. 275	41	7. 625	10. 525
2	0. 275	14. 775	22	3. 4	26. 25	42	7. 875	12. 35
3	0. 425	20. 325	23	3. 6	9. 775	43	8. 15	14. 175
4	0. 575	19. 725	24	3. 8	10. 725	44	8. 45	18. 225
5	0. 725	18. 2	25	4. 025	7. 075	45	8. 75	20. 9
6	0. 875	17. 025	26	4. 25	7. 85	46	9. 025	26. 125
7	1. 025	16. 7	27	4. 475	7. 85	47	9. 275	28. 125
8	1. 175	18. 675	28	4. 7	4. 125	48	9. 525	20. 125
9	1. 35	10. 225	29	4. 9	6. 35	49	9. 775	28. 225
10	1. 525	4	30	5. 1	7. 275	50	10. 05	39. 725
11	1. 675	8. 775	31	5. 3	10. 55	51	10. 35	39. 175
12	1. 825	11. 35	32	5. 5	27. 225	52	10. 625	36. 45
13	1. 975	14. 85	33	5. 725	28. 425	53	10. 85	36. 6
14	2. 125	28. 475	34	5. 975	10. 175	54	11. 075	29. 8
15	2. 3	21. 775	35	6. 2	10. 9	55	11. 275	27. 05
16	2. 475	6. 6	36	6. 425	14. 8	56	11. 425	36. 05
17	2. 625	11. 475	37	6. 675	13. 025	57	11. 575	34. 95
18	2. 775	14. 65	38	6. 9	26. 975	58	11. 725	22. 2

续表

点号	横坐标	纵坐标	点号	横坐标	纵坐标	点号	横坐标	纵坐标
19	2. 925	17. 725	39	7. 125	25. 6	59	11. 85	22. 95
20	3. 075	20. 075	40	7. 375	10. 15	60	11. 975	19. 15
61	12. 1	12. 925	75	14. 925	27. 25	89	21. 4	34. 2
62	12. 225	12. 825	76	15. 15	24. 6	90	12. 125	25. 95
63	12. 35	21. 275	77	15. 35	31. 275	91	3. 25	6. 65
64	12. 475	37. 725	78	15. 55	36. 8	92	7. 95	16. 6
65	12. 65	24. 625	79	15. 775	40. 4	93	12. 075	29. 775
66	12. 825	15. 925	80	16. 025	46. 975	94	12. 95	27. 2
67	12. 975	26. 125	81	16. 3	46. 9	95	13. 675	22. 325
68	13. 125	36. 025	82	16. 575	47. 475	96	14. 3	29. 225
69	13. 3	39. 25	83	16. 85	54. 65	97	14. 95	34. 5
70	13. 525	33. 375	84	17. 175	40. 3	98	15. 625	27. 925
71	13. 8	26. 875	85	17. 5	27. 675	99	16. 375	24. 925
72	14. 1	19. 425	86	17. 85	30. 5	100	17. 575	28. 075
73	14. 4	20. 1	87	18. 5	31. 85	101	30. 95	0
74	14. 675	27. 3	88	19. 875	29. 2			

附录 7. 2. 11（单位为 km，标准为 43. 7×58. 2）

点号	横坐标	纵坐标	点号	横坐标	纵坐标	点号	横坐标	纵坐标
1	0. 1	16. 325	21	2. 25	53. 375	41	4. 35	31. 55
2	0. 2	36. 9	22	2. 375	40. 675	42	4. 45	28. 625
3	0. 3	45. 475	23	2. 5	27. 65	43	4. 55	25. 8
4	0. 425	37. 975	24	2. 6	33. 675	44	4. 65	22. 875
5	0. 55	32. 125	25	2. 7	41. 525	45	4. 725	39. 6
6	0. 65	43. 85	26	2. 8	49. 375	46	4. 8	56. 4
7	0. 775	25. 2	27	2. 925	26. 65	47	4. 9	53. 675
8	0. 9	16. 675	28	3. 05	14. 275	48	5	50. 65
9	1	35. 925	29	3. 15	31. 2	49	5. 1	46. 3
10	1. 1	43. 2	30	3. 25	39. 45	50	5. 2	40. 225
11	1. 2	48. 95	31	3. 35	47. 2	51	5. 3	33. 275
12	1. 3	51. 825	32	3. 45	51. 625	52	5. 4	25. 8

续表

点号	横坐标	纵坐标	点号	横坐标	纵坐标	点号	横坐标	纵坐标
13	1. 4	54. 2	33	3. 55	53. 2	53	5. 475	38. 875
14	1. 525	29. 375	34	3. 65	52. 7	54	5. 55	51. 025
15	1. 65	14. 075	35	3. 75	51. 175	55	5. 65	40. 4
16	1. 75	26. 875	36	3. 85	48. 75	56	5. 75	28. 75
17	1. 85	30. 95	37	3. 95	45. 475	57	5. 825	40. 1
18	1. 95	35. 25	38	4. 05	41. 775	58	5. 9	52. 35
19	2. 05	40. 95	39	4. 15	38. 25	59	6	41. 3
20	2. 15	47. 35	40	4. 25	34. 825	60	6. 1	30. 975
61	6. 2	17. 475	75	7. 425	37. 225	89	8. 6	17. 975
62	6. 275	31. 175	76	7. 5	48. 075	90	8. 675	25. 5
63	6. 35	49. 35	77	7. 6	34. 025	91	8. 75	36. 275
64	6. 45	37. 625	78	7. 7	14. 55	92	8. 85	14. 85
65	6. 55	24. 375	79	7. 775	25. 4	93	8. 925	25. 125
66	6. 625	35. 125	80	7. 85	39. 375	94	9	38. 65
67	6. 7	45. 15	81	7. 95	18. 575	95	9. 1	19. 6
68	6. 8	33. 55	82	8. 025	27. 35	96	9. 175	32. 2
69	6. 9	24. 925	83	8. 1	38. 25	97	9. 25	49. 625
70	6. 975	39. 525	84	8. 2	15. 6	98	9. 35	35. 5
71	7. 05	54. 725	85	8. 275	23. 025	99	9. 45	17. 85
72	7. 15	47. 475	86	8. 35	30. 025	100	9. 525	32. 1
73	7. 25	37. 5	87	8. 425	34. 975	101	9. 55	56. 9
74	7. 35	25. 725	88	8. 5	41. 875			

附录 7. 2. 12（单位为 km，标准为 43. 7×58. 2）

点号	横坐标	纵坐标	点号	横坐标	纵坐标	点号	横坐标	纵坐标
1	9. 575	23. 05	21	11. 275	30. 05	41	13. 8	4. 85
2	9. 65	33. 55	22	11. 375	28. 925	42	13. 9	10. 5
3	9. 75	11. 9	23	11. 5	4. 275	43	14	15. 175
4	9. 825	22. 9	24	11. 6	27. 125	44	14. 1	17. 425
5	9. 9	29	25	11. 725	28. 05	45	14. 2	22. 625
6	9. 975	35. 775	26	11. 875	5. 675	46	14. 3	34. 825

续表

点号	横坐标	纵坐标	点号	横坐标	纵坐标	点号	横坐标	纵坐标
7	10.05	45.275	27	12.025	4.775	47	14.4	44.9
8	10.15	21.95	28	12.175	8.625	48	14.5	50.425
9	10.225	29.325	29	12.325	5.75	49	14.625	28.65
10	10.3	33.575	30	12.45	28.025	50	14.75	7.3
11	10.4	9.575	31	12.575	47.65	51	14.85	19.1
12	10.475	22.475	32	12.725	21.55	52	14.95	36.975
13	10.55	31.225	33	12.85	23.925	53	15.075	24.175
14	10.65	12.1	34	12.975	26.925	54	15.2	3.825
15	10.725	29.2	35	13.1	26.425	55	15.3	7.775
16	10.8	48.425	36	13.225	23.675	56	15.4	9.725
17	10.9	32.325	37	13.35	8.8	57	15.5	11.35
18	11	16.825	38	13.45	31.4	58	15.6	13.2
19	11.1	10.275	39	13.55	50.575	59	15.7	14.3
20	11.2	4.825	40	13.675	28.275	60	15.8	14.825
61	15.9	15.325	75	17.25	9.3	89	18.325	25.9
62	16	15.95	76	17.325	26.225	90	18.4	20.575
63	16.1	16.3	77	17.4	37.75	91	18.475	14.05
64	16.2	15.775	78	17.5	18.6	92	18.525	37.65
65	16.3	14.5	79	17.575	31.725	93	18.6	30.75
66	16.4	12.55	80	17.65	39.6	94	18.675	24.65
67	16.5	10.15	81	17.75	15.525	95	18.75	18.725
68	16.6	7.525	82	17.825	22.8	96	18.825	11.75
69	16.7	5	83	17.9	23.9	97	18.875	35.425
70	16.8	2.25	84	17.975	21.425	98	18.95	29.2
71	16.875	24.825	85	18.05	18.275	99	19.025	23.8
72	16.95	45.425	86	18.125	12.225	100	19.075	47.35
73	17.05	32.4	87	18.175	36.4	101	19.1	58.1
74	17.15	18.725	88	18.25	31.175			

7.3 军用油库人员的优化配置模型

本文针对军用油库人员的优化配置问题，在合理的假设下，对不同情况下不同工作的人员配置进行优化，先求出不同工作的所需人数，再将工作进行具体指派，其算法步骤如下：

第一步，数据预处理。使用均匀分布产生[1，365]中的100组随机数，每组随机数包含120个数据，用于模拟零发油时间；再按照各项工作的关联程度和工作的差异，进行工作任务的组合，组合后假设有t个岗位；最后根据题目所给附表生成人数矩阵$\boldsymbol{C}=(c_{ij})_{365\times t}$，工作量矩阵$\boldsymbol{A}=(a_{ij})_{365\times t}$，工作强度矩阵$\boldsymbol{B}=(b_{ij})_{365\times t}$。

第二步，建立油库所需人数的优化模型，用峰值调整法对峰值点进行调整，得到各岗位的最少配置人员。

第三步，建立工作任务指派模型，对不同情况下不同的工作任务，进行各工作人员工作任务的指派。用Lingo编程求解出各工作人员的工作任务。

对于问题（1），（A）、（B）、（C）和（D）类人员都配专职。根据我们提出的算法，求解结果为：（A）类所需人数为4，（B）类所需人数为23，（C）类所需人数为26，（D）类所需人数为33，（E）类所需人数为39。油库每名工作人员年平均工作量为111.832。

对于问题（2），（C）、（D）两大类可兼职。根据各个岗位工作的次数和性质，将（C）、（D）分为固定工作和非固定工作。对固定工作，由于全年进行次数多，应配置专人；而对于非固定工作，根据算法求出所需最少人数，两者人数相加。由此得到结果为59人，则得油库至少需要人数为125。各类人员的年总工作量分别为：（A）类为258，（B）类492，（C）、（D）类为6719，（E）类为6510。

对于问题（3），四类岗位都可以兼职。类似问题（2）仍然将各个岗位工作分为固定工作和非固定工作。利用相应方法求出结果为：油库至少需要112人。年总工作量为（A）、（B）、（C）、（D）类为7469，（E）类为6510。

对于问题（4），我们根据问题（1）~（3）中的求解结果，提出了4点合理化的建议。建议油库加强其工作人员的业务培训，以提高人员的平均利用率，同时还建议根据油库的实际情况动态确定油库的部分工作的起始时间，使工作时间更灵活，人员得到更大程度的利用。

7.3.1 问题重述

军用油库是储存、供应军用油料及油料装备的重要军事机构。某军用油库为一级储油库。该油库的工作岗位分为：（A）计量与质量检测；（B）收发油料；（C）设备维护与维修；（D）安全保障；（E）服务保障5大类。

每一大类都包括若干个具体的工作岗位，每个岗位都需要数量不等的人员和工作量（各类工作岗位、所需要的人员数量和全年的工作量见附表7.3.1）。要求每个人全年累积从事油库相关工作的总工作量不超过175天（每天按8h计算），除节假日外，其他时间用于军事训练和业务学习等活动。在时间允许的情况下，研究并解决下列情况下最少需要多少人员能够保证油库的正常运行？并说明各类人员的年总工作量为多少。

（1）如果要求（A）、（B）、（C）和（D）类人员都配专职，同类中的各工作岗位人员可以兼职。

（2）如果（A）、（B）两大类专职专人外，（C）、（D）两大类在时间允许的情况下可以相互兼职。

（3）如果油库每个人都能从事（A）、（B）、（C）和（D）类中的任何一项工作，每一个岗位都不设专职人员。

（4）对该油库的岗位和人员的配置、提高油库的水平和运行效率等方面提出合理化建议。

7.3.2 模型的假设与符号说明

1. 模型的假设

（1）本文建立的军用油库人员的优化配置模型是以2011年的时间为背景。

（2）出于对油库安全的考虑，为避免收发油操作过程中油气浓度过高，收发油操作工作不在同一天内进行。

（3）该油库收发油操作都只能在每天的8：00—12：00进行（即上午半天）。

（4）除收发油操作以外的工作中工作时间非整数天的，其起开始时间既可以在上午也可在下午。

（5）节假日包括：法定节假日（元旦1天，春节7天，清明节3天，劳动节1天，端午节3天，中秋节1天，国庆节7天）和周末。

（6）每名工作的人员效率相同，且在工作时间内都能保持较高效率。

（7）从事E_1伙食服务保障工作的人员数由其他岗位所有的人员数之和决定，根据员额每15人编制1人，向上取整。

（8）油库各项工作严格按题中所给定的工作时间进行。当遇到工作与节假日冲突时，各项工作所涉及的工作人员不放假，在其他时间进行补假。

（9）有些岗位需要连续工作，但人员可以变更，即今天与明天的人员可以不一样。

2. 符号的说明

t　表示对第t类工作，$t=1$，2，3，4，5分别对应代表（A）、（B）、（C）、（D）、（E）类工作岗位。

n_t　表示对第t类工作的工作岗位数目。

i　表示全年365天中的第i天。

j　表示第t类工作的1，2，3，…，n_t个工作岗位中的第j个工作岗位。

k　表示m_t名工作人员中第k个人。

z_t　表示第t类工作所需要的人员人数。

m_t　表示第t类工作，全年中日工作人员数的最大值。

b_{ij}　表示第i天参加第j项工作的工作人员的单人工作强度。

a_{ij}　表示第i天第j项工作所需的工作量（一个人工作一天的工作量记为1，工作半天记为0.5）。

$$x_{ikj}=\begin{cases}0, & 第 i 天第 k 个人没进行第 j 项工作\\1, & 第 i 天第 k 个人进行了第 j 项工作\end{cases}$$

$\boldsymbol{C}=(c_{ij})_{365\times25}$ 表示人数矩阵。

r_t　　表示第 t 类工作所需人数。

h　　表示第 t 类岗位所需的 r_t 个人中的第 h 人。

D_h　　表示第 h 个人的年工作量。

a'_{ij}　　表示进行最少人数配置模型调整后第 i 天第 j 项工作所需的工作量。

$$x_{hij}=\begin{cases}0, & 第 i 天第 h 人没参加第 j 项工作\\1, & 第 i 天第 h 人参加了第 j 项工作\end{cases}$$

7.3.3 建模前的准备

1. 随机数的生成

利用均匀分布随机产生［1，365］的 120 个数据，用于零发油的“日期”。在生成随机数的过程中，为避免与收油时间冲突，把双月 10 号去掉。我们运用 Matlab 编程，总共模拟了 100 次，见附录 7.3.1。

2. 工作任务合并

为简化计算，按照工作的关联程度以及对应每天工作量的差异将同一组中同一类的工作进行合并，并不影响计算结果。例如，问题（1）中的（A）类工作中，A5、A6 同为收油工作，且每天所需的工作时间相同，可以合并为一类；问题（2）中，A5、B3 虽同为收油工作，但每天所需的工作时间不同，不能合并。问题（3）中，将（A）、（B）、（C）、（D）四类 25 种工作合并为 12 大类：A5、A6、B1、B2 合为一类，B3、C1、D1 合为一类，B4、B5、B6、C2、D2 合为一类，D3、D4 合为一类，其余不能合并。合并情况见附表 7.3.3、附表 7.3.4、附表 7.3.5。

3. 数据预处理：生成矩阵 $\boldsymbol{A}$、$\boldsymbol{B}$ 与 $\boldsymbol{C}$

在不排除节假日的情况下，把 2011 年按 365 天算，通过 Excel 建立一个 365 维数组，数组的每一个元素对应一天；然后把题目所给每个工作岗位（假设有 t 个岗位）每天所需的工作人数与该数组对应，形成一个 $365t$ 的人数矩阵 $\boldsymbol{C}=(c_{ij})_{365\times t}$，$c_{ij}$ 表示第 i 天参加第 j 类工作的人数。

第 i 天第 j 类工作的工作量 a_{ij} 等于参加工作的人数与该天的工作时间的乘积，得到一个工作量矩阵 $\boldsymbol{A}=(a_{ij})_{365\times t}$。

设 $\boldsymbol{B}=(b_{ij})_{365\times t}$ 表示每个人对于每项工作每天的工作强度矩阵。对于第 i 天第 j 类工作，若每人所需的工作时间为 0.5 天，则 b_{ij} 为 0.5，否则为 1（例如，A4 类工作，每年的 1 月、7 月 10 日开始，每次的工作量为 2 人×2.5 天/次。则对于 1 月、7 月的 12 日为 b_{ij} 为 0.5，其余为 1）。

7.3.4 模型的建立

1. 最少人数配置模型建立

根据矩阵 $\boldsymbol{C}$，可求出第 t 类工作岗位对应的工作人员数的最大值 m_t。要对不同情况下各类工作人员数进行优化，即在和合理下假设根据工作时间约束对第 t 类工作人员数

的最大值 m_t（$t=1, 2, 3, 4, 5$）进行人员调整，调整后使工作人员数尽可能地少，需要建立最少人数配置模型，得到各类工作所需的最少人数 r_t。

（1）令 $x_{ikj}=\begin{cases}0, & \text{第 } i \text{ 天第 } k \text{ 个人没进行第 } j \text{ 项工作}\\ 1, & \text{第 } i \text{ 天第 } k \text{ 个人进行了第 } j \text{ 项工作}\end{cases}$

（2）$x_{ik}=\sum_{j=1}^{n_t}x_{ikj}$，$x_{ik}$ 表示第 i 天第 k 个人是否从事了工作（不论哪种工作岗位的工作）。

（3）x_k 表示调整后 m_t 中第 k 个人在这一年中，是否从事了至少一个岗位的工作，且记 $T_k=\sum_{i=1}^{365}x_{ik}=\sum_{i=1}^{365}\sum_{j=1}^{n_t}x_{ikj}$，若 $T_k>0$，则表示第 k 个人在一年中从事了至少一个岗位的工作故 $X_k=1$；若 $T_k=0$，则表示第 k 个人在一年中没有从事任何岗位的工作故 $X_k=0$。

综上有 $X_k=\begin{cases}0 & (T_k=0)\\ 1 & (T_k>0)\end{cases}$

（4）$\sum_{k=1}^{m_t}X_k$ 表示第 t 类工作所需要的人员总数。

故得目标函数：$r_t=\min\sum_{k=1}^{m_t}X_k$

约束1：使用矩阵 $\boldsymbol{A}$、$\boldsymbol{B}$ 与 $\boldsymbol{C}$，a_{ij}表示第 i 天第 j 项工作的工作量。要求所指派的人员在第 i 天干第 j 项工作的工作量必须满足当天所需的工作量，即

$$\sum_{k=1}^{m_t}x_{kj}b_{ij}\geqslant a_{ij}$$

约束2：调整过程中，每个人每天的工作量不超过1，即 $\sum_{j=1}^{n_t}x_{ikj}b_{ij}\leqslant 1$。

约束3：调整过程中，每个人年工作量的天数不能不超过175天，

$$\sum_{i=1}^{365}x_kb_{ij}\leqslant 175$$

由此可得最少人数配置模型：

$$\min\sum_{k=1}^{m_t}X_k$$

$$\text{s. t.}\begin{cases}\sum_{k=1}^{m_t}x_{kj}b_{ij}\geqslant a_{ij}\\ \sum_{j=1}^{n_t}x_{ikj}b_{ij}\leqslant 1\\ \sum_{i=1}^{365}x_kb_{ij}\leqslant 175\\ i=1, 2, 3, \cdots, 365, 1\leqslant k\leqslant m_t, 1\leqslant j\leqslant n_t\end{cases}\tag{7-52}$$

2. 工作任务指派模型建立

基于人员工作均衡度，建立工作任务指派模型，对所需工作人员进行工作指派。由模型（7-52）得到第 t 类工作所需的最少人数为 r_t，h 为 r_t 个人中的第 h 人，D_h 表

示第 h 个人的年工作量 $D_h=\sum_{i=1}^{365}\sum_{j=1}^{n_t}x_ih_j\cdot b_{ij}$，$|D_h-\overline{D}_h|$表示第 h 个人的年总工作量和年平均工作量的差值，$\sum_{h=1}^{r_t}|D_h-\overline{D}_h|$越小，则表示工作分配越均衡。故目标函数：$\min\limits_{1\leqslant h\leqslant r_t}\sum_{h=1}^{r_t}|D_h-\overline{D}_h|$。

约束条件（1）：对于第 i 天，第 h 个人的工作量不超过 1，即

$$\sum_{j=1}^{n_t}x_{ihj}b_{ij}\leqslant 1$$

约束条件（2）：令 $x_h=\sum_{i=1}^{365}\sum_{j=1}^{n_t}x_{ihj}$，对于每个人全年工作量不超过 175，即

$$\sum_{i=1}^{365}x_hb_{ij}\leqslant 175$$

约束条件（3）：第 t 类工作所需的 r_t 个人要完成全年的工作量 $\sum_{h=1}^{r_t}D_h=\sum_{h=1}^{r_t}\sum_{i=1}^{365}\sum_{j=1}^{n_t}x_{ihj}b_{ij}$，也就是说第 t 类工作所需的 r_t 个人要完成第 i 天第 j 个岗位的工作 $\sum_{h=1}^{r_t}x_{ihj}b_{ij}=a'_{ij}$，$a'_{ij}$表示利用最少人数配置模型调整后第 i 天第 j 项工作所需的工作量。

由此建立工作任务指派模型：

$$\min_{1\leqslant h\leqslant r_t}T=\sum_{h=1}^{r_t}|D_h-\overline{D}_h|$$

$$\text{s. t.}\begin{cases}\sum_{j=1}^{n_t}x_{ihj}b_{ij}\leqslant 1\\ \sum_{i=1}^{365}x_hb_{ij}\leqslant 175\\ \sum_{h=1}^{r_t}x_{ihj}b_{ij}=a'_{ij}\\ i=1,2,3,\cdots,365,\ 1\leqslant j\leqslant n_t,\ 1\leqslant h\leqslant r_t\end{cases}\tag{7-53}$$

7.3.5 模型的求解

1. 对最少人数配置模型进行求解

定义 1：根据人数矩阵 $\boldsymbol{C}$，在不同情况下，全年每天各类岗位所需人数散点图中，日工作所需人数最大（纵坐标最大）点，称为峰值点。

定义 2：在不同情况下，全年每天各类岗位所需人数散点图中，对峰值点处及其前面的点进行人员调整，以使峰值点处的人数减少的方法称作峰值调整法。

由于模型（7-52）的程序运算量比较大，本文使用峰值调整法对最少人数配置模型进行求解，求解算法如下：

（1）绘制出在不同情况下，全年每天各类岗位所需人数散点图，根据题目所给附

表说明 2 中“有些任务人数越多执行时间越短”，对峰值点以前已经开始且在峰值点处仍在进行的工作进行调整，增加人数，缩短工作时间，使这些工作任务在到达峰值点以前就完成，这样在原峰值点处的工作人数就减少了。

（2）在调整后的散点图中，对新的峰值点进行上述调整。

（3）重复以上过程至无法对新产生的峰值点进行有效调整。

（4）最少配置人数 r_t 为峰值点处的人数与完成这类岗位工作所需的最少人数的最大值。

2. 工作任务指派模型求解

对不同情况下不同的工作任务，根据相应所需工作人员人数进行各工作人员工作任务的指派。用 Lingo 编程求解工作任务指派模型（2），得到各工作人员的工作任务。求解结果为：第 t 类工作的 r_t 个工作人员，每个人全年工作量。

Lingo 程序见附录 7.3.2 程序 2。

1）问题（1）（A）、（B）、（C）和（D）类人员都配专职，同类中的各工作岗位人员可以兼职

首先利用峰值调整法算法求解各类岗位所需的最少工作人数。

（1）（A）类计量与质量检测工作。

①对于（A）类计量与质量检测工作，以一年的天数为横坐标，每天对应所需的工作人数为纵坐标，用 Matlab 绘制出全年每天所需人数散点图，如图 7-32 所示。

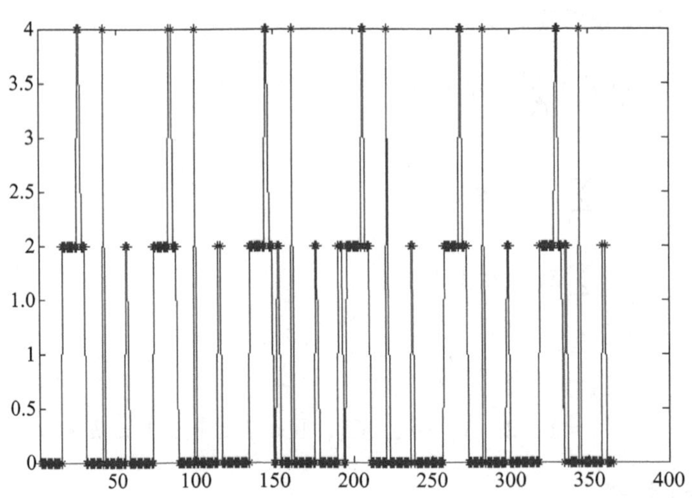

图 7-32 （A）类计量与质量检测工作全年每天所需人数散点图

表 7-20 为图 7-32 中峰值点的“日期”及所对应的工作人数列表。

表 7-20　图 7-32 中峰值点横纵坐标列表

日期	A1	A2	A3	A4	A5	A6	合计
25	2		2				4
26	2		2				4
41					2	2	4
84	2		2				4
85	2		2				4
100					2	2	4
145	2		2				4
146	2		2				4
161					2	2	4
206	2		2				4
207	2		2				4
222					2	2	4
268	2		2				4
269	2		2				4
283					2	2	4
329	2		2				4
330	2		2				4
344					2	2	4

②对于（A）类岗位，由于不能进行峰值调整，故该工作所需人数为 4。

（2）（B）类收发油料工作。

①对于（B）类收发油料工作，以一年的天数为横坐标，每天对应所需的工作人数为纵坐标，用 Matlab 绘制出全年每天所需人数散点图，如图 7-33 所示。

表 7-21 为图 7-33 中峰值点的”日期”及所对应的工作人数列表。

表 7-21　图 7-34 中峰值点横纵坐标列表

日期	B1	B2	B3	B4	B5	B6	合计
41	16	6	1				23
100	16	6	1				23
222	16	6	1				23
283	16	6	1				23
344	16	6	1				23
345							23

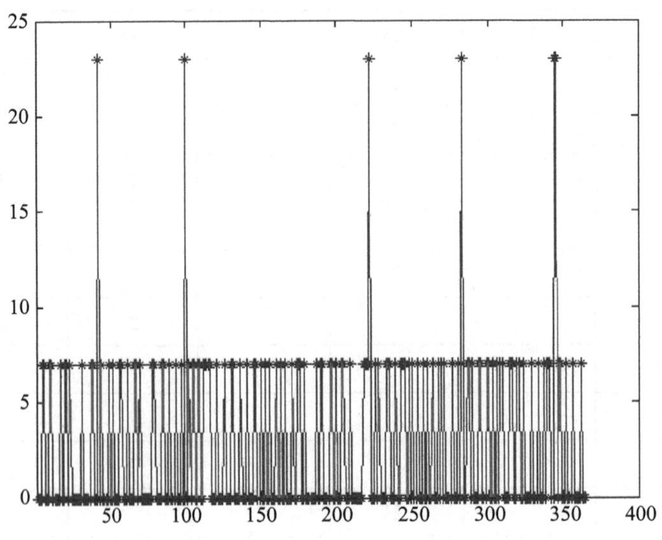

图 7-33　（B）类收发油料工作全年每天所需人数散点图

②由假设（2）可知“收油和零发油的相关任务依赖于设备操作，这些岗位所需人员数固定不变，也必须同时在岗”，故对该图中的峰值点无法进行有效的调整。该项工作故所需人数为 23 人。

（3）（C）类设备维护与维修工作。

①对于（C）类设备维护与维修工作，以一年的天数为横坐标，每天对应所需的工作人数为纵坐标，用 Matlab 绘制出全年每天所需人数散点图，如图 7-34 所示。

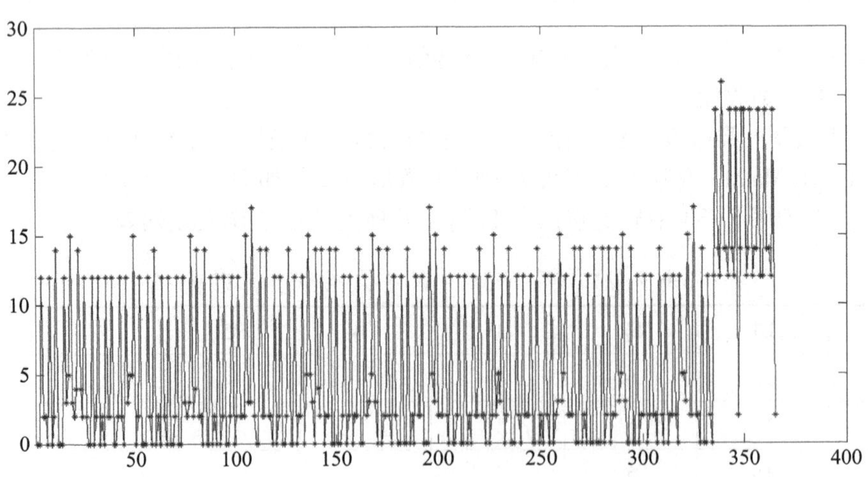

图 7-34　（C）类设备维护与维修工作全年每天所需人数散点图

表 7-22 为图 7-34 中峰值点的”日期”及所对应的工作人数列表。

表 7-22　图 7-34 中峰值点横纵坐标列表

日期	C1	C2	C3	C4	C5	C6	C7	合计
337	0	2×0.5	12	0	0	0	0	14
338	0	0	12	0	0	0	0	12
339	0	2×0.5	12	12	0	0	0	26
340	0	2×0.5	12	0	0	0	0	14

（4）（D）类安全保障工作。

①对于（D）类安全保障工作，以一年的天数为横坐标，每天对应所需的工作人数为纵坐标，用 Matlab 绘制出全年每天所需人数散点图，如图 7-35 所示。

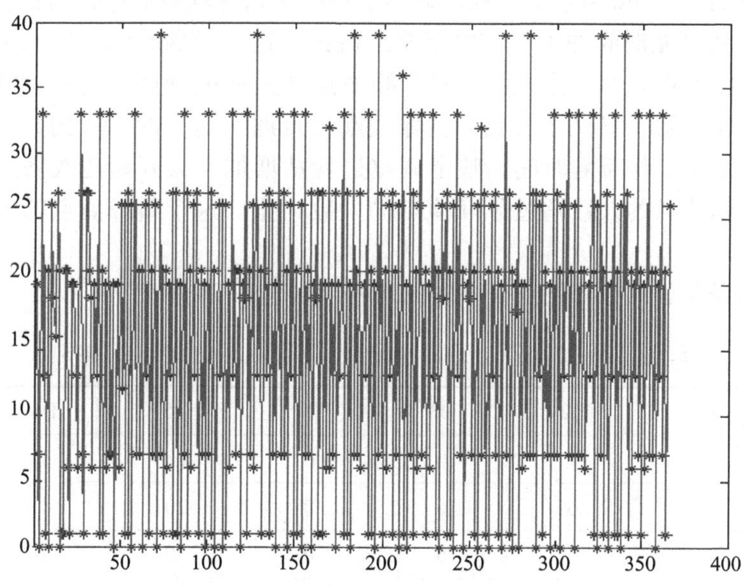

图 7-35　（D）类安全保障工作全年每天所需人数散点图

出于精简人员，在假设（4）"除收发油料操作以外的工作中工作时间非整数天的，其起开始时间既可以在上午也可在下午"下，D_3、D_4 合为一项工作，即，D_3、D_4共需 6 人共进行 2 天时间，D_4 在星期一上午完成，D_3 从星期一下午开始，连续工作至星期二下午完成。

表 7-23 为图 7-35 中峰值点的"日期"及所对应的工作人数列表。

表 7-23　图 7-35 中峰值点横纵坐标列表

日期	D1	D2	D3	D4	D5	D6	合计
59		6	6	6	20	1	39
115		6	6	6	20	1	39

续表

日期	D1	D2	D3	D4	D5	D6	合计
171		6	6	6	20	1	39
185		6	6	6	20	1	39
269		6	6	6	20	1	39
283	6		6	6	20	1	39
325		6	6	6	20	1	39
339		6	6	6	20	1	39

②结合图 7-35 可知，横坐标为 25，59，115，137，165，171，179，221，269，283，333，361 的点为峰值点。用峰值调整法进行对这些峰值点进行调整。对于以峰值点处“日期”为开始时间的工作，由于要严格执行这一开始时间，故无法对其进行时间调动以减少峰值点处的工作人数。对于峰值点处正在进行且需要一天以上完成的工作，从该项工作起始“日期”开始，到峰值点“日期”这一时间段内，增加该工作的日工作人数，减少工作所需时间，整个调整过程从增加一人开始逐次增加直到调整过程中产生的新峰值点的人数超过原峰值点的人数为止。这个新峰值点的人数就是最少人数。

进行峰值调整后的原峰值点横纵坐标列表，如表 7-24 所列。

表 7-24　对原峰值点进行调整后，原峰值点横纵坐标列表

日期	D1	D2	D3	D4	D5	D6	合计
59		6	6	0	20	1	33
115		6	6	0	20	1	33
171		6	6	0	20	1	33
185		6	6	0	20	1	33
269		6	6	0	20	1	33
283	6		6	0	20	1	33
325		6	6	0	20	1	33
339		6	6	0	20	1	33

峰值调整后（D）类安全保障工作全年每天所需人数散点图如图 7-36 所示。

（5）（E）类工作岗位。

由假设值“从事 E_1 伙食服务保障工作的人员数由其他岗位所有的人员数之和决定，根据员额每 15 人编制 1 人，向上取整”。

这里采用 x_{E1}、x_{E2}、x_{E3}、x_{E4} 分别 E 类工作岗位代号为 E_1、E_2、E_3、E_4 表示由题意和假设知：$x_{E_2}=\left\lceil\frac{365\times2}{175\times1}\right\rceil=5$　$x_{E_2}=\left\lceil\frac{365\times4}{175\times1}\right\rceil=9$　$x_{E_3}=\left\lceil\frac{365\times8}{175\times1}\right\rceil=17$

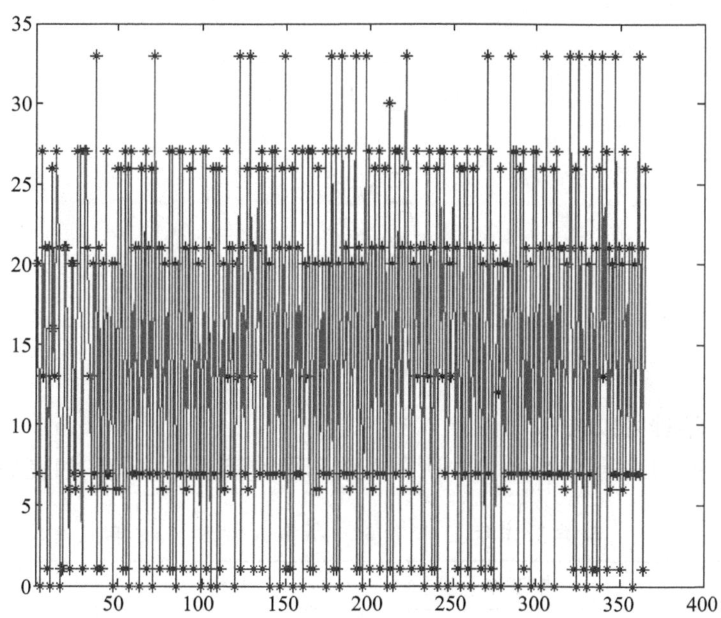

图 7-36　峰值调整后（D）类安全保障工作全年每天所需人数散点图

$x_{E_1}=\frac{4+23+24+33+31}{15}$ 即有 $x_{E_1}=9$（$\lceil\ \rceil$ 表示向上取整）

$x_{E_2}=5$，$x_{E_3}=9$，$x_{E4}=17$

故相加的（E）类工作需要 40 人。

（6）初步验证求解的正确性。

对于（A）、（B）、（C）、（D）、（E）五类工作，各类工作进行相应的合理工作任务分配。

对于（A）、（B）、（C）、（D）、（E）五项工作，各类工作需要的最少人数确定方法：

$$\text{某一工作所需最少人数}=\left\lceil\frac{\text{某一岗位年工作量}}{\text{单人年工作量最大值}}\right\rceil\ (\lceil\ \rceil\text{表示向上取整})$$

经过计算，得出各类工作的年工作总量和至少需要的人数：

（A）类工作年工总作量：258，至少需要的人数：2。

（B）类工作年工总作量：492，至少需要的人数：3。

（C）类工作年工总作量：1958，至少需要的人数：12。

（D）类工作年工总作量：4921，至少需要的人数：29。

对于（A）、（B）、（C）、（D）四类工作它们的所需人数皆多于相应的最少人数，人均工作量在题目要求范围内。同时根据亚当斯的“公平原则”，需要对各类工作合理分配地给各类工作所需人员，以保证每个人年工作量小于 175，并且要求对同一类工作中的每名工作人员工作量要尽可能平均。

（7）对各类工作所需工作人员进行工作指派。

以具有典型性的（C）类工作作为求解示例，建立基于工作均衡度的工作任务指派模型：

$$\min_{1\leqslant h\leqslant 26}\sum_{h=1}^{26}\left|D_h-\overline{D}_h\right|$$

$$\text{s. t.}\begin{cases}\sum_{j=1}^{7}x_{h_{ij}}b_{ij}\leqslant 1\\ \sum_{i=1}^{365}x_h b_{ij}\leqslant 175\\ \sum_{h=1}^{26}x_{ihj}b_{ij}=a'_{ij}\end{cases}$$

利用 Lingo 编程可以求解。

同理可得各类工作年工作总量、所需人数和平均年工作总量，如表 7-25 所列。

表 7-25　各类工作年工作总量、所需人数和平均年工作总量

工作类别	年工作总量	人数	平均年工作总量
A	258	4	64.5
B	492	23	21.39130435
C	1958	26	75.30769
D	4921	33	149.1212121
E	6510	39	166.9231
总计	13979	125	111.832

2）问题（2）除（A）、（B）两大类专业性较强的工作专职专人外，（C）、（D）两大类在时间允许的情况下可以相互兼职

根据各个岗位工作全年进行的次数和工作性质，将（C）、（D）各个岗位工作分为固定工作和非固定工作。

（1）固定工作：因为 D_5 和 D_6 两项工作一年内工作任务执行次数都在 175 次以上，每次任务的执行需要 1 天的时间，所以配置专人对进行这两项工作。即对于岗位 D_5，配备 20 名专人，则在这 20 人在一年内做满 175 天的工作。由于对于当天没有参加工作的人员可以灵活地参加其他工作，故剩余的工作随机地安排给当天没有工作的人员。D_6 配备 1 名专人，在一年内做满 175 天的工作，同样剩余的工作随机地安排给当天没有工作的人员。这样 D_5 和 D_6 两项工作每次执行工作任务时分别为 20 人和 1 人，故固定工作配备 21 人。

由于固定工作对全年每一天都需要 21 人，而组合工作及（C）类中出去组合工作中的 C_1 和 C_2 外的其他岗位的工作，这些岗位上每天的工作人数全年范围内都在变化。为了求解方便我们将组合工作及（C）类中出除去组合工作中的 C_1 和 C_2 外的其他岗位的工作归为非固定工作，并且单独求解对于这些非固定工作需要的人数。

（2）非固定工作：即为除固定工作以外的工作。

根据合并任务各组的任务性质，工作时间和工作量可以作出如下安排：

涉及收油工作的 C_1 和 D_1 总共需要 8 人。

涉及零发油工作的 C_2 和 D_2 总共需要 8 人。

D_3 和 D_4 总共需要 6 人（D_3、D_4 合为一项工作，即 D_3、D_4 共需 6 人，共进行 2 天时间，D_4 在星期一上午完成，D_3 从星期一下午开始，连续工作至星期二下午完成）。

确定（C）、（D）两大类工作所需人数时，分别计算固定工作和非固定工作所需要的人数，再对两者求和。

对（C）、（D）两类工作计算非固定工作所需人数：在（C）、（D）两类工作原预处理数据的基础上，不排除节假日的情况下，把 2011 年按 365 天算，在进行岗位组合后得出非固定工作每天的每个工作岗位的人数列表，并确定出非固定工作每天所需的人数。根据每天所需的工作人数确定方法，得出组合工作每天所需的人数。

（1）利用峰值调整法进行求解。

①对于非固定工作，以一年的天数为横坐标，每天对应所需的工作人数为纵坐标，用 Matlab 绘制出全年每天所需人数散点图，如图 7-37 所示。

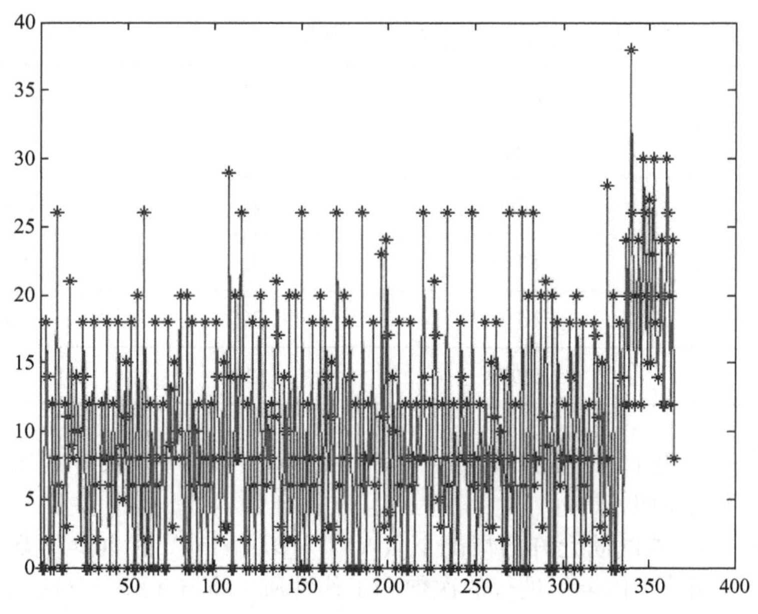

图 7-37 （C）、（D）类工作非固定工作全年每天所需人总数散点图

表 7-26 为图 7-37 中峰值点的“日期”及所对应的工作人数列表。

表 7-26 图 7-37 中峰值点及其周围点横纵坐标列表

日期	C1	C2	C3	C4	C5	C6	C7	D3	合计
338		8	12						20
339			12						12

续表

日期	C1	C2	C3	C4	C5	C6	C7	D3	合计
340		8	12	12				6	38
341		8	12					6	26
342		8	12				2		20

非固定工作全年日工作峰值为38，但无法进行有效的峰值点调整操作。

②求解结果为：(C)、(D) 类非固定工作全年所需人数为38人。

加上（C)、(D) 类固定工作的人数21人，和（A)、(B) 类工作所需的人数27人。

得出进行（A)、(B)、(C)、(D) 四类工作所需的总人数为86人。

计算（E）类工作所需的人数：$x_{E1}=8$，$x_{E2}=5$，$x_{E3}=9$，$x_{E4}=17$。

(2) 利用任务指派模型进行工作任务的指派。

求解结果如表7-27所列：

表7-27 各类工作年工作总量、所需人数和平均年工作总量

工作类别	年工作总量	人数	平均年工作总量
A	258	4	64.5
B	492	23	21.39130435
C、D	6719	59	113.8814
E	6510	39	166.9231
总计	13979	125	111.832

3）问题（3）每个人都能从事（A)、(B)、(C) 和（D）类中的任何一项工作，每一个岗位都不设专职人员

对于问题（3）在时间允许的情况下（A)、(B)、(C) 和（D）类都可以兼职。首先，根据各个岗位工作全年进行的次数和工作性质，将（A)、(B)、(C) 和（D）各个岗位工作分为固定工作和非固定工作；然后，同样对固定工作相应配置专人。而对于非固定工作，根据各个岗位工作的相关性将相关的岗位工作进行组合。出于简化计算，确定（A)、(B)、(C) 和（D）类工作所需人数时，分别计算固定工作和非固定工作所需要的人数，即得出了油库需要多少人员。为达到人员调整的目的，这里仍以工作岗位的任务相关性为依据把工作分为组合工作和固定工作。

为了简化计算，我们在计算所需工作人数时，还是分别计算固定工作和非固定工作（这里的非固定工作为（A)、(B)、(C)、(D) 类工作除固定工作外的所有工作)。计算非固定工作所需人数：在原预处理数据的基础上，不排除节假日的情况下，把2011年按365天算，在进行岗位组合后得出非固定工作每天的每个工作岗位的人数列表，并确定出非固定工作每天所需的人数（见附表7.3.6)。

(1) 利用峰值调整法求解模型。

①对于 (A)、(B)、(C)、(D) 类非固定工作，以一年的天数为横坐标，每天对应所需的工作人数为纵坐标，用 Matlab 绘制出全年每天所需人数散点图，如图 7-39 所示。

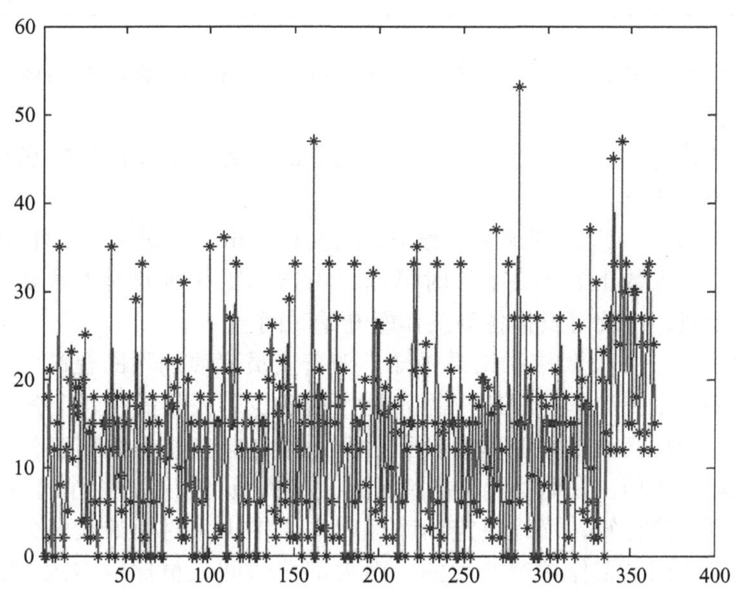

图 7-38 (A)、(B)、(C)、(D) 类工作全年非固定工作每天所需人数散点图

表 7-28 为图 7-38 中峰值点的“日期”及所对应的工作人数列表。

表 7-28 图 7-38 中峰值点及其附近点的横纵坐标列表

日期	A1	A2	A3	A4	A5	B3	B4	C3	C4	C5	C6	C7	D3	总计
283					26×0.5	9			12				6	53
344					26×0.5	9		12						47
339							15×0.5	12	12				6	45
161					26×0.5	9			12					47

②对图 7-38 中的峰值点进行峰值调整，但是这里无法进一步进行有效调整。

求解结果：出全年非固定工作每天所需人数为 53 人。

(A)、(B)、(C)、(D) 类工作固定工作人数之和为 21 人。

故 (A)、(B)、(C)、(D) 类工作所需的工作人数为非固定工作人数与固定工作人数之和为 74 人。

计算 (E) 类工作所需的人数为 38 人。

(2) 利用任务指派模型进行工作任务的指派。

求解结果如表 7-29 所列。

表7-29 各类工作年工作总量、所需人数和平均年工作总量

工作类别	年工作总量	人数	平均年工作总量
(A)、(B)、(C)、(D)	7469	74	100.9324
(E)	6510	38	171.3158
总计	13979	112	124.8125

4）问题（4）对该油库的岗位和人员的配置、提高油库的水平和运行效率等方面提出合理化建议

根据上述计算结果，对该油库的岗位和人员的配置、提高油库的水平和运行效率等方面提出合理化建议。

①在问题（1）~（3）的求解过程中，我们也尝试了使每天的工作均在上午开始，发现各问求解出的人数比工作是半天时可以自由选择工作时间时人数要多。故建议当工作时间为半天时，应统筹安排各类工作的开始时间。

②由问题（1）~（3）求解结果得知，随着人员素质的不断提高，可以兼职的各类工作逐渐增多，维持油库正常工作的人员大幅减少，人员的平均利用率得到很大提高。由此建议，为提高油库的管理水平和运行效率，应在每年的非工作时间加强对油库工作人员的培训工作。在时间允许的情况下，使人员可以在各工作间熟练兼职。

③由峰值调整法得知，最终决定油库运行需要多少人时由最大峰值点决定。最大峰值点是由固定时间的工作冲突产生的，而大部分时间人员比较空闲。故建议根据油库的实际情况，动态确定地对油库部分工作的起始时间，使人员得到更大程度的利用。

④查阅相关资料可知，各类工作的难易程度相差很大，故单纯考虑各人员的工作时间均衡度不太恰当。故建议油库主管人员在分配工作时把工作的难易程度和工作时间的均衡度统筹考虑，使分配方案更令人满意。

7.3.6 模型的优缺点分析

模型优点：（1）利用矩阵来表示模型，使模型简单明了，具有推广性。

（2）峰值调整法可操作性强，直观易于理解。

模型缺点：模型（1）的程序运算量大，计算时间很长，则采用峰值调整法求解。

参考文献

[1] 袁新生，邵大宏，郁时炼．Lingo和Excel在数学建模中的应用［M］．北京：科学出版社，2007.

[2] 韩中庚．数学建模竞赛——获奖论文［M］．北京：科学出版社，2007.

[3] 叶其孝．数学建模（1~4）［M］．北京：高等教育出版社，2000.

[4] 姜启源，谢金星，叶俊．数学模型［M］．3版．北京：高等教育出版社，1999.

[5] 施光燕，董加礼．最优化方法［M］．北京：高等教育出版社，1999.

[6] 许国志．运筹学［M］．北京：清华大学出版社，1990.

附　　录

程序 7.3.1　均匀分布的随机数模拟

```
i=0;
s=0;
n=0;
t=[];
while i<120
    s=unifrnd(1,365)
    s=fix(s)
    if s! =41&&s! =100&&s! =161&&s! =222&&s! =283&&s! =344
      i=i+1
      n=i
      t(i)=s
     for i=1:(n-1)
         if t(n)==t(i)
             i=i-1
         end
     end
    end
end
```

程序 7.3.2　问题(1)中,C1 的任务分配

```
MODEL:
SETS:
JOB/A1..A7/;
DAY/D1..D365/;
PEOPLE/P1.P24/:M,Z;
LINK(DAY,JOB):A,B,X1,X2,X3,X4,X5,X6,X7,X8,X9,X10,X11,X12,X13,X14,X15,X16,
X17,X18,X19,X20,X21,X22,X23,X24;
ENDSETS
DATA:
A=@ OLE('YIWEN.XLS','A');
B=@ OLE('YIWEN.XLS','B');
ENDDATA
@ FOR(LINK:@ BIN(X1));@ FOR(LINK:@ BIN(X2));@ FOR(LINK:@ BIN(X3));@ FOR
(LINK:@ BIN(X4));@ FOR(LINK:@ BIN(X5));@ FOR(LINK:@ BIN(X6));@ FOR(LINK:@ BIN
(X7));@ FOR(LINK:@ BIN(X8));@ FOR(LINK:@ BIN(X9));@ FOR(LINK:@ BIN(X10));@ FOR
(LINK:@ BIN(X11));@ FOR(LINK:@ BIN(X12));@ FOR(LINK:@ BIN(X13));@ FOR(LINK:@
```

```
BIN(X14));@ FOR(LINK:@ BIN(X15));@ FOR(LINK:@ BIN(X16));@ FOR(LINK:@ BIN
(X23));@ FOR(LINK:@ BIN(X17));@ FOR(LINK:@ BIN(X18));@ FOR(LINK:@ BIN(X19));@
FOR(LINK:@ BIN(X20));@ FOR(LINK:@ BIN(X21));@ FOR(LINK:@ BIN(X22));@ FOR(LINK:
@ BIN(X24));

    @ FOR(DAY(I):@ SUM(JOB(J):X1(I,J)* B(I,J))<=1);
    @ FOR(DAY(I):@ SUM(JOB(J):X2(I,J)* B(I,J))<=1);
    @ FOR(DAY(I):@ SUM(JOB(J):X3(I,J)* B(I,J))<=1);
    @ FOR(DAY(I):@ SUM(JOB(J):X4(I,J)* B(I,J))<=1);
    @ FOR(DAY(I):@ SUM(JOB(J):X5(I,J)* B(I,J))<=1);
    @ FOR(DAY(I):@ SUM(JOB(J):X6(I,J)* B(I,J))<=1);
    @ FOR(DAY(I):@ SUM(JOB(J):X7(I,J)* B(I,J))<=1);
    @ FOR(DAY(I):@ SUM(JOB(J):X8(I,J)* B(I,J))<=1);
    @ FOR(DAY(I):@ SUM(JOB(J):X9(I,J)* B(I,J))<=1);
    @ FOR(DAY(I):@ SUM(JOB(J):X10(I,J)* B(I,J))<=1);
    @ FOR(DAY(I):@ SUM(JOB(J):X11(I,J)* B(I,J))<=1);
    @ FOR(DAY(I):@ SUM(JOB(J):X12(I,J)* B(I,J))<=1);
    @ FOR(DAY(I):@ SUM(JOB(J):X13(I,J)* B(I,J))<=1);
    @ FOR(DAY(I):@ SUM(JOB(J):X14(I,J)* B(I,J))<=1);
    @ FOR(DAY(I):@ SUM(JOB(J):X15(I,J)* B(I,J))<=1);
    @ FOR(DAY(I):@ SUM(JOB(J):X16(I,J)* B(I,J))<=1);
    @ FOR(DAY(I):@ SUM(JOB(J):X17(I,J)* B(I,J))<=1);
    @ FOR(DAY(I):@ SUM(JOB(J):X18(I,J)* B(I,J))<=1);
    @ FOR(DAY(I):@ SUM(JOB(J):X19(I,J)* B(I,J))<=1);
    @ FOR(DAY(I):@ SUM(JOB(J):X20(I,J)* B(I,J))<=1);
    @ FOR(DAY(I):@ SUM(JOB(J):X21(I,J)* B(I,J))<=1);
    @ FOR(DAY(I):@ SUM(JOB(J):X22(I,J)* B(I,J))<=1);
    @ FOR(DAY(I):@ SUM(JOB(J):X23(I,J)* B(I,J))<=1);
    @ FOR(DAY(I):@ SUM(JOB(J):X24(I,J)* B(I,J))<=1);

    @ FOR(DAY(I):X1(I,1)* B(I,1)+X2(I,1)* B(I,1)+X3(I,1)* B(I,1)+X4(I,1)* B(I,
    1)+X5(I,1)* B(I,1)+X6(I,1)* B(I,1)+X7(I,1)* B(I,1)+X8(I,1)* B(I,1)+X9(I,1)
    * B(I,1)+X10(I,1)* B(I,1)+X11(I,1)* B(I,1)+X12(I,1)* B(I,1)+X13(I,1)* B(I,
    1)+X14(I,1)* B(I,1)+X15(I,1)* B(I,1)+X16(I,1)* B(I,1)+X17(I,1)* B(I,1)+X18
    (I,1)* B(I,1)+X19(I,1)* B(I,1)+X20(I,1)* B(I,1)+X21(I,1)* B(I,1)+X22(I,1)*
    B(I,1)+X23(I,1)* B(I,1)+X24(I,1)* B(I,1) =A(I,1));

    @ FOR(DAY(I):X1(I,2)* B(I,2)+X2(I,2)* B(I,2)+X3(I,2)* B(I,2)+X4(I,2)* B(I,
    2)+X5(I,2)* B(I,2)+X6(I,2)* B(I,2)+X7(I,2)* B(I,2)+X8(I,2)* B(I,2)+X9(I,2)
    * B(I,2)+X10(I,2)* B(I,2)+X11(I,2)* B(I,2)+X12(I,2)* B(I,2)+X13(I,2)* B(I,
    2)+X14(I,2)* B(I,2)+X15(I,2)* B(I,2)+X16(I,2)* B(I,2)+X17(I,2)* B(I,2)+X18
    (I,2)* B(I,2)+X19(I,2)* B(I,2)+X20(I,2)* B(I,2)+X21(I,2)* B(I,2)+X22(I,2)*
    B(I,2)+X23(I,2)* B(I,2)+X24(I,2)* B(I,2) =A(I,2));
```

```
@ FOR(DAY(I):X1(I,3)* B(I,3)+X2(I,3)* B(I,3)+X3(I,3)* B(I,3)+X4(I,3)* B(I,
3)+X5(I,3)* B(I,3)+X6(I,3)* B(I,3)+X7(I,3)* B(I,3)+X8(I,3)* B(I,3)+X9(I,3)
* B(I,3)+X10(I,3)* B(I,3)+X11(I,3)* B(I,3)+X12(I,3)* B(I,3)+X13(I,3)* B(I,
3)+X14(I,3)* B(I,3)+X15(I,3)* B(I,3)+X16(I,3)* B(I,3)+X17(I,3)* B(I,3)+X18
(I,3)* B(I,3)+X19(I,3)* B(I,3)+X20(I,3)* B(I,3)+X21(I,3)* B(I,3)+X22(I,3)*
B(I,3)+X23(I,3)* B(I,3)+X24(I,3)* B(I,3) =A(I,3));

@ FOR(DAY(I):X1(I,4)* B(I,4)+X2(I,4)* B(I,4)+X3(I,4)* B(I,4)+X4(I,4)* B(I,
4)+X5(I,4)* B(I,4)+X6(I,4)* B(I,4)+X7(I,4)* B(I,4)+X8(I,4)* B(I,4)+X9(I,4)
* B(I,4)+X10(I,4)* B(I,4)+X11(I,4)* B(I,4)+X12(I,4)* B(I,4)+X13(I,4)* B(I,
4)+X14(I,4)* B(I,4)+X15(I,4)* B(I,4)+X16(I,4)* B(I,4)+X17(I,4)* B(I,4)+X18
(I,4)* B(I,4)+X19(I,4)* B(I,4)+X20(I,4)* B(I,4)+X21(I,4)* B(I,4)+X22(I,4)*
B(I,4)+X23(I,4)* B(I,4)+X24(I,4)* B(I,4) =A(I,4));

@ FOR(DAY(I):X1(I,5)* B(I,5)+X2(I,5)* B(I,5)+X3(I,5)* B(I,5)+X4(I,5)* B(I,
5)+X5(I,5)* B(I,5)+X6(I,5)* B(I,5)+X7(I,5)* B(I,5)+X8(I,5)* B(I,5)+X9(I,5)
* B(I,5)+X10(I,5)* B(I,5)+X11(I,5)* B(I,5)+X12(I,5)* B(I,5)+X13(I,5)* B(I,
5)+X14(I,5)* B(I,5)+X15(I,5)* B(I,5)+X16(I,5)* B(I,5)+X17(I,5)* B(I,5)+X18
(I,5)* B(I,5)+X19(I,5)* B(I,5)+X20(I,5)* B(I,5)+X21(I,5)* B(I,5)+X22(I,5)*
B(I,5)+X23(I,5)* B(I,5)+X24(I,5)* B(I,5)=A(I,5));

@ FOR(DAY(I):X1(I,6)* B(I,6)+X2(I,6)* B(I,6)+X3(I,6)* B(I,6)+X4(I,6)* B(I,
6)+X5(I,6)* B(I,6)+X6(I,6)* B(I,6)+X7(I,6)* B(I,6)+X8(I,6)* B(I,6)+X9(I,6)
* B(I,6)+X10(I,6)* B(I,6)+X11(I,6)* B(I,6)+X12(I,6)* B(I,6)+X13(I,6)* B(I,
6)+X14(I,6)* B(I,6)+X15(I,6)* B(I,6)+X16(I,6)* B(I,6)+X17(I,6)* B(I,6)+X18
(I,6)* B(I,6)+X19(I,6)* B(I,6)+X20(I,6)* B(I,6)+X21(I,6)* B(I,6)+X22(I,6)*
B(I,6)+X23(I,6)* B(I,6)+X24(I,6)* B(I,6) =A(I,6));

@ FOR(DAY(I):X1(I,7)* B(I,7)+X2(I,7)* B(I,7)+X3(I,7)* B(I,7)+X4(I,7)* B(I,
7)+X5(I,7)* B(I,7)+X6(I,7)* B(I,7)+X7(I,7)* B(I,7)+X8(I,7)* B(I,7)+X9(I,7)
* B(I,7)+X10(I,7)* B(I,7)+X11(I,7)* B(I,7)+X12(I,7)* B(I,7)+X13(I,7)* B(I,
7)+X14(I,7)* B(I,7)+X15(I,7)* B(I,7)+X16(I,7)* B(I,7)+X17(I,7)* B(I,7)+X18
(I,7)* B(I,7)+X19(I,7)* B(I,7)+X20(I,7)* B(I,7)+X21(I,7)* B(I,7)+X22(I,7)*
B(I,7)+X23(I,7)* B(I,7)+X24(I,7)* B(I,7) =A(I,7));

M(1)=@ SUM(LINK:B* X1);
M(2)=@ SUM(LINK:B* X2);
M(3)=@ SUM(LINK:B* X3);
M(4)=@ SUM(LINK:B* X4);
M(5)=@ SUM(LINK:B* X5);
M(6)=@ SUM(LINK:B* X6);
M(7)=@ SUM(LINK:B* X7);
M(8)=@ SUM(LINK:B* X8);
```

```
M(9)=@ SUM(LINK:B* X9);
M(10)=@ SUM(LINK:B* X10);
M(11)=@ SUM(LINK:B* X11);
M(12)=@ SUM(LINK:B* X12);
M(13)=@ SUM(LINK:B* X13);
M(14)=@ SUM(LINK:B* X14);
M(15)=@ SUM(LINK:B* X15);
M(16)=@ SUM(LINK:B* X16);
M(17)=@ SUM(LINK:B* X17);
M(18)=@ SUM(LINK:B* X18);
M(19)=@ SUM(LINK:B* X19);
M(20)=@ SUM(LINK:B* X20);
M(21)=@ SUM(LINK:B* X21);
M(22)=@ SUM(LINK:B* X22);
M(23)=@ SUM(LINK:B* X23);
M(24)=@ SUM(LINK:B* X24);

@ FOR(PEOPLE(K):M(K)<=175);

H=81.6;

@ FOR(PEOPLE(K):Z(K)=M(K)-H);

min=@ SUM(PEOPLE:@ ABS(Z));
END
```

附表 7.3.1 油库 5 大类岗位、需要人员及工作量

工作岗位类别	工作岗位代号	工作岗位名称	工作岗位的年工作量	备　注
(A) 计量与质量检测管理	A1	月计量检测	12 次×2 人×2 天/次	每月 25 日开始
	A2	半年计量检测	2 次×2 人×2 天/次	每半年 1 次
	A3	储油质量检验	6 次×2 人×15 天/次	2 个月 1 次
	A4	全面检测	2 次×2 人×2. 5 天/次	每半年 1 次
	A5	收油计量检测	6 次×2 人×0. 5 天/次	2 个月 1 次
	A6	收油质量检测	6 次×2 人×0. 5 天/次	2 个月 1 次
(B) 收发油料管理	B1	收油操作 1	6 次×16 人×0. 5 天/次	2 个月 1 次
	B2	收油操作 2	6 次×6 人×0. 5 天/次	2 个月 1 次
	B3	收油操作 3	6 次×1 人×1 天/次	2 个月 1 次
	B4	零发油操作 1	120 次×5 人×0. 5 天/次	平均每年 120 次
	B5	零发油操作 2	120 次×1 人×0. 5 天/次	平均每年 120 次
	B6	零发油操作 3	120 次×1 人×0. 5 天/次	平均每年 120 次

续表

工作岗位类别	工作岗位代号	工作岗位名称	工作岗位的年工作量	备　　注
(C) 设备维护与 维修管理	C1	收油设备维护值班	6 次×2 人×1 天/次	2 个月 1 次
	C2	零发油设备维护值班	120 次×2 人×0.5 天/次	平均每年 120 次
	C3	常规维护保养	1 次×12 人×30 天/次	每年 1 次
	C4	设备日常维护保养	104 次×2 人×6 天/次	每星期 2 次
	C5	常用设备维护保养	12 次×3 人×4 天/次	每月 1 次
	C6	安全设备维护保养	6 次×2 人×4 天/次	2 个月 1 次
	C7	配电设备维护保养	26 次×2 人×0.5 天/次	每两星期 1 次
(D) 安全保障管理	D1	收油消防值班	6 次×6 人×1 天/次	2 个月 1 次
	D2	零发油消防值班	120 次×6 人×0.5 天/次	平均每年 120 次
	D3	消防设施维护	52 次×6 人×1.5 天/次	每星期 1 次
	D4	消防车辆维护	52 次×6 人×0.5 天/次	每星期 1 次
	D5	日常安全检查与维护	175 次×20 人×1 天/次	每两天 1 次
	D6	油库环境保养与卫生	241 次×1 人×1 天/次	除节假日外每天 1 次
(E) 服务保障管理	E1	伙食服务保障	员额每 15 人编制 1 人	
	E2	医疗服务保障	2 人/天	
	E3	车辆服务保障	4 人/天	
	E4	警卫服务保障	8 人/天	

说明：

(1) 年工作量格式：x 次×y 人×z 天/次，表示该项任务每年要执行 x 次，"至少需要 y 人"同时执行，每次 y 人需要连续工作 z 天。

(2) 有些任务人数越多执行时间越短，即若每次由 y_1（$>y$）人执行，则每天需要执行时间为 $\frac{y}{y_1}z$ 天。但与收油和发油的相关任务依赖于设备操作，所有这些岗位的人员数固定不变。

(3) 收油工作、发油工作分别同时进行。因此，1 人不能兼任收油工作的多个相关岗位，当然，1 人也不能兼任发油工作的多个相关岗位

附表 7.3.2　2011 年周末及节假日时间安排表

日期	节假	日期	节假	日期	节假	日期	节假	日期	节假
1	元旦	50	周末	106	周末	159	端午节	225	周末
2	周末	51	周末	107	周末	162	周末	226	周末
8	周末	57	周末	113	周末	163	周末	232	周末
9	周末	58	周末	114	周末	169	周末	233	周末
15	周末	64	周末	120	周末	170	周末	239	周末

续表

日期	节假	日期	节假	日期	节假	日期	节假	日期	节假
16	周末	65	周末	121	周末	176	周末	240	周末
22	周末	71	周末	125	劳动节	177	周末	246	周末
23	周末	72	周末	127	周末	183	周末	247	周末
29	周末	78	周末	128	周末	184	周末	253	周末
30	周末	79	周末	134	周末	190	周末	254	周末
33	春节	85	周末	135	周末	191	周末	255	中秋节
34	春节	86	周末	141	周末	197	周末	260	周末
35	春节	92	周末	142	周末	198	周末	261	周末
36	春节周末	93	周末	148	周末	204	周末	267	周末
37	春节周末	95	清明节	149	周末	205	周末	268	周末
38	春节	96	清明节	155	周末	211	周末	274	国庆节周末
39	春节	97	清明节	156	周末	212	周末	275	国庆节周末
43	周末	99	周末	157	端午节	218	周末	276	国庆节
44	周末	100	周末	158	端午节	219	周末	277	国庆节
278	国庆节	338	周末	279	国庆节	344	周末	280	国庆节
345	周末	281	国庆节	351	周末	288	周末	352	周末
289	周末	358	周末	295	周末	359	周末	309	周末
296	周末	365	周末	302	周末	303	周末	310	周末
316	周末	317	周末	323	周末	324	周末	330	周末
331	周末	337	周末						

附表 7.3.3　各类都配有专职人员，各工作岗位年工作量

针对问题（1）：

工作岗位类别	工作岗位代号	工作岗位名称	工作岗位的年工作量	备　注
（A）计量与质量检测管理	A1	月计量检测	12 次×2 人×2 天/次	每月 25 日开始
	A2	半年计量检测	2 次×2 人×2 天/次	每年 6 月、12 月 1 日开始
	A3	储油质量检验	6 次×2 人×15 天/次	每单月 15 日开始
	A4	全面检测	2 次×2 人×2.5 天/次	每年 1 月、7 月 10 日开始
	A5	收油计量、质量检测	6 次×4 人×0.5 天/次	每双月 10 日
（B）收发油料管理	B1、B2、B3	收油操作	6 次×23 人×0.5 天/次	每双月 10 日
	B4、B4、B5	零发油操作	120 次×9 人×0.5 天/次	平均每年 120 次
（C）设备维护与维修管理	C1	收油设备维护值班	6 次×2 人×1 天/次	每双月 10 日
	C2	零发油设备维护值班	120 次×2 人×0.5 天/次	平均每年 120 次
	C3	常规维护保养	1 次×12 人×30 天/次	每年 12 月 1 日开始
	C4	设备日常维护保养	104 次×12 人×1 天/次	每星期一、星期五进行
	C5	常用设备维护保养	12 次×3 人×4 天/次	每月 15 日开始
	C6	安全设备维护保养	6 次×2 人×4 天/次	每单月 20 日开始
	C7	配电设备维护保养	26 次×2 人×0.5 天/次	每年双周的星期三进行
（D）安全保障管理	D1	收油消防值班	6 次×6 人×1 天/次	每双月 10 日
	D2	零发油消防值班	120 次×6 人×0.5 天/次	平均每年 120 次
	D3、D4	消防设施、车辆维护	52 次×6 人×2 天/次	每星期一开始
	D5	日常安全检查与维护	175 次×20 人×1 天/次	每两天 1 次
	D6	油库环境保养与卫生	241 次×1 人×1 天/次	除节假日外每天 1 次
（E）服务保障管理	E1	伙食服务保障	员额每 15 人编制 1 人	全专职
	E2	医疗服务保障	2 人/天	全专职
	E3	车辆服务保障	4 人/天	全专职
	E4	警卫服务保障	8 人/天	全专职

附表 7.3.4 A、B 两类有专职，C、D 两类可以互相兼职的各岗位的年工作量

针对问题（2）：

（C） 设备维护与 维修管理	C1、D1	收油设备维护、消防值班	6 次×8 人×1 天/次	每双月 10 日
	C2	零发油设备维护、消防值班	120 次×8 人×0.5 天/次	平均每年 120 次
	C3	常规维护保养	1 次×12 人×30 天/次	每年 12 月 1 日开始
	C4	设备日常维护保养	104 次×12 人×1 天/次	每星期一、星期五进行
	C5	常用设备维护保养	12 次×3 人×4 天/次	每月 15 日开始
	C6	安全设备维护保养	6 次×2 人×4 天/次	每单月 20 日开始
	C7	配电设备维护保养	26 次×2 人×0.5 天/次	每年双周的星期三进行
	D3	消防设施维护	52 次×6 人×1.5 天/次	每星期一开始
	D4	消防车辆维护	52 次×6 人×0.5 天/次	每星期一进行
	D5	日常安全检查与维护	175 次×20 人×1 天/次	每两天 1 次
	D6	油库环境保养与卫生	241 次×1 人×1 天/次	除节假日外每天 1 次
（E） 服务保障 管理	E1	伙食服务保障	员额每 15 人编制 1 人	全专职
	E2	医疗服务保障	2 人/天	全专职
	E3	车辆服务保障	4 人/天	全专职
	E4	警卫服务保障	8 人/天	全专职

附表 7.3.5 没有专职、各类岗位互相兼职各岗位的年工作量

针对问题（3）：

工作岗位代号	工作岗位名称	工作岗位的年工作量	备　注
A1	月计量检测	12 次×2 人×2 天/次	每月 25 日开始
A2	半年计量检测	2 次×2 人×2 天/次	每年 6 月、12 月 1 日开始
A3	储油质量检验	6 次×2 人×15 天/次	每单月 15 日开始
A4	全面检测	2 次×2 人×2.5 天/次	每年1月、7月10日开始
A5、A6、B1、B2	收油计量检测	6 次×26 人×0.5 天/次	每双月 10 日
B3、C1、D1	收油操作 3、收油设备维护值班	6 次×9 人×1 天/次	每双月 10 日
B4、B5、B6、C2、D2	零发油相关操作	120 次×5 人×0.5 天/次	平均每年 120 次
C3	常规维护保养	1 次×12 人×30 天/次	每年 12 月 1 日开始
C4	设备日常维护保养	104 次×12 人×1 天/次	每星期一、星期五进行
C5	常用设备维护保养	12 次×3 人×4 天/次	每月 15 日开始
C6	安全设备维护保养	6 次×2 人×4 天/次	每单月 20 日开始
C7	配电设备维护保养	26 次×2 人×0.5 天/次	每年双周的星期三进行
D3、D4	消防设施、车辆维护	52 次×6 人×2 天/次	每星期一开始

续表

工作岗位代号	工作岗位名称	工作岗位的年工作量	备　注
D5	日常安全检查与维护	175 次×20 人×1 天/次	每两天 1 次
D6	油库环境保养与卫生	241 次×1 人×1 天/次	除节假日外每天 1 次
E1	伙食服务保障	员额每 15 人编制 1 人	全专职
E2	医疗服务保障	2 人/天	全专职
E3	车辆服务保障	4 人/天	全专职
E4	警卫服务保障	8 人/天	全专职

附表 7.3.6　针对问题（3）岗位组合后非固定工作每天所需人数
（该表只给出了前 36 天的人数）

（由于表格太大，此处截取一部分表格）

B	C	D	AB 合计	CD 合计	ABCD 合计	日期
0	0	20	0	20	20	1
0	0	1	0	1	1	2
0	12	26	0	38	38	3
7	0	13	7	13	20	4
0	4	21	0	25	25	5
0	0	0	0	0	0	6
0	12	20	0	32	32	7
0	0	1	0	1	1	8
7	0	27	7	27	34	9
7	12	13	9	25	34	10
0	0	27	2	27	29	11
0	2	0	2	2	4	12
0	2	21	0	23	23	13
0	14	0	0	14	14	14
0	3	20	2	23	25	15
7	3	7	9	10	19	16
0	17	26	2	43	45	17
0	3	7	2	10	12	18
7	0	27	9	27	36	19
7	4	6	9	10	19	20
0	14	20	2	34	36	21

续表

B	C	D	AB 合计	CD 合计	ABCD 合计	日期
7	2	7	9	9	18	22
0	2	20	2	22	24	23
0	12	6	2	18	20	24
7	0	33	11	33	44	25
0	0	0	4	0	4	26
0	0	21	2	21	23	27
0	14	0	2	14	16	28
0	2	21	2	23	25	29
7	0	7	7	7	14	30
0	14	27	0	41	41	31
0	0	6	0	6	6	32
0	2	20	0	22	22	33
0	0	1	0	1	1	34
0	12	20	0	32	32	35
7	2	7	7	9	16	36

7.4 潜艇突破反潜封锁区域

本文通过建立优化模型来研究潜艇突破封锁区域的问题，利用搜索法编程求解得到了不同封锁情况下潜艇突破封锁区的可行方案和最安全方案。

针对问题（1），研究舰艇垂直于边界匀速通过封锁区的方式，动态表示出突破过程中两巡逻舰与潜艇的距离，通过定义安全度，以安全度为潜艇安全通过封锁区域的目标函数，建立非线性规划模型，利用搜索算法寻找可行突破方案，并从可行解中筛选出安全度最大的可行突破方案，即最安全突破方案：当水面巡逻艇速度 $V=22$ kn 且在距离封锁区域左侧 11 n mile 时，潜艇在（8.92，−2）处以 8 kn 的速度垂直通过封锁区域的方案为最安全方案，此方案中潜艇与水面巡逻艇的最小距离为 2.8775 kn，超过水面巡逻艇声纳的探测距离 2.4 n mile，安全度 k 取得最大值（$k=0.8775$），并给出了在不同水面巡逻艇速度下的最安全突破方案。

针对问题（2），结合航向误差限、巡逻舰速度误差，水面舰艇对潜艇探测距离，根据最不利原则，分别取所有误差的正向和负向最大值，分为 4 种情况分别讨论。通过修改问题（1）中模型的参数，将误差融合到模型中，各自求出可行突破方案及最安全突破方案。通过定义稳定系数 wd，考察问题（1）得到的较优解，最终得到稳定系数最大的最稳定安全突破方案：即当水面巡逻艇速度为 14 kn 且在距离封锁区域左侧 11.98 n mile，潜艇在（9.28，−2）处以 6kn 的速度垂直通过封锁区域的方案为最安全，安全度 k 取得最大值（$k=0.8551$），稳定系数 wd 取得最大值（$wd=0.4$）。还给出了5种备选方案。

针对问题（3），水面舰艇和海底固定式声纳系统联合封锁条件下，相对于问题（1），将问题分为两个部分分别解决。第一部分：当 $x_0<12-R\cdot\sin80+ds$ 时，用问题（1）的方法寻找突破方案；第二部分：当 $x_0>12-R\cdot\sin80+ds$ 时，建立水面巡逻舰艇追踪模型：利用搜索法用 Matlab 编程求得最安全的突破方案，即当水面巡逻艇速度为14kn 且在封锁区域的左侧4.68 n mile 时，潜艇在（2.76，-2）处以6kn 的速度垂直通过封锁区域的方案为最安全方案，此方案中潜艇与水面巡逻艇的最小距离为2.76 n mile，超过水面巡逻艇声纳的探测距离 2 n mile，安全度 k 取得最大值（$k=0.76$）。

7.4.1 问题重述

随着反潜手段和装备技术的发展，促使水面舰艇、反潜潜艇、反潜飞机、卫星以及海底固定式声纳系统（SOSUS）等的探测能力大幅提高。为切实提高潜艇在战场上的生存能力，需要对潜艇突破反潜封锁区域问题进行深入研究。

潜艇突破反潜封锁区域，就是要在不被发现的条件下，穿越封锁区域，由封锁区一侧到达封锁区另一侧。水面舰艇对潜艇探测装置有主动声纳和被动声纳，为简化问题，假定主动声纳对潜艇的探测距离为2 n mile，被动声纳对潜艇探测距离数据如表7-30 所列，水面舰艇参数值如表7-31 所列。

表 7-30 水面舰艇被动声纳对潜艇的探测距离

探测距离/n mile		潜艇速度/kn								
		2	4	6	8	10	12	14	16	18
水面舰艇速度	14	0.05	0.42	1.4	3.4	6.7	11.6	18.4	27.4	36.1
	18	0.04	0.3	1.0	2.4	4.7	8.2	10.4	13.0	19.4
	22	0.02	0.2	0.6	1.5	3	5.2	8.2	12.2	17.4

表 7-31 水面舰艇巡逻参数值

参数名称（单位）	A 点位置/n mile	B 点位置/n mile	C 点位置/n mile	D 点位置/n mile	两舰路径间隔/n mile	巡逻舰速度/kn
参数值	（0，0）	（12，0）	（12，4）	（0，4）	16	18

请研究下列问题：

（1）情报侦察表明，敌方在某海峡水道设置了反潜封锁区，两艘水面舰艇间隔一定距离沿矩形 $ABCD$ 的边界做逆时针匀速环绕机动，潜艇的机动限定在直线 AD 和直线 BC 之间的带形区域内。请通过建模分析给出潜艇的可行突破方案和最安全的突破方案。

（2）考虑侦察得到的巡逻舰航向误差限为1°、巡逻舰速度误差限为1 kn，水面舰艇对潜艇探测距离相对误差限为10%。给出潜艇的最安全的突破方案。

（3）假设已由情报得知封锁区域内存在呈圆弧形顺时针布设的 SOSUS，各项参数如表 7-32、表 7-33 所列。该系统发现疑似潜艇目标后，会将发现疑似潜艇目标节点的位置信息发送给水面舰艇，引导水面舰艇前往该节点附近搜索，考虑水面舰艇和SOSUS 联合封锁条件下，给出潜艇最安全的突破方案。

表 7-32　敌方 SOSUS 系统单节点对潜艇的探测距离

潜艇速度/kn	2	4	6	8	10	12	14	16	18
节点探测距离/n mile	0.01	0.08	0.28	0.7	1.3	2.3	3.6	5.4	7.8

表 7-33　SOSUS 参数值

参数名称（单位）	中心点位置/n mile	起点位置/n mile	终点位置/n mile	节点个数
参数值	（12，3）	（12，-1）	（12，7）	10

7.4.2　问题分析与模型假设

1. 问题分析

潜艇突破反潜封锁区域，就是要在不被发现的条件下，穿越封锁区域，由封锁区一侧到达封锁区另一侧。首先在海水平面上，建立以 A 为原点的坐标系，$A \to B$ 为 x 轴正方向，$A \to D$ 为 y 轴正方向，坐标轴上一个单位表示 1 n mile。为使问题简化，这里考虑舰艇采用垂直于 x 坐标轴，匀速通过封锁区的方式。

1）问题（1）的分析

将不同水面舰艇航速下，不同的潜艇速度的被动声纳探测距离和水面舰艇主动声纳探测距离中的较大值作为探测距离，为了定量的衡量一个突破方案，需要引入安全度概念，用来度量突破方案的安全性。根据舰艇距左边线的距离（设为 D），潜艇距左边线距离（设为 x_0），水面舰艇航速（V），潜艇的速度（v），潜艇在任意时刻 t 距离两巡逻舰的距离为 d_1 和 d_2，以安全度最大为目标建立非线性规划模型。只要安全度大于零的就是一个可行方案 $\{V, v, D, x_0\}$，最终求得合适的水面舰艇航速 V、潜艇速度 v、巡逻舰艇位置 D 和出发时潜艇位置 x_0，得到可行突破方案，而可行突破方案中安全度最大的方案就是最安全方案。

2）问题（2）的分析

在问题（1）的基础上，基本思路一致，主要目标是考虑分析 3 种误差同时存在时最不利于突破的情况。经过简化，在航向误差方面我们只讨论 AB、CD 分别水平上移（下移）和水平下移（上移）的极限情况（因为 AB、CD 同时水平上移或同时水平下移的情况实际上与问题（1）相同），在航速误差方面只讨论取最大误差的极限情况，在探测距离误差方面只考虑探测距离增大到最大误差极限的情况。于是我们应求出 $2^2=4$ 种情况中的最不利突破情况，在此条件下求出各自的可行突破方案及潜艇的最安全突破方案。再利用问题（1）求得的较优解，考察它们在这 4 种情况下的安全度的变化情况，通过定义稳定系数，找到稳定系数最大的较优解就是有误差条件下的最安全突破方案。

3）问题（3）的分析

在水面舰艇和SOSUS联合封锁条件下，相对于问题（1），受影响的是靠近SOSUS的部分区域，即封锁区域右侧长为$R \cdot \sin 80^\circ + ds$的那一段，因此分两个部分分别解决：第一部分：当$x_0 < 12 - R * \sin 80 + ds$时，用问题（1）的方法寻找突破方案；第二部分：当$x_0 > 12 - R \cdot \sin 80 + ds$时，若SOSUS的第$i$个节点发现疑似潜艇时，立即通知离该节点最近的水面巡逻舰艇，巡逻舰艇接收到信号后立即改变航向（沿逆时针）但速度不变去追踪潜艇。若发现潜艇，则该突破方案失败；否则就是一个可行的突破方案，再在可行方案中找安全度最大的可行突破方案作为最安全方案。

2. 模型假设

（1）潜艇为匀速直线运动，水面舰艇在矩形路线的每一条边上做匀速直线运动，在4个转角处做瞬间90°转向。

（2）当潜艇和舰艇速度确定后，主动和被动声纳探测距离不受其他因素影响，恒定不变。

（3）当且仅当潜艇与舰艇距离小于声纳探测距离时，舰艇能探测到潜艇。

（4）假定初始时巡逻舰甲位于AB边上，且两巡逻舰速度相同。

（5）将潜艇、巡逻舰、声纳系统都简化为质点来考虑，题目所给的数据都真实可信。

（6）问题（3）中的SOSUS节点在半径为4 n mile的半圆环上均匀分布。

7.4.3 模型建立与求解

1. 模型建立

1）问题（1）：水面舰艇封锁条件下，给出潜艇的可行突破方案和最安全突破方案

首先在海水平面上，以封锁区域的左下角为原点，AB边为x轴，AD边为y轴建立如图7-39所示的坐标系。

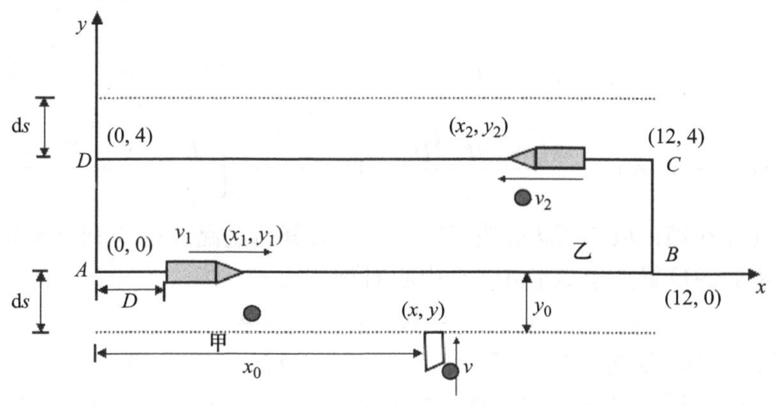

图7-39 坐标系的建立

其中潜艇、巡逻舰的坐标位于红色质点处，虚线两侧为安全区域。AB边的长为12 n mile，BC边的长为4 n mile，ds为主动声纳探测距离和被动声纳探测距离的较大值。

突破过程为潜艇在下侧虚线处等待，找准时机（包括巡逻舰的位置、巡逻舰的速度、潜艇的位置、潜艇的速度）从下侧虚线匀速垂直机动到上侧虚线的过程。

设甲巡逻舰的初始位置为（D，0），速度为 V，潜艇的初始位置为（x_0，y_0），运动速度为 v。为简化计算，在计算中速度 V、v 只取已知的离散值。突破过程中两巡逻舰动态的位置与 D 值有很大关系。潜艇突破封锁需要的总时间为$\frac{H+2\mathrm{d}s}{v_i}$，故任一艘水面舰艇在该时间段内航行距离为 $V_j\times\frac{H+2\mathrm{d}s}{v_i}$。为使潜艇在突破前尽量接近封锁区，取 y_0 大小为最大的声纳探测距离 ds，即速度 v 确定，则 $y_0=-\mathrm{d}s$。

设潜艇的动态坐标为（x，y），甲、乙两巡逻舰的动态坐标分别为（x_1，y_1），（x_2，y_2），速度分别为 v_1、v_2，运动时间为 t，则潜艇的动态坐标为

$$x = x_0, \ y = y_0 + vt$$

潜艇开始突破时巡逻舰甲坐标为（x_1、y_1），x_1、y_1 是时间 t 的函数，由于巡逻舰在矩形路线上行驶，故 x_1、y_1 是时间 t 的分段函数，每次转向的时间为分段函数的节点，将（x_1，y_1）的表达式划分为 7 段足以满足计算需求，故有巡逻舰甲坐标（x_1，y_1）关于 t 的表达式：

$$(x_1, y_1)=\begin{cases}(D+V_j\times t, 0), & t\in\left[0, \frac{L-D}{V_j}\right]\\(12, V_j\times(t-\frac{L-D}{V_j})), & t\in\left[\frac{L-D}{V_j}, \frac{L+H-D}{V_j}\right]\\(12-V_j\times(t-\frac{L+H-D}{V_j}), 4), & t\in\left[\frac{L+H-D}{V_j}, \frac{2L+H-D}{V_j}\right]\\(0, 4-V_j\times(t-\frac{2L+H-D}{V_j})), & t\in\left[\frac{2L+H-D}{V_j}, \frac{2L+2H-D}{V_j}\right]\\(V_j\times(t-\frac{2L+2H-D}{V_j}), 0), & t\in\left[\frac{2L+2H-D}{V_j}, \frac{3L+2H-D}{V_j}\right]\\(12, V_j\times(t-\frac{3L+2H-D}{V_j})), & t\in\left[\frac{3L+2H-D}{V_j}, \frac{3L+3H-D}{V_j}\right]\\(12-V_j\times(t-\frac{3L+3H-D}{V_j}), 4), & t\in\left[\frac{3L+3H-D}{V_j}, \frac{4L+3H-D}{V_j}\right]\end{cases}$$

两巡逻舰在封锁区域 $ABCD$ 的边界上机动，故其行进路径差为 16 n mile，且速度相同，则两巡逻舰的位置关于矩形 $ABCD$ 中心对称，故 x_1 与 x_2，y_1 与 y_2 有以下关系式：

$$x_1 + x_2 = 12, \ y_1 + y_2 = 4$$

从而得到水面巡逻舰乙的坐标：（x_2，y_2）＝（$12-x_1$，$4-y_1$）

设潜艇突破过程中巡逻舰与潜艇坐标的距离分别为 d_1、d_2，则 d_1 与 d_2 的表达式如下：

$$d_1=\sqrt{(x-x_1)^2+(y-y_1)^2}, \ d_2=\sqrt{(x-x_2)^2+(y-y_2)^2}$$

巡逻舰探测距离分为主动声纳探测距离（恒为 2 n mile）和被动声纳探测距离，设这两个探测距离中的较大值为 ds，即

$$\mathrm{d}s = \max\{2, \text{被动声纳探测距离}\}$$

在潜艇安全突破过程中，潜艇与巡逻舰的距离应始终大于最大的声纳探测距离，即整个过程中 d_1、d_2 的最小值应大于 ds，应有

$$\min\{d_1, d_2\} \geqslant \mathrm{d}s$$

对于所有的巡逻舰速度 V、潜艇速度 v、开始突破时巡逻舰距左侧边界的距离 D 以及潜艇距左边界的距离 x_0，只要满足约束条件 $\min\{d_1, d_2\} \geqslant \mathrm{d}s$ 即为可行解，但是显然潜艇距离水面巡逻舰距离越远潜艇越安全，故而可定义一个衡量潜艇突破安全性的指标。

定义 在潜艇的任一个突破方案 $\{V, v, D, x_0\}$ 中，将 $\min\{d_1, d_2\} - \mathrm{d}s$ 定义为该方案的安全度，记为 k，即 $k=\min\{d_1, d_2\} - \mathrm{d}s$。

显然在潜艇的任一次突破方案中，k 越大潜艇越安全。因而可行解中的最优解应为所有可行解中使 k 最大的解。即目标函数为

$$\max\{k\} = \max\{\min\{d_1, d_2\} - \mathrm{d}s\}$$

根据前面的分析，最终问题转化为以下非线性规划问题：寻找所有合适的 V、v、D、x_0 值，使潜艇能安全通过封锁区，并把所有数值组中使安全度 $k=\min\{d_1, d_2\} - \mathrm{d}s$ 最大的数值组作为本问题的最优解，即潜艇通过封锁区的最安全方案。

由以上分析，得到非线性规划模型：

$$\max\{\min\{d_1, d_2\} - \mathrm{d}s\}$$

$$\text{s.t.}\begin{cases} y_0 = -\mathrm{d}s, \ x = x_0, \ y = y_0 + vt \\ x_2 = 12 - x_1, \ y_2 = 4 - y_1 \\ d_1 = \sqrt{(x - x_1)^2 + (y - y_1)^2}, \ d_2 = \sqrt{(x - x_2)^2 + (y - y_2)^2} \\ \mathrm{d}s = \max\{2, \text{被动声纳探测距离}\} \\ \min\{d_1, d_2\} \geqslant \mathrm{d}s \end{cases}$$

$$(x_1, y_1) = \begin{cases} (D + V_j \times t, 0), & t \in \left[0, \dfrac{L - D}{V_j}\right] \\ \left(12, V_j \times \left(t - \dfrac{L - D}{V_j}\right)\right), & t \in \left[\dfrac{L - D}{V_j}, \dfrac{L + H - D}{V_j}\right] \\ \left(12 - V_j \times \left(t - \dfrac{L + H - D}{V_j}\right), 4\right), & t \in \left[\dfrac{L + H - D}{V_j}, \dfrac{2L + H - D}{V_j}\right] \\ \left(0, 4 - V_j \times \left(t - \dfrac{2L + H - D}{V_j}\right)\right), & t \in \left[\dfrac{2L + H - D}{V_j}, \dfrac{2L + 2H - D}{V_j}\right] \\ \left(V_j \times \left(t - \dfrac{2L + 2H - D}{V_j}\right), 0\right), & t \in \left[\dfrac{2L + 2H - D}{V_j}, \dfrac{3L + 2H - D}{V_j}\right] \\ \left(12, V_j \times \left(t - \dfrac{3L + 2H - D}{V_j}\right)\right), & t \in \left[\dfrac{3L + 2H - D}{V_j}, \dfrac{3L + 3H - D}{V_j}\right] \\ \left(12 - V_j \times \left(t - \dfrac{3L + 3H - D}{V_j}\right), 4\right), & t \in \left[\dfrac{3L + 3H - D}{V_j}, \dfrac{4L + 3H - D}{V_j}\right] \end{cases}$$

模型的一个可行解 $\{V, v, D, x_0, y_0\}$ 就是潜艇的一个可行的突破方案。表示在封锁区域中当水面巡逻艇在（D, 0）处开始以速度 V 巡逻时，潜艇在（x_0, y_0）处以

每小时海里的速度垂直通过封锁区域的方案，此方案中潜艇与水面巡逻艇的最小距离为 min $\{d_1, d_2\}$ n mile，安全度为 $k = \min\{d_1, d_2\} - ds$。

2）问题（2）：在问题（1）基础上，当巡逻舰航向误差限为 1°、巡逻舰速度误差限为 1kn，水面舰艇对潜艇探测距离相对误差限为 10%，给出最安全的突破方案

（1）4 种最不利情况。

分析各种误差，将之归纳为 4 种最不利情况。

①对航向误差的讨论。由于题目中航向误差限为 1°，且不知道两巡逻舰具体的误差方向以及何时产生误差，并且根据题目要求，潜艇的机动限定在 *AD* 与 *BC* 的带型区域内，相当于封锁区长度值不变。这里简化问题并考虑最极端即误差最大的情况，*AB*、*CD* 均沿纵坐标轴向上或向下平移 1°航向所对应的最大距离：$12 \cdot \tan 1° = 0.2095$（n mile）。由于 *AB*、*CD* 同时上移或下移的情况与问题（1）完全相同，这里不做讨论。仅考虑 *AB*、*CD* 沿相反方向平移的情况。对于这种误差仅需对问题（1）的模型做适当修改，将封锁区的纵深 *BC* 边的长 *H* 值改大或改小一定的值，再代入问题（1）中的非线性规划模型即可。

②对巡逻速度误差的讨论。由于巡逻舰速度变大或变小对整体突破过程都会有影响，这里讨论在误差范围内巡逻速度最大和最小两种情况，并且由于速度改变量不大，因此不考虑巡逻速度的变化对探测距离的影响。对于此误差，也只需修改问题（1）模型中的巡逻速度值 V_j，再代入模型求解即可。

③对水面舰艇探测距离相对误差的讨论。由于题目要求给出最安全突破方案，这里只考虑误差范围内探测距离最大的情况。具体求解也只需修改问题（1）中模型的最大探测距离值 ds，因为主动声纳和被动声纳的探测距离为 ds 都增大 0.1 倍，被动声纳的探测距离如表 7-34。再代入模型求解即可。

表 7-34　探测距离增加 10%后被动声纳对潜艇的探测距离

探测距离/n mile		潜艇速度/kn								
		2	4	6	8	10	12	14	16	18
水面舰艇速度	14	0.055	0.462	1.54	3.74	7.37	12.76	20.24	30.14	39.71
	18	0.044	0.33	1.10	2.64	5.17	9.02	11.44	14.30	21.34
	22	0.022	0.22	0.66	1.65	3.30	5.72	9.02	13.42	19.14

根据上述分析，按照最不利原则，可以分 4 种情况分别讨论，并修改运用问题（1）中的模型进行计算和讨论即可。

（1）*AB* 下移，*DC* 上移，水面舰艇速度分别为都减少 1 kn；

（2）*AB* 下移，*DC* 上移，水面舰艇速度分别为都增加 1 kn；

（3）*AB* 上移，*DC* 下移，水面舰艇速度分别为都减少 1 kn；

（4）*AB* 上移，*DC* 下移，水面舰艇速度分别为都增加 1 kn。

分别求出这 4 种最不利的情况下的可行突破方案及在最安全突破方案。

（2）有误差条件下的最安全稳定突破方案模型。

考察问题（1）得到的部分安全度较大的可行解在有误差条件下的 4 种最不利情形下的变化情况，如果都还保持为可行解，那么这个解的稳定性解较好，作为一个稳定的可行突破方案。

①淘汰不稳定的较优突破方案。若较优突破方案在 4 种最不利情形下的任一种情况下变为不可行突破方案，则方该案被淘汰，否则就保留。

②最安全稳定突破方案。在淘汰后的较优突破方案中，为了衡量稳定性的好坏，定义一定量来衡量。

定义 将 4 种最不利情形下的安全度 k_i（$i=1, 2, 3, 4$）与较优突破方案的安全度 k 分别作差，为保证是大于 0 的数，再取绝对值，并考虑最不利情况，即求最小值作为该方案的稳定系数，记为 wd，即

$$wd = \min|k - k_i|$$

显然，稳定系数 wd 越大，突破方案就越安全，稳定系数 wd 最大的方案就是最安全稳定的突破方案。实际应用中，可以取 3～5 个稳定系数排在前 3～5 名的安全稳定方案来备用。

3）问题（3）：水面舰艇和 SOSUS 联合封锁条件下，给出潜艇最安全的突破方案

（1）SOSUS 节点的坐标。

根据假设，圆弧形 SOSUS 分布在半径为 $R=4$ 半圆弧上，设第 i 节点的坐标为（x（i），y（i）），则

$$\begin{cases} x(i) = 12 - 4\sin((i-1) \times 20°) \\ y(i) = 3 - 4\cos((i-1) \times 20°) \end{cases} (i = 1, 2, \cdots, 10)$$

水面舰艇和 SOSUS 联合封锁条件下，相对于问题（1），受影响的是靠近 SOSUS 的部分区域，即封锁区域右侧长为 $R \cdot \sin80°+ds$ 的那一段，因此分两个部分分别解决，如图 7-40 所示。

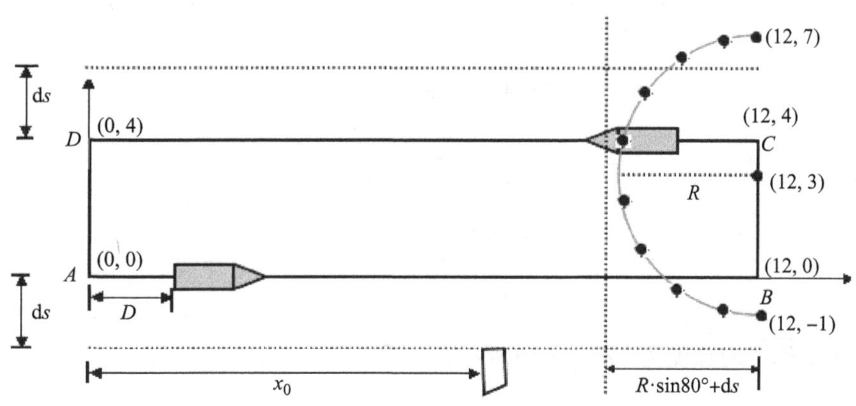

图 7-40 问题（3）突破方案示意图

第一阶段：当 $x_0<12-$（$R \cdot \sin80°+ds$）时，此时完全不受 SOSUS 的影响，用问题（1）的方法寻找突破方案。

第二阶段：当 $x_0 \geqslant 12-$（$R \cdot \sin80°+ds$）时，当 SOSUS 的第 i 个节点发现疑似潜艇

时，立即通知离该节点最近的水面巡逻舰艇，巡逻舰艇接收到信号后立即改变航向但速度不变去追踪潜艇，此时近视认为潜艇的位置就是 SOSUS 的第 i 个节点的位置，建立一个水面舰艇追踪潜艇的追踪模型。若潜艇被突破区域内的水面舰艇发现，则该突破方案失败，否则就是一个可行的突破方案。

（2）水面舰艇追踪模型。

当 SOSUS 的某个节点发现疑似潜艇目标后，立即将信息发送给水面巡逻舰艇，水面巡逻舰艇接收到该节点的信息后，距离该节点最近的水面巡逻舰艇立即改变航向，建立追击问题的微分方程。潜艇如果在冲出封锁区域前被追击的水面舰艇发现，则该突防方案就不是一个可行的突破方案，否则就是一个可行的突破方案。

设位于（X（0），Y（0））的水面舰艇接收到位于 M_i（x_0，y_0）处的节点发来的疑似潜艇信号后，立即改变航向前往节点 M_i（x_0，y_0）附近巡逻，假设此时潜艇仍然继续按原方向前进，为了尽快找到潜艇，水面舰艇始终对准潜艇前进。设水面舰艇的轨迹曲线为 $y=y(x)$，并设经过时间 t 后，水面舰艇位于点 P（X（t），Y（t）），潜艇位于点 Q（x_0，y_0+vt）。由于水面舰艇始终对准潜艇，故此时直线 PQ 就是导弹的轨迹曲线弧 OP 在点 P 处的切线，如图 7-41 所示。

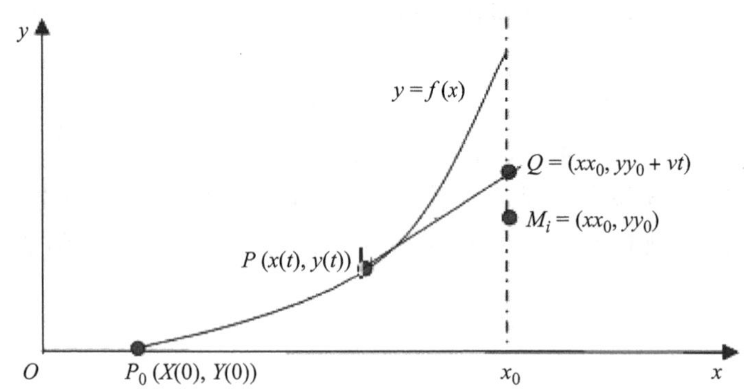

图 7-41　追击问题示意图

则有

$$y' = \frac{yy_0 + vt - y}{xx_0 - x}$$

即

$$vt = y + y'(xx_0 - x) - yy_0$$

又根据题意，$\widehat{P_0P}$ 的长度为 $|M_iQ|$ 的 $18/v$ 倍，即

$$\int_{X(0)}^{x} \sqrt{1 + y'^2}\,\mathrm{d}x = 18t$$

由此得

$$\int_{X(0)}^{x} \sqrt{1 + y'^2}\,\mathrm{d}x = \frac{18}{v}(y + y'(xx_0 - x) - yy_0)$$

两边对 x 求导，得水面舰艇追踪模型：

$$(xx_0 - x)y'' = \frac{v}{18}\sqrt{1 + y'^2}$$

并有初值条件：若 $Y(0)=0$ 或 4 时，$y(0)=Y(0)$，$y'(0)=0$；若 $X(0)=12$ 时，$y(0)=Y(0)$，$y'(0)=\infty$。

水面舰艇接到 SOSUS 节点发来的信号后，追击潜艇的路线如图 7-42 所示。

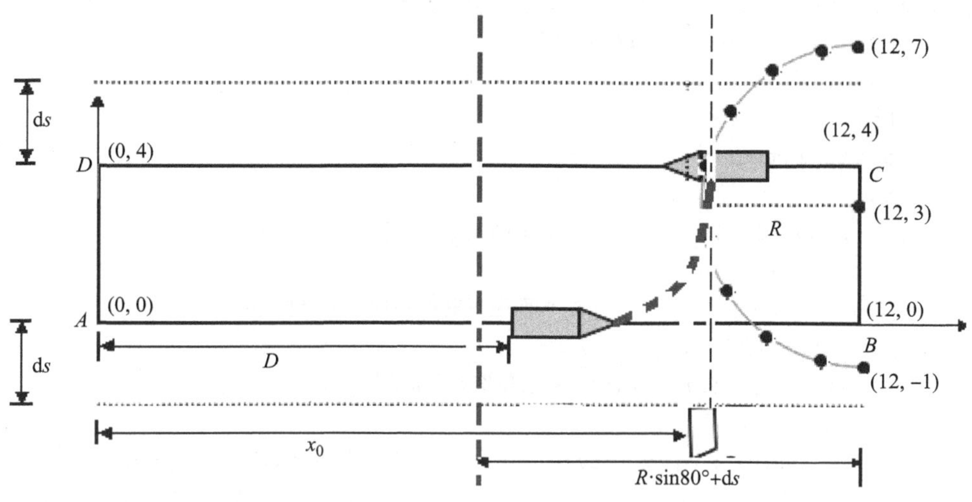

图 7-42　水面舰艇追击潜艇示意图

2. 模型求解

1）问题（1）的求解

由于该非线性规划模型利用 Matlab 软件包或 Lingo 软件包难以直接求解，这里采用搜索算法进行求解：以一定的精度将所有可能取到的 V 值、v 值、D 值、x_0 值代入上述规划模型进行计算，并取出满足约束条件的值，然后逐步减小步长得到的可行解及最优解。

（1）用搜索法求可行突破方案。

当 D 值、x_0 值的搜索步长为 0.02，潜艇突防过程中时间搜索步长为 0.0002 时，针对不同的水面巡逻舰速度 V 及潜艇不同速度 v 的取值，利用搜索算法编程，输出可行解总个数；水面巡逻舰速度 $V=14$ 时的可行解的个数，$V=18$ 时的可行解的个数，$V=22$ 时的可行解的个数，及每组 10 个可行解，并记录排名靠前的较优的可行解形成较优解矩阵；以潜艇的初始横坐标 x_0 为 x 轴，水面巡逻舰甲的初始纵坐标 D 为 y 轴，画可行解的 x_0-D 平面分布图。

利用 Matlab 编程，程序如下：

```
clear;clc;
L=12; H=4;
jtv=[14,18,22];                                    % 水面巡逻舰速度为18kn;
qtv=[2,4,6,8,10,12,14,16,18];                      % 潜艇的速度;
tcjl=[0.05,0.42,1.4,3.4,6.7,11.6,18.4,27.4,36.1;
```

```
        0.04,0.30,1.00,2.4,4.7,8.2,10.4,13.0,19.4;
        0.02,0.2,0.6,1.5,3,5.2,8.2,12.2,17.4 ];          % 水面巡逻舰的探测距离;
  kxj=zeros(1,7); kxj14=zeros(1,7);kxj18=zeros(1,7);kxj22=zeros(1,7); zyj=
zeros(1,7);
  bc1=0.02;bc2=0.0002;  maxd=-2; k1=1; k2=1; k3=1;
  for m=1:3                        % 水面水面巡逻舰的速度 jtv;
    for n=1:6                       % 潜艇的速度 qtv;
      if tcjl(m,n)<2   % 计算探测距离 ds;
       ds=2;
      else
       ds=tcjl(m,n);
      end
      for x0=0:bc1:11              % 潜艇的初始横坐标 x0;
         y0=-ds;
        for D=x0:bc1:12            % 水面巡逻舰甲的初始横坐标 D;
           mind1d2=100;
           tt=(H+2* ds)/qtv(n); % 潜艇突防的时间;
           for t=0:bc2:tt
              xq=x0; yq=y0+qtv(n)* t;        % 潜艇的初始坐标(xq,yq);
              if t<(L-D)/jtv(m)             % 计算水面巡逻舰甲的坐标(x1,y1);
                 x(1)=D+jtv(m)* t;  y(1)=0;
              elseif  t<(L+H-D)/jtv(m)
                     x(1)=12; y(1)=jtv(m)* (t-(L-D)/jtv(m));
              elseif  t<(2* L+H-D)/jtv(m)
                     x(1)=12-jtv(m)* (t-(L+H-D)/jtv(m)); y(1)=4;
              elseif  t<(2* L+2* H-D)/jtv(m)
                     x(1)=0; y(1)=jtv(m)* (t-(2* L+H-D)/jtv(m));
              elseif  t<(3* L+2* H-D)/jtv(m)
                     x(1)=jtv(m)* (t-(2* L+2* H-D)/jtv(m));  y(1)=0;
              elseif  t<(3* L+3* H-D)/jtv(m)
                     x(1)=12; y(1)=jtv(m)* (t-(3* L+2* H-D)/jtv(m));
              elseif  t<(4* L+3* H-D)/jtv(m)
                     x(1)=12-jtv(m)* (t-(3* L+3* H-D)/jtv(m));  y(1)=4;
              end
              x(2)=12-x(1);  y(2)=4-y(1);  % 计算水面巡逻舰乙的坐标(x2,y2);
              d(1)=sqrt((xq-x(1))^2+(yq-y(1))^2);  d(2)=sqrt((xq-x(2))^2+
(yq-y(2))^2);
              if d(1)<d(2)
                 mind=d(1);                    % 计算最小距离 mind1d2;
              else
                 mind=d(2);
              end
              if mind<mind1d2
```

```
                    mind1d2=mind;
                 end
              end
              if  mind1d2>ds
        kxj(k1,1)=x0; kxj(k1,2)=D; kxj(k1,3)=qtv(n); kxj(k1,4)=jtv(m);kxj(k1,
5)=mind1d2;
              kxj(k1,6)=ds; kxj(k1,7)=mind1d2-ds;   k1=k1+1;     % 记录可行解;
              if mind1d2-ds>=maxd
                 maxd=mind1d2-ds;
            zyj(k2,1)=x0; zyj(k2,2)=D; zyj(k2,3)=qtv(n); zyj(k2,4)=jtv(m); zyj
(k2,5)=mind1d2;
            zyj(k2,6)=ds; zyj(k2,7)=mind1d2-ds;k2=k2+1; % 记录安全度越来越大的较
优解;
                      end
                   end
                end
             end
          end
      end
      kxjgshu=size(kxj,1); k1=1;k2=1; k3=1;
      for  nn=1:kxjgshu              % 将可行解按照水面舰艇速度分为3类;
         if kxj(nn,4)==14      % 找出水面舰艇速度 v=14 时的可行解 kxj14;
            kxj14(k1,:)=kxj(nn,:); k1=k1+1;
         elseif kxj(nn,4)==18   % 找出水面舰艇速度 v=18 时的可行解 kxj18;
            kxj18(k2,:)=kxj(nn,:); k2=k2+1;
         elseif kxj(nn,4)==22   % 找出水面舰艇速度 v=22 时的可行解 kxj22;
            kxj22(k3,:)=kxj(nn,:); k3=k3+1;
         end
      end
      kxjgshu_q141822=[size(kxj,1),size(kxj14,1),size(kxj18,1),size(kxj22,1)]
      max_v=max(kxj(:,3)), min_v=min(kxj(:,3))        % 求可行解中潜艇速度的最大、小值;
      kxj10_14=kxj14(size(kxj14,1):-1:(size(kxj14,1)-9),:)   % 找出 V=10 的 10 个可
行突破方案;
      kxj10_18=kxj18(size(kxj18,1):-1:(size(kxj18,1)-9),:)   % 找出 V=18 的 10 个可
行突破方案;
      kxj10_22=kxj22(size(kxj22,1):-1:(size(kxj22,1)-9),:)   % 找出 V=22 的 10 个可
行突破方案;
      plot(kxj14(:,1), kxj14(:,2),'b* ') % 用蓝色* 画水面舰艇速度 v=14 时的可行解的(x0,
D)平面图;
      axis([0 12 0 12]); hold on
      plot(kxj18(:,1), kxj18(:,2),'ro') % 用红色 o 画水面舰艇速度 v=18 时的可行解的(x0,
D)平面图;
      hold on;
```

```
plot(kxj22(:,1), kxj22(:,2),'g+') % 用绿色+画水面舰艇速度 v=22 时的可行解的(x0,D)平面图;
title('潜艇可行突破范围(x0,D)')
xlabel('潜艇初始横坐标 x0'),  ylabel('水面巡逻舰甲的初始横坐标 D')
```

计算结果：

①可行突破方案。结果计算，得到 71244 个可行解，即潜艇有 71244 个可行突破方案。在这 71244 个可行突破方案中潜艇速度最小的为 4 kn，最大的为 10 kn。

②部分可行突破方案举例。所有可行解中水面舰艇速度为 $V=14$ kn 时共有 26240 个可行的突破方案；$V=18$ kn 时共有 24153 个可行的突破方案；$V=22$ kn 时共有 20851 个可行的突破方案。

不同水面舰艇速度 V 下，各取 10 个可行突破方案如表 7-35，表 7-36 和表 7-37 所列。

表 7-35　水面舰艇速度 $V=14$kn 时部分潜艇可行突破方案

	潜艇初始横坐标 x_0	巡逻舰初始横坐标 D	潜艇速度 v	最小值 d_{min}	探测距离 ds	安全度 k
1	7.00	8.68	4	2.0110	2.0	0.0110
2	7.02	8.68	4	2.0055	2.0	0.0055
3	7.00	8.70	4	2.0055	2.0	0.0055
4	10.14	12.00	6	2.0492	2.0	0.0492
5	10.16	12.00	6	2.0311	2.0	0.0311
6	10.18	12.00	6	2.0130	2.0	0.0130
7	3.42	4.72	8	3.4200	3.4	0.0200
8	3.44	4.72	8	3.4184	3.4	0.0184
9	3.46	4.72	8	3.4085	3.4	0.0085
10	3.42	4.76	8	3.4085	3.4	0.0085

x_0 为潜艇初始横坐标，D 为开始突破时甲舰艇初始横坐标，d_{min} 为突破过程中潜艇与巡逻舰之间距离的最小值，ds 为巡逻舰最大声纳探测半径，其值为潜艇初始位置纵坐标的绝对值。可见 $V=14$ 时以上数据均有 $d_{min}>ds$，满足可行条件。

表 7-36　水面舰艇速度 $V=18$kn 时部分潜艇可行突破方案

	潜艇初始横坐标 x_0	巡逻舰初始横坐标 D	潜艇速度 v	最小值 d_{min}	探测距离 ds	安全度 k
1	8.04	11.62	6	2.0049	2	0.0049
2	7.98	11.64	6	2.0049	2	0.0049
3	8.00	11.64	6	2.0112	2	0.0112
4	8.02	11.64	6	2.0049	2	0.0049
5	8.00	11.66	6	2.0049	2	0.0049
6	9.62	12.00	8	2.4848	2.4	0.0848
7	9.64	12.00	8	2.4656	2.4	0.0656
8	9.66	12.00	8	2.4465	2.4	0.0465
9	9.68	12.00	8	2.4274	2.4	0.0274
10	9.70	12.00	8	2.4083	2.4	0.0083

表 7-37 水面舰艇速度 $V=22$ kn 时部分潜艇可行突破方案

	潜艇初始横坐标 x_0	巡逻舰初始横坐标 D	潜艇速度 v	最小值 d_{min}	探测距离 ds	安全度 k
1	6.66	7.70	6	2.0067	2	0.0067
2	6.68	7.70	6	2.0050	2	0.0050
3	6.66	7.72	6	2.0014	2	0.0014
4	9.60	12.00	8	2.0163	2	0.0163
5	9.62	12.00	8	2.0094	2	0.0094
6	9.64	12.00	8	2.0026	2	0.0026
7	9.06	11.16	10	3.0130	3	0.0130
8	9.04	11.18	10	3.0042	3	0.0042
9	9.06	11.18	10	3.0104	3	0.0104
10	9.06	11.20	10	3.0042	3	0.0042

说明：由于采用搜索法求解模型，可行解的个数会随着搜索步长的缩小而不断增加。

③可行突破方案的平面分布图（x_0-D 图）。将潜艇的初始横坐标 x_0 为 x 轴，水平巡逻舰甲的初始纵坐标 D 为 y 轴，可行突破方案如图 7-43 所示。

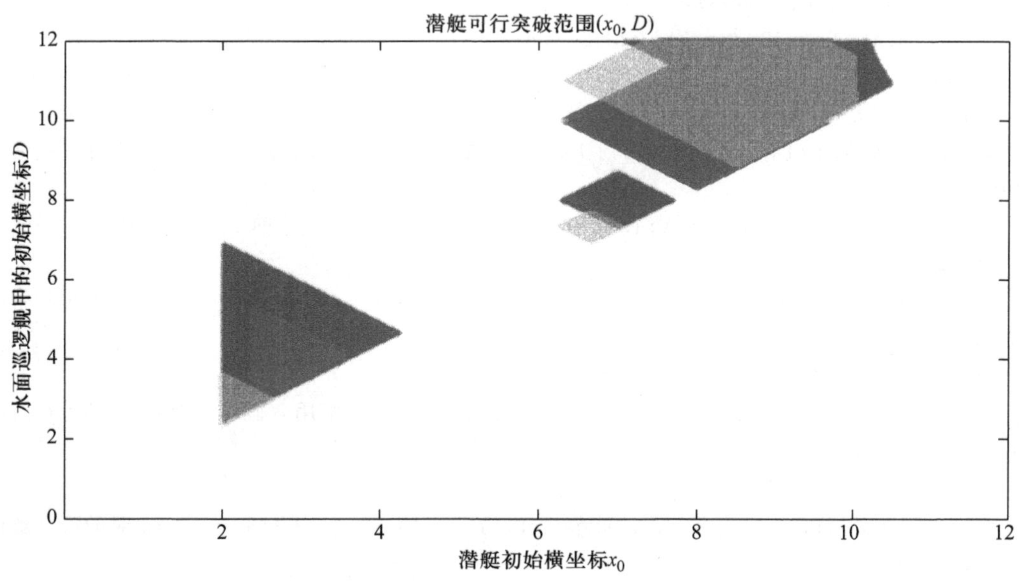

图 7-43 潜艇的可行突破方案分布情况

图中星号区域为水面小罗舰艇速度 $V=14$ kn 时所有可行解集合，表示 $V=14$ kn 时，潜艇可安全通过的所有可行突破方案 $\{x_0, D\}$；圆圈区域为 $V=18$ kn 时所有可行解集合，表示 $V=18$ kn 时，潜艇可安全通过的所有可行突破方案 $\{x_0, D\}$；加号区域为 $V=22$ kn 时所有可行解集合，表示 $V=22$ kn 时，潜艇可安全通过的所有可行突破方案 $\{x_0, D\}$。

（2）最安全的突破方案。

根据已求出的可行解，再编程分析可行解和最优解的分布情况：

①找出不同水面舰艇速度 V 下的最优突破方案；

②输出安全度最大的前 10 个最优突破方案；

③将潜艇的初始横坐标 x_0 为 x 轴，水面巡逻舰甲的初始纵坐标 D 为 y 轴，安全度 k 为竖坐标作安全度的空间分布图。

```
maxk14=0; maxk18=0;maxk22=0     % 可行解的数据分析,找出每组最安全方案;
for nn=1:size(kxj14,1)     % 求 V=14 kn 时的最安全方案及其最大安全系数 maxk14;
  if  kxj14(nn,7)>maxk14
      maxk14=kxj14(nn,7);  nk14=nn;
  end
end
for  nn=1:size(kxj18,1)     % 求 V=18 kn 时的最安全方案及其最大安全系数 maxk18;
  if  kxj18(nn,7)>maxk18
      maxk18=kxj18(nn,7);  nk18=nn;
  end
end
for  nn=1:size(kxj22,1)     % 求 V=22 kn 时的最安全方案及最大安全系数 maxk22;
  if  kxj22(nn,7)>maxk22
      maxk22=kxj22(nn,7);  nk22=nn;
  end
end
maxkxj_141822=[kxj14(nk14,:); kxj18(nk18,:);  kxj22(nk22,:)]    % 显示每组最安全方案;
zyj10=zyj(size(zyj,1):-1:(size(zyj,1)-9),:)       % 求前 10 个最优突破方案;
figure(2)
plot3(kxj14(:,1),kxj14(:,2),kxj14(:,7),'b* ')      % 用* 画 V=14 kn 时的可行解的(x0,D,k)立体图;
axis([0 12 0 12 0 0.7]);  hold on
plot3(kxj18(:,1),kxj18(:,2),kxj18(:,7),'ro')      % 用 o 画 V=18 kn 时的可行解的(x0,D,k)立体图;
hold on;
plot3(kxj22(:,1),kxj22(:,2),kxj22(:,7),'g+')      % 用+画 V=22 kn 时的可行解的((x0,D,k)图;
title('潜艇最优突破方案(x0,D,k)')
xlabel('潜艇初始横坐标 x0'), ylabel('水面巡逻舰甲的初始横坐标 D'), zlabel('安全系数')
text(kxj14(nk14,1)-0.5,kxj14(nk14,2)-0.5,kxj14(nk14,7),'x0=9.26,D=12,v=6,V=14,k=0.8559')    % 第一组(V=14)的最安全突破方案及安全系数最大值;
text(kxj18(nk18,1)-0.5,kxj18(nk18,2)-0.5,kxj18(nk18,7)+0.03,'x0=9.06,D=12,v=8,V=18,k=0.6255')     % 第二组(V=18)的最安全突破方案及安全系数最大值;
text(kxj22(nk22,1)-0.5,kxj22(nk22,2)-0.5,kxj22(nk22,7)+0.03,'x0=8.92,D=11,v=8,V=22,k=0.8775')     % 第三组(V=22)的最安全突破方案及安全系数最大值;
```

计算结果：

①不同巡逻速度下的最安全突破方案。在不同的水面舰艇速度 V 下，各自找一个最安全突破方案，如表 7-38 所列。

表 7-38　不同水面舰艇速度下潜艇的最安全突破方案

		潜艇初始横坐标 x_0	巡逻舰初始横坐标 D	潜艇速度 v	最小值 d_{min}	声纳探测距离 ds	安全度 k
水面舰艇速度	$V=14$	9.26	12	6	2.8599	2	0.8599
	$V=18$	9.06	12	8	3.0255	2.4	0.6255
	$V=22$	8.92	11	8	2.8775	2	0.8775

表表明：

水面舰艇速度 $V=14$ 时，潜艇最安全突破方案为

$$\{V=14,\ v=6,\ D=12,\ x_0=9.26,\ y_0=-2\}$$

即当水面巡逻艇在封锁区域的左侧 12 n mile 时，潜艇在（9.26，-2）处以 6n mile/h 的速度垂直通过封锁区域的方案为最安全方案，此方案中潜艇与水面巡逻艇的最小距离为 2.8599 n mile，超过水面巡逻艇声纳的探测距离 2 n mile，安全度 k 取得最大值（$k=0.8599$）。

同理可以得到 $V=18$、$V=22$ 时的最安全突破方案。

水面舰艇速度 $V=18$ 时，潜艇最安全突破方案为

$$\{V=18,\ v=8,\ D=12,\ x_0=9.06,\ y_0=-2.4\}$$

水面舰艇速度 $V=22$ 时，潜艇最安全突破方案为

$$\{V=22,\ v=8,\ D=11,\ x_0=8.92,\ y_0=-2\}$$

②最安全突破方案。前 10 个最安全突破方案。在所有可行突破方案中，按照安全度大小进行排序，那么安全度最大的前 10 个可行突破方案如表 7-39 所列。

表 7-39　安全度最大的 10 个可行解

	潜艇初始横坐标 x_0	巡逻舰初始横坐标 D	潜艇速度 v	巡逻艇速度 V	最小值 d_{min}	声纳探测距离 ds	安全度 k
1	8.92	11.00	8	22	2.8775	2	0.8775
2	8.90	11.00	8	22	2.8706	2	0.8706
3	8.92	10.98	8	22	2.8706	2	0.8706
4	8.90	10.98	8	22	2.8638	2	0.8638
5	9.26	12.00	6	14	2.8599	2	0.8599
6	9.28	11.98	6	14	2.8551	2	0.8551
7	9.28	11.96	6	14	2.8520	2	0.8520
8	9.26	11.96	6	14	2.8441	2	0.8441
9	9.28	11.94	6	14	2.8441	2	0.8441
10	9.30	11.92	6	14	2.8435	2	0.8435

最安全突破方案。前 10 个最安全突破方案中，排名第 1 的就是潜艇的最安全突破方案：

$$\{V=22,\ v=8,\ D=11,\ x_0=8.92,\ y_0=-2\}$$

即当水面巡逻艇速度为 22 kn 且在封锁区域的左侧 11 n mile 时，潜艇在（8.92，-2）处以 8n mile/h 的速度垂直通过封锁区域的方案为最安全突破方案，此方案中潜艇与水面巡逻艇的最小距离为 2.8775 n mile，超过水面巡逻艇声纳的探测距离 2 n mile，安全度 k 取得最大值（$k=0.8775$）。

③安全度立体分布图（x_0，D，k）。将各个可行解中以将潜艇的初始横坐标 x_0 为 x 轴，水面巡逻舰甲的初始纵坐标 D 为 y 轴，安全度 k 为竖坐标，作安全度的空间分布图，如图 7-44 所示。

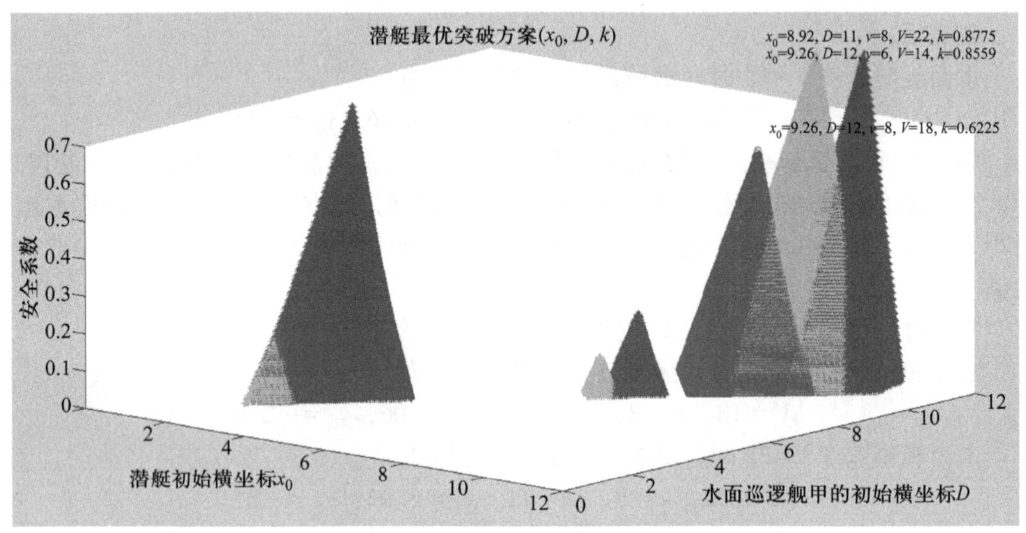

图 7-44　安全度立体分布图

图 7-44 中星号区域表示潜艇可行突破方案 $\{x_0,\ D,\ V=14\}$ 所对应的安全度 k 的分布；圆圈区域表示潜艇可行突破方案 $\{x_0,\ D,\ V=18\}$ 所对应的安全度 k 的分布；加号区域表示潜艇可行突破方案 $\{x_0,\ D,\ V=22\}$ 所对应的安全度 k 的分布。图中标示的 3 个突破方案就是不同水面巡逻速度下的最安全突破方案。

2）问题（2）的求解

（1）有误差条件下 4 种最不利情况模型的求解。

根据问题（2）的分析和模型的简化讨论，修改问题（1）中的模型，分别对下列 4 种情况进行计算和讨论，给出最安全的突破方案。下面的计算结果都是在当 D 值、x_0 值的搜索步长为 0.02，潜艇突防过程中时间搜索步长为 0.0002 时得到模型的可行解、最优解。

情形 1：AB 下移，DC 上移，水面舰艇速度都减少 1 kn

因为 $2\times12\times\tan1^\circ=0.419$（n mile），得到 AB 和 DC 移动后，A、B、C 和 D 4 点的坐标分别为 A（0，0），B（12，0），C（12，4.419），D（0，4.419）。即修改问题

（1）中的参数 $H=4.419$（n mile），水面舰艇速度都减少 1 kn 后的速度分别为 $V=13$ kn、17 kn、21 kn，分别代入模型后利用问题（1）的模型计算即可。

计算结果：

①可行突破方案。经过计算，一共有 58140 个可行解，即潜艇有 58140 个可行的突破方案。在这 58140 个可行突破方案中，潜艇的速度只有 $v=4$ kn、$v=6$ kn 和 $v=8$ kn 三种情况。

所有可行解中，水面舰艇速度为 $V=14$ kn 时共有 21279 个可行的突破方案；$V=18$ kn 时共有 18937 个可行的突破方案；$V=22$ kn 时共有 17924 个可行的突破方案。

②最安全突破方案。不同巡逻艇速度 V 下的最安全突破方案。根据水面巡逻艇的不同巡逻速度 V，分别求出最安全突破方案，如表 7-40 所列。

表 7-40　情形 1 时不同巡逻艇速度 V 下潜艇最安全突破方案

		潜艇初始横坐标 x_0	巡逻舰初始横坐标 D	潜艇速度 v	最小值 $d_{\min}$	声纳探测距离 ds	安全度 k
水面舰艇速度	$V=13$	9.18	12.0	6	2.9762	2.2	0.7762
	$V=17$	8.18	9.92	6	2.8049	2.2	0.6049
	$V=21$	8.74	10.84	8	3.0387	2.2	0.8387

最安全突破方案。从表 7-40 看出，情形 1 时，潜艇最安全突破方案为

$$\{V=21,\ v=8,\ D=10.84,\ x_0=8.74,\ y_0=-2.2\}$$

即当水面巡逻艇速度为 21 kn 且在距离封锁区域左侧 10.84 n mile，潜艇在（8.74，-2.2）处以 8n mile/h 的速度垂直通过封锁区域的方案为最安全，此方案中潜艇与水面巡逻艇的最小距离为 3.0387 n mile，远远超过水面巡逻艇声纳的探测距离 2.2 n mile，安全度 k 取得最大值（$k=0.8387$）。

③安全度立体分布图。将潜艇的初始横坐标 x_0 为 x 轴，水面巡逻舰甲的初始纵坐标 D 为 y 轴，安全度 k 为竖坐标作图，作安全度立体分布图，如图 7-45 所示。

情形 2：AB 下移，DC 上移，水面舰艇速度都增加 1 kn

因为 $2\times12\times\tan1°=0.419$（n mile），得到 AB 和 DC 移动后，A、B、C 和 D4 点的坐标分别为 A（0，0），B（12，0），C（12，4.419），D（0，4.419）。即修改问题（1）中的参数 $H=4.419$（n mile），水面巡逻艇速度都增加 1 kn 后的速度分别为 $V=15$ kn、19 kn、23 kn，分别代入模型后利用问题（1）的模型计算即可。

计算结果：

①可行突破方案。经过计算，一共有 39868 个可行解，即潜艇有 39868 个可行的突破方案。在这 39868 个可行突破方案中，潜艇的速度只有 $v=6$ kn 和 $v=8$ kn 两种情况。

所有可行解中，水面舰艇速度为 $V=14$ kn 时共有 17048 个可行的突破方案；$V=18$ kn 时共有 11419 个可行的突破方案；$V=22$ kn 时共有 11401 个可行的突破方案。

②最安全突破方案。不同巡逻艇速度 V 下的最安全突破方案。根据水面巡逻艇的不同巡逻速度 V，分别求出最安全突破方案如表 7-41 所列。

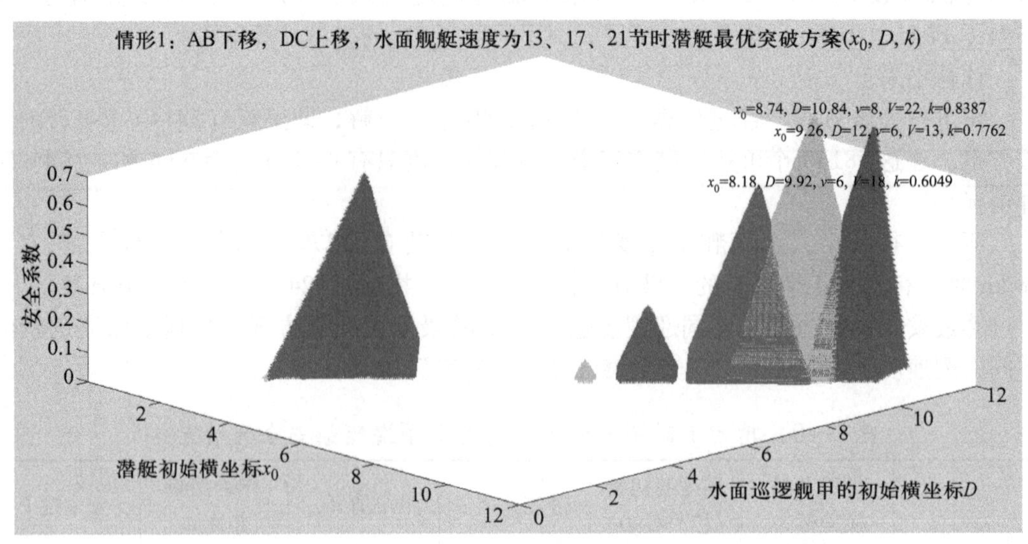

图 7-45　情形 1 时安全度立体分布图

注：每个部分头顶上标注的是该部分可行解中安全度最大的最安全突破方案，后面的情形 2 ~4 一样。

表 7-41　情形 2 时不同巡逻艇速度 V 下的潜艇最安全突破方案

		潜艇初始横坐标 x_0	巡逻舰初始横坐标 D	潜艇速度 v	最小值 d_{min}	声纳探测距离 ds	安全度 k
水面舰艇速度	$V=15$	8.88	11.40	6	3.1193	2.2	0.9193
	$V=19$	8.86	10.90	8	3.1456	2.64	0.5056
	$V=23$	8.06	9.74	8	2.7631	2.2	0.5631

最安全突破方案。从表 7-41 看出，情形 2 的时候，潜艇最安全突破方案为

$$\{V=15,\ v=6,\ D=11.4,\ x_0=8.88,\ y_0=-2.2\}$$

即当水面巡逻艇速度为 15 kn 且在距离封锁区域左侧 11.4 n mile，潜艇在（8.85，-2.2）处以 6n mile/h 的速度垂直通过封锁区域的方案为最安全，此方案中潜艇与水面巡逻艇的最小距离为 3.1193 n mile，远远超过水面巡逻艇声纳的探测距离 2.2 n mile，安全度 k 取得最大值（k=0.9193）。

③安全度立体分布图。将潜艇的初始横坐标 x_0 为 x 轴，水面巡逻舰甲的初始纵坐标 D 为 y 轴，安全度 k 为竖坐标作图，作安全度立体分布图，如图 7-46 所示。

情形 3：AB 上移，DC 下移，水面舰艇速度都减少 1 kn

由 2×12×tan1°=0.419（n mile），得到 AB 和 DC 移动后，A、B、C 和 D 4 点的坐标分别为 A（0，0），B（12，0），C（12，3.581），D（0，3.581）。即修改问题（1）中的参数 H=3.581（n mile），水面巡逻艇速度都减少 1 kn 后的速度分别为 V=13 kn、17 kn、21 kn，分别代入模型后利用问题（1）的模型计算即可。

计算结果：

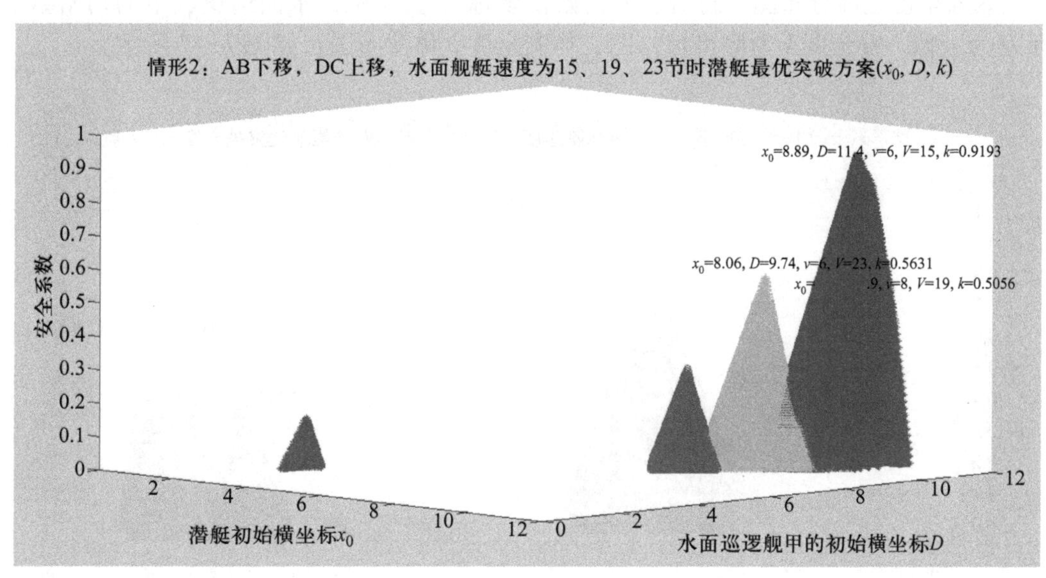

图 7-46　情形 2 时安全度立体分布图

①可行突破方案。经过计算，一共有 44373 个可行解，即潜艇有 44373 个可行的突破方案。在这 44373 个可行突破方案中，潜艇的速度只有 v=4 kn、v=6 kn 和 v=8 kn 三种情况，当然，可行解的个数会随着搜索步长的减小而有所变化。

所有可行解中，水面舰艇速度为 V= 14 kn 时共有 20938 个可行的突破方案；V= 18 kn 时共有 12198 个可行的突破方案；V=22 kn 时共有 11237 个可行的突破方案。

②最安全突破方案。

不同巡逻艇速度 V 下的最安全突破方案。根据水面巡逻艇的不同巡逻速度 V，分别求出最安全突破方案，如表 7-42 所列。

表 7-42　情形 3 时不同巡逻艇速度 V 下潜艇最安全突破方案

		潜艇初始横坐标 x_0	巡逻舰初始横坐标 D	潜艇速度 v	最小值 d_{min}	声纳探测距离 ds	安全度 k
水面舰艇速度	V=13	3. 04	5. 14	6	3. 0400	2. 2	0. 8400
	V=17	8. 82	10. 28	6	2. 6252	2. 2	0. 4252
	V=21	9. 22	11. 10	8	2. 8174	2. 2	0. 6174

最安全突破方案。从表 7-42 看出，情形 3 的时候，潜艇最安全突破方案为

$$\{V = 13,\ v = 6,\ D = 5.14,\ x_0 = 3.04,\ y_0 = -2.2\}$$

即当水面巡逻艇速度为 13 kn 且在距离封锁区域左侧 5.14 n mile，潜艇在（3.04，-2.2）处以 6n mile/h 的速度垂直通过封锁区域的方案为最安全，此方案中潜艇与水面巡逻艇的最小距离为 3.04 n mile，远远超过水面巡逻艇声纳的探测距离 2.2 n mile，安全度 k 取得最大值（k=0.84）。

③安全度立体分布图。将潜艇的初始横坐标 x_0 为 x 轴，水面巡逻舰甲的初始纵坐标 D 为 y 轴，安全度 k 为竖坐标作图，作安全度立体分布图，如图 7-47 所示。

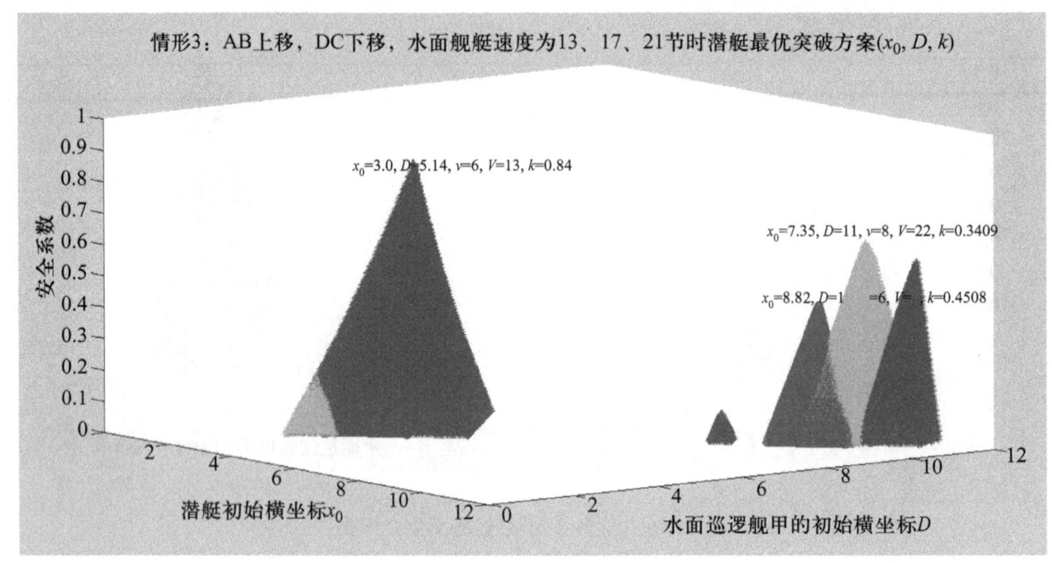

图 7-47 情形 3 时安全度立体分布图

情形 4：AB 上移，DC 下移，水面舰艇速度都增加 1 kn

由 2×12×tan1°=0.419（n mile），得到 AB 和 DC 移动后，A、B、C 和 D 4 点的坐标分别为 A（0，0），B（12，0），C（12，3.581），D（0，3.581）。即修改问题（1）中的参数 H=3.581（n mile），水面巡逻艇速度都增加 1kn 后的速度分别为 V=15 kn、19 kn、23 kn，分别代入模型后利用问题（1）的模型计算即可。

计算结果：

①可行突破方案。经过计算，一共有 22082 个可行解，即潜艇有 22082 个可行的突破方案。其中潜艇的速度只有 v=6 kn 和 v=8 kn 两种情况。

所有可行解中，水面舰艇速度为 V=14 kn 时共有 12717 个可行的突破方案；V=18 kn 时共有 3370 个可行的突破方案；V=22 kn 时共有 5995 个可行的突破方案。

②最安全突破方案。

不同巡逻艇速度 V 下的最安全突破方案。根据水面巡逻艇的不同巡逻速度 V，分别求出最安全突破方案，如表 7-43 所示。

表 7-43 情形 4 时不同巡逻艇速度 V 下的潜艇最安全突破方案

		潜艇初始横坐标 x_0	巡逻舰初始横坐标 D	潜艇速度 v	最小值 d_{min}	声纳探测距离 ds	安全度 k
水面舰艇速度	V=15	9.2	11.6	6	2.8491	2.2	0.6491
	V=19	9.2	11.06	8	2.8914	2.64	0.2514
	V=23	8.74	10.1	8	2.5864	2.2	0.3864

最安全突破方案。从表 7-43 看出，情形 4 的时候，潜艇最安全突破方案为

$$\{V=15, v=6, D=11.6, x_0=9.2, y_0=-2.2\}$$

即当水面巡逻艇速度为 15 kn 且在距离封锁区域左侧 11.6 n mile，潜艇在（9.2，-2.2）处以 6n mile/h 的速度垂直通过封锁区域的方案为最安全，此方案中潜艇与水面巡逻艇的最小距离为 2.8491 n mile，远远超过水面巡逻艇声纳的探测距离 2.2 n mile，安全度 k 取得最大值（k=0.6491）。

③安全度立体分布图。将潜艇的初始横坐标 x_0 为 x 轴，水面巡逻舰甲的初始纵坐标 D 为 y 轴，安全度 k 为竖坐标作图，作安全度立体分布图，如图 7-48 所示。

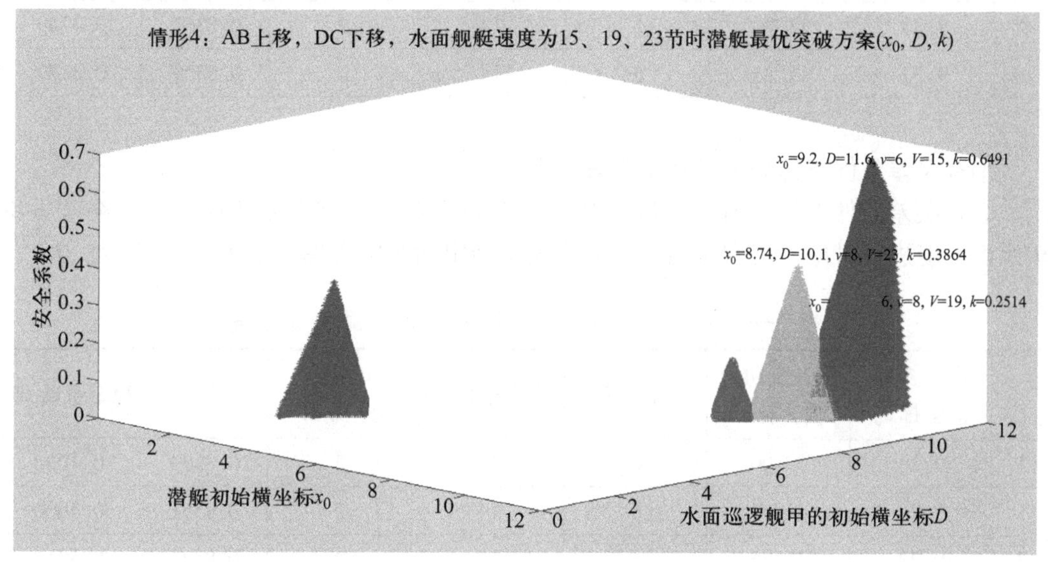

图 7-48　情形 4 时安全度立体分布图

（2）有误差条件下的最安全稳定突破方案。

取问题（1）模型的安全度排名靠前的较优安全突破方案，比如问题（1）求解中得到的较优解矩阵，经过对 4 种最不利情况下的突破方案的可行性对比淘汰，对最后保留下来的较优安全突破方案计算稳定系数，求出有误差条件下的可行突破方案，并按照稳定系数的大小取前 5 个最优的突破方案。

利用 Matlab 编程求解，计算结果如表 7-44 所列。

表 7-44　有误差条件下的 10 个可行的安全方案

	潜艇初始横坐标 x_0	巡逻舰初始横坐标 D	潜艇速度 v	巡逻艇速度 V	声纳探测距离 ds	安全度 k	稳定系数 Wd
1	8.92	11.00	8	22	2	0.8775	0.0840
2	8.90	11.00	8	22	2	0.8706	0.0906
3	8.92	10.98	8	22	2	0.8706	0.0906

续表

	潜艇初始横坐标 x_0	巡逻舰初始横坐标 D	潜艇速度 v	巡逻艇速度 V	声纳探测距离 ds	安全度 k	稳定系数 Wd
4	8.90	10.98	8	22	2	0.8638	0.0973
5	9.26	12.00	6	14	2	0.8599	0.4000
6	9.28	11.98	6	14	2	0.8551	0.4000
7	9.28	11.96	6	14	2	0.8520	0.3917
8	9.26	11.96	6	14	2	0.8441	0.3833
9	9.30	11.90	6	14	2	0.8362	0.3749
10	9.32	11.88	6	14	2	0.8309	0.3749

①有误差条件下部分可行稳定突破方案。

②有误差条件下排名前 5 的最安全稳定突破方案。对有误差条件下可行突破方案按照稳定度进行排序，得到排名前 5 的最安全稳定的突破方案，如表 7-45 所列。

表 7-45　有误差条件下的排名前 5 的最安全方案

	潜艇初始横坐标 x_0	巡逻舰初始横坐标 D	潜艇速度 v	巡逻艇速度 V	声纳探测距离 ds	安全度 k	稳定系数 Wd
1	9.26	12.00	6	14	2	0.8599	0.4000
2	9.28	11.98	6	14	2	0.8551	0.4000
3	9.28	11.96	6	14	2	0.8520	0.3917
4	9.26	11.96	6	14	2	0.8441	0.3833
5	9.30	11.90	6	14	2	0.8362	0.3749

③最安全稳定突破方案。根据表 7-45，排名第 1 的就是在有误差条件下的最安全稳定突破方案为

$$\{V=14,\ v=6,\ D=12,\ x_0=9.26,\ y_0=-2\}$$

是问题（2）所求的潜艇最安全稳定突破方案。

即当水面巡逻艇速度为 14 kn 且在距离封锁区域左侧 12 n mile，潜艇在（9.26，-2）处以 6n mile/h 的速度垂直通过封锁区域的方案为最安全，安全度 k 取得最大值（k=0.8599），稳定系数 wd 取得最大值（wd=0.4）。

3）问题（3）的求解

问题（3）的两阶段模型中，第一阶段：当 $x_0<12-(R\cdot\sin80°+ds)$ 时，用问题（1）的程序寻找突破方案；

第二阶段：$x_0\geqslant12-(R\cdot\sin80°+ds)$ 时，若 SOSUS 的第 i 个节点发现疑似潜艇，立即通知离该节点最近的水面巡逻舰艇，要用水面舰艇追踪模型去追踪潜艇。

改进问题（1）的 Matlab 程序，在第二阶段加入追击模型部分的程序进行计算。

计算结果：

①可行的突破方案。

当 D 值、x_0 值的搜索步长为 0.02，潜艇突防过程中时间搜索步长为 0.002 时，得到 29507 个可行解，即潜艇有 29507 个可行的突破方案。在这 29507 个可行突破方案中潜艇速度最小的为 4 kn，最大的为 8 kn。

所有可行解中，水面舰艇速度为 $V=14$ kn 时共有 16138 个可行的突破方案；$V=18$ kn 时共有 8920 个可行的突破方案；$V=22$ kn 时共有 4449 个可行的突破方案。

②可行突破方案的平面分布图。

将潜艇的初始横坐标 x_0 为 x 轴，水平巡逻舰甲的初始纵坐标 D 为 y 轴，可行突破方案如图 7-49 所示。

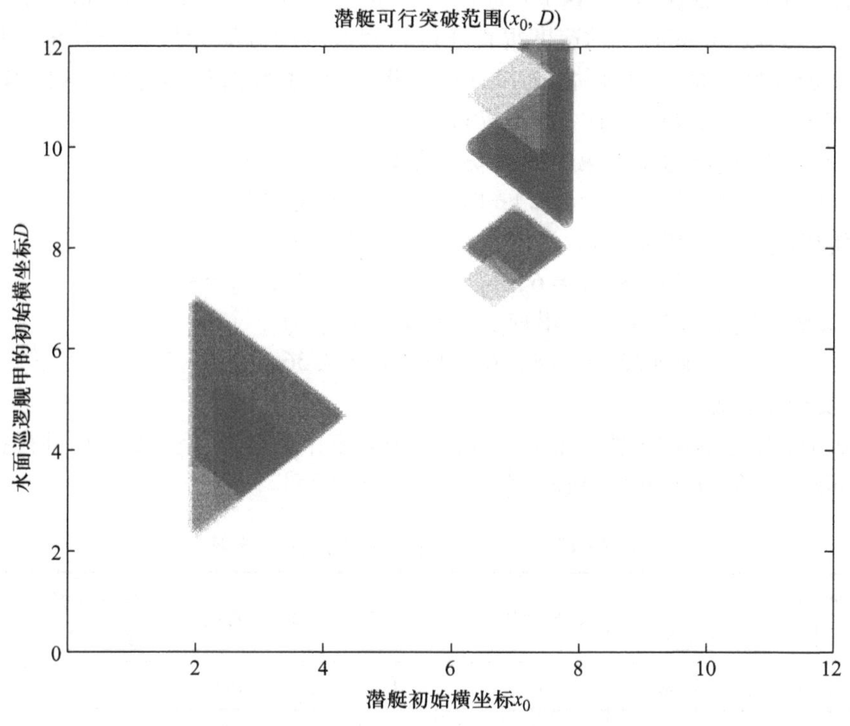

图 7-49　水面舰艇和 SOSUS 联合封锁下的潜艇可行突破方案

图中星号区域为水面小罗舰艇速度 $V=14$ kn 时所有可行解集合，表示 $V=14$ kn 时，潜艇可安全通过的所有可行突破方案 $\{x_0, D\}$；圆圈区域为 $V=18$ kn 时所有可行解集合，表示 $V=18$ kn 时，潜艇可安全通过的所有可行突破方案 $\{x_0, D\}$；加号区域为 $V=22$ kn 时所有可行解集合，表示 $V=22$ kn 时，潜艇可安全通过的所有可行突破方案 $\{x_0, D\}$。

（3）最安全的突破方案。

①不同巡逻艇速度下的最安全突破方案。在不同的水面舰艇速度下，各自求一个最安全的可行突破方案，如表 7-46 所列。

表 7-46　不同水面舰艇速度下潜艇的最安全突破方案

		潜艇初始横坐标 x_0	巡逻舰初始横坐标 D	潜艇速度 v	最小值 d_{min}	声纳探测距离 ds	安全度 k
水面舰艇速度	$V=14$	2.76	4.68	6	2.7600	2	0.7600
	$V=18$	7.78	10.00	6	2.4603	2	0.4603
	$V=22$	7.36	11.00	8	2.3444	2	0.344

表 7-46 表明：

水面舰艇速度 $V=14$ kn 时，潜艇最安全突破方案为

$$\{V=14,\ v=6,\ D=4.68,\ x_0=2.76,\ y_0=-2\}$$

即当水面巡逻艇速度为 14 kn 时且在封锁区域的左侧 4.68 n mile 时，潜艇在（2.76，-2）处以6n mile/h 的速度垂直通过封锁区域的方案为最安全方案，此方案中潜艇与水面巡逻艇的最小距离为 2.76 n mile，超过水面巡逻艇声纳的探测距离 2 n mile，安全度 k 取得最大值（$k=0.76$）。

就是表 7-47 给出的排名第一的最安全方案。

同理可以得到 $V=18$ kn、$V=22$ kn 时的最安全突破方案：

水面舰艇速度 $V=18$ kn 时，潜艇最安全突破方案为

$$\{V=18,\ v=6,\ D=10,\ x_0=7.78,\ y_0=-2\}$$

水面舰艇速度 $V=22$ kn 时，潜艇最安全突破方案为

$$\{V=22,\ v=8,\ D=11,\ x_0=7.36,\ y_0=-2\}$$

②最安全突破方案。

前 10 个最安全突破方案。在所有可行突破方案中，按照安全度大小进行排序，其中安全度最大的前 10 个可行突破方案，如表 7-47 所列。

表 7-47　安全度最大的 10 个可行解

	潜艇初始横坐标 x_0	巡逻舰初始横坐标 D	潜艇速度 v	巡逻艇速度 V	最小值 d_{min}	声纳探测距离 ds	安全度 k
1	2.76	4.68	6	14	2.7600	2	0.7600
2	2.76	4.66	6	14	2.7586	2	0.7586
3	2.76	4.64	6	14	2.7449	2	0.7449
4	2.74	4.70	6	14	2.7401	2	0.7401
5	2.74	4.66	6	14	2.7401	2	0.7401
6	2.74	4.62	6	14	2.7401	2	0.7401
7	2.74	4.60	6	14	2.7312	2	0.7312
8	2.72	4.74	6	14	2.7201	2	0.7201
9	2.72	4.70	6	14	2.7201	2	0.7201
10	2.72	4.66	6	14	2.7201	2	0.7201

最安全突破方案。在前 10 个最安全突破方案中，排名第 1 的就是潜艇的最安全突破方案为

$$\{V = 14,\ v = 6,\ D = 4.68,\ x_0 = 2.76,\ y_0 = -2\}$$

即当水面巡逻艇速度为 14 kn 且在封锁区域的左侧 4.68 n mile 时，潜艇在（2.76，-2）处以 6n mile/h 的速度垂直通过封锁区域的方案为最安全方案，此方案中潜艇与水面巡逻艇的最小距离为 2.76 n mile，超过水面巡逻艇声纳的探测距离 2 n mile，安全度 k 取得最大值（$k=0.76$）。

③安全度立体分布图（x_0-D-k 图）。将潜艇的初始横坐标 x_0 为 x 轴，水平巡逻舰甲的初始纵坐标 D 为 y 轴，安全度 k 为竖坐标作图，作安全度立体分布图，如图 7-50 所示。

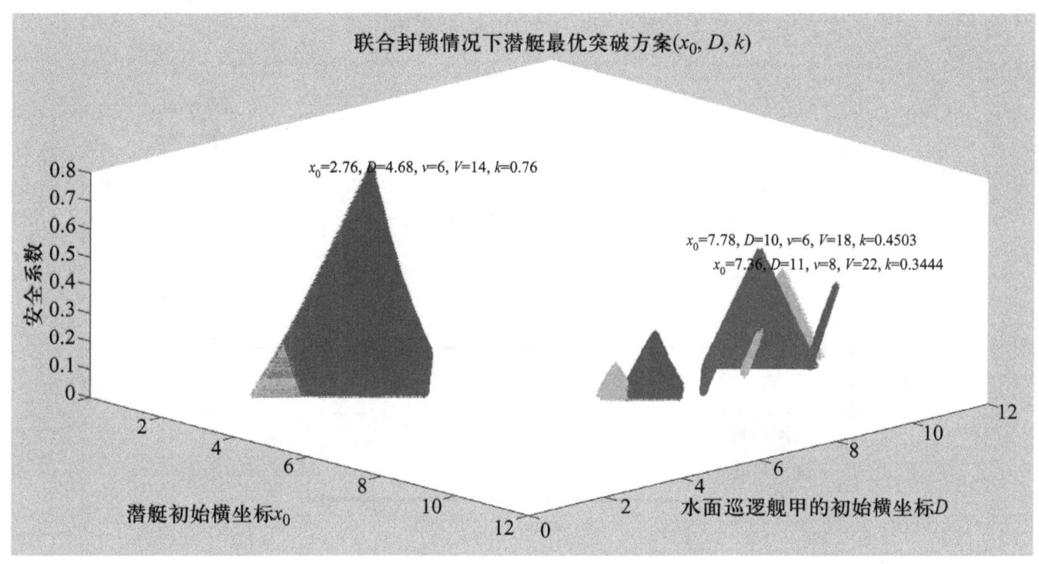

图 7-50　安全度立体分布图

图 7-50 中星号区域表示潜艇可行突破方案 $\{x_0,\ D,\ V=14\}$ 所对应的安全度 k 的分布；圆圈区域表示潜艇可行突破方案 $\{x_0,\ D,\ V=18\}$ 所对应的安全度 k 的分布；加号区域表示潜艇可行突破方案 $\{x_0,\ D,\ V=22\}$ 所对应的安全度 k 的分布。图上标注的是在不同水面舰艇速度下的安全度最大的最安全突破方案。

7.4.4　结果分析与拓展

1. 结果分析

问题（1）的结果分析：以水面巡逻艇速度为 $V=18$ 为例：潜艇突破方案为 $v=8$ kn，$x_0=9.06$（n mile），$D=12$（n mile），$y_0=-2.4$（n mile）时安全度最大，是模型的最优解，此时 $\max\{\min\{d_1,\ d_2\}\}=3.0255$（n mile），安全度为 0.6255，即此种条件为潜艇采取匀速垂直突破的最安全突破方案。

潜艇突破示意图如图 7-51 ~图 7-55 所示。

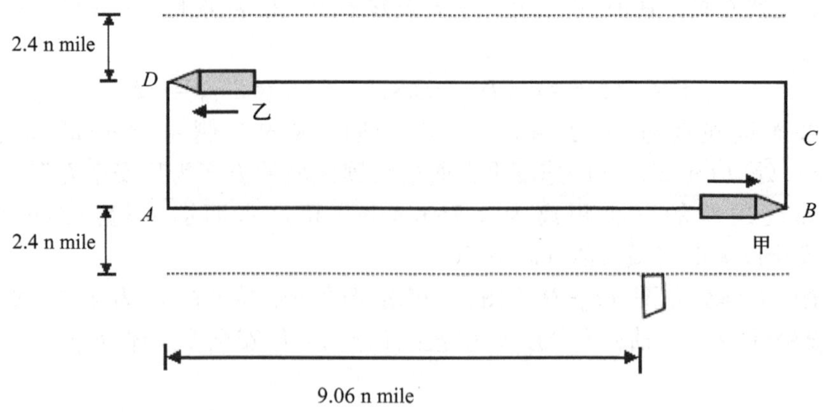

图 7-51　$t=0$ 时的示意图

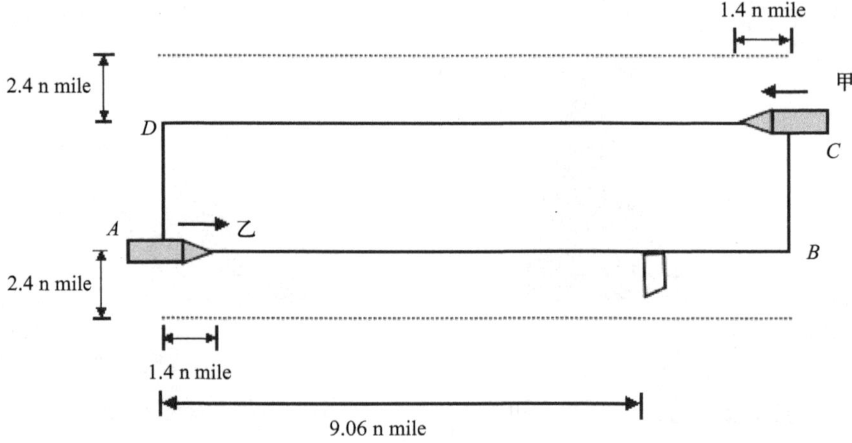

图 7-52　$t=0.3\text{h}$ 时的示意图

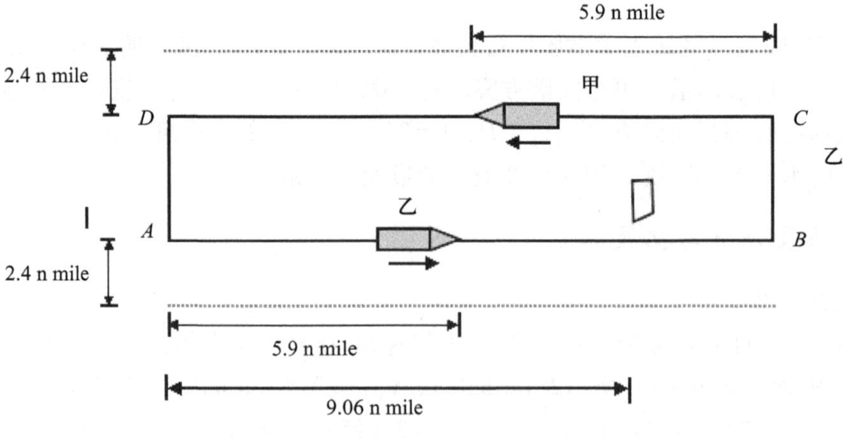

图 7-53　$t=0.55\text{h}$ 时的示意图

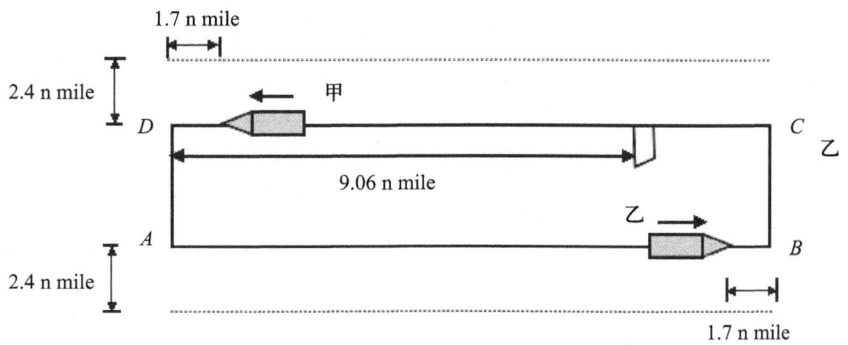

图 7-54　t=0.8h 时的示意图

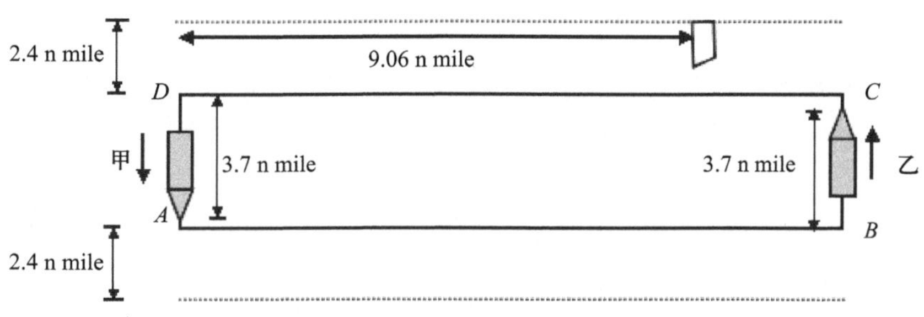

图 7-55　t=1.1h 时的示意图

2. 拓展应用

模型的假设约束条件较多，限制对复杂情况的考虑分析。模型对潜艇可能采取的其他突破方式适用性低，无法客观全面分析其他方式的最优性。可以考虑其他的潜艇突破方式，扩大模型的适用范围。减少模型的约束条件，应用于对复杂情况的分析。

参考文献

[1] 郑伟，蒿兴华，郑兴华．一种实用的潜艇突破双舰环绕封锁区的计算方法［J］．潜艇学术研究，2013，31（4）：40-43.

[2] 汪伟，李本昌，魏亮．一次性突破水面舰艇双舰环绕巡逻最优方案研究［J］．潜艇学术研究，2009，27（1）：18-20.

本文取自 2015 年军事建模竞赛 A 题一等奖优秀论文。